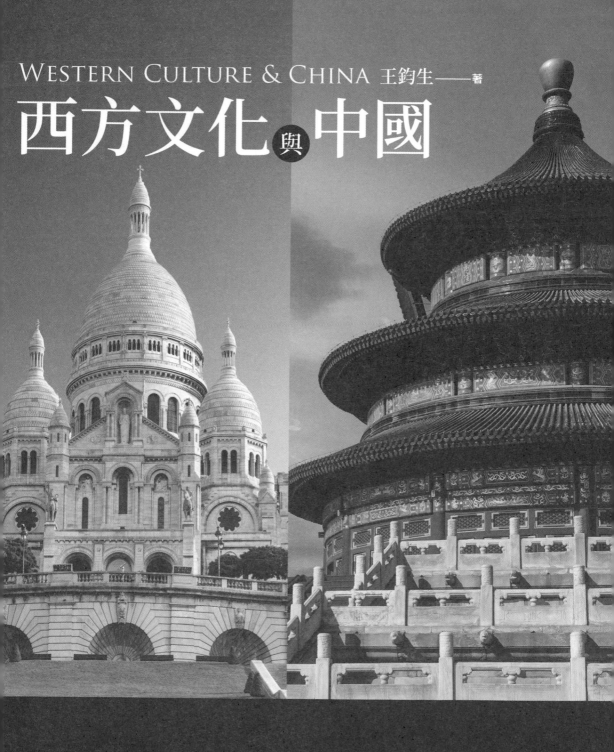

WESTERN CULTURE & CHINA　王鈞生——著

西方文化與中國

― 作者與本書小傳 ―

　　作者 王鈞生，出生於河南省禹州市，自幼隨父母為躲戰禍而避難台灣。自小學起，一直住在新竹縣的關西鄉下。此地山青水秀，初中一位縣城來的傅老師還說，這裡山巒起伏、溪水傍山，就像筆架硯台，有書卷文風，至今印象深刻。

　　因為父母都是傳統讀書家庭出身，未上小學之前，家父就要求背誦四書章句，引以為苦，並視讀書為畏途。自小學起，就不愛讀書，功課老是敬陪末座，卻從不引以為恥。但這並不表示不愛求知，初中時，儘管成績落後，卻能私下讀完 李德哈特戰略論。更特別的是我還愛偷偷閱讀舊約的創世紀與出埃及記。老爸對這個兒子無奈的評語就是：不愛讀書、就愛「費手」-老做些沒出息的事兒。

　　自海洋學院畢業後，先在船上工作數年，然後在公私機構工作多年後，就隨著移民美國的潮流，舉家遷往美國。因具船上鍋爐及重機械經驗 ，在通過檢測後，受僱於保險公

司，擔任鍋爐及壓力容器的特許檢驗師（Authorized Inspector），依美國工程師協會的規範，檢驗熱力機械的設計、製造及品管程序。 因這份工作須到各地工廠，機關，甚至教堂、高爾夫場房進行檢驗，讓我有機會深入美國，接觸各層人物，對我很有幫助。工作二十餘年後，終在 2016 年退休。

　　我喜愛鑽研的故態，美國正是復萌的溫床，可讓我好好「費手」一番，包括與工作有關的焊接技術、揮桿力學，到木工、鋪瓷磚，甚至釣線打結技巧。但讓我最花時間與毅力去「玩」的東西，卻是基督教義與西方文化，特別是藝術與律法 (The Law) 的演進過程。

　　因受父母藝術因子的影響，我對西方耀眼的藝術：繪畫、建築、彫像，產生很大的興趣。我對基督教及教義的認識，很多都從這些藝術品而來。令人驚異的是西方的繪畫與建築風格都不斷變化，這與中國顯然大不相同。就以中國人熟悉的莫內來說，光是他晚期名作，日本橋與蓮花，十年後重畫時，風格已全然改觀。更驚奇的是十八世紀起，西方畫家多受日本浮世繪的影響。這些西方大師竟肯「師夷之長」，卻

不譏貶日本的畫是「筆法全無」。令人遺憾的是中國畫都到那兒去了？回想十一世紀，宋朝就有大畫家，范寬，還有清明上河圖。當時西方仍是愚昧無知的黑暗時代，還真拿不出一張像樣的畫。再說建築，宋朝已有李誡編的「營造法式」，內容詳實。曾幾何時，物換星移，「中土」落入「遠東」矣！這幅中西浮沈實景，令我印象深刻，也是寫書動機之一。

十年前，原在編寫與工作相關的「焊接實務與品質管制」，但發覺許多知識份子對西方與基督教有許多誤知與誤解，遂而改變主意，把基督教與西方共生史編撰成書，並於 2012 年出版。因內容就事論事，獲得很多有知之士的讚賞。由於這些鼓舞，使我有意再寫一本有關西方掘起與中國衰退的書，期以協助國人認識西方，卻不是盲目追求西方表象，反而忘卻自己固有的優點與特質。

清朝在鴉片戰敗後，福建巡撫，徐繼畬（1795 - 1873）以巡撫之尊，虛心向傳教士請教西方知識，並在 1848 年，編出「瀛寰誌略」，介紹西方列國及其政體優勢。沒料到卻受朝廷、同儕的批責與圍剿（這是中國權貴長久以來，對付非

我族類的痼疾），終遭免職處分。當時朝廷若肯瞭解西方，中國理應比明治維新早二十年就有「道光維新」。很不幸，這個假設打從開始就沒有可能。因為當代中國知識階層對西方全然無知，加上虛幻的自大，不可能虛心師夷之長，改革以求中興。結果讓日本搶盡先機，在維新知識份子的支持下，造成明治維新。

能有明治維新；卻沒有「道光維新」，其差異之源僅在於：願意認識西方，維新求變的人，清朝只有一個徐繼畬；而日本則有很多的「徐繼畬」，連其皇上都站在「徐繼畬」的一邊。結果就是一興一落，直令後人扼腕！

因此，促使我以實話直說的方式，續編這本「西方文化與中國」。本書無論內容或風格，與同類書籍不太相同，但目地都是一致，期望中國文化下的人，能平心靜氣而客觀的認識西方，造成知己知彼、增加見識、擴大視野的效果，並產生眾多的「徐繼畬」，社會自是易於凝聚共識，有益於改革與進步。

認識西方、了解中國、知己知彼、搶建文化中國

序

今日的世界文明，包括：汽車、飛機、電燈、法律、哲學，絕多都是從前西方帝國主義者，英美、荷蘭、法國、德國所打造。這些文明成就都是靠其知識份子所創造的成果。西方就是靠「知識」而壯大，快速超越各大文明古國。

自十五世紀起，西方的文藝復興及理性啟蒙以來，中國正是明清封關自閉的時代。即使辛亥革命後，除了民國初期，曾有短暫的對外開放之外，自二次大戰後，海峽兩岸皆復歸嚴厲的封閉狀態。直到 1980 年代，兩岸分別實行改革開放及解嚴政策後，兩岸的民眾與知識階層才有機會接觸西方文物。但是歷經長期的封閉與僵化的教條灌輸後，除了少數了解西方的學者外，多數知識階層及一般大眾對西方文化及國際社會的認知，普遍不夠充足，一知半解，甚至極多誤解。隨手列舉兩則台灣所發生的事件如下，即可知其概況：

台灣一所高中師生不知世局輕重，竟以納粹德國軍禮為表演主題，立即引起德國、以色列的嚴重抗議。

台灣學生包圍政府機構，宣稱是依據西方「公民不服從」的自由崇高理念。令人驚奇的是抗議者或任何學者，都沒說出到底是哪位西方大哲

說過這句名言。（請參閱本書附錄七，哪位西方思想家說過「公民不服從」？）

這些事件顯示，久處封閉狀態的官民與西方世界的隔閡，既不熟悉其歷史及文化，卻偏愛以西方為本，言必稱西方，誤知誤判而不察。這些現象都是自清末起，中國面對西方的優勢文化，失去了自信、自尊，並迷失了自我。盲目仿習西方文物已成常態，令人感慨。

西方很多文物確實值得中國學習，卻不應盲目仿習。中國文化下的人，實應依據自身背景及條件而有所取捨，或輕重緩急而依序進行。問題是：如何分辨及取捨？要解決這個問題，唯一的方法就是認識西方的歷史文化，才會有足夠的判斷能力。這也是中國古訓「知己知彼」的真意。唯想要「知彼」，這對中國文化下的人來說，有先天性的障礙，猶如一座文化高牆，分隔中、西，難以跨越。僅列舉數項文化障礙如下：

中國從本質到外表，包括：語文、信仰、思想、觀念，甚至飲食，都與 西方有極大的差異。兩者差異就像「豆腐」與「Cheese」，截然不同，雙方沒有交集。光是這個文化鴻溝，就難以順利接軌。

中國文化下的學者，自古迄今，向來沒有涉入宗教神學。而西方 的文化根源，卻是神性的基督教義。很多學術、藝術都源自基督教或與基督教是共生關係。因此，很多不熟悉基督教文化的中國學者，若直接去研習西方的藝文、學術時，頗似外國學者不知孔孟，就直接研究宋朝的程朱理學。

——中國自清末起，驚訝於西方的船堅炮利，造成中國社會及教育界普遍重視理工、科技，卻疏忽文法及社會科學，更別提那些玩物喪志的藝術、音樂、體育了。在此背景下，一般人對西方的歷史文化相當生疏，甚至沒有了解的興趣，致誤解多於了解。

　　由於文化上的差異與隔閡，中國文化下的人，並不容易了解西方文物。這猶如一位慣用中國白酒、黃酒的人，想要廣為享用各地美酒，但進入西方酒店，面對琳瑯滿目的洋酒，真不知如何著手。作者本人曾在2012年編著《基督教及西方發展史與中國》（簡名《基督簡史》），介紹基督教與西方的共生關係史。因立場中立而公平，解說詳實，獲得很多讀者的讚賞。但還有進一步的資料未能編入。這些資料除了在網路上零星談論外，一直封存於書房及腦海中。前幾年退休後，決定將這些資料重新整理，把西方文化的特質編撰成書，以便有意了解西方文化的人，可藉此簡明管道，認識西方文化的精要，達成知己知彼的目的。尤其是二十一世紀，中國人的經濟實力大幅提升，與西方人接觸交流、「短兵相接」的情況也愈來愈多，國際化、地球村已是必然現象。因此更有必要深入認識西方。總不能單靠報章、新聞、網路，甚至好萊塢電影，就足以認識西方了吧！

　　本書共分三個部分，第一篇是主要部分，說明西方快速成長簡史及其特色文化。先介紹西方從基督教的開化，經文藝復興、宗教改革、理性啟蒙的發達簡史。然後介紹西方耀眼的藝術發展，包括：繪畫、建築及雕刻，以及瓷器快速超越中國的簡史。其次說明西方從宗教律法（The Law）演

進至法律的情況，以及西方商業、自治社會的特色。本書還特別闡述西方在十七、十八世紀時，注重基督教義中的律法道德，培養出自律、守法、自重尊人的社會生活習性，這才是西方能夠法治，以及法律足以自行的基礎。

西方的自由、民主、法治，確實是文明進步的成就。唯眾多東方及亞非國人，大多未能深入了解西方、也不查驗自己體質，就冒然將西方文物移植國內。這正如遠望青山，只見一片青翠綠葉，卻不知其根深桿粗。這些國家只顧著把綠葉引入國內，結果自是逾淮而為枳，形成浮萍，無根又無桿。這些浮萍中，最大的一片就是「民主選舉」了。為了說明這些情況，特為介紹同為基督教、讀同樣經書起家的東方國家，希臘、烏克蘭、俄羅斯，這些東方國人由於缺乏西方人的教化與歷練，競相仿習西方外表的「民主選舉」，卻毫無底蘊，終導致國疲民困的窘境。

第二部分則論及中國與西方文化的關係，包括：中國明、清兩朝讀書人的境遇，特藉清末的陳寶琛、鄭孝胥，明朝的歸有光、湯顯祖這些著名的讀書人做為實例，再與西方知識份子的機遇做個比較。此外，西方經常評論中國，應該速行民主。唯西方人是經過數百年自治、法治的歷練才有今日，中國從未具有相類似的經驗，是否足以速行「民主」？這已不是見人見智的問題，應屬實事求是的現實問題，本書亦舉實例加以說明。

第三部分是將前兩部分有關的補充資料，悉數放在附錄，以利讀者參考。例如：將新約、舊約中的律法（The Law）分類列出；並把中國四書及一小部分回教的可蘭經文列出。這用以說明各種國族的文化中，都有相

同的道德訓示，但問題的重點僅在於：有沒有當作一回事來「實行」而已。

　　本書盡可能以客觀的立場，依據事實做出論述。這意思是說本書超越政治、黨派、宗教、地域、種族、宿敵、盟友、⋯⋯等思維，只期望中國文化下的人，在可見的未來，也能在世界舞台上一展才智，創出成就。簡言之，就是期望有朝一日，中國的「湯顯祖」、「陳寶琛」都能有莎士比亞、亞當斯密的成就。西方優勢文化是由知識份子打造而出，中國文化同樣自是須由各界的知識份子不斷脫穎而出，以後浪推前浪、一代新人換舊人的風潮向前推進。在今日西方強勢文化籠罩的世界裡，搶建一個 文化中國或文明大國，已刻不容緩。為達此境界，不能光靠高談空想，而在於一個「行」字而已。但在任何行動之前，都先要知己知彼，肯於謙沖自牧，才會有成功的希望。

　　本書並非完全按照時間的順序編列，而是按各類主題，如：文藝復興、西方的繪畫、商業自治等題目，分別做出論述。為讓讀者可直接閱讀某些主題，各篇章盡可能做出獨立的論述。因此，有些事因難免再度引述，以減少讀者翻查的時間。在編寫時，已盡量設法減少重覆部分，唯如仍有這種感覺，尚請見諒。

　　本書內容並不深奧、更非獨聞密錄，其內容都可在美國的圖書館、學校的書本、書局、百科全書之中見到。只是書中所說的一些事，與中國的課本、書籍，以及一般認知不盡相同。但這並無大礙，大家更可藉此機會研習歷史事實、追尋知識，還可從辯證中尋到真理。在國際旅遊、貿易、學術交流繁盛的今日，應在事先了解對方、認識對手，才是參與國際事務

的正途。希望這本書對想要立足國際、了解西方文化的人，能提供實質上的助益。

王鈞生 2018

　　附記：我的父親王伯驤，與母親王方儷祥，都是傳統中國讀書人的家庭出身，而且都善於書法、藝術。我母親的刺繡手藝非常精巧；我父親更善於繪畫及書法。他自軍中退伍後，還擔任中學的美術老師。他們雖有文藝才能，卻因戰亂，避難台灣。他們這一代的人，能苟全性命、覓得五斗米，已屬萬幸，可以說毫無發展自己才智的機會。這就是中國知識階層普受權力爭奪之擺佈的實景 ── 無奈又無言。我自己有幸承襲父母一些繪畫藝術的餘蔭，喜好藝術並略能動筆繪畫，做為業餘嗜好，僅將我親手所繪的父母畫像置於書前，一面感謝他們，另一方面更為我們的上一代，那些飽受權鬥及戰亂之苦的知識階層與無辜百姓做個告白。

目　錄

作者與本書小傳 2

序言及附記 6

■■■ 第一篇：西方的崛起及其特色文化

一、荷、英、法、德（DEFG）蠻邦西方的快速崛起 18

1. 蠻邦西方接受基督教的開化簡史

2. 文藝復興（The Renaissance）

3. 蠻邦西方繼承文藝復興

4. 回教文明的快速隕落

二、宗教改革與理性啟蒙：西方知識階層主導社會思潮 50

1. 蠻邦西方的宗教改革

2. 西方的啟蒙（Enlightenment）；為何啟蒙只發生於蠻邦西方

3. 西方知識文明的縮影：美國國會圖書館、傑弗遜與富蘭克林

三、西方的藝術成就 102

1. 西方的繪畫：文藝復興的「為宗教服務」，至今日的「為收藏服務」

2. 西方的建築藝術：希臘羅馬文化與西方基督教信仰的合流

3. 西方獨到的藝術精品：雕像

4. 西方瓷器異軍突起、飛速進步簡史

四、西方的商業及自治社會 177

1. 西方特有的商業社會

2. 西方獨有的自治（Autonomy）文化

五、西方法律（The Law）的根源：基督教的律法與羅馬十二表法 · 198

1. 略窺基督教的律法與羅馬十二表法

2. 基督教的律法（The Law）

3. 基督教權威大師艾奎那（Thomas Aquinas）對「The Law（lex）」的禪釋

4. 羅馬法（以 Pandects 為主）的故事簡介

5. 羅馬法根源的十二表法（Twelve Tables）

6. 羅馬法與十二表法是否曾維持法律的公義？

7. 從基督教律法與十二表法，看法律生效的必要條件

六、法律（The Law），在蠻邦西方終可自行 · 238

1. 宗教改革後，西方重視教義中的律法道德

2. DEFG 西方社會注重律法道德的實況

3. 英國大憲章塵封四百年的浮沉實錄

4. 英國社會出現平等現象，法律開始生效

七、西方先有法律（The Law），然後才有自由與民主 · 270

1. 從 Locke 與 Hobbes 的學說，論西方的良藥，未必是外邦的良藥

2. 從馬丁路德的原版自由，看新興民主國人說：我有自由！

3. 西方的民主：從法治而出；東方及亞非式民主：只有選舉、不見法律

4. 先有律法道德或倫理道德，然後才有法律之實

八、仿習西方實質的蘇格蘭、日本、新加坡 · 295

1. 蘇格蘭－蠻邦中的蠻邦－快速文明，貢獻世界，還是中國的帝王師

2. 日本與新加坡的成就簡述

九、盲從西方表面的東方古國希臘、俄羅斯與烏克蘭 ‥‥‥‥‥ 308

1. 希臘的東方式民主

2. 蘇聯解體與盲從西方的悲情

3. 烏克蘭難從「選舉民主」蛻變為西方的「法治民主」

4. 記取西方古寓言：只能靠自己找出路，卻非指望西方

十、西方民主的隱憂與新興民主國家的困境 ‥‥‥‥‥‥‥‥‥ 333

1. 西方民主的隱憂 —— 選舉、民粹、金主

2. 打破傳統的「自由派」，水能載舟，亦能覆舟

3. 新興民主國家的困境

▓▓▓ 第二篇：面對西方強勢文化的中國

十一、中國現代化的基石：師夷之長與知識份子 ‥‥‥‥‥‥ 362

1. 琉球、台灣 vs. 直布羅陀、蘇伊士運河：中國應以世界眼光，面對世界

2. 認識西方，知己知彼，才能擇人之優，趕上西方

3. 辛亥革命：一個不同於西方、沒有知識份子介入的「光榮革命」

4. 西方由知識份子所打造，知識份子才是國家進步的原動力

十二、中國的知識份子：讀書人 ‥‥‥‥‥‥‥‥‥‥‥‥‥ 390

1. 中國讀書人—成也蕭何，敗也蕭何

2. 清朝神童陳寶琛及鄭孝胥—位極人臣、又是帝王師：中國讀書人的目標

3. 明朝大儒歸有光，成就難以持續

4. 明朝劇作家湯顯祖，對照莎士比亞，成就受限

5. 從郳書燕說看「學而優則仕」，再論：西方對耶穌 vs. 中國對孔孟

十三、千里之行,始於足下;以法治國,始於社會公德或道德良心 428

　1.「The law」最貼切的中文名詞:禮義;更具體的真義:禮義廉恥

　2. 土耳其國父凱末爾的改革;不能空有:三權分立、司法獨立、法官中立

　3. 中國擁有優良的道德教育傳統,這才是法律的根本、法治的基礎,無他

十四、中國前進中的困擾 452

　1. 中國缺少的自治文化

　2. 西方有辯論文化,中國缺少辯論文化

　3. 中國自古以來盛行的迷信文化

　4. 中文改革應不只於漢字簡化

　5. 中國社會仍是偏重理工、科技,輕文法、社會,更疏忽藝術、體育

{附錄一}基督教律法摘要/中文簡譯 503

{附錄二}中國的四書中有關「處世道德」的古訓 570

{附錄三}可蘭經摘句 578

{附錄四}以「自然律法」為例,略看西方學者艾奎那的論述方式 .. 580

{附錄五}英國從人治到法治簡史 584

{附錄六}俄羅斯的政教高壓小史 614

{附錄七}哪位西方思想家說過「公民不服從」(Civil Disobedience)?
.... 622

跋 舅舅的書:不媚俗,憑理說實話,果然成真,終進美國國會圖書館 635

第一篇

西方的崛起及其特色文化

一

荷、英、法、德（DEFG）
蠻邦西方的快速崛起

1. 蠻邦西方接受基督教的開化簡史

** D. E. F. G. 蠻邦西方的文化根源，始於基督教，卻非古希臘、羅馬

很多人說，西方，即荷蘭（Dutch）、英美（English）、法（French）、德（German），這幾個老牌帝國主義者，其文化根源來自希臘、羅馬。這說法雖然沒錯，但並不正確。因為這些人的祖先盎格魯撒克遜、法蘭克、日耳曼，都是羅馬帝國時代的蠻族。從六世紀起，直到文藝復興之前的十三世紀，這些蠻邦人，全靠基督教的開化；也就是說，除了被灌輸一些基督教的神性教條外，他們對希臘、羅馬的認識，非常有限。

更糟的是羅馬教會自始就非常厭惡古希臘、羅馬的文化與習俗，視之為異端陋俗、邪神崇拜。對羅馬帝國前三百年的皇帝，更是仇恨以對。教會也絕少向這些蠻邦人談論希臘、羅馬的特色，甚至毫不熟悉希臘、羅馬之舊事。這些蠻邦人的文化水準，除了長年互戰殺伐外，盡在於宗教的神性與迷信。這些西方蠻邦人，直到十四世紀的文藝復興時期，才開始受到古代希臘、羅馬文化的影響。

本書所說的「西方」，專指羅馬帝國時代，居於帝國北方的蠻邦人，盎格魯撒克遜（Anglo-Saxon）、法蘭克 (Frankish)、日耳曼（German）人所組成的國家，也就是今日：荷蘭（Dutch）、英美（English）、法（French）、德（German，含奧地利），DEFG，這些人所建的西方帝國主義國家。本書特將這些原是蠻邦的國家，視為一個文化體；並與原來屬於羅馬帝國，又受羅馬教會所統治的「拉丁西方」或「老西方」，包括：羅馬、佛羅倫斯、威尼斯等地，視為兩個不同的文化體。

　　本書的重心是以這幾個DEFG國家為主要研討對象。因此，為了方便，本書將這些 DEFG 國家，直接稱之為「西方」。但有時也有例外的情況，大致如下：

- 有時為了與義大利、西班牙這些「老西方」有所區別，當論及這些 DEFG 國家時，特稱之為「蠻邦西方」（如本文標題所示）。
- 為表示相對於東方正教地區（如：希臘、俄羅斯），這時說的「西方」，就包括「老西方」與 DEFG 西方（例如說：東方是封閉的政教高壓社會；西方是較為開放的社會）。

　　相信這些例外情況，很容易就可從前後文義中察覺出來，故不再另加註解。

＊＊ 蠻邦西方接受基督教的開化簡錄

　　公元 476 年，西方的羅馬帝國被西哥德人滅亡後，帝國西方已成無政府狀態，逐步淪入所謂的黑暗時代。幸好當時還有一個羅馬教會，藉著宗

教的力量，維持社會秩序。當代西方羅馬帝國的北疆，位於多惱河、法國北部及不列顛（只限於英格蘭）。在多惱、萊茵河的北方是日耳曼蠻族（Germen）；法國北部是法蘭克蠻族（Franks）。不列顛在五世紀末，就被日耳曼蠻人的一個支族盎格魯撒克遜人（Anglo-Saxon）渡海佔據。

羅馬教會無時無刻都在擔心這些蠻族，不知何時又要犯境。教會已是驚弓之鳥，毫無能力對抗。於是，羅馬教會就想到一個辦法，派出傳教士到這些蠻邦地區傳教，希望能把這些異教信仰（pagan）的蠻族感化為基督徒，一來可化解其兇殘好戰的劣習，二來可化敵為友。最有名的故事就是教宗格里高一世（Gregory the Great，590 ～ 604 在位）派教士奧古斯丁（Augustine）至不列顛（即今日英格蘭）傳教。他還讓當地的酋長國王率全體臣民皈依基督教。後來的教宗續派遣教士前往今日荷蘭、德國、日耳曼蠻族地區傳教，都有很好的成果。

** 法蘭克人興起，教宗加冕查理曼大王為羅馬皇帝（Roman Emperor）

在第五世紀末，法國北部的蠻族法蘭克人大舉南侵，佔領法國的中北部，成為當代西方的新興勢力，並將當地的基督徒悉數置於異教蠻族的控制之下。這個蠻族的酋長克洛維（Clovis），娶了一位基督徒女子為妻室。他發覺每次出征打仗前，他妻子都虔誠向她的「神」祈禱，結果每次都讓他戰勝而歸。他認為這都是她的祈禱，讓她的神在冥冥立中幫他打勝仗。加上妻子的督促，他終於在公元 496 年，下令全體臣民一律受洗皈依基督教。

法蘭克人的勢力不斷擴張，在公元 732 年，其首領大硾查理（Charles Martel），在法國南方的都爾（Tours），擊敗回教鐵騎。數年後，回教軍再度進犯，查理再以冑甲重騎大破回教騎兵勁旅。自此回教軍就不再犯邊，雙方言和。大硾查理也就成為西方基督教的救星。

　　在羅馬教宗的領地與法蘭克人之間的義大利西北區，自早就被哥德人的一個支族倫巴底人（Lombardy）所佔據，經常侵擾羅馬教會，需索無度。教宗自然想要與這個基督教的救星法蘭克蠻人，結為盟友，以克制倫巴底人。公元 774 年，大硾查理的兒子查理曼（Charlemagne）繼位後，一舉攻滅倫巴底，成為教宗相鄰的盟友，雙方惺惺相惜。查理曼雄才大略，不斷擴疆闢土。他征服德國北部（Saxons 地區）及南部巴伐利亞（Bavaria）。他又發現，只要是基督教信仰的地區，百姓都很恭順、不敢作亂，於是，他就下令，強迫日耳曼蠻人受洗為基督徒，不從命而反抗者，就遭屠殺。

　　至此，從前西方羅馬帝國北方的蠻邦人，法蘭克、日耳曼及不列顛的盎格魯撒克遜，在教會與酋長國王的共同促使下，全部成為基督徒。不只於此，當查理曼在位時，新獲選為教宗的利奧三世（Pope Leo III）就被仇家所罷廢。查理曼知道後，立即揮兵進軍羅馬，支持教宗復位，並放逐其仇人。教宗自是感激，雙方互惠互助，如魚得水。公元 800 年的耶誕節，教宗在聖彼得大教堂趁彌撒禮時（Mass），突然拿出一頂皇冠為查理曼加晃，並封他為羅馬皇帝（Roman Emperor；註：這與三百年後的「Holy Roman Empire- 神聖羅馬帝國及皇帝」，只有間接關係，並無直接承續關係）。

自教宗與查理曼互惠合作後，形成一種政教合作、聯合共治的體制。他們兩人為便於管理子民，統一境內的宗教儀式與教規。更重要的還是設立監控各地宗教、安全的監察機構（missi dominici），定期出巡各地視察。每次出巡時，都有兩位大員執行任務：一位是皇帝的親信大臣，另一位就是教會的高階教士。在這種有效管理下，各地臣民無不盡其所能，表現出愛戴皇帝、虔敬教會的忠誠。自此，各地教會的地位自然升高。

　　在此背景下，各地教堂不斷增建或改建，甚至互別苗頭，以示該地教會及信徒的虔敬。以前羅馬帝國時代的建築技術就十分精巧，現在，這種技術正可用在建造教堂方面，大顯身手。因此，各地的教堂也愈蓋愈大。到了十一世紀，教堂建築技術已非常高超，成為這些蠻邦西方的特色。最出名的教堂包括德國境內的 Speyer Cathedral 大教堂（1030 年左右起建），英國的 Durham Cathedral 大教堂（公元 1061 年，法國威廉大公征服英格蘭後，於 1093 年，引進其技術監造），迄今仍偉然雄立。

　　至此，一方面知道這些蠻邦西方人的開化簡史，一方面知道，直到十二、十三世紀，約在文藝復興之前，這些蠻邦西方人的知識、見識、視野，完全受限於基督教的狹窄範圍，亦即，基督教義就是知識；知識就是基督教義。這些蠻邦人只知道他們生來就帶着原罪（sin），需依靠教會的指引，鎮日祈禱，但求日後獲救，才可升上天國，或靜候耶穌再度降臨，讓他們獲得永生。他們對古時希臘、羅馬的典章文物，概無所悉，也沒興趣知道。至多僅知這兩個古國是未受基督教開化之前，生存於地獄邊緣（Limbo）的異教邪神崇拜者 (pagans)。故在文藝復興之前，這些蠻邦

人至多只能說是：「祖述猶太信仰、憲章基督教義」而已。

** 教會訓練的神學「知識份子」

　　羅馬教會為推廣基督教信仰，早自公元 600 年左右，約自教宗格里高一世（Gregory the Great）起，各地教會、修道院就開始設立學校，訓練神職人員。這些教會學校訓練出來的神學教士，不只是進入教會、修道院，很多還到貴族、王室、政府機構任職。查理曼大帝著名的得力助手，Alcuin，也是從此教育系統訓練而出的傑出教士。

　　基督教義（以新約與舊約為中心）多處表示，信徒要敬畏上帝偉大的知識，還要學習上帝的知識，例如：

　　你應敬畏上帝，尋求上帝的知識（Prov.2:5）；

　　拉起耳朵，全心吸取我的知識（Prov.22:17）；

　　有知識的人就會有力量（Pro.24:5，比較後世名言：Knowledge is power）；

　　上帝藏有無限的智慧與知識（Colo.2:3）；

　　應將上帝的知識充滿於世界（Isa.11:9）；

　　你們要有充分的善心，還要有充分的知識，互相勸勉（Rom.15:14）；

　　教士應有充分的**知識**，熟悉**律法**（Mal.2:7）

　　在此背景下，教會學校訓練出來的「知識份子」，自然會把追求「知識」當作表達虔誠信仰的一種方式。

教會認為教育應始自幼兒，因此，教會讓兒童自六～八歲起，就進入初級學校，通稱為 Grammar School，屬初級學科，學習拉丁文的結構、文句用法；約六、七年後，學習作文修辭（Rhetoric），學習運用語文來表達思想（宗教思想）；最高階的教育就是辯證（Logic or Dialectics），針對教義，從正反兩面引證互辯（最後當然都是教義中的論述是絕對真確、完美無瑕），全部教育期間通常是十二至十五年之間。這三門學科，通稱為 Trivium。同時，還有數學、天文、地理、音樂，四門學科，通稱 Quadrvium。這七個學科，通稱為 Liberal Arts，意思是指：給自由人（非奴役階層的人，可視為「士大夫」以上階層的人）所修習的學科（註：拉丁文的 art 是英文的 article；拉丁文的「藝術」、「技藝學術」是 ars）。

　　這種教育方式訓練出來的教士「知識份子」，自然不只於苦讀死記教義（如回教學子一面搖頭、一面苦背可蘭經，或是中國書生苦讀經書趕考），尚需靈活解說教義。因此，很多基督教學者喜歡運用邏輯、辯證的方式，去解說基督教義。這一類最出名神學者就是法國的神學家 Peter Abelard（法文名：Pierre，1079～1142）。

　　在十一、十二世紀時，在巴黎各大教堂、修道院，都附有研討教義的神學團體，有許多神學家都參加這些社團，研討基督教義。這些團體主持的導師，通稱 Master。法國神學家 Abelard，自幼好學、信仰虔誠，後來到巴黎最著名的兩個 Masters 的門下研習。然而他懂得太多，經常和其師門為教義而展開辯論。後來他自己也開山收徒開講。因他的思路極有條理，把教義問題解說得很有道理，極受歡迎而聲名大噪。他特愛與其他知

名學者為教義而展開辯論。他不像當代的神學者，動輒愛以神啟天意為依據。他注重因果邏輯，都是旁徵博引、舉證詳實，再依理做出結論。所以他在辯論時，經常讓對方啞口無言以對，從未屈居下風。以他的風格，他的辯論自然吸引很多人的注意，也贏得旁聽者的欽佩。

他表示自己是個熱愛知識的人（Philo－Sophy-er）。他還說，智慧源自懷疑，再提出問題，然後追索事因，經過這種過程，才會獲得知識的真理（試對比中國古書說的：博學、審問、慎思、明辨）。在當代是相當先進的思想。

很可惜，他並未能創出一代宗師的名氣，反而落得沒沒以終的下場。其原因有三：其一是他和女弟子發生戀情，在當代不易被社會所接受，他亦因此而自責消沉；其二是他愛與知名學者爭辯，雖贏得辯論，卻失去同輩學者的友誼；最後，也是最重要的一點，就是西斯妥修道團（Cistercians）的主持人 Bernard of Clairvaux（1090～1153），在當時的聲名如日中天。他在教宗的加持下，一言一行皆為天下法，大大遮蓋住 Abelard 的光芒。更甚者，Abelard 的論述常與 Bernard 發生衝突，在當代注重神啟天意的環境下，Abelard 雖然學識淵博，喜好依理論事，卻難與西斯妥主持 Bernard 的神啟天意相抗衡，其學術生命就此結束，不受後人所熟悉。

但是大江東流擋不住，到了十三世紀，另一位光芒四射的神學家艾奎那（Thomas Aquinas，1225～74），終以其淵博的知識及見解，登上西方基督教世界的神學宗師、思想主流。

** 古希臘哲人，亞里斯多德的學說，經回教徒傳入西方的基督教世界

在八世紀至十二世紀之間，西方仍是愚昧無知的黑暗時代，而當時的回教世界已是擁有先進知識的國家。他們甚至鄙視西方人。

阿拉伯回教徒自七世紀中期起，連續攻佔羅馬帝國南方的埃及、巴勒斯坦、敘利亞，並滅亡波斯。此後，在回教徒統治下的波斯、敘利亞，基督教仍然盛行。這時，那些飽學的基督神學家把希臘文史哲學，包括：亞里斯多德的學說，大量翻譯為阿拉伯文。自此，回教學者遂吸取古希臘哲人的知識，融入自己的學術，打造出輝煌一時的回教文明。至十二世紀時，西班牙的哥多華（Cordova），已成回教世界著名的學術中心。當代許多回教學者都熱中研究亞里斯多德的學說，並用他的學說來解釋回教的教義。其中最知名的學者就是阿維洛（Averroes，這是拉丁文的名字；阿拉伯文則為：Ibn Rushd；1126～98）。

十二世紀時，阿維洛這些回教學者的著作，大量翻釋成拉丁文。這些譯著中，亞里斯多德的學說，最受基督教神學者的著迷。他們也運用亞里斯多德的學說來解釋基督教的教義，形成當代盛行的神哲學（Scholasticism）風潮。這些神學者通稱為神哲學家（scholastics），巴黎大學就是這些神哲學家薈萃的重地。就是這些有知識的神學家，他們把基督教從「鎮日唸經祈禱、但求獲救以進天國」的層次，提升至學術層次。

** 希臘古哲，亞里斯多德（Aristotle）思想溶入基督教

到了十二世紀，由於教會學校蓬勃發展，有興趣追求「知識」的人，

愈來愈多。當然，這時講的知識自然仍只是基督教的神學教義。公元 1148年，一位 Bologna 大學出身的著名教士 Gratian，收集歷代教宗勅令、教會法令（稱為 Canon Law），編訂成冊，做為教會行事的準則及依據。這部有權威的法令大全（就中國而言，如同先皇詔令集成）雖是推崇教宗的無上權威，無瑕無錯，卻也讓羅馬教會走向「用法典管理教會」的道路。

　　神性的基督教義並不能滿足那些一心追求知識的基督教神學者。當亞里斯多德的學說傳入西方之後，這些俗世性的知識，為這些求知若渴、思想久受禁梏的基督教學者，打開一扇天窗，讓這些只知上帝、耶穌的「知識份子」，終於見識到一塊嶄新的天地，大家趨之若鶩，爭相學習。

　　基督教義中，有許多玄祕不可測的天啟神跡。最常見到、卻極重要的例子就是：紀念耶穌時，供上的麵包與酒，是否化為耶穌的肉與血呢？神之子的耶穌如何要為眾生贖罪（Atonement）？以及拯救眾生（Salvation）？諸如此類的問題，真不知難倒多少神學家。當古希臘哲人的思想傳入西方後，當代「知識份子」就運用這些新思想、新知識，來解說那些深不可測的迷津。更重要的是運用這些古希臘哲人的學說，還真能滿意的解釋基督教義。這講白一些就是運用俗世的古希臘學說，來解釋基督教義中，難以解答的事蹟；講更白一點就是可以自圓其說。像這樣把俗世的知識與「神學知識」融合在一起的現象，已成為當代西方基督教世界的熱門學術。

　　在亞里斯多德的學說融入基督教的神學教義之後，吸引大量的知識精英投入這個新發展出來的學術。這就是當代盛行的神哲學（Scholasticism）。讓我們稍加認識一下這個過程如後：

** 西方最早期的「大學」，巴黎大學

十一、十二世紀左右，那些熱心追求「知識」的神學者，喜歡在巴黎的教堂、修道院，在一位導師（Master）的幫助下，一起研討基督教義。最有名的研討社團，就是在巴黎聖母院（Notre Dame）的社團。公元 1088 年，位於義大利 Bologna 的一所書院，受到教宗的敕令，封為「universitas」，其大意為「學者社團」。在當時「universitas」其實就是類似技藝同業組成的「公會（Guild）」而已，這也是後世「大學」名稱的來源。

約至 1150 年左右，巴黎聖母院的神學研討社團，也成立一個稱為「universitas」的組織。到了 1167 年，英格蘭王，也是法國勢力最大的諸侯，亨利二世（Henry II）與法王菲利浦二世（Phillip II）交惡。亨利二世禁止英格蘭的神學者在巴黎研究。於是，英格蘭的神學者就回到英格蘭的牛津（Oxford），並於 1170 年，成立牛津大學。

法王菲利浦二世在 1200 年下詔保護巴黎這些學術社團，只受教會律令的約束，官府不得任意拘押、干涉其師生。這就是西方的學術不受權力干涉、學術自由之始。當時，巴黎有三個主要的學者社團，分別是 Notre Dame、Ste-Genevieve、St-Victor。約至 1211 年左右，這些 universitas 已從教堂、修道院分開，合在一起組成「巴黎大學」。後來還有許多新學院，陸續加入這個大學組織。這些學院中，最有名氣的，還是 1257 年，由神學家 Robert De Sorbon 所設立的 College of Sorbonne。這所學府（中文譯為：索邦學院）在後世甚至成為巴黎大學的代表名詞。

巴黎大學與牛津大學這兩座古老的大學，都是從研習基督教的神學

教義起家，培養很多影響後世的知識份子，詳情已不必在此贅述。唯有兩位出自巴黎學者社團（即後來的「巴黎大學」），影響後世至深的重要人物，值得介紹，一位是教宗英諾森三世（Pope Innocent III；1198 ～ 1216 在位），另一位就是羅馬教會的神學泰斗：艾奎那（Thomas Aquinas，1225 ～ 1274）。

** 出自巴黎大學的教宗英諾森三世及影響後世的修士會

教宗英諾森三世是位才學兼備，極有魄力的教宗，也是影響後世至深的教宗。他屬學者出身的教宗，曾在巴黎的「學者社團」（Universitas）研習。當他獲選為教宗後，極思擴大教宗的影響力，以及改革陳腐的教會。在擴大教宗影響力方面，因時機甚好，他不但能干涉德國神聖羅馬帝國的帝位，還在 1213 年迫使英王約翰在名義上交出王權給教宗。他還「核准」約翰王將他自己簽訂的大憲章給作廢，宣告無效。他把教宗的威勢發揮至極點。在教會方面，他在 1215 年，召開宗教大會（The Forth Lateran Council）、發起第四次十字軍東征、加強教士的道德操守，包括：不得華服酗酒、定期反省自懺（Confession & Penance）、獨身，還嚴詞譴責教士藉宗教之名（如販售聖者遺物，或收費以參觀聖物）向信徒斂財之陋習。由於自己是學者出身，故很注重教育。他敦促各教區聘請良師，辦好學校教育，又要求各地大主教，聘請知名的神學家，對轄區教士進行在職教育。

前述功績多屬一時，且多是人亡政息。讓他影響後世至深，卻一時看不到成果的事，則是發下戒令，成立聖方濟修士會（Franciscans）與道

明修士會（Dominicans）。這兩個修士會，不同於只重獨善其身的修道院，都是進入社會，將基督教義傳達給世人的修士團體。簡言之，前者屬「出世」，後者屬「入世」。更大的不同是這兩個修士會都是靠信徒捐贈而生存的托缽僧團體（Mendicants）。他們都是素衣粗食（聖方濟修士穿灰袍，道明修士穿黑披袍，故多以 grey friars 及 black friars 區分之），以傳播耶穌信仰為幟志。這兩個修士會有了教宗親賜戒令的加持，入會的修士急速成長。這些已有充分知識，又具宗教熱忱的修士，深入民間，積極宣揚教義，對基督教的傳播，遠勝於那些只善於唸經祈禱、行禮如儀的教士。他們的言行更是深刻影響後世。若說這兩個修士會把基督教突出於其他宗教，並不為過。今略為介紹，分述如下：

聖方濟修士會是義大利一位富家子 Francis of Assisi（1182 ～ 1226；Assisi 是 Tuscany 地方一個小鎮的名字）所組成。他深受福音書中，耶穌關愛世人，尤其是關懷貧弱者的愛心所感動，所以他們都抱著快樂、喜悅之心，四處勸導世人追隨耶穌之信念。他們本身便是身體力行耶穌的訓示，救助貧弱；生活又是：一簞食、一瓢飲、居陋巷，不改其樂。當這些修士聚在一起時，都是快快樂樂、談笑風生，以助人而後樂，並以快樂、愉悅之心宣揚基督之愛心。他們宣揚基督教義的方式，與教會、修道院嚴肅逼人的場景，不可同日而語。

1209 年，他們來到羅馬，受到教宗英諾森三世的讚賞，親賜戒令（Order of Friars Minor，中文可直譯為：小兄弟戒令）。他們受到教宗的戒令後，身價自然百倍。各地想要加入其修士會者，更是蜂擁而至。於是

這個修士會在西方快速膨脹，他們深入民間、影響社會至深，還成為羅馬教會傳播教義的主流。

在此之前，教堂是非常莊嚴的聖所，耶穌是威凜不可冒犯、遠在天上的威嚴天神。但在聖方濟修士會的宣導下，耶穌已是一位極具愛心、救助貧弱、普渡眾生、與我等同在，最後卻為眾生贖罪而死於十字架上的「人」。又因是神之子，死後能復生、升天。他們又強調耶穌為眾生受難時，肉體所受的痛楚與悲痛，讓信徒深受切膚之哀慟。不論哀喜，他們拉近了教會與信徒，以及人與神之間的距離。聖方濟修士會對基督教、羅馬教會，甚至西方的影響，可以說是在默默之間，造出無遠弗屆的影響。

另一個由教宗賜下戒令的修士會就是道明修士會（Dominicans）。這是由一位西班牙教士道明（St. Dominic Guzman，1170～1221）所組成。在十二世紀末、十三世紀初，在法國南部流行一種從東方（即東方的羅馬帝國）異端教士傳來的奇怪教義，大意是：精神才是信仰的全部，是真善；任何有形體之物，包括人的肉體，都是惡。這種思想不同、也不容於基督教，卻不斷蔓延，讓教會束手無策。

教士道明見異端邪說如此橫行，急思解決。他在 1204 年，前往法國南部，想用勸說之方式，改變這些人的思想。他同時也發現，這麼多的人會誤入迷途，主要原因還是在於各地教士的知識水準不足，無法闢斥邪說，任令異端信仰橫行。他也認清，要改變這些人的觀念，並非易事，勸他們改邪歸真的人，本身必須要有充分的知識，以及善於辯證的能力，否則，勸服工作不會產生效果。於是他組成道明修士會（Dominicans），並

於 1215 年，由教宗英諾森三世賜下戒令（Order of Preachers，中文直譯：宣教士戒令）。

從其戒令名稱及成立動機，就可知道參加這個修士會的人一定要勤讀好學，還要善於辯論，才足以斥邪說、正人心。在一些西方的繪畫中，就可見到這些身穿黑袍的道明修士，多有書本在側，為探索上帝的知識而苦思。這個以讀書、知識而出名的道明修士會，很快就在巴黎大學，以及其他城市的神學講座，成為主流。

最重要的還是十三世紀時，道明修士會出了一位震古鑠今的神學家艾奎那（Thomas Aquinas，1225～1274）。他是義大利人，背著家人加入道明修士會，後至巴黎的「大學」修習神學。他後來又到科隆（今德國 Cologne 市）向當代著名神學大師 Albertus Magnus 學習，極受其賞識。這時亞里斯多德的學說已傳入基督教的神學界，普受歡迎。這個屬於俗世的亞里斯多德學說，當代很多人稱之為：阿拉伯的亞里斯多德科學（Arabian-Aristoleian Science）。他出師後，一面授課，一面著述，聲名日隆。當代「知識份子」（當然全是神學知識）已將亞里斯多德的學說，融入基督教義，而他就是總其成者，終成一代宗師。

1265 年，一位律法學者出身的教宗克里門四世（Pope Clement IV，1265～1268）召他至羅馬教庭，請他擔任教宗的首席神學顧問。他的著作很多，最著名的就是《神學總覽（Summa Theologiae）》。他在書中將基督教義，包括：上帝創造萬物、律法（The Law），都藉著亞里斯多德及古希臘哲人的學說，加以解說。例如教義中的 Law（律法，或今日稱的

「法律」），他將舊約與新約所論的律法，分為舊法（Old Law）與新法（New Law），他認為，「新法」是總其成的永恆之法。他又綜合希臘哲人與基督教先賢的思想，針對教義中的概念，如 Nature Law（中文有譯：自然法）詳加解說。

　　道明修士自始就注重辯論以說服對方，在他的神學總覽中，就可看出當代辯證的風格：當他在論及每個議題時，都先以反對的意見提出問句。然後他先以義理予以駁斥，然後再提出理由詳加解釋。艾奎那是羅馬教會的神學權威，他的神學思想及解釋，就代表西方羅馬教會對的基督教義的解釋。

　　由於他及當代神哲學家求知、辯證的精神，不但將基督教提升至學術範圍，也為後世西方的學術及知識份子，拓展出一片新天地。這種著書立言，完全為基督教服務、辯證的神哲學，一直盛行到十四世紀⋯到了文藝復興時代⋯偏重於人性的人文精神（humanism：表示相對於只專注神性的基督教信仰）興起，以及後來的宗教改革，神哲學才退出學術主流。但其非神學部份的哲理論述，則成為後世哲學的先河。

2. 文藝復興（The Renaissance）

** 談論文藝復興之前，應先知道的歷史背景

　　由於中國與西方在歷史文化方面的巨大差異，在說明文藝復興之前，

宜先認清下列問題：

- 羅馬帝國最久、最終的京城在哪裡？

- 羅馬帝國最久、最終的官方語文是什麼？

- 十五世紀初，曾有位作家盛讚文藝復興的啟蒙畫家：……將藝術從**希臘轉變至拉丁**，然後再變成現代（translated the art of painting from Greek into Latin and made it modern）。

為何說文藝復興是：from **Greek** into **Latin**？？

第一題的答案是：**康士坦丁堡**（自公元 327 年直至 1453 年亡國止，總共一千餘年的京城）。羅馬做為羅馬帝國的京城只有三百餘年。這情況有點像中國古都：西安，對比遼金蒙古之都城：北京（原名為：汗八里）。

第二個問題的答案是：約在公元 610 年羅馬皇帝 Heraclius 登位前，拉丁文與希臘文並重共用，此後八百餘年，**希臘語文**成為羅馬帝國唯一的官方語文。其實，自康士坦丁大帝自 326 年正式遷都至康士坦丁堡之後，希臘語文很快就成為主流。連康士坦丁大帝在 Nicea 宗教大會時，都必須以不太純正的希臘語和各地主教交談。十世紀的俄羅斯就稱康士坦丁堡的羅馬帝國為「Greek—希臘」。後世歷史學者為區分原始的拉丁羅馬帝國（凱撒、渥大維），特稱首都設在康士坦丁堡（Constantinople，原為希臘古城 Byzantium，中譯：拜占庭），使用希臘語文的羅馬帝國（亦稱為：東羅馬帝國）為拜占庭帝國（Byzantine Empire）。

認識這兩個問題之後，第三個問題就容易了。羅馬原是拉丁人的羅馬帝國中心。拉丁人接受古希臘文化，產生新的拉丁文化（通稱 Greco-

Roman「希臘羅馬」文化），也是文化俱豐的時代，包括：酒色玩樂、迷信多神。唯自公元 380 年起，基督教成為羅馬帝國的國教後，這個豐華的拉丁文化迅即消失。羅馬帝國轉變成為一個屬行政教專制、思想禁錮，改用希臘語文的「希臘化羅馬帝國」。這裡的 Greek 是指康士坦丁堡的羅馬帝國，卻不是指古代自由、民主、學術、藝術鼎盛的雅典之希臘。因此，from Greek into Latin 的實質意義就是說：脫離外地（希臘）統治者的思想禁錮，尋回我們自由奔放、固有的拉丁文化。

** 文藝復興的歷史背景

　　羅馬帝國自始就是個貴族壓迫庶民及弱小民族的政權。四世紀末，當狄奧多西皇帝統一帝國時，禁止一切異教及偶像的崇拜，一律信奉基督教。自此，羅馬帝國成為一個政教合一的高壓政權，繼續壓迫百姓。

　　公元 527 年，查士丁尼皇帝登位。他收復義大利，成為中興名王。他堅持奉守自己的基督教信仰，大肆屠殺與他不同意見的基督教派。羅馬教宗 Pope Vigilius，未順其意，就被他公然羞辱。連教宗都受到高壓迫害，人民更受無情的壓迫。

　　查士丁尼一如其他羅馬皇帝，把教會當作權力的分支機構。他的統治目標就如他所說的：統一的帝國、統一的法律、統一的教會（One Empire、One Law、One Church）。他認為羅馬十二表法（Twelve Tables）早已不合時宜。雖然五世紀初的基督教皇帝曾試圖融合基督教義與十二表法，但他認為並不理想，仍含有許多「異教陋俗」。為了撤底基督教化，

他召集學者重編新法。他還宣稱：我們制訂法律，自始至終，皆以上帝為本（The beginning, the middle and the end of our legislation is God）。當時，康士坦丁堡雖說是拉丁與希臘文並行，但仍以希臘語文為流行的本土語文。幸而，查士丁尼及一些高官尚都使用拉丁文，所以這部法典，後世稱之為查士丁尼法典，仍以拉丁文編寫。這部拉丁文的法典，隨著查士丁尼實質上控制西方的義大利之後，自為羅馬教會所遵奉，並為教士及神學研究者所研習。十一世紀，義大利波隆那（Bologna）的神學者還合組學術社團，專門研究這部羅馬法。這個學術社團後來就成為波隆那大學。這部法典還成為日後歐洲法律的基礎。唯這部法典含有神性與皇令，與後世所說的「法律」，並不盡相同。

查士丁尼過世後，國勢衰退，內憂外患接踵而至。公元 750 年，哥德人的一個支族倫巴底蠻族，攻克羅馬帝國在北義大利最後的據點 Ravenna。自此，羅馬帝國在西方的勢力，全遭連根拔除。義大利遂變成群雄並起、四方割據的狀態。

** 聖方濟（St. Francesco of Assisi）對西方藝術的影響

在羅馬帝國皇帝仍能控制西方領土時，宗教控制及壓制極為嚴厲。例如：耶穌被塑造成高不可測的威凌天神，法力無邊，還能將亞當、夏娃從荒界（Limbo）的墳墓中救出，送進天堂。又如聖母瑪利亞抱著聖嬰耶穌的聖畫像，神性至尊，有一定的規格及顏色，不能隨意變動。為了服眾，教會還宣稱，那是路加（St. Luke，路加福音的作者）首先畫出聖母抱聖

嬰像 (the Madonna)，不容置疑。

十三世紀初，在義大利 Assisi 的聖方濟，獲教宗強力支持，成立托缽僧的修士會戒令而聲名大噪。他們強調耶穌為救世而死於十字架的淒楚痛苦，又基於耶穌愛人如己的訓示，救助窮人。西方在聖方濟修士會的強大影響力下，耶穌，不再是羅馬政教高壓皇權所說的那位高深莫測、遙不可及的威嚴天神，而是一位具有人性、感性，曾存在於俗世，會來救助「我們」的救世主-基督，他與我等同在。從此，耶穌受難及救人濟世的背景，一直成為西方畫家、雕刻家、文學家等，作品的主題。從拉斐爾、米開朗基羅及西方名畫中，就可窺知大概。這種以圖像、文字來表達基督教義的震撼力與影響力，是無與倫比的。

** 佛羅倫斯成為文藝復興之發源地

義大利得天獨厚，土地及物產豐富，除了在羅馬的教宗領地外，尚有許多富庶的城邦國家，包括：佛羅倫斯、威尼斯、熱那亞、米蘭、Siena。各城邦之間，都是互相爭戰，也互相競爭鬥艷。由於貿易、紡織、銀行等行業的興旺，財富不斷增加，財富也集中在少數富人的手中。這些城邦的統治權，自然就由這些富人所把持，成為領主。他們原來都是積極從事商業拓展，以如何賺得更多財富、充分享受財富為人生主要目標，卻不會把興趣全然放在單調的宗教信仰方面。當這些城邦及其領主日漸富裕，各地官府及權貴的樓房及教堂因而不斷起建，毫不吝嗇。這些建築自然需要畫家、雕像家製作一些華麗的藝術品以壯形色。例如：文藝復興重鎮 Siena

雄偉的市政廳，自十四紀初建好後，就請當代著名畫家「按不落就嘔．樓亂塞梯」（原文是 Ambrogio Lorenzetti，特音譯之為中文，請您體驗一下，許多難讀的譯文）在 1338 年，做出一系列城市風情畫，這些畫就是 Siena 的「清明上河圖」，名氣響亮。在此環境下，藝術家的市場需求，自然不斷增加。

拉丁義大利本來就是多彩多姿的 Greco-Roman 文化（希臘羅馬的一體文化），在文藝方面的輝煌展現已無需在此細表。唯自羅馬皇帝下令以基督教為唯一國家宗教後，羅馬帝國以前的古文化，包括奧林匹克運動比賽，無分良莠，皆屬異教陋俗，悉遭禁止。曾經輝煌的文學藝術皆受壓制而成單調灰暗的景象。雖然如此閉塞，但是以前希臘羅馬文化的遺跡，無論是雕刻、建築，仍然四處可見。這些美麗壯觀的藝術品，自會引起藝文愛好者的讚嘆與模仿。

當羅馬帝國的政教極權高壓已不能再管到西方的義大利，而羅馬教會又缺實權，致使教條式的鉗制已相對減輕。至少在各城邦的社會高層（包括領主、主教、貴族），其思想與信仰，已相當的世俗化，並擁有很大的自由度。

十四世紀初期起，北部義大利一些畫家已不再遵守基督教羅馬帝國的聖像畫法，而是依據自己的觀點去畫出宗教聖像。他們自己研習而出的觀念，很多都是源自希臘羅馬時代的藝術品。最出名而且啟發後世的畫家就是生於佛羅倫斯附近的 Giotto Di Bondone。他自 1303 年起，棄用傳統單調、平面的羅馬帝國式畫法，開創一種畫出真實、自然的人物，並以立體、明

亮的色彩來畫聖像;加上前述聖方濟的影響,他愛以耶穌受難為主題作畫,在各地教堂留下作品,對後世造成革命性的影響。

1308 年,一位佛羅倫斯的文士 Dante(但丁),用義大利當地普通話(vernacular)寫出長詩 Divine Comedy,普受欣賞。此舉已完全脫離「為文必用拉丁」的傳統,實屬革命性的創舉。從他盛讚 Giotto Di Bondone 自然寫實的圖畫,就可推知他們都是勇於脫離傳統、開創新局的啟蒙者。

十四世紀初,當絕大多數的知識份子,從上學起(都是教會的學校),都是志在進入教會的官僚系統,或官府任職,以求聞達與富貴。但只有一位出自 Bologna 大學、修習律法的年輕知識份子佩脫拉克(Petrarch),在結業後任職於教廷時(教宗駐於法國 Avignon 時的教廷,不是羅馬),他不去追求升官發財之路,卻對教會的藏書產生高度興趣,不斷閱讀。由於興趣的驅使,他又周遊各地,查訪古文物。

由於對文學藝術的喜好,他不但著作詩文,留傳後世,還對古羅馬(基督教成為國教之前的羅馬)的文史資料發生興趣,並以畢生之精力收集羅馬古代文物,包括 Cicero 的文集、Titus Livius(英文為:Levy)的羅馬建城史。在當時「基督教義就是知識,知識就是基督教義」的時代裡,他沒去研究與他職務、前途有關的神學,卻去鑽研古代「未經基督教化、異教陋俗時期」的典籍,的確是個異數。自他開始,許多人在西方這種較為自由的風潮下(康士坦丁堡,天子威儀下的希臘知識份子就無此自由),放下基督教神學,前去發掘與人有實際關係的詩文、史籍。這並不表示他們不信奉上帝,只是這樣做要比成天「言必稱上帝」有趣多了。這種脫離

神性，多談人性（i.e. 注重與人有關的藝文知識）的現象，到了十九世紀下半期，德國學者特稱之為「humanism（中譯：人文主義）」。

這些文藝開拓者，其實就是想要脫離僵固的現狀，再從自己古代固有文化寶窖（Greco-Roman，希臘羅馬文化）中，發展出特有的新文化。就某方面而言，這正是一場文化革命，更確切的說，就是回歸自己固有的、充滿活力的文化，經過重整、創新，再發揚光大。因此，後世人稱此「文化重生」的歷史事件為 Renaissance（此即法文，再生之意）。

** 活字印刷術的發明，大幅促進西方文化的交流與發展

公元 1450 年代中期，在德國 Mainz 有位金匠古騰堡（Johannes Gutenberg）發明活字版（type，或印字體）印刷機，可以大量印製書籍。這個發明正好在文藝復興的昌盛時期，對文化的傳播，造成深遠的影響。

在印刷機發明之前，西方的活版印製（Printmaking；註：中國古時的印刷，即屬活版）技術，由於宗教圖像的需求很大，已經非常發達，不但有木版，後來還有金屬版（包括 Engraving 及 etching）。又從金屬版的 engraving，還發展出凹面印製技術（Intaglio），可以印出深淺不同的色調。這些技術配合著印刷機的技術，還可製出圖文並茂的書籍。

古羅馬著名的建築師 Marcus Vitruvius（約 70 ～ 15BC），是一世紀時的建築工程專家。他曾編《建築方略（De architectura）》的書。當印刷術發明後，在 1521 年（文藝復興後期），這本書被譯為通用的義大利文，其文字部份，使用活字版；其工程圖樣部份，則用活版，大量印製圖文並

茂的建築書籍。這對後世的建築技術，造成不可磨滅的影響。

自此，西方文化乘著印刷機的翅膀，突飛猛進，不但超越故步自封的回教文明，更大幅超越世界各大文明古國，包括：古希臘羅馬、波斯、中國。

** 文藝復興從佛羅倫斯轉至羅馬，造成高潮（High Renaissance）

到十五世紀末，法王查理八世於公元 1494 年入侵義大利，佛羅倫斯的藝術贊助者及當權者 Medici 家族一時失勢而逃避。佛羅倫斯由教會的強硬派道明修士 Savonarola 當權。他以護教衛道的先鋒，將文藝復興所有的藝術成就，皆視為異端，派人挨戶搜索，將任何不符優良傳統的「異端」，付之一炬。他也痛責米開朗基羅等人的傷風敗俗行為。但因他過份苛求而引發眾怒，並於四年後被人民處死。從此，佛羅倫斯的文化藝術光芒稍為褪色。此時，羅馬則代之而起，並將文藝復興推向另一高峰。

羅馬並非商業貿易的都市，主要還是因教宗而人傑地靈。公元 1309 年，教宗將教廷移至法國的亞威農（Avignon）。後來教宗又出現雙包，一在亞威農、一在羅馬。此時，羅馬只是徒具古都之名，早已老舊不堪。直到公元 1417 年，教會才告統一，教宗回歸羅馬。此後的教宗，久處於自由開放的風潮（如佛羅倫斯的影響），多已不具僵化的宗教信仰，而是注重俗世的享受，甚至於聲色娛樂。

1475 年，一位神學出身、也是熱衷藝術的教宗 Pope Sixtus IV，在羅馬積極鼓勵興建教堂，以壯形色。他也為自己蓋了一座寬大美麗的私人教

堂，後人稱之為 Sistine Chapel。約在此時，羅馬市政府大幅削減高昂的房地產稅。此舉造成富人紛紛起建豪華住宅及別墅。於是各種藝術家，包括建築、雕刻、繪圖的需求大量增加。藝術家的地位也普受重視。

十五世紀末，教宗亞歷山大六世（Pope Alexander VI；1492～1503 在位）獲選為教宗。他是一位極度盡情於人間聲色享受的教宗。他明目張膽給自己的兒子高位厚祿，封侯稱王。料大家都聽說「馬基維利」，他就在這位兒子的手下做官（由此即可了解，為何馬基維利會有憤世嫉俗的傾向）。他還以教宗身分宣告，公元 1500 年是個「基督慶典年」（Jubilee year）。事實上，基督教義有千禧年 millennium — 耶穌將再度降臨；只有猶太人才用五十年為年慶（猶如中國人的甲子）。但這位教宗很有行銷觀念，他刻意從 Jubilee 延伸出一個 1500 年慶典。這讓很多具有宗教熱忱的人，紛紛前往羅馬朝聖，以期獲得救贖，甚至獻上金錢以求得特別的恩典。在此諸多背景下，羅馬也快速繁榮，地位日形增高。

公元 1502 年，著名的建築師 Donato Bramante 受命仿照古羅馬神廟，建造一座圓拱頂的建築，以紀念聖彼得。這個建築均衡優雅，成為日後西方建築的典範，最明顯的影響就是他後來設計的聖彼得大教堂，直到近代的美國國會大廈、各州政府大廈，都可見其原來蹤影。

從此古羅馬神廟起，很多人視為羅馬文藝復興高潮期（High Renaissance）的開始。

公元 1503 年，教宗 Sixtus IV 的姪子 Pope Julius II（1503～1513 在位）獲選為教宗。他更是一位非常熱衷藝術的教宗。他任命米開朗基羅在

Sistine Chapel 的屋頂做出著名壁畫，又令拉斐爾在他辦公的房宮做出名畫（最出名者如：School of Athens）。

公元 1506 年，聖彼得大教堂（St. Peter' s Basilica）在教宗 Julius II 的督促下，開始動工興建。建造豪華教堂可是需要大量財源的支持，教宗的解決辦法就是大量出售赦罪券 — 用金錢換取神祐，直接升入天堂。此舉終至引發改變世界的宗教改革，詳情後敘，不必在此細表。

3. 蠻邦西方繼承文藝復興

** 羅馬文藝復興盛期的中落

十六世紀初，當多位教宗開創文藝復興的高潮期，羅馬已成為西方藝術文化的中心。文藝復興時期所發展出來的文學、藝術，皆與人的七情六慾相關，不再是枯燥、單調、嚴肅的教條，很快就傳至北方的蠻邦地區。當時的蠻邦西方有兩大王族勢力，一是法國王室，另一個是神聖羅馬帝國（大致上是今日的德奧荷地區）的哈布斯堡（Habsburg）王室。公元 1519 年，神聖羅馬皇位出缺，需由貴族及主教所組成的選舉人（electors），選出新皇帝。法王積極競選，但被西班牙的哈布斯堡王族查理五世（Charles V），以高額賄賂勝選（當代視為正常現象），贏得帝位。這兩個王族互爭的心結一直存在。糟糕的是教宗 Pope Clement VII 居然去和法王結盟。查理五世難以容忍，遂於公元 1527 年，揮兵攻入羅馬，囚禁教宗，其士

兵則大肆抄掠，燒殺破壞。連拉斐爾的名畫都遭塗鴉破壞。大量藝文專才人士紛紛逃離羅馬，投靠喜好文藝的蠻邦王公貴族。至此，羅馬做為文藝復興的領導地位，逐步退隱。西方藝術文化的發展重心，轉至北方原屬法蘭克、盎格魯撒克遜及日耳曼蠻邦人的手中。

** 文藝復興傳至法、荷、德（奧）、英，持續發展

當佛羅倫斯的藝術不斷創新發展時，鄰近地區，主要是法國、荷蘭、德國（及奧地利），亦受其藝術風潮的影響，並產生許多著名的藝術家。例如，荷蘭（當代並無「荷蘭」，應說成 Flanders 或 the Netherlands 才對）的畫家，就非常出名。法王法蘭西斯一世（Francis I，1515～1547 在位），自早就醉心於義大利文藝復興時代的一切藝術。他自公元 1515 年登位起，就積極仿效義大利的藝術風格，建造及裝飾房宮。他還在公元 1516 年，禮聘大藝術家達文西至其宮中為顧問。

當查理五世的軍隊大肆掠劫羅馬之後，許多藝術家紛紛逃走。公元 1530 年左右，法王法蘭西斯一世，正想將他在 Fontainebleau（中譯：楓丹白露）的狩獵別墅改建成一個豪華的藝術宮殿。於是一些逃出羅馬的藝術家，立即為法王效力。這座豪華宮殿也成為法王收藏藝術品的寶窖（這些珍品，包括：蒙娜麗莎，後世都轉至羅浮宮，成為鎮館珍品）。自此，法國接續羅馬，成為北方地區文藝復興的主角。

公元 1567 年，神聖羅馬帝國新皇帝魯道夫二世（Rudolf II，1576-1612）登位。他是一位極其愛好文學藝術、天文數學（當時天文與數學是

一體的學術）的人，卻不愛政治戰略之事。他在 1583 年，遷都至布拉格（今捷克首府），大肆收藏各種藝術珍品，還禮聘著名藝術家，天文學家（亦為數學家）為其皇家顧問。大科學家開卜勒（Johannes Kepler），因此而受聘至其天文研究室而開始成名。自此，文藝復興的活動在德奧的日耳曼地區持續發展。後來，日耳曼地區雖然遇上新教與羅馬教會對抗的三十年戰爭，但藝術文化的發展卻從未中止。

公元 1485 年，英國玫瑰戰爭結束，亨利七世（Henry VII，1485 ～ 1509）登位為英王。當他尚在法國流亡之時，就與當代法國貴族一樣，深受義大利文藝復興的薰染，喜好文藝。他注重子女的文藝教育，也愛用懂得文藝之士。他不是好戰尚武的國王，在位期間，力求經濟及社會穩定。在此優良環境下，文藝復興對英國的影響，自是與日俱增。

亨利七世之子亨利八世（1509 ～ 1547），雖是殘暴，卻通曉文藝。他登位後，聘請荷蘭著名畫家 Hans Holbein，為卸用畫家，留下許多名畫。還有他的 Hampton Court 宮殿，都是當代藝術精品。更重要的是他的大臣 Thomas More，出身牛津，是一位博學又具風骨的學者。他及其學術友人，引領當代知識份子，特愛探求文藝復興期間的藝文新知。他在公元 1516 年，還編寫一本著名的書：烏托邦（Utopia）。令人驚異的是，書中竟然充斥現代的民主思想。

到了伊莉莎白女王時代（1558 ～ 1603），英國的文學及藝術更是快速起飛。她自己就是詩文的愛好者，喜好自己動手寫文告。當代最著名的文藝活動就是戲劇與劇院，同時也造出莎士比亞這位戲劇大師，名垂千

古。自此，英國的文學、藝術，甚至科學、技術，不斷創新發展，還成為英語不落日的文化大國。

** 文藝復興在「老西方」（北義大利）的衰落與「新西方」（DEFG 蠻邦西方）興盛的因素

是誰打造出文藝復興？當然都是那些比一般人更具有藝文專長的人，亦即當代尖端的知識階層，包括前述：佩脫拉克、米開朗基羅、拉斐爾、達文西等才智之士。早期無論是在佛羅倫斯或是羅馬，都是靠着擁有金權的統治者的贊助與支持，這些藝文知識份子才有機會出人頭地，否則只有埋沒於茫茫人海，與草木同朽。例如：

- 佛羅倫斯是文藝復興開始之地，大畫家及建築家 Di Bondone、達文西等人物，都是靠着當權富貴家族，如麥迪西家族之贊助與支持，才得以一展長才。
- 羅馬亦然，都是靠擁有金權的教宗，才會讓米開朗基羅、拉斐爾其人、其傑作，有機會展現於世，蔚為大觀。
- 當強權進入，如法王查理八世、神聖羅馬帝國皇帝查理五世，以武力迫使這些贊助者失勢後，這些藝文才子就難以出現了。

當佛羅倫斯、羅馬的文藝復興高潮過了之後，那些蠻邦的國王貴族，自法王法蘭西斯、神聖羅馬帝國皇帝魯道夫、英王亨利七世及其子、亨利八世，直到伊莉莎白女王，他們本身都是藝文的愛好者及贊助者，然後這

些國家才會產生許多藝術家及作品，這才是文藝復興能在蠻邦西方繼續成長興盛的原因。這些才藝大師及其藝文傑作是「果」，那些擁有權勢的當權統治者，是「因」。換句話說，只有在當權統治者支持藝文的時候，那些才藝大師就會有現世的機會，他們的傑作才可能出現。這種現象最貼切的表達方式，就是：「先有伯樂而後有千里馬，千里馬常有，而伯樂不常有」。

4. 回教文明的快速隕落

** 回教文明：因開放而興，封閉而落後

十二世紀前，回教世界的領袖哈里發（Caliph），並不排斥基督教，並視之為友教。在回教地區的基督徒還將古希臘亞里斯多德的學說譯為阿拉伯文，並在回教的宗教及知識界造成風潮，同時產生光輝的回教文明。西方就是從回教學者傳入亞里斯多德的學說，並用以解說基督教義，還造成神哲學的風潮。

在十二世紀回教文明最昌盛時，回教學者，甚至宗教領袖哈里發，都認為亞里斯多德的學說與回教可以共存，所以大家尚可相安無事。但就是有一些宗教執迷份子，以教條為後盾，極力抨擊古希臘哲學思想是異教信仰，背離可蘭經的教義，極欲消除而後快。這時，哈里發逐漸偏向執迷於教條的一派。自此，回教的學者逐漸回歸一統，以可蘭經的教條做為知識

主流。這種獨尊教義、故步自封的做法，實為自我設限，走向西方黑暗時代「基督教義就是知識、知識就是基督教義」的窄門，自然造成知識無法進步，學術退化，主客易位的結局。

等到十三、十四世紀的奧圖曼土耳其人興起，在其領袖蘇丹的率領下，統一大部分的回教世界，甚至自號哈里發，成為回教信仰的領袖。他為鞏固權力，更是強化回教信仰，排斥回教教義之外的一切思想，以利其統治，結果終造成頑固守舊的落後世界。

** 蠻邦西方與回教世界，一興一落，榮辱自取

西方的基督教世界將古希臘的亞里斯多德的思想來解釋並融入基督教義，還發展出自成一格的神哲學。西方學者更從宗教的神哲學發展出俗世的哲學，成為西方學術主流之一，直迄今日。更別提後來蠻邦西方的宗教改革與理性啟蒙，不但拋棄教會的教條鉗制與宗教迷信，還發展出注重人性與理性的現代文明，成為世界文明的開拓先鋒。

事實上，許多古希臘的思想學說和基督教義並不相符。這也就是為何羅馬皇帝查士丁尼視之為異端而下令關閉雅典的柏拉圖書院。十三世紀那些神哲學家，只不過是將亞里斯多德及希臘學者的思想，選擇適合基督教義的學說而用之，不同者棄之而已。這也充分說明，學術應是百川匯海、有容乃大；公平競爭、適者生存；不應劃地自限，閉門造車。

十三世紀時，西方基督教把亞里斯多德的學說融入基督教義，並由艾奎那集其大成，成為西方基督教世界脫離「黑暗時代」，走向知識文

明的第一步。但也別忘記，是當代律法學者出身的教宗克里門四世（Pope Clement IV，1265-68；曾擔任著名法國封聖國王，路易九世的法學顧問），召請艾奎那至羅馬，擔任首席神學顧問，才讓艾奎那及其學說揚名天下。若當時不是學者出身的克里門四世獲選為教宗，而是另一位強硬教條式的教宗，他也像回教哈里發（或漢朝董仲叔）一樣，唯教條是尊，清洗門戶，排斥不符基督教義的古希臘異端邪說；這樣的話，艾奎那及其著作、思想，不可能出現；於是，西方基督教世界只不過是另一個「回教世界」而已，不可能演進出後來的知識文明。克里門四世與艾奎那的關係，正如前段所說，伯樂與千里馬的關係。

　　十三世紀，回教世界在思想學術上所採取的封關自閉政策，與西方的開放包容，形成強烈對比，終造成一興一落，主客易位，孰令致之？自取之也！

二

宗教改革與理性啟蒙：
西方知識階層主導社會思潮

1. 蠻邦西方的宗教改革

** 宗教改革前的羅馬教會與改革者

在宗教改革之前，羅馬教會已腐敗至極。文藝復興時期，有一位著名的義大利政論家馬基維利（Niccolo Machiavelli，1469 ～ 1527；其名著為《君王論》：IL Principe，這是義大利文，英文為 The Prince），他曾憤世嫉俗的說過，我們義大利人最沒宗教信仰，也最貪腐，因為羅馬教會及神職者為我們立下最壞的榜樣。這個最壞榜樣的典型人物就是當時的教宗亞歷山大六世（Pope Alexander VI，1492 – 1503在位）。這位教宗以淫亂出名，與他那基督忠僕的聖職，完全反向而行。教會至高無上的領導尚且如此，可見當代羅馬教會的腐化，已是罄竹難書。

十四世紀，文藝復興的大詩人，薄迦丘（Giovanni Boccaccio；1313 – 1375）在他那本被教會列為禁書的十日談（Decameron）之中，就可看出當代教士的劣蹟。他說的故事，與今日地方新聞中，詐財詐色的神棍殊無二致。教會那些淫亂腐敗、賣官鬻爵的醜事，竟然發生在淨化人心的聖殿，

實為一大諷刺，久受一般有識之士的詬病。但礙於羅馬教會在西方傳統社會所處的崇高地位，大家只是怒在心頭、不敢明言而已。

但這並不表示沒有人表達不滿之意。當代西方各國林立，在王權與神權的貌合神離下，還是有很多神學知識份子，能在這兩個權力的競鬥夾縫中，適時發出反對教會貪腐橫行的意見。十四世紀時，英國牛津大學的神學家威克里夫（John Wycliffe，1330～1384）就公開批評教宗及教會的腐化，以及教會偏離基督的信念與行為。他反對教會說的一些神跡教義（例如：Transubstantiation，麵包與酒轉化為耶穌的肉與血）；他認為教會應注重經文中，耶穌救人濟世的精神，卻不光是頌經、祈禱與儀式。羅馬教會禁止將拉丁文聖經譯成各國文字（理由之一是：「拉丁文是上帝的語言」），只能由教士解釋經句。但威克里夫不顧一切，將經文譯成英文，讓信徒可以認識真正的基督精神與教義。他還與志同道合的人組成一種稱為 Lollards 的社會改革運動，一面反對教會的腐敗，一面宣揚愛人濟世的基督教義。這些 Lollards 社團的成員，逐步擴增，遍佈社會各階層。這些潛在於社會的清醒份子，對以後英國脫離羅馬教會，自會產生相當的影響力。

為何威克里夫竟有如此能耐，勇於一夫當關、橫眉怒目、面對教會的千夫指？說來也很簡單，當時的英王愛德華三世（King Edward III，1327～1377 在位，就是引起百年戰爭，好戰善戰的國王）也不滿教會的腐敗，他又曾受教於威克里夫，當然強力支持威克里夫。十九世紀英國大畫家 Ford Brown（1821～1893）的一幅名畫，就是敘述威克里夫向愛德華三世

之子、媳、孫，以及詩人喬叟（Geoffrey Chaucer）講解基督經文的故事。由此可見他們君臣之間的密切關係。故當羅馬教會正式向英王譴責威克里夫時，英王及牛津大學置之不理。

威克里夫不只在英國造成影響，遠在今日捷克（當時稱為 Bohemia 或 Monrovia）首府布拉格（Prague），有一位主教 Jan Hus（1369～1415），亦深受威克里夫的影響，有意改革當地的教會。這樣做當然引起羅馬教會的激烈反彈，Hus 在沒有國王（Sigismund，1368～1437，Bohemia、匈牙利王及神聖羅馬皇帝）的支持下，終遭羅馬教會所拘捕，並以火刑處死。

唯在威克里夫死後，英王亨利五世（Henry V，1413～1422 在位，百年戰爭中期，大勝法軍，正式成為：英國及法國國王）試圖與羅馬教會修好。於是教宗（Pope Martin V）在 1428 年，趁勢譴責威克里夫，將其屍骨從墓中挖出，再處之以火刑，以洩心頭之恨。但此舉對威克里夫的支持者而言，只會增加他們反抗羅馬教會的意志，這些憤怒自會在暗中不斷累積。這就是為何英國能在宗教改革時期，如此快速而成功的轉變為新教徒的國家。

雖然當代的羅馬教會非常腐敗，但並不表示當代的基督徒也會跟著腐化。十四世紀時，在荷蘭、德國，仍有很多真誠的宣教士，四處宣場基督教義中救貧助弱、愛人濟世的理念，還在各地設立學堂，講解教義，令人耳目一新。特列出最有名的基督教士：

- 一是荷蘭的 Gerhard Groot（1340～1380），他重視基督教義中互愛互助的精神，不贊同教會所重視的儀式唸經、神跡迷信。他到各地宣

揚互愛的人性教義，講解穌穌助貧濟世的情操。他還與俗世的志同道合之士，合組「兄弟共生會」（the Brethren of the Common Life），仿照基督精神，在社會做出許多濟世互助的善行。

- 另一位是德人（註：當時沒有「荷蘭國」、「德國」，在此只表示地區而已）Thomas Kempis（1380～1471），他曾編寫一本《仿效耶穌》（Imitation of Christ）的書，宣揚耶穌愛人濟世的精神。他遊走於荷蘭、德國，深獲許多有心人士，包括高階主教、資深教士的支持，他們深受感染，並熱心的在週日或聖日，聚集一堂講解教義。這些宣揚真實耶穌精神的宣教士，對西方人的潛移默化及醒覺，產生很大的功效。這些追尋教義真理，卻非只重呼頌上帝、祈禱唸經及捐獻的宣教士，在各處默默耕耘，誨人不倦。他們的努力並沒有白費，對西方社會已產生潛移默化的巨大效果。

到了十五世紀下半期時，荷蘭出現一位偉大的學者神學家，易拉斯摩（Desiderius Erasmus，1466～1536）。他主張返璞歸真，回到基督教義的根本，也就是以耶穌的言行為出發點，來研究基督教的教義。簡言之，就是注重耶穌愛人濟貧、關懷眾生，卻不是繁縟的禮儀、頌經、禱告，甚至於捐錢赦罪。他雖沒有公然反對羅馬教會，卻對教會行逕頗不以為然。為表達他的信念，他編寫很多勸勉大眾仿效耶穌行善及文學方面的書籍。他對當代西方最有啟發性的書，就是在 1516 年，將希臘原版的新約，重新以拉丁文譯出，與希臘文對照並列，好讓教士及知識份子清楚見到經文的原義。

他的信念及學說，靠著印刷術的發明而四處傳播。他遊走於荷、法、德、英、義地區，他的思想學說，廣受各地知識份子的歡迎。他到英國，還曾在劍橋大學任教，深受當代知名學者的敬重，包括亨利八世的大臣 Thomas Moore。他從重視人性（意思為：不從神跡祕語、唸經行禮）方面來禪釋基督教義，後人尊稱他是西方啟蒙的人文學者（Christian humanist）。甚至有些西方學者認為，宗教改革實為：易拉斯摩生蛋，馬丁路德孵蛋，意思是說：易拉斯摩為宗教改革營造出良好的環境，然後由馬丁路德開出第一槍而總收其成果。這種說法雖無錯誤，但更準確的說法應該是：宗教改革實從威克里夫、Lollards、Groot、the Brethren of Common Life、Kempis，……直到易拉斯摩，由這些有見識的神學知識份子，歷經百年來的默默耕耘所獲得的正果。亦即，宗教改革都是由這些神學知識份子默默生蛋，最後才由馬丁路德孵蛋成功。這樣的說法，應是更為中肯而恰當。

** 馬丁路德（Martin Luther，1483～1546）與宗教改革

很多書本教說，教宗及羅馬教會發行赦罪券（Indulgences），一位德國的教士，馬丁路德，非常反對赦罪券，寫出教宗「95 條罪狀」，釘在教堂大門上，於是引起宗教改革。這故事和「蘋果從樹上掉到牛頓的頭上，讓他發明萬有引力定律」一樣，都是西方的神話，但信之者眾。事實上，馬丁路德並不是：寫出「罪狀」，釘在教堂門上，就輕易的引爆宗教改革。更不好的是讓大多人都疏忽了威克里夫、Groot、易拉斯摩等人物

對宗教改革的影響。這正如啟發牛頓的，並非一顆蘋果，而是哥白尼、迦利略、開卜勒等開路先鋒的努力。像這樣，用偏離事實的故事，只靠一個「蘋果」，或一紙「罪狀」，就把複雜的歷史事件，過度簡化，讓後人產生誤解與誤判。這類故事，實不足取。讓我們細查一下馬丁路德的宗教改革事蹟如下：

十六世紀初，教宗利奧十世（Pope Leo X，1513 ～ 1521 在位；出自佛羅倫斯權貴，Medici 家族）在位時，德國布蘭登堡大選侯亞伯（Prince Albert of Brandenburg），想要教宗允許他兼任 Mainz 的大主教。對教會而言，向來就沒有這種好處全拿的規矩。唯這時，羅馬教會正在興建聖彼得大教堂，需款孔急，新上任的教宗利奧十世，就很乾脆的表示，只要肯捐出足夠的獻金，就沒問題。

亞伯獲得教宗首肯後，就向當時銀錢業的首富，富哥（Fugger）貸款，做為賄賂的獻金。亞伯則以他在教區內銷售赦罪券做為擔保。亞伯特地找到一位道明修士 Tezel，負責赦罪券的銷售事宜。Tezel 也不負所託，大張旗鼓，半勸半逼，誘人購買。他號稱，這些錢將用來建造聖彼得大教堂，買的人就是積善功（Good Works），不但可為自己赦罪，還可替已死的父母、祖先赦罪。他還編了一句宣傳口號：銅錢叮噹一聲投進錢箱，煉獄裡的靈魂立刻升上天堂。這種不樂之捐自然引起很多人的不滿，不過也多是敢怒不敢言而已。

馬丁路德當時在威登堡（Wittenberg）一所教會學校任教。他是一位脾氣暴躁、個性莽撞、不近人情的頑固份子。當馬丁路德知道 Tezel 幫亞

伯銷售赦罪券，非常不滿。他的不滿並不只於用錢即可赦罪（因為教會的赦罪券早已有之），而是 Tezel 在銷售赦罪券時，所引用的教義，其實也就是教會的觀點，與他的觀點大相逕庭。在基督教義方面，他堅定認為：一個好基督徒應在於其信仰（faith），卻不是他做的善功（Good Works，包括捐錢蓋大教堂）；而且幫助信徒獲救，只有教士才能辦到，不是教宗。

針對這些教義上的歧見，他依照當代學校一般辯證課程的常規，想要在學校舉辦一場神學辯證會。他於 1517 年 10 月 31 日，擬妥 95 條辯論議題（Theses，此為多數詞，單數為 thesis），發出邀請書，請校方及校外人士踴躍參加辯論會。同時，為廣為周知，他也把這個辯論通知書貼在學校的「佈告欄」上，即教堂的大門。他還特別聲明，如不能參加，提供書面辯解，亦在歡迎之列。他自己是主辦人，也是正方。

但不知是奇想或無意之間，他居然還把一份辯論通知書送給大選侯亞伯。更妙的是亞伯看了之後，還派人把這份辯論通知書送去給教宗查閱。在這些辯論議題中，除了有不滿赦罪券的議題，還有數條議題竟然宣稱：教宗無權赦罪，那是教士的權責（自然包括馬丁路德）；富可敵國的教宗應用自己的錢去蓋教堂，不應讓人民出錢。

教宗利奧十世到底還是麥迪西富貴家族出身，不計較小節，只表示這個喝醉酒的日耳曼和尚（當時這「日耳曼」尚是貶損之詞，還不是希特勒時代的「阿利安」優秀民族）明天酒醒之後就乖了。他本來還不想深入追究，但是馬丁路德脾氣暴躁，怒氣難消，公然宣揚他異於羅馬教會的觀點：首先是：一切回歸耶穌言行（sola scriptura），只有經書中，耶穌的言行及

訓示才是衡量的準繩（所以教會說的話，並不算數）；二是若想得救，只有靠人的「信仰」而定，不是靠「善功」（所以捐錢買赦罪券及蓋教堂，做這些「善功」，仍不見得會得救）。他還有一個致命的觀點，教會的神學教義認為（包括神學大師艾奎那的觀點），人有自由意志（Free-will；註：請勿以中文字面意義解讀），但他公開而堅定的否認這個觀點（是故以後的新教徒在早期都認為人沒有自由意志）。他的思想已超過教會的底線，教會的宗教裁判所已要召他受審，為他所拒。後來一位德高望重的紅衣主教卡西旦（Cajetan），抱著善意，希能好言相勸，讓浪子回頭，親自造訪馬丁路德，並希望馬丁路德悔過並收回（Recant）他說的話，大家就可相安無事。

問題是他兩人見面後，正題尚未談攏，性急的馬丁路德又為信仰與善功的解釋，與卡西旦槓上。馬丁路德堅持「善功」不是一個好基督徒的條件，只有「信仰」才是唯一條件。卡西旦當然不可能遷就讓步，兩人就為此意識之爭，辯得不可開交。這時，馬丁路德又節外生枝，還質疑教會的「彌撒禮」（Mass）的正當性，因為經書中並無任何相關的記載。至此，馬丁路德的言論，已遠超教會的底線，甚至動搖羅馬教會的根本。卡西旦大怒而退席，返回羅馬。

教宗怒於 1520 年發下刺令（Bull），要求馬丁路德兩個月內到羅馬教庭接受處置，否則逐出教會。1520 年 12 月 10 日，當馬丁路德收到教宗的刺令時，他在威登堡，公然當著師生及民眾之前，把教宗的刺令丟進火堆燒掉。他的暴躁與莽撞，至此表露無遺，卻也在冥冥中促使西方以及世界

改向，並跨入一個新的境界。

　　次年（1521 年），神聖羅馬帝國（大致就是德、奧地區）皇帝查理五世（Emperor Charles V，1500 ～ 1558），在 Worms 召開諸侯大會（Diet of Worms）。這時，教宗請查理五世在開會時，順道捉拿判徒馬丁路德，處之以死。查理五世對教宗及教會也不盡滿意，他在當年 4 月 18 日召見馬丁路德，聆聽其辯護。馬丁路德為自己做了一個簡短而有力的辯解，最後還在皇帝御前，仰天而嘆：「我一人站在這裡（Here I stand），無援無助，上帝，請幫助我！」查理五世聽完也為之動容，雖然沒有立即下令拿下處死，但仍然譴責馬丁路德犯了錯誤。既然受到皇帝的譴責，馬丁路德就陷入生死未卜的險境。這時，支持馬丁路德的撒克遜大選侯（Elector of Saxony）Frederick，為保護馬丁路德，讓他藏在自己的城堡中，達一年之久。

　　這件事發展至此，已驚動當代西方各國的社會，大家對羅馬教會的不滿，迅速爆發。這時印刷術已非常流行，馬丁路德的事件及他所編的書，很快就流傳至西方各地，引起轟動，宗教改革就此發生。

** 蠻邦西方與羅馬教會在宗教信仰上分道揚鑣

　　查理五世在 1529 年，在德國 Speyer 召開諸侯大會時，他對那些脫離羅馬教會、偏向馬丁路德改革派的諸侯，收回以前曾經同意的信仰自由，並擬施加一些限制。這些對教會不滿、傾向改革的諸侯，向皇帝提出抗議的陳情，宣稱：上帝與皇帝，他們首先要服從上帝。這種判逆式的陳情，

讓那些忠於皇帝及教會的諸侯，痛責這些犯上的反對派為 Protestants。從此，進行宗教改革、脫離羅馬教會的教派，遂通稱為 Protestants。就中文而言，Protestants 有很多不同的譯名，本文以新教，或新教徒，通稱之。

1530 年，皇帝查理五世在 Augsburg 召開諸侯大會（Diet of Augsburg），討論政事。這時，馬丁路德的改革同僚 Philipp Melanchton，在新教諸侯及自由市（Free Cities，自治的城市，如法蘭克福）代表的擁護下，呈給皇帝一份新教所主張的基督教信仰，稱為 Augsburg Confession，也就是路德派教會所認同的基督教義，共計 28 條信仰規定，或簡稱 28 條信規（28 articles）。這 28 條信規大部分與羅馬教會宣揚的基督教義，有所差異，實屬宗教思想的大革命。例如：信仰才是基督徒的條件，卻非善功；只有上帝才有 Free Will（自由意願），俗世的人沒有這種能力。羅馬教會對這份革命性的 28 條信規，自然是立即全面予以反駁。自此，羅馬教會與新教派之間，為了教義的解釋，持續展開數百年的激烈爭辯，其激烈與精彩程度，遠勝於回教與基督教神學家之間的爭辯。這 28 條信規不但深切影響後來的宗教改革家喀爾文（John Calvin,1509～1564），還成為英國新教女王伊莉莎白，制訂英國國教會 39 條信規的基礎。

在這次諸侯大會原來只是帝國的政事決策大會，卻因神性的 Augsburg Confession，造成喧賓奪主而聲名大噪。這次大會在俗世的政務方面，也有很重大的事蹟，那就是大會提出一份審判重刑罪的法律，拉丁文的全名是：Constitutio Criminalis Carolina（Carolina 就是「查理」拉丁名之變體）。這部刑律雖是號稱對付惡性重刑犯，但後來實際上卻多是用來捕捉女巫，

以酷刑處死之用。

宗教改革，自然是宗教神性方面的改革，旨在於革除羅馬教會千年累積下來的積習陋規。在神性方面的改革事項，那應是基督徒所關心的事，本來無需在此討論。但因為這些改革，對西方及後世造成很大的影響。我們仍將新教徒反對羅馬教會的一些觀點，也是改革的重點，略予簡介如下：

- 新教徒嚴詞抨擊羅馬教會只重儀式、唸經、行禮，卻未能重視基督教義所傳達的真理，諸如：耶穌救助貧弱、愛人濟世的言行。

- 羅馬教會歷經千年的演變，早已形成一個龐大複雜的官僚結構，這個疊床架屋的結構在基督教的經典中，從未提及，且對實現基督言行、救人濟世，並無功能，因此，無需此官僚結構的必要。

- 羅馬教會將耶穌母，恭為聖母，特加崇敬，又說有「煉獄」（Purgatory）等，許多神性玄祕之事。唯在基督教的經典中，從未述及這些神事；卻反而疏忽最重要的耶穌言行與教誨。

- 在神學思想上，羅馬教會認為：人有 liberi arbitrii（英譯：Free-will，中文有譯之為：自由意志；但勿與 voluntas，英譯：Will，相混淆：拉丁原文是兩個不同的名詞），還要行善功（Good works）；但新教，包括馬丁路德及喀爾文，都認為：人沒有 liberi arbitrii；新教又認為：一個好基督徒的必要的條件，在於其信仰（Faith），卻不是善功；

- 羅馬教會的教士必須獨身（Celibacy），新教徒認為經典中無此依據，而且基督教義讚揚和睦家庭（如：Col. 3; Tit. 2），連使徒彼得都有妻室，教士自是可以結婚成家。

自此,新教徒不但與羅馬教會分庭抗禮,在信仰方面也分道揚鑣。這些新教徒能脫離羅馬教會,並不容易,而是經過殘酷的文爭與武戰,血流成河,無辜百姓遭殃。至於這些蠻邦西方的宗教改革過程,特分別做出簡明扼要的說明如後,以便進一步認識西方政教權鬥的合縱連橫小史。

** 德國(德語區)地區的宗教改革

自馬丁路德在 1520 年,在威登堡當眾燒毀教宗的刺令後,各地人心普偏受到反抗有理的鼓舞。這時很多北德的諸侯加入馬丁路德的改革派,重新整頓各自教會的組織與教義,並與羅馬教會分割。這一派的新教徒通稱為路德教會(Lutheran),並且很快就傳到北歐的丹麥及瑞典。同時,德國久受壓迫的農民,在一些激進教士的煽動下,於 1524 年,發生反抗貴族地主的大規模暴動,一發不可收拾。這時馬丁路德站在貴族這一邊,譴責暴動,這個暴動在次年就被貴族鎮壓弭平。

1530 年之後,德國大部分諸侯貴族都加入新教派,皇帝查理五世發兵追討,並在 1546 年擊敗新教徒聯軍。唯在法國的暗助之下,新教貴族聯盟總算有了討價還價的餘地,兩邊終在 1555 年談妥和平條約(稱為 The Peace of Augsburg),雙方同意:各領地的貴族屬哪一派,領地的子民就屬那一派(Curius region, eius religio,英譯:whose region, whose religion)。於是兩邊總算獲得暫時的和平。

如果真的相信國際間和平條約的效力,那就未免過於天真。這兩教派捱到 1618 年,為了波希米亞(Bohemia)王位應由哪一派的人繼任而開

戰。這場戰爭不只是德國兩派之間的戰爭，還牽連到法國、丹麥、瑞典的介入，成為國際間的合縱連橫大作戰。雖然兩邊都是基督徒，卻為爭奪地盤而殺人盈城，實在看不到任何耶穌之愛。這場戰爭的傷亡非常修慘重，尤其是無辜的百姓，更是平白無故而遭屠殺。大科學家，開卜勒就不幸受害而亡。這戰爭打打談談三十年，雙方精疲力竭。直到 1648 年，雙方在德國的 Munster 簽訂最後一份停戰條約，稱為 Peace of Munster，終於結束戰事。後世有些人為方便計，將這些條約通稱之為：西發利亞條約（Peace of Westphalia）。從此，德奧境內總算獲得相當長久的和平與安定。

值得附帶一提的是三十年戰爭結束，神聖羅馬帝國已精疲力竭。法國自始就處心積慮，還暗助新教徒，想要從中得利。戰事結束後，法國受惠最大，還從神聖羅馬帝國奪取亞爾薩斯（Alsace）、洛林（Lorraine）及庇里牛斯山（Pyrenees，與西班牙交界）的地區。亞爾薩斯及洛林後來在德、法之間，數度易手，直到二次世界大戰之後，才歸屬法國。

** 瑞士的宗教革

在馬丁路德提出 95 條辯論議題的第二年，即 1518 年，瑞士蘇黎士（Zurich）有位剛剛獲任為 Great Minster 大教堂主祭的教士，茲文利（Zwingli，1484 ～ 1531），他深受荷蘭人文學者，易拉斯摩的影響，又細讀福音書中耶穌的一言一行後，對羅馬教會偏離耶穌愛人如己、關懷貧弱的精神，非常不滿。他上任後，疾聲批評教會只重唸經、行禮，包括：戒食（Lentenfasts）、獨身等儀式。他提倡遵行福音書中，耶穌的言行，

積極進行改革。1522年，瑞士大主教下令禁止茲文利批評教會，並停止改革。但蘇黎世的市民議會卻全力支持茲利文的改革大業。經過一場內部討論後，他把新約及舊約未曾說過的禮儀，包括：彌撒（Mass）、呼頌搖鈴（Chanting and Bell ringing），悉數取消。他於1525年，首次以改革形式在大教堂舉行祝禮儀式（新教徒改稱Service，不用Mass）。不幸的是在1531年，他率軍抵抗羅馬教會一派的攻擊而戰死。可幸的是他雖死，但蘇黎世的改革事業並未中止。

接下來，讓我們談論一位改變世界，或恐勝於馬丁路德的宗教改革家喀爾文（John Calvin，1509～1564）的改革故事。由於他的改革思想，不但產生英國的清教徒（Puritans）革命，還發生清教徒殖民北美，打造美國，以及移民美國的熱潮，直迄今日。

當宗教改革思潮進入法國時，甚受信徒歡迎。這時法王法蘭西斯一世（King Francis I，1515～1547在位）擔心改革會破壞體制，遂在1534年，開始壓制改革者。這時巴黎有位神學教士喀爾文，避難到瑞士的Basel。他在此地，依據新約及舊約的內容，寫出一份新的基督教義，稱為：Institutes of the Christian Religion。他據此新的教義內容，到各地新教徒聚集之地，講解基督教義。他曾到日內瓦（Geneva）宣揚他的基督教義。但因雙方對聖禮儀式發生爭論，他被迫離開日內瓦，並於1538～1541年間，到Strasbourg，幫助當地的新教徒。

1541年，一位羅馬的紅衣主教想到日內瓦，恢復羅馬教會的勢力。這時，喀爾文以他的新教信仰，寫了一份反駁羅馬教會的辯證文章給日內

瓦議會當局。由於論據充實、辯證有物，深獲日內瓦議會的激賞，並決定邀請喀爾文主持宗教改革大計。喀爾文則向議會表示，他要基於耶穌言行，將基督信仰與社會，合一而治。也就是說，要實行政教合一體制。這也獲得議會當局同意。

喀爾文是極其勤奮而努力工作的人，忠於基督言行，尤其注重基督教義中的道德操守。他認為，力行耶穌的道德訓示才是基督徒應做的事，卻不是執迷於宗教形式與禮儀。他的政教合一體制，完全不同於以前東方羅馬帝國、回教哈里發，或是西藏喇嘛教等政教專制政權。最重要的區別，是他並非為了增加自己的權力與財富，也不想用專制高壓來控制子民，他只想訂出符合基督教義的律法，讓人民過著奉守教義中的道德生活，建立一個和平公義的社會。他在日內瓦，依據教義中的律法道德，訂出青天法（Blue Laws），例如：到旅店住宿，不可玩牌賭博；若有人褻瀆神明、高聲詛咒，就必須受到處罰；掌櫃要在旅店公共地點放置聖經，供人閱讀。他還表示，如果一個基督教王權迫害其基督子民，這個王權政府就無權要求子民服從。這個觀念對後世新教徒產生極大的影響。

他於 1559 年，在日內瓦成立日內瓦書院（Academy of Geneva）宣揚他的改革派基督教義。這個書院為應付教宗的鐵衛，耶穌會的挑戰，特別加強教義辯證的訓練課程。許多外國學生紛紛慕名而來。書院開學的第一年，就有九百名外國學生入學，以後愈來愈多。更妙的是連屬於羅馬教會的學生，照樣可以入學。這時的日內瓦已成為新教徒的思想中心，還被稱為：新教徒的羅馬（The Protestant Rome）。

這些外國學生返國後，自然成為喀爾文新教義的傳播者。最著名的事蹟，就是當代英國新教徒為躲避瑪莉女王的追殺，很多人逃至瑞士避難，並進入這所學校受教。當伊莉莎白女王登位後，這些人全體返回英國，成為女王及英國國教會的骨幹，對英國造成深遠的影響。

喀爾文是位才智兼備的學者，他對教義的解釋，要比路德教派所做的，更為周延而詳盡，自然也就成為新教徒的思想主軸。在喀爾文的基督教義新解中，與羅馬教會最大的爭議，在於喀爾文認為：上帝創造萬物，決定萬物命運，所以人的命運完全取決於上帝的意志（voluntas Dei; Will of God）。亦即，人的命運早已被上帝命定或預定，包括：有些人不能得救，有些人（選民）能得救。能不能得救，全在於上帝，卻不在於子民是否有做善功（Good Works）。只有上帝才有自由意志（liberum arbitrium 英譯：Free-will，拉丁文原意：自由裁決權；#註），人沒有這種自由意志。因此，人不能光靠善功就能改變上帝的原訂計畫。這就是喀爾文派說的命運天定說（Predestination）。

羅馬教會自早就認為：人有 voluntas（Will，有人譯為：「意志」），也有 liberum arbitrium（Free-will，有人譯為：「自由意志」），做善功可得上帝的嘉許。羅馬教會對新教徒的基督教義做出這種「革命性的曲解」，自然憤怒無比，雙方脣槍舌劍，各自引經據典，不斷爭辯，直迄近世。

#註：voluntas 與 liberi arbitrii 在拉丁文是兩個詞，英文分別譯為 Will 及 Free-will。唯曾見中文分別依英文譯為：「意志」，「自由意志」，甚至依中文字面意義而大做其文章，更易迷失原意。對 liberi arbitrii

（或 liberum arbitrium）一詞，大多人使用「自由意志」做為中譯詞，似應譯為「自由裁決權」，表示有所選擇的能力。

此外，不管有沒有 Free-will，或 Predestination，那是他們西方基督徒的爭辯，吾等中國文化下的人，實無必要介入西方這種「白馬非馬，命色形，非命形也」的無謂爭論（可等他們自己辯證清楚後，再告訴別人）。

** 荷蘭（實應為：The Netherlands）的宗教改革

今日所謂荷蘭（The Netherlands）與比利時（昔稱 Flanders），在 1477 年之前，原是法國布根第公爵（Duke of Burgundy）的領地。因為當代布根第公爵的獨生女瑪莉，嫁給奧地利的哈布斯堡（Habsburg）王儲，也是後來的神聖羅馬帝國皇帝，馬克西米連（Maximilian）。於是這塊領地就歸屬哈布斯堡王室。他們的孫子，即查理五世，在 1506 年登位時，就順理成章的成為這塊土地的統治者。

喀爾文的宗教改革，非常成功。1540 年起，喀爾文新教思想逐漸傳入荷蘭。這些新教徒自恃理直，常愛以暴力方式，拆解當地教堂聖像，對教會繁縟的儀式，也不斷冷嘲熱諷。這時位於南方（比利時）的統治者查理五世的妹妹（也叫 Mary），尚抱著息事寧人的態度，經過談判，妥協後，雙方尚可相安無事。但至 1555 年，查理五世退位，其子菲利浦二世（Philip II）接管這片土地。他對北方荷蘭的新教勢力毫不妥協，除了用宗教裁判所（Inquisition）外，還用武力鎮壓，大肆捕殺新教派。在 1568 年，兩位有名望的新教派主事者，竟遭捕捉，並送至比利時斬首示眾。於是，荷蘭

人紛紛起而反抗。這些新教派就在 1568 年找到一位新教貴族奧倫治為領袖（WilliamI of Orange，他曾是查理五世的親信貴族）。

在奧倫治的經營下，新教派日益壯大，北部荷蘭的七個省，終於在 1581 年，正式宣告獨立，成立日德蘭聯合省（The Republic of the United Netherlands）。1585 年，英國的新教女王伊莉莎白，還派兵八千至荷蘭，幫助新教反抗軍。至 1609 年，由於新教反抗軍的勝利，雙方同意休戰。直到 1621 年，西班牙王菲利浦三世（King Philip III）終於簽字承認荷蘭的獨立。由於荷蘭原來就是個商業社會，擁有很多資產階層的商人及知識、藝術人士，所以很快就從戰後復甦。荷蘭雖因奧倫治的新教勢力取代羅馬教會的勢力，卻仍抱著開放的態度（主因是商業社會，較為實際、開放），允許各種新教派，甚至羅馬教會，和平共存。

** 法國的宗教改革

大家都知道，法國是個羅馬天主教國家，但恐怕很多人不知道，法國的天主教會並不受羅馬教廷的節制，法國教會的主教，都是由法國國王直接任命。

法國自早就以壓制羅馬教會及教宗為能事。1303 年，因教宗 Boniface VIII（1294 ～ 1303 在位）反對法王菲利浦四世（King Philip IV，1285 ～ 1314 在位）向教士收稅，法王怒而派兵直逼羅馬，教宗逃離，半途而死。新選出的教宗不敢戀棧，讓位給一位法國主教，是為克里門五世（Pope Clement V，1305 ～ 1314 在位）。這位法國教宗乾脆就把教廷遷至法國的

亞威濃（Avignon），致使教宗與教廷都成為法王的禁臠。

十六世紀初，法王法蘭西斯一世（King Francis，1515～1547在位）在1516年，以武力進逼羅馬，迫使教宗利奧十世（Pope Leo X，1513～1521在位）簽下條約，同意法國的教會由法王領導，主教悉由法王任命。自此，法國教會獨立於羅馬教會系統之外，不受教宗節制。

十六世紀中期，很多法國的教士也進入喀爾文的日內瓦書院，非常折服於新教思想。他們回到法國後，積極宣揚喀爾文的新教思想，深獲人心，信徒快速增加。改奉新教者，大多是貴族，以及具有技藝的中上知識階層。這些新教份子在法國通稱為雨格諾教派（Huguenots），勢力與日俱增。

唯這些新教徒認為自己的教義正確，有理即可走天下。於是對傳統教會的繁文縟節、違背教義之事，大加批評，甚至以行動阻止教堂的祭禮儀式，斥之為異教遺毒。這自然引起傳統教會的不滿，兩派之間的衝突日益擴大。1562年，法國官方對這些新教貴族開火，展開法國的宗教戰爭。這些新教徒在新教貴族的領導下，獲得勝利，還贏得新的地盤。這時，傳統教會的官方不得不承認新教派有信仰的自由。

唯這些新教徒並不以此為滿足，他們在各地舉行祕密聚會，經常與傳統教會發生衝突。這讓許多傳統守舊的信徒與官方，大感恐懼。皇太后 Catherine de Medici（1519～1589，是法王 Henry II 的皇后，HenryII 逝於1559年，1560年她則為皇太后攝政至1574年）對這些新教份子及其反動思想，早已厭惡，急思除之而後快。至1572年，她為拉攏一位新教貴族，Henry of Navarre，特將女兒許配給他，同時陰謀策劃在婚禮時，屠殺

新教徒。當婚禮進行時，皇太后及國王 Charles IX 引誘大量新教徒聚集至巴黎，然後下令集體屠殺，連續三天，血流成河，約兩萬新教徒遇害，史稱 St. Bartholomew's Day Massacre。但是使用這種手段只會擴大仇恨，雙方衝突擴大，難以收拾。

到了 1594 年，皇太后的兒子相繼過世，只有女兒及新教徒女婿 Henry of Navarre 尚存。經過持續的戰爭及協議後，新教徒女婿同意放棄新教信仰，皈依羅馬教會後，成為法王亨利四世（Henry IV，1589～1610，此即法國波旁王朝 Bourbon 之始）。亨利四世為保護新教徒及維持和平，特於 1598 年頒發詔書，稱為 Edit of Nantes，讓新教徒擁有信仰自由。這個詔書結束雙方的戰事，也給法國帶來和平與繁榮。

唯好景不常，到了亨利四世的孫子，波旁王朝著名的路易十四（Louis XIV，1643～1715）登上王位後，獨裁專制，還自視太陽王。他對新教徒自是不滿，視之為眼中釘。他終於在 1685 年，下令作廢他祖父的宗教容忍詔書，大肆迫害新教徒，迫使大批新教徒移居國外，以英國、荷蘭、德國居多。這些法國新教徒以知識、技藝階層居多，他們出亡國外，對法國而言，實為一大損失。

路易十四迫害新教徒，並不表示他要教會歸宗羅馬教廷。事實上，他只是想要嚴格操控法國的教會。路易十四不但直接操控法國教會，不容教宗置喙，連各教區的主教，都由貴族擔任，藉以攏絡貴族。於是，法國教會自成一格，與其他教會有所不同。

清末，自從英法聯軍之後，天主教會也大舉來到中國傳教。後來發生

天津教案引起中國人的憤怒，很多中國人就把這筆帝國主義的帳，也算到羅馬教廷的頭上。這些清末的天主教傳教士與明未清初來華的傳教士（如利瑪竇），是不同的來源、不同的特色。前者都是經法國政府同意來華的傳教士，與羅馬教廷並無直接關聯；後者則是羅馬教宗派遣來華的傳教士，以耶穌會教士居多。

** 英國的宗教改革—英國國教會（Church of England）與清教徒（Puritans）革命

(1) 英國成為新教國家的簡史：

十六世紀初，當德國的馬丁路德、瑞士的茲利文都在反抗羅馬教會，搞宗教革命（後世美其名為「改革—Reform」，實質上就是「revolution—革命」），英國的知識階層（都是神學知識份子）也蠢蠢欲動。但英王亨利八世（Henry VIII，1509～1547 在位）宣布反對宗教改革，也反對路德教派，還鎮壓那些改革份子。當時的教宗利奧十世（Pope Leo X）非常感激，還對亨利八世頒贈「信仰守護者」（Defender of the Faith, DF）的封號。這個封號一直為英王所沿用，直迄今日（今日仍可在印有女王圖片的錢幣上，見到簡寫「DF」的封號）。這時，雙方魚水相歡，自然太平無事。

1533 年，亨利八世想請教宗克里門七世 (Pope Clement VII，1523～1534，教宗利奧十世的堂弟) 結束他與元配 Catherine of Aragon 的婚姻關係，以另娶情婦安波林（Anne Boleyn）為王后。教宗克里門不同

意，並在次年，即 1534 年，宣告他與安波林的婚姻無效。亨利八世大為震怒，斷然切斷英國教會與羅馬教會的一切關係。他還趁機沒收英國所有的修道院，將其財產由自己及親信貴族朋分。他同時要求國會通過英王至尊法案（The Act of Supremacy），讓他成為英國教會的至尊領袖（Supreme Head；這個尊稱到伊莉莎白一世女王時，認為教會的 Head 應是耶穌，故改稱為「Governor」of the Church of England，直迄今日的伊莉莎白二世）。從此，英國，至少在理論上，已是個「政教合一」國家（只是歷代英王對俗世權勢的興趣，遠大於神性的宗教）。

安波林是宗教改革派的同路人。亨利八世把反對他離婚的主教處死後，就讓安波林的家庭教士，一位劍橋出身的克蘭摩（Thomas Crammer，1489 ～ 1556），擔任大主教，同時負責教會脫離羅馬教會的改變事宜。克蘭摩本身就深受宗教改革的影響，是位改革份子，他仿習路德新教派的思想，訂出英國國教會（The Church of England 或稱 Anglican Church）的宗教信仰。

亨利八世於 1547 年過世，其子愛德華六世（Edward VI，1547 ～ 53）繼位。他也是新教的擁護者，所以繼續讓克蘭摩放手進行改革。1549 年，克蘭摩與其新教夥伴，為求統一及簡化宗教禮儀，合編一份禮儀規範（Book of Common Prayer）；到 1553 年，又重新修訂英國國教會的宗教信仰，稱為 42 條信仰規定（42 Articles of Religion），成為英國國教會的信仰及教義。

自亨利八世於 1534 年與教宗斷絕關係後，對羅馬教會普遍不滿的知識階層，正好找到宣洩的機會，大肆抨擊教宗及羅馬教會，大快人心。這個由國王默許的反對運動雖然聲勢浩大，痛責教會曲解基督教義，卻沒有定型的中心思想，大家對教義的解釋也不盡相同。唯自這兩份禮儀規範及 42 條信仰規定出現後，正好可以建立並統一英國國教會的信仰及教義。看來一切順風如意，但事實上，只是風浪還沒降臨。

很不幸，愛德華六世只當了六年的國王就因病早逝。由其妹瑪莉女王（Queen Mary，1553～1558）繼位為女王。瑪莉非常忠於羅馬教會，她一登位，馬上就迫害新教份子，大肆屠殺。光在 1556 年，她就把 300 名新教份子，包括克蘭摩，在牛津大學附近，送上火刑柱處死。她把英國搞成恐怖世界，讓後人稱她為：血腥瑪莉（Bloody Mary）。這時，新教知識份子大批逃住國外，絕多逃至瑞士，進入喀爾文的日內瓦書院。幸好瑪莉女王在位五年就過世了，由其妹伊莉莎白繼位。她是安波林的女兒，自幼就受到新教思想的影響，又喜好文藝，與其姊瑪莉大不相同，於是英國的政教局面，又大為改觀。

新教女王，伊莉莎白女王（Queen Elizabeth，1558～1603）在 1558 年登位後，英國的新教思想才真正開始蓬勃發展。尤其那些逃至日內瓦書院，深受喀爾文思想薰陶的神學知識份子，對當代英國新教思想的建立，產生極大的影響。

因為女王也是教會的至尊領袖，所以女王及國會急思樹立新的政教

體制。到 1571 年，國會通過新教思想的基督教義及信徒守則，稱為「Thirty‑Nine Articles」（39 條信仰法規，或「39 條信規」）。這信規是將克蘭摩的 42 條信仰規定稍加修正而來。經女王簽署後，公布實行。這個信規是英國在宗教信仰及行事方面的最高準則，特別是教士在教牧信徒時，應有的思想及言行標準。用現代觀念來說，等於是宗教信仰的「憲法」。由於當代英國可說全體都是基督徒，所以這部 39 條信規自會在有形及無形之間，影響到全體英國人的思想及觀念。

⑵ 盎格魯撒克遜新教徒自負之始：

任何新興起的國家、社會，在起步之時，為了提高士氣，無分古今中外，都會在有意無意之間，大肆宣揚自己的優點，以壯形色。唯興亡難測，很多曾經自負的國家，都已淪落，如：埃及、土耳其，今若聽到其自誇之詞，外人至多只有同情與嘆息。今日英語文化仍佔優勢，故若聽到：英語民族的天命（Destination），或見到殖民地的英軍墓碑上寫著：「一位英國戰士，為英國光榮而死」之類的話，聽來就格外刺耳。其實，任何國家一旦富強，都會發生這種現象，這也是人性之一。現在讓我們就事論事，略為觀察一下盎格魯撒克遜自負之始。英國的新教徒認為羅馬教會那一套（污名之為：popery，papists），都是以宗教迷信來壓榨信徒的劣俗陋行。自伊莉莎白新教女王登位後，尤其是那些從日內瓦書院返國的神學知識份子，將喀爾文的新思想帶回英國，加上學者大量投入宗教改革行列，英國的新教徒認為自己的新思潮，遠勝於羅馬教會的陳腐思想，於是都抱著濃厚的優越

感，振振有辭的蔑視羅馬教會，貶損羅馬天主教徒，已成常態。

英國是以喀爾文思想為骨幹的新教體系（稱為：Anglicanism）。喀爾文這一派有個神學觀念是：命運天定（Predestination），意思是說有些人早已預定會獲救，有些人不會。英國較為激進的新教徒，多自視勤奮虔誠的基督徒，當然屬於可以獲救的人，自是上帝的選民（the Elect）。在這種思潮鼓舞下，加上對羅馬教會及其教徒的輕蔑，就在不知不覺中，培養出自大的性格。伊莉莎白女王時代，為提高英國新教的志氣，貶低國內及國外（西班牙）的羅馬天主教，經常可以見到宣揚盎格魯撒克遜新教徒的偉大事蹟。

讓我們見識一下盎格魯撒克遜新教徒自己所說的動人情操：

十六世紀時，伊莉莎白女王派兵前往荷蘭，義助荷蘭新教徒反抗哈布斯堡王室的西班牙軍隊。一位很有教養的英國貴族 Sir Philip Sidney，在 1586 年防守 Zutphen 要塞時，與西班牙軍隊發生激戰，不幸重傷，生命垂危。這時一位英軍士兵拿瓶水給 Sidney，希望他在死前能享用一口清水。但 Sidney 卻把水瓶轉送給一位垂死的西班牙士兵，說道：他比我更需要水喝……（Thy necessity is yet greater than me）！

這就是典型盎格魯撒克遜新教徒騎士精神的傳說之一。這一類故事，流傳至今。

伊莉莎白時代，新教徒對羅馬天主教徒的迫害，甚至報復的情況，仍然嚴重，卻少見諸史書。這唯一的原因就是新教女王伊莉莎白，在

位長達 45 年，所有迫害之事，不是淹沒、就是輕描淡寫，不留痕跡。其實，這也是歷史常態，歷史一向是由勝利者所說所寫。昨日如此，明日亦復如此。

(3) 清教徒與英國內戰

伊莉莎白於 1603 年逝世，因她沒有子嗣，故國會迎請她的堂弟亨利七世之孫蘇格蘭王為英王，是為詹姆士一世（JamesI，1603 ～ 1625 在位）。

伊莉莎白在位時，英國國教會中，有許多新教份子屬激進的喀爾文主義者。英國國教會的教徒對這些激進份子戲稱之為 Puritans（中譯：清教徒，意思是想要清洗教會）。他們不但想要徹底清除羅馬教會的陋習，還要建立一個政教合一體制。最糟的是他們認為在這個政教體制下，國家應由資深教士集體領導（Synod）。女王當然不會同意，對他們敬而遠之。俟詹姆士一世成為英王後，他們認為機會來了，積極遊說，期望能改變政府與教會的體制。這等於削弱並分享國王的權力，詹姆士當然也不會同意，也非常厭惡這些激進份子的清教徒。在詹姆士的授意下，英國國教會的大主教勞德（William Laud，1571 ～ 1645）藉統一信仰之名，迫害這些激進的清教徒。這些清教徒多稱之為分離份子（Separatists；後來為了互相容忍，改稱之為 Dissenters or Nonconformists；守規矩的國教會信徒則稱為 Churchmenor Conformists）。於是，很多分離份子紛紛逃至荷蘭、北美（包括 1620 年，五月花號移民北美）。

不過，詹姆士對英國國教會仍有不小的貢獻，那就是他在 1611 年，出版欽定英文版的聖經，通稱為 King James Version，簡稱 KJV Bible。傳統的拉丁版自此不再使用。亦即，在英語地區，教義的解說悉以 KJV 版本為準。

詹姆士自認「天授王權（Divine right of Kings）」，又極奢靡，經常與國會發生嚴重衝突。他又愛與信奉羅馬天主教的西班牙王室攀交，都讓許多新教議員大為不滿，雙方嚴重對立。詹姆士逝於 1625 年，他與國會爭鋒的後災，留下給自己的兒子查理一世（Charles I，1625 ～ 1649 在位）。

查理一世也是天授王權的信徒，自然也和國會不和。他也繼續壓迫偏離國教會主流的信徒。1630 年，清教徒的貴族領袖 John Winthrop 為了維護自己的信仰、避受歧視，率 1,500 徒眾移民北美，隨後幾年之間，約有三萬清教徒移民北美。這個移民狂潮，從未衰減，直迄今日。查理一世與國會議員的鬥爭，終在 1641 年演變成內戰。在這反抗王室的革命中，有一位劍橋出身的清教徒克倫威爾（Oliver Cromwell，1599 ～ 1658），屢戰屢勝，成為反抗英王的領袖。這場內戰直至 1646 年，查理一世戰敗受俘後，才算中止。至 1649 年，克倫威爾主導下的議會將查理一世送上斷頭台處死。

克倫威爾是一位極有軍事天才的清教徒。他和法國 Huguenots 新教徒一樣，擁有喀爾文的思想，對壓迫基督子民的暴君，敢怒敢恨，沒有效忠的義務（這與孟子說的：君之視臣如土芥、則臣視君如寇讎，

不謀而合）。自擊敗查理一世後，他自認是上帝賜給他的使命，所以志在捍衛其信仰並以保護英國為己任。他以清教徒的宗教道德觀，獨裁統治英國。例如：戲劇是腐蝕人心的不良活動，一律禁止，連莎士比亞名劇，皆在禁止之列。甚至聖誕節也被視為羅馬教會的陋俗，但礙於千年傳統，不便完全禁止，只是不予鼓勵。英國人在清教徒統治下，過了十餘年的清心寡慾的聖賢生活後，直到克倫威爾在 1658 年過世後，才告結束。

克倫威爾死後，群龍無首，各派首腦為避免戰爭，決定迎回逃至荷蘭的查理一世之子為英王，是為查理二世（Charles II，1660 ～ 1685）。查理二世是位心胸寬大的快樂國王，在他統治下，一切清教徒的嚴格戒律，包括：禁止戲劇，悉數取消，英國又恢復了原有的活力。至此，英國已成為一個穩定的新教徒國家。

** 羅馬教會的改革—召開宗教大會

那些曾經接受羅馬教會開化的蠻邦的國家，德、瑞、法、荷、英，紛紛脫離羅馬教會的宗教禁梏，發展出自己的教義及思想之後，羅馬教會也有人想要自我改革。但千年累積下來的舊習陋俗，以及眾多的既得利益團體，想要推動改革，實非易事。

首先提出改革意見的教宗，就是保羅三世（Pope Paul III，1534 ～ 1549 在位），他在 1545 年在義大利的川特（Trent，義大利文：Trento）召開宗教大會，期能共同研討教義及改革事項。但這個大會並不順利，開了

四年，在 1549 年就因難行而中止，然後開了又停，歷經四位教宗，直到 1563 年，教宗庇烏四世（Pope Pius IV，1559～1565）在位時，才告結束。

這個以改革為宗旨的會議前後總共花了十八年，其性質神似中國在民國初年所舉辦的「國事會議」，熱鬧有餘，革新無力。小改變是有一些，例如：停止發售赦罪券、強調教士獨身及道德操守、各教區加強教士的選用與訓練；大改革卻連計畫都難以提出，自是成效不彰。

事實上，只要看看發動改革大會的教宗保羅三世，也是著名的藝術贊助者（他本名：Farnese 在藝術史上佔很重要的地位，他請米開朗基羅在 Sistine 教堂做出著名壁畫，在羅馬的著名建築 Palazzo Farnese，為後人欽賞），卻以用人唯親而出名，他甚至把兩個年輕姪子任命為紅衣主教（Cardinal），其中一位姪子 Ranuccio Farnese，還只是十五歲的少年（1542 年，文藝復興大畫家 Titian 還為這位少年畫了一幅名畫）。連發起改革大會的教宗，都以個人利益為優先，在此背景下，還要談改革、革新，其效果不問可知。

不過，羅馬教會還是為自己的教義，舉出許多辯證與解說。例如：彌撒禮的必要，教堂的圖畫、雕像，都是給那些不識字的人講解之用，且易引發虔誠之思，不是給那些只讀一點書就橫發妙論的新教書生。無論如何，經此一波又一波的攻防激辯後，羅馬教會總算為自己的教義，做出相當完整而堅定的信仰理論。在這個川特宗教大會上，還發生兩件知名於後世的大事，略述如後：

(1) 教會發佈禁書名單（List of Prohibited Books，簡寫：Index）：

在召開 Trent 宗教大會時，自教宗保羅四世（Pope Paul IV，1555～1559）起，對所有不符教會思想的人物、思想家、科學家及其著作，悉數列為禁書，包括：馬丁路德、喀爾文、哥白尼、迦利略、開卜勒，甚至後來的著名學者，包括：盧梭、洛克，伏爾泰，以及寫出羅馬帝國興亡史的英國歷史學家 Gibbons，悉數列入禁書名單，禁止信徒閱讀。這個禁令直到二十世紀的 1966 年，羅馬教會才正式廢除。

不只於此，1864 年，教宗 Pope Pius IX，又嚴詞譴責啟蒙時期的思想家，諸如：盧梭、洛克、伏爾泰，認為他們的學說造成社會動亂，是人世間最大的禍源，並將這些學者及其著作悉數視為異端，列入謬論摘錄（Syllabus of Errors），不能容於基督教，禁止流傳與閱讀。幸好當時羅馬教會對西方各國毫無約束力，只被當代西方人當作茶餘飯後的笑談。由此可見羅馬教會整個官僚體系的遲鈍，以及如何與時代脫節。

(2) 教宗的鐵衛先鋒，耶穌會（The Jesuits or The Society of Jesus）：

一位西班牙人羅耀拉（Ignatius of Loyola，1491～1556），在 1534 年與一些信仰堅定的友人，在巴黎成立耶穌會的組織，1540 年教宗保羅三世核准並支持這個社團。耶穌會的會員以絕對效忠教宗為主旨，並希望由教宗一匡天下。於是，耶穌會就成為教宗打擊新教勢力的前鋒。在教宗的加持下，許多富有的良家子弟，紛紛加入耶穌會。這些耶穌會的修士多是當時各地富有的知識份子，忠於傳統的基督教信仰（即：羅馬教會），排斥「離經叛道」的新教。

為應付新教徒的反叛意見，羅耀拉深知他們應加強辯證訓練，培養說服對方的人才。於是，耶穌會就在各地設立學校，訓練後進。經耶穌會設立的學校，至 1640 年時，有人做過統計，已高達五百所左右。當代正處於天文科學萌芽時期，羅馬教會反對地球繞日的「邪說」，為了應付這些「邪說」，很多耶穌會修士也投入天文學的研究。無論其原始動機為何，這些耶穌會的天文學者，對天文學也有很大的貢獻（例如月球地區的命名，耶穌會學者以古時天文學家的名字為名，流傳至今）。由此可見，耶穌會並非只會橫眉怒批新教徒，而是想從知識、學術角度，與新教徒辯駁，絕非只會高喊口號的等閒之輩。

他們以教宗為後台，以文攻武鬥，對抗新教份子。他們明言，可以用盡各種手段，包括：偽裝、欺瞞、避重就輕（Dissemble、Prevaricate：這些都是牛津字典用語）等，不擇手段，以達其目的。他們為教宗穩定江山，確實也立下汗馬功勞，例如把捷克（波希米亞）、波蘭從新教勢力下，奪回重歸羅馬教會陣營。這就是為何新教徒如此厭惡耶穌會。

但也因為這些修士的盛氣勢凌人，或急於向教宗表功，而得罪各國王室，造成信奉羅馬天主教的法國、葡萄牙、西班牙等王室，都對耶穌會極其不滿。甚至有耶穌會修士涉入炸藥暗殺英王詹姆士一世的案件（1605 年 11/5，Guy Fawkes 之陰謀）。由於眾怒難犯，羅馬教會終於在 1773 年，由教宗克里門十四世（Pope Clement XIV）下令撤銷耶穌會。唯這個撤銷令直到 1814，又被教宗庇護七世（Pope Pius VII）

解禁，恢復名義，唯其氣勢已大不如前。

** 宗教改革對蠻邦西方的影響

革命性的宗教改革，對蠻邦西方，造成下列兩種無與倫比的影響：

(1) 自從蠻邦西方脫離羅馬教會的宗教鉗制與思想桎梏之後，他們的知
    識階層在相當自由、開放的環境下，能夠充分表達自己的意見，
    開拓新知。到十七世紀下半期，這些知識階層打造出啟蒙時代
    （Enlightenment），接下來還創出亮眼的現代文明。

    當代無論是東方、回教世界，都沒有這種拓展新知的開放環境。就連
    羅馬教會所控制下的義大利「老西方」，他們的知識階層，受制於教
    會，自然難有表現。最著名的實例就是義大利科學家迦利略（Galileo
    Galilei，1564 ～ 1642）與德國科學家開卜勒（Johannes Kepler，1571
    ～ 1630），兩人分處兩地，卻造成不同的下場：

    • 迦利略只是曇花一現，就被教宗烏爾班八世（Pope Urban VIII，
    1623 ～ 1644 在位）強迫承認錯誤，軟禁終生。

    • 德國新教地區的開卜勒，不但開創天文學的傑出成就（包括行星
    運動定律），還成為啟發後世（包括牛頓）的科學先驅。

(2) 這些蠻邦西方人痛責羅馬教會只重儀式、唸經、祈禱，卻疏忽基督
    教義所傳達的真理。這個真理就是上帝及耶穌要求信徒遵奉律法（The
    Law）中的道德行為（Morality），包恬：己所不欲勿施於人、不貪取
    別人財物、救助貧弱、愛人如己。這些蠻邦國家在進行宗教改革時，

都改而重視基督教義中的律法道德，並實行教義中的道德訓言。關於力行道德教義的詳情，容我們以後論及西方的律法時，再加以說明。至此，蠻邦西方的宗教改革已大致完成，並與羅馬教會分庭抗禮。

2. 西方的啟蒙（Enlightenment）；為何啟蒙只發生於蠻邦西方

** 理性（Reason，Reasoning）簡述

西方的啟蒙時期亦稱為理性時代（Age of Reason）。Reason 英文意思為：the cause of, or justification for, something，中文為：事情的發生原因，或發生此事的正當理由。Reason 字源的拉丁文是 ratio，其原意尚有：方法、記錄等意義。羅馬教會神學權威艾奎那在其神學總覽中，處處表明上帝的言行（或基督教的教義）都有其 ratio，亦即：有其「正當的原因及道理」，不是無中生有、隨興而出。後來的基督教學者都把艾奎那的學說奉為正宗，即使新教的教義理論大師（包括日內瓦，喀爾文及其繼承人，Theodore Beza）仍受其影響。

當代知識份子都是研讀基督教義的書生。他們皆曾熟讀經書的訓示：上帝就是 sapientiae et scientiae（wisdom and knowledge，智慧與知識；知識與科學兩字之源，容後再敘）；上帝要把知識傳遍人世間。所以追求知識（scientiae，英文的 knowledge）是一個好基督徒的條件之一。既然要追

求上帝的知識，當然就要仿效上帝依據「正當的原因及道理」，亦即 ratio 來論事，不可信口胡言。因此，追尋事情的原因，亦即 reason 或 reasoning（ratio，ratiocinatio），做出合乎道理的結論、說出合理的話，成為西方高端知識份子的基本觀念。

當蠻邦西方自宗教改革、不受羅馬教會的宗教思想鉗制之後，都從基督教義中，逐步開拓出新的知識天地，而且經過不斷的演變，知識愈來愈寬廣而豐富。

** 蠻邦西方啟蒙小史

十七世紀中期，法國出現一位著名的學者笛卡兒（Rene Descartes，1596–1650）。他生於不受羅馬教會節制的法國，故雖是羅馬天主教徒，又出自耶穌會的學校，卻非常有自己的想法。他又是一位數學家，他把幾何圖形運用數學方法顯示在平面座標上，稱為解析幾何（Analytic Geometry）。解析幾何還促成牛頓及萊布尼茲所創出的微積分。從他的數學長才就可知道，他的思維是非常嚴謹的從一個已知事實，演繹出一個新的結果（即 Deduction）。易言之，只要經過合理的推理（reason and reasoning），終會尋得滿意而合理的結果。他認為，人也可以利用這種理性思維，經過嚴密的推理，探索出靈魂、自然、世界，甚至於上帝的存在。他的學說在當代西方知識階層引起極大的迴響，通稱為：「Cartesianism（笛卡兒學說）」。他的盛名四播，連西方各國王室貴族都喜歡附庸文雅，談論他的思想，以示先進。新教徒的瑞典女王特聘他至瑞典講學。因笛卡兒

是羅馬天主教徒，瑞典女王對他極為欽佩，甚至願意改奉羅馬天主教。

　　深受笛卡兒影響、且極有名氣的德國數學及哲學家萊布尼茲（GottfriedLeibniz，1646～1716），也同樣認為，只要運用合理的推理方法，就可以證明世間許多謎團，包括證明上帝的存在。這些思想也有稱為唯理主義（Rationalism）。他和笛卡兒非常類似，卻是一位虔誠的新教徒。他認為，理性的心態不但是造物主創造世界的依據，也是上帝的本質。可是他堅決反對將無法理解的事務，只用上帝的啟示及恩典，就輕鬆做為解答。他曾直言駁斥那些大談理性，卻愛以天啟神恩做為解釋疑難的主教。

　　由於萊布尼茲的才智與學術，他深受德國漢諾威（Hanover，即英王喬治一世的家族）貴族的禮遇，又曾為布蘭登堡公主私人講習（有圖為證，為德國大畫家 Theobaid Freiherr van Oer 所繪）。由此即可說明當代西方王室對啟蒙學者及學術的愛好與支持。此外，萊布尼茲還對中國文物發生興趣，他對八卦圖上的記號，用長線及斷線（即連、斷：乾三連、坤九斷，猶如 0 與 1 兩種符號）就可展現不同的排列與組合，非常感到興趣。

　　早在十七世紀初，曾在英王詹姆士一世時代擔任高職，卻被國會彈劾入獄的大哲學家培根（Francis Bacon，1561～1626），在其晚年做出有關科學分析的研究。他認為，從觀察實際的事務，歸納出一個共通的原理（Induction：Inductive reasoning）是科學研究的根本方式。他的思想對後世造成很大的影響。

　　當代歐陸的法德學者（笛卡兒、萊布尼茲）倡言唯理（Rationalism），想要從數學或其他已知的事實，推論出結論。但英國的學者，如大名鼎鼎

的洛克（John Locke，1632～1704），則承襲培根的思想，認為從觀察實際事務中，才是探求事務真理的方式。英國這一派學者通稱 Empiricists，中文有譯為：實驗派，其學說則稱為：Empiricism。這兩派學者之間自然有些爭辯，但以事後之明看來，演繹法與歸納法對分析事物都同等的重要，不能只靠一種方式。

大家對洛克最熟悉之處，就是他主張人生而平等、自主、自由，而且人的生命、健康、自由、財產，不應受別人的損害。他還倡言，政府的功用就是制訂法律，用法律保護人民，促成大家共同的幸福。他的學說還成為美國獨立、法國大革命與西方民主制度的理論基礎。無論如何，這些初期的啟蒙學者，至少都還是虔誠的基督徒。例如洛克，他在 1695 年還寫了一本《基督教的理性》（The reasonableness of Christianity），廣受知識份子的歡迎。從此書名看來，連大思想家洛克都在宣揚基督教義的「理性」（ratio），由此可見基督教義與艾奎那的神學著作，對後世西方學術，包括理性啟蒙，所造出無遠弗屆的影響。無論如何，對西方以外的外邦地區而言，實難想像出理性啟蒙與基督教義的關聯性。

進入十八世紀後，啟蒙的新學者，蜂擁而出，造成百家爭鳴的局面。最特別的是這些啟蒙者，多已在排斥基督教義中的迷信部分，卻積極倡導基督教義中的人性道德。例如：法國著名的文學家伏爾泰（Voltaire，1694～1778），他雖出自耶穌會學校，卻極力批評基督教會。他說，他相信有一位創造大自然及天地山川的造物者，但這位造物者絕非教會所說那位高深莫測的神祕上帝。像他這種想法的學者，在十八世紀時，已多如

過江之鯽。這種新的思想通稱為自然神論（Deism），在當代頗為流行。大科學家牛頓（Issac Newton，1642～1727）就是其中之一。另外一位與伏爾泰同期的啟蒙大師，民約論（The Social Contract）的作者盧梭（Jean-Jacques Rousseau，1712～1778），他本身出自喀爾文新教家庭，長大後，就抱有濃厚的自然神思想。在當代法國，這些愛以理性思想論事的新潮知識份子（即：不依附教會的傳統神學觀），通稱為「哲學家」（法文：philosophes，即英文的 Philosophers）。

還有一位著名的哲學家就是 Denis Diterot（1713～1714）。他與一些志同道合之士，包括伏爾泰，合編十七巨冊的百科全書（Encycopedia），介紹現代新知，以提高人民的知識水準。有趣的是在這本百科全書裡，對於「基督教」，非常讚揚耶穌的精神，但對基督教會，與教會對社會的功能，則給予相當負面的評價。

當代還有一些啟蒙思想家，排斥基督教義中的神性部分，卻倡導福音書中的耶穌言行，認為耶穌就是一位道德家。例如：英國一位學者，Matthew Tindal（1657～1733）在 1730 年編了一本《Christianity as old as creation》，強調宗教是要依照律法道德，讓人民過著遵守道德的生活。蘇格蘭在十八世紀也出了一位著名的哲學家休姆（David Hume，1711～1776），他屬實驗派的學者。他雖在宗教氣氛濃厚的蘇格蘭，絕少論及神學，卻對道德做出很多的論述。他的學說深切影響到亞當斯密（Adam Smith）及康德（Immanuel Kant）。

到了十九世紀之後，許多哲學家、知識份子甚至表達反基督教的言

論，包括：基督教的奴隸道德，宗教是鴉片，甚至出現很多無神論者。至此，基督教，對西方社會、學術的影響力，可以說已經微不足道。蠻邦西方在理性啟蒙的驅策下，知識、科學（#註）不斷飛躍進步，加上商業的拓展及擴張，終成為世界文明的領頭羊及帝國主義者。

自宗教改革以來，蠻邦西方從脫離教會的思想鉗制，並去除宗教迷信之後，才能走向人文理性的過程看來，後世一些基督教的宗教家，動輒愛說基督教創造現代文明，這種說法顯然與事實背道而馳，不足為訓（為何最古老的基督教國家，衣索比亞、喬治亞，卻沒有創造任何文明？）。

#註：「知識」與「科學」兩個名詞的根源

就英文而言，「knowledge」及「science」分別表示「知識」及「科學」，是兩個不盡相同的兩個名詞。若再用中文來說，「知識」與「科學」更是不相干的兩個名詞。尤其「科學」一詞，尚表示出一些特殊意義。

蠻邦西方的語文，皆源自拉丁文。讓我們看一下，這兩個名詞的字源是什麼。在拉丁（Vulgate）舊約及新約中，常可見到「知識」一詞，如：上帝的知識；賜我智慧與知識。幾乎所有被譯為「knowledge」的拉丁文，都是「scientiae」（暫不論其字尾變化）。例如：（上帝的）**智慧**與**知識**，

其英譯為：wisdom and knowledge

其拉丁原文為：sapientiae et scientiae

在艾奎那的神學總覽中，同樣幾乎所有的「知識」，亦即英譯為「knowledge」的字絕多都是「scientiae」。只有一小部分是另一個字：

cogitionis（字尾變化後，成為 cognitionem, cognition 等）。

由此看來，當西方興起科學後，就把「scientiae」專用於較專業的高端知識：「科學（知識）」；那麼「普通的知識」，英文就改用「knowledge」成為兩個不同意義的字。如果再看一下其他西方國家的名詞，更易了解：

拉丁：**cognitionis/scientiae**（原來都是「知識」之意）

英文：**knowledge；science**

義大利：cognizioni, conoscenza；scienza

法文：connaissance；science

德文：wissen；wissenschaft

從這個文字演進過程看來，中文的「科學」在西方原版的意義，只不過就是「知識」而已。後來西方人把那些經過「理性推理」以及「觀察實驗」後，或更精確的說：運用演繹法（Deduction）與歸納法（Induction），找出結論的「**scientiae**=知識」，專稱之為「**scientiae**」（其實仍是「知識」）。十九世紀末，日本學者向西方取經，日文及中文則將「**scientiae**」選取「科學」兩個漢字來表示。

在清末民初，一般中國人則多視「科學」含有特別意味，似與帝國主義的船堅炮利、洋學堂、傲視中國學術、科學怪人、……有所關聯；甚至還有高舉「賽先生」，甚至還有些老派學究，批評「科學」，看來「**scientiae**」是有些巍巍乎、玄奧的洋玩意兒。

「科學」一詞，在當代對一般中國大眾而言，確實產生一些誤導與迷

惑。從前述字源故事就可知道，「科學」就是合理的「知識」而已，沒什麼特別之處，只是不包括那些沒有根據、人云亦云的「知識」，例如：輕功、風水、占卜，還有漢儒說的陰陽五行。

事實上，中國的蠶絲、瓷器，就是合理的「知識」，也就是scientiae（科學）的成就。西方人把蠶絲、瓷器拿去研究，發揚光大，做得更好而精緻，也是scientiae（科學）。再用中國古書的說法：「天下之物，莫不有理；即物而窮其理」，就是scientiae（科學）。可惜的是中國古時的讀書人，把時光盡放在：「通過科考為官」，實在無暇去遵行「即物而窮其理」的古訓而已。

** 支配西方文明進步（vs. 回教文明退步）的實質關鍵者：當權統治者

從上述宗教改革與理性啟蒙的簡史看來，西方的知識及科學文明，顯然不是靠著宗教的神啟，也不是靠睿智國王的英明指點，而是靠西方知識份子默默耕耘，薪火相傳，不斷累積而成。西方早自十一世紀就注重教育，大學不斷設立，培育人才，經過數百年的歷練，從脫離宗教神權鉗制後，蠻邦西方的知識份子（如法國的 philosophes）在開放的環境下，得以盡情發揮才智，自然得出善果。這背景也是其他文化地區，包括：東方、回教世界、中國所無者。

為何蠻邦西方的知識份子能盡情發揮才智，開創嶄新文明？莫非西方早有大學，所以才會人才輩出？事實上，這並不正確，因為回教世界的大

學，例如埃及著名的開羅大學（Al-Azhar Univeristy，約於十三世紀設立）、巴格達兩所著名的伊斯蘭大學（分別於十世紀及十三世紀設立），並不亞於西方基督教地區所設立的大學（**#註**）。何況十二世紀，回教世界是知識先進，還將古希臘學說傳入西方。當時的蠻邦西方仍是十足的蠻邦。中國早已有大學形態的國子監，宋朝也早有白鹿洞書院，連漢朝光武帝就是太學生出身。顯然，有沒有「大學」這樣的學府，並非興落關鍵。且讓我們再做進一步的觀察如後：

當代蠻邦西方有個特色，那就是這些蠻邦除了國王、貴族的政治統治者之外，還有一個屬於羅馬教會的宗教信仰統治者：羅馬教會。這兩個統治者通常都有心結，並不和睦。所以，當時的知識份子，無論是教會知識份子或俗世知識份子，只要不得罪自己的主子，都有批評對方的空間。亦即，他們的知識階層在政教夾縫中，仍有一個非常狹窄的言論空間（在其他文化地區，連這麼狹窄的空間都沒有）。最明顯的實例，就是馬丁路德公然反抗教宗，卻獲德國貴族的保護；喀爾文逃離法國，卻能受到日內瓦議會的重用，荷蘭（應是 The Netherlands）領主 Orange，允許臣民信仰自由，容許批評羅馬教會，英國知識階層（大多為宗教知識份子）在英王亨利八世的允許下，可以肆意批評教宗及羅馬教會。

這些改變世界的宗教改革家，他們之能開創新局、發展新思潮，全靠支持他們的當權統治者。若非德國貴族、日內瓦議會、荷蘭領主、英王，支持這些「改革者」，這些改變世界的「偉人」連生存的機會都沒有。只要看宗教改革的百年前，波希米亞（Bohemia）著名主教 Jan Hus

（1369～1415）倡言改革，得罪教會。當時的統治者，神聖羅馬帝國皇帝，Sigismund（Holy Roman Emperor，也是波希米亞國王）支持羅馬教會，Hus就遭教會以火刑處死，甚至被世人遺忘（名氣遠小於馬丁路德與喀爾文）。無論是馬丁路德、喀爾文，或是 Jan Hus，不論他們受尊為一代宗師，或是送上火刑柱的罪人，都取決於當權統治者的支持與否。若德國貴族不願包庇馬丁路德，他就會遭遇 Jan Hus 同樣的下場，且早被世人所遺忘。

再看一下西方的理性啟蒙，那些啟蒙大師、思想家、科學家，都是受到統治王室的讚許與支持，或至少是能夠潛至國外避難。例如：英國的快樂國王查理二世(The Merry Monarch，Charles II)，對科學家非常親善及禮遇，還贊助成立英國皇家學會（Royal Society，1661）及格林威治天文台（Royal Greenwich Observatory，1675）；德國漢諾威女公爵家族（House of Hanover／Electress Sophia）禮遇大科學家萊布尼茲（Gottfried W. Leibniz）；普魯士菲特烈大王（Frederick the Great）禮遇法國文豪伏爾泰（Voltaire）。

但是這些大思想家、大科學家，都受到羅馬教會的強烈譴責。例如：1559 年，教宗 Pope Paul IV，將所有改革家、科學家的學說及著作，皆列入禁制名單（Index）；1864 年，教宗 Pope Pius IX，嚴詞譴責啟蒙時期的思想家，諸如：盧梭、洛克、伏爾泰，將這些學者及其著作悉數謬論摘錄（Syllabus of Errors），禁止信徒閱讀與流傳。

若是這些蠻邦西方的啟蒙知識份子，仍處於羅馬教會，或東方正教會、回教蘇丹，甚至於中國明清專制王朝的統治之下，那些打造現代文明

的西方科學家、思想家、改革者，沒有一個能夠存在。即使存在，其下場也悲，迦利略及 Hus 就是現成榜樣。

我們可以根據西方文化快速發展的歷史事實，歸納出下列結論：文化雖然皆由知識份子所創造；但知識份子必須依靠統治者的容許與支持，才有機會出頭成長；反之，若知識份子未能獲得統治者的容許與支持，就難以出頭，知識、文化自然難以進步。這樣說來，也許不很中聽，卻是冷酷的現實。

總而言之，先有開明的統治者（包括：撒克遜大選候、日內瓦議會、漢諾威王族、菲特烈大王），然後才會有開創文化的知識份子（包括：馬丁路德、喀爾文、萊布尼茲、伏爾泰）；「知識份子」常有，而「開明的統治者」不常有，故雖有很多優異「知識份子」，祇辱於奴隸人之手，駢死於槽櫪之間，不以「才智」稱也。統治者甚至仰天長嘆：缺乏人才！

＃註：西方最早的大學

謹將西方（包括北義大利「老西方」）及美國最早的大學列之如後。

西方（歐洲西方）最早的幾所知名大學及其最早出現的年份：

University of Bologna（義大利）1088

University of Paris（法國）約始自 1150

University of Oxford（英國）號稱 1096；實際 1167（學者從巴黎大學回來發展）

University of Cambridge（英國）1209（牛頓在此上學）

University of Padua（義大利）1222（哥白尼在此上學；迦利略在

此任教）

University of Krakow（波蘭）1364（哥白尼在此上學）

University of Pisa（義大利）1343（迦利略在此上學）

University of Heidelberg（德國）1386（在馬丁路德的影響下，最早變成新教的大學；大哲學家黑格爾在此大學）

University of Leipzig（德國）1409（萊布尼茲－Leibniz－在此上學）

University of Tubingen（德國）1477（開卜勒－Kepler－在此上學）

美國最早的大學

Harvard University（哈佛，波士頓）1636

College of William & Mary（威廉及瑪莉學院，維吉尼亞）1693

Yale University（耶魯，康州）1701

University of Pennsylvania（賓夕凡尼亞大學，費城／賓州）1740

Moravian College（摩拉維亞學院，賓州）1742

Princeton University（普林斯頓大學，紐澤西州）1746

3. 西方知識文明的縮影：美國國會圖書館、傑弗遜與富蘭克林

** 美國國會圖書館

美國首府華盛頓特區，國會大廈後方，有一座古典的宏偉建築，

那是國會圖書館（Library of Congress）之一的傑弗遜圖書大廈（Thomas Jefferson Building）。這座建築於 1888 年，經國會同意起建，直到 1897 年完工啟用。對一個觀光客蜂擁而至的華府而言，這座大廈雖不受外國觀光客的青睞，卻是暗藏玄機，不僅美侖美奐、藏書如山，且見證西方文明的發展，以及盎格魯撒克遜新教徒開拓美國，終至領袖世界的縮影及精華。

這座圖書館外觀是採用文藝復興時期的設計。進入大廈至其雙層中庭，地面是彩色雕花大理石，四處都是柱廊、壁畫、雕像、馬賽克圖像、彩色鑲嵌天窗，可說是集文藝復興、巴洛克（Baroque），直到法國藝術學院（Beaux Arts）風潮之大成。莊嚴的閱覽室就在高大壯觀的圓頂之下。

西方偉人的雕像，如宗教方面的摩西、使徒保羅、探險家哥倫布、藝術家米開朗基羅、戲劇家莎士比亞、哲學家培根、科學家牛頓，四處可見。室內各處牆面，都飾以有意義的壁畫，包括學術、科技的成就，其中一幅強調：知識、智慧、見識、哲學的重要性。中庭的樓梯口還豎立一座羅馬智慧女神 Minerva 的精美雕像（其實就是希臘的智慧女神雅典娜，羅馬人改為己用，稱為 Minerva），她以優雅姿態張開手中的捲軸，提醒世人追尋知識的殷切期望。

這座大廈充分展示西方三個耀眼的藝術（Fine arts）：繪畫(Painting)、雕刻(Sculpture）及建築（Architecture）。圖書館中最古老、也是最珍貴的古物就是十五世紀一本巨大的聖經手抄本，以及一本 1450 年代，第一部古騰堡 (Gutenberg) 印刷機所印出來的聖經。

事實上，西方設立圖書館，已有很長遠的歷史，除了梵蒂岡、牛津、

劍橋等，這些久享盛名的圖書館外，還有很多歷史悠久的圖書館，諸如愛爾蘭 Trinity College、奧地利 Melk Monastery 修道院的圖書館，光是這兩座古典圖書館華麗的建築設計，就令人嘆為觀止。這些著名的圖書館，正是西方先進文化的特徵，亦可看出西方社會對知識的重視。西方的知識成就，並非偶然，值得外人學習。

**國會圖書館的創建者

這座國會圖書館有兩位創始人，一是美國第四任總統傑弗遜（Thomas Jefferson，1743～1826），另一位則是富蘭克林（Benjamin Franklin，1706～1790）。這兩位人物應是美國開國之父（Founding Fathers）中，除華盛頓外，最廣為人所熟知、且經常受人津津樂道者。他們兩人，一是地主資產階層出身的知識份子；另一位則是身無恆產，全靠苦讀上進而出人頭地的知識份子。他們的成長時代，正是西方啟蒙時代的後期，當代知識階層早已培養出：「拋棄宗教迷信、以理論事」的風氣。所以他們兩人雖然都出自基督新教的家庭，卻和當代知識份子一樣，皆以理性關注俗世的事務，不談神啟天意、排斥宗教迷信。

他們兩人雖都不喜好神性的宗教與教會，但並不表示他們反對基督教。相反的，他們兩人都非常重視基督教義中，為人處世的道德觀念，並且力行基督教義中的道德規範，做一個守法守分的好人。他們都認為，宗教的目標在於教導社會大眾的道德觀念，造出一個和平、公義的和諧社會，卻不光是唸經祈禱，甚至落入迷信的境地。其實，這種觀念正是理性啟蒙後，西方知識階層所流行的觀念。

** 國會圖書館創建者：美國第四任總統傑弗遜

　　這圖書館的藏書，數量驚人，自不在話下。最引人注目的就是傑弗遜總統所提供的圖書。談到這些圖書，就得從其歷史說起。美國首府在1800年，自費城遷至華盛頓特區，國會需要圖書館，故特別訂法設立一座新的圖書館。設立之初，只有750冊書籍。至1814年，在英美開戰期間，英軍攻佔華盛頓，燒毀國會大樓。圖書館以及僅有的藏書付之一炬。戰事結束後，國會圖書館已是個沒有圖書的空頭館了。這時，退休居於維吉尼亞鄉間的前總統傑弗遜，慨然將自己私藏的圖書，共6,487本，以象徵價贈給國會圖書館。這就是為何這座圖書館以傑弗遜為名的原因了。令人驚奇的是傑弗遜個人的書籍收藏就高達六千五百本，實難想像。美國當時尚屬「西方」的邊區，從傑弗遜的藏書，不難想像當代西方知識階層對追求知識的熱忱。再看美國最早的兩所大學，哈佛（Harvard，1636創立）、耶魯（Yale，1701創立）也都是由哈佛、耶魯兩人捐出大批圖書而開始。西方重視知識、學習新知的風氣，才是讓西方快速成長並超越各大文明古國的關鍵因素。

　　傑弗遜否認基督教的三位一體（Trinity）、處女懷胎（Virgin Birth）等神性教義。但為了宣揚教義中的律法道德，他將基督教四部福音書中的神跡玄祕之事，悉數刪除，只將耶穌實際的言行及道德訓示，編纂成書，訂名為《耶穌的生平及道德訓言（The Lifeand Morals of Jesus of Nazareth）》。這本書明白表達他對基督教義的理念：耶穌是一位偉大的

道德導師、以身作則的道德榜樣，卻不認為他是一位法力無邊的神。他在草擬美國的獨立宣言時，就不用當代常用的「上帝」（God），而使用「造物者（Creator）」這個名詞來代替。

他和富蘭克林兩人都勤於讀書，但絕非食古不化、思想頑固的書蟲，而是樂於利用知識、拓展新知的知識份子，非常符合孔丘所說的：君子不器。傑弗遜在建築方面的傑出創見及成就，對美國的建築藝術，造成很大的影響。1789 年，他仿效古希臘羅馬的建築，建造維吉尼亞州政府辦公大樓（State Capitol）。他又傾心於威尼斯古典建築家 Palladio 的設計理念。在他卸任總統（1801 ～ 1809），回到維吉尼亞老家 Monticello，為自己建造 Palladio 型式的住宅。至 1817 年，他設立維吉尼亞大學時，仍以 Palladio 的觀念，建造了一座圖書館。他這兩棟建築設計都包含一個 Palladio 式的圓頂（通稱為 Rotunda）。這也是為何這座傑弗遜國會圖書館也採用 Rotunda 式的圓頂設計。1792 年，他還設計出 Palladio 式的總統辦公建築，可惜未能採用。若去參觀他在 Monticello 的故居時，都會驚異於他對新知及新技術的研究熱忱，例如他親自設計出一扇對開的門，可以同步對開，或對關。他這種創造發明、求新求變的精神，正足以代表美國的立國精神。

** 國會圖書館創建者：苦讀出身的建國者富蘭克林

當代美國，愛書、求知並非傑弗遜獨有的現象，而是相當普遍的現象。就以另一位建國之父富蘭克林來說，也是一位求知若渴、苦學出身的

知識精英。為鼓勵讀書風氣、推廣知識，他於 1731 年就與一群志同道合的書友，在費城合組讀書會（Junto，意為：聯合在一起），出資購書，成立圖書館，共讀共享知識。這個圖書館很受歡迎，至 1773 年，遷至費城木匠公會的二樓。次年，即 1774 年 9 月，美國反英的第一次大陸會議就在木匠公會一樓舉行。這時，二樓的圖書館就免費供代表使用。當第二次大陸會議在費城的獨立廳舉行時，這個圖書館仍然續供代表使用。美國獨立後，在 1787 年的制憲會議時，很多國會議員都成為這個圖書館的理事。因此，這個由富蘭克林主辦的圖書館，已成為實質的國會圖書館，直到 1800 年，首府遷至華盛頓才告中止。

從富蘭克林的自傳中，就可了解他對教會體制的輕視。他來自長老教會，卻公然質疑教會所說的選民（Election）、棄民（Reprobation）等不合理的教條。他對教會許多牧師，花費大量時間教導信徒讀經禱告、遵守節日禮儀，甚至要禮敬教士，卻未費心宣導教義中的道德行為，不敢苟同。

他對教會雖有這些反感，卻一點都不否定教會對社會的功能。他一直定期向教會捐款，並與教會協力促進社會公益活動。他認為宗教就是要對世人提供道德的教化，讓信徒大眾能夠明辨是非善惡，做個好公民，造出一個幸福、和睦的社會。因此，他自是注重美德，並認真的實行。他曾為自己訂出十三項道德行為的目標，其中包括：節制、秩序、儉樸、勤勞、誠實、正直、謙虛，並定期檢視成果。特別為了做到謙虛，他把耶穌及蘇格拉底做為仿效的榜樣。

他認為道德應在於實行，而非空口說教，並應以誠信、誠實待人處

世。他又是個非常實際的人，例如，他認為行善救濟挨餓受凍的人，不能光給這些人精神上的勸勉，而是讓他們得到食物及衣物。他的誠實及正直，在其自傳中表露無遺。在他 1755 年協助政府（英國）與法軍作戰時，他還曾忠實的記錄政府英軍的劣跡：「搶掠居民財物，毀壞貧苦人家房舍，如有反抗，則加以打罵、監禁。就這些事已夠讓我們覺得不需要這樣的保護者了」。從此就可知道他為何主張脫離英國而獨立了。

至於富蘭克林在實驗、研究方面的事蹟，早已廣為人知，包括他對電力的興趣，放風箏試閃電，以及研究改良火爐（後世稱為 Franklin Stove）之事。從此就可知道為何美國是開創新知的先進大國了。

**從傑弗遜與富蘭克林看西方社會領袖的特色：培養人才、教育後進，不謀己利

不只於此，他兩人們還有更重要的事蹟，那就是他們培養人才、教育後進的精神。富蘭克林早於 1749 年，聯合費城的士紳及各派教會長老，設立一所大學。這所學校就是今日著名的長春藤名校賓夕法尼亞大學（Penn. University）。他自己都說，他最愉快的事，就是見到年輕人能在此學校受到良好的教育，擴充學識，以備將來能造福國家、社會。

傑弗遜總統於卸任後，在 1819 年在家鄉維吉尼亞，設立了維吉尼亞大學。傑弗遜說過，在他過世後的墓碑上，只要刻上他的三個成就，一是擬定獨立宣言、二是在維吉尼亞訂出宗教容忍法，第三就是設立維吉尼亞大學。

從這些事蹟就可知道這兩位建國之父（Founding Fathers），也是國家領導者，既有見識，又有遠見。他們為了後代的持續繁榮，在完成建國大業後，專心於教育後進、培養人才，以供國家社會所用，卻沒有為自己的榮華富貴而謀取私利。難怪，天下盡歸盎格魯撒克遜人矣！

　　即使傑弗遜與富蘭克林，亦非完美無瑕的好人。只要查閱美國宣告獨立時，英國報章、漫畫對美國那些建國之父們的評論，包括譏諷他們都是：高高在上的奴隸主、走私客、沒有信仰的無神論者，自私的偽君子……。就可約略知其大概了。其實，世界上並沒有十全十美的人，這些批評並沒有折損他們的美德與功勳。相對於許多號稱民主國家的當權者，他們最大的不同僅在於「謀國利民 vs. 謀私利己」的差別而已；而這一點，才是決定功、過，或好、壞的關鍵。

　　其實，他們：「奉公守份、不謀私利」的精神與美德，並不只是他們兩人獨有的特質，而是西方社會經過數百年來的調教，才培養出來的一種社會文化，或社會習性。這種經過數代之久才累積而出的社會習性，絕非那些自稱民主國家，在短期內就能仿習而得。這也說明為何西方以外的「民主國家」會經常出現貪腐瀆職的政府領袖。傑弗遜與富蘭克林在這些國家，包括：印度、菲律賓，根本無法存在，這也就是許多國家難以落實民主的徵結所在。

** 傑弗遜與富蘭克林是知識份子的典範

　　若細從傑弗遜與富蘭克林身上觀察，不難發現西方能超越各大文明古

國，發展出耀眼文明，其特質若只用一句話來說明，那就是：擁有知識。而知識都是由鑽研知識的人 ─ 知識份子 ─ 創造而出。傑弗遜與富蘭克林正是這些知識份子的典型代表。

目前有許多國家仍習於痛責西方。但光是痛責西方，僅能逞口舌之快，是不夠的。世界上沒有被惡聲罵倒的對手，只有被強手打倒的對手。古語說：與其臨淵羨魚，不如退而結網。同樣道理，與其痛責西方，不如退而學習西方之長，補己之短，讓本國的傑弗遜與富蘭克林也有機會出人頭地，這才是與西方競爭、試比高下的正途。

三

西方的藝術成就

1. 西方的繪畫：文藝復興的「為宗教服務」，至今日的「為收藏服務」

（一）文藝復興時期的繪畫

** Giotto Di Bondone（1267～1337，文藝復興初期的著名啟蒙畫家）

　　羅馬帝國自狄奧多西皇帝起（首都已在康士坦丁堡），就是政教合一的高壓極權。他們把耶穌畫成一位深不可測的天神，還能把亞伯拉罕、亞當從墓中救出，直升天堂。但自十三世紀起，聖方濟修士會宣教時，強調耶穌為救世人而受到的苦難與悲戚。由於教宗的加持，這種觀念迅速流行，並成為繪畫主題。

　　佛羅倫斯的畫家 Giotto di Bondone 就將耶穌受難、救人事蹟，做為繪畫主題。他棄用單調凝重的傳統式畫法，自行創新，做出生動亮麗的宗教畫，又將人的臉部及身體加上明暗色調，以顯立體感。其代表性名畫為 The Betrayal of Christ 及 The lamentation of Christ（1303～1306 所作），Madonna Enthroned（1310 年創作）。他勇於脫離沉悶嚴肅的羅馬帝國東正教式（希臘式）的畫法，實屬革命性的創新之舉，為繪畫藝術建立一個新

的里程碑。

另外一個義大利文藝復興重地 Siena 的畫家 Ambrogio Lorenzetti 於 1338 年，在當地市政廳做出百姓生活連環壁畫（英文名稱為：Allegory of Good and Bad Government），而不是以宗教為繪畫主題，頗屬難得。自此，北部義大利的繪畫藝術快速蓬勃發展。

** Masaccio（這是簡名，全名太長而不常用，1401～1428）

十五世紀初，一位年輕的畫家，也是一位創新求變的畫家 Masaccio，藉當代新發展出來的透視技巧來作畫。他最出名的壁畫是 The Tribute Money，敘述耶穌叫彼德在魚肚中取錢，交給攔路的稅吏。可惜他英年早逝。當代一位熟悉透視學的義大利畫家 Piero della Francesca（1415～1492），就對透視法做出簡要中肯的說明：把物體及其表面，依照遠近而縮小或放大的表現方式。這種透視畫法，已成為繪畫的主流。

** 達文西（Leonardo da Vinci，1452～1519）

達文西最與眾不同的地方就是喜歡「研究創新」。這也是其他人所難能及的地方。他把繪畫技巧詳細作成紀錄，以供研究分析。他為了認識人體的肌肉，還解剖很多人體。他經常費時研究數學與透視法、色彩與光的關係。他最著名的畫，自應是：The Last Supper（最後晚餐，約在 1495～1498 創作），畫出耶穌與十二門徒在最後晚餐的場景。這幅畫至今仍在米蘭市的一座道明修士會修道院（名為：Santa Maria delle Grazie）的牆上。

這幅畫的人物姿態與房間的透視法，一直為後世奉為圭臬。

達文西最出名並普受人知的畫，自然是：蒙娜麗莎（Mona Lisa，繪於 1503 ～ 1505），另一幅具有典範的作品則是：The Virgin of the Rocks（約繪於 1508）。這兩幅名畫均藏於巴黎的羅浮宮。從蒙娜麗莎這幅油畫中，就可看出他的創新畫風：對人像的畫法，特以色彩的明暗顯示立體感及柔和感，這種方式稱之為 Chiaroscuro；在此畫的輪廓及遠景，他又創出新的畫法，「sfmato」（大意為：模糊其邊緣）及「aerial perspective」（大意為：遠方景色加以藍色霧化處理）畫法。成為後世的典範。

達文西的畫作會如此出名，還有一個原因，就是當代有一位著名的建築及藝術史家 Giorgio Vasari（1511 ～ 1574），對達文西的評價極高，對蒙娜麗莎更是推崇備至，特稱讚為表達畫中有詩的藝術典範。把達文西推向高峰的事件，自是 1515 年，法王法蘭西斯一世（King Francis I）禮聘達文西至其宮中擔任 Premier Painter and Engineer and Architectto the King（可譯為：國王的繪畫、工程及建築總監）。可惜他到法國時，年事已高，到 1519 年就因體弱多病而逝。當他生病臥床時，法王還親臨床邊慰問，是藝術家受到的最高禮遇。

達文西原是「石匠」出身，不但能享譽藝壇，還受到國王特殊的禮遇。這情況也只有在西方才可能發生。若在其他文化地區，包括：回教世界，或中國，這種「石匠奇遇記」的事情，實難發生。這種只問成就、不論出身的現象，正足以說明為何西方的藝術，會有如此輝煌的成就。

** 米開朗基羅（Michelangelo Buonarotti，1475 ~ 1564）與拉斐爾（Rachael Santi，1483 ~ 1520）

他們兩人的影響力，已無需在此贅言。他們兩人在教宗 Pope Julius II（1503 ~ 1513 在位）授命下，各在 Sistine Chapel 及教宗書房（Stanza della Segnatura）分別做出創世紀與雅典群賢（The School of Athens）的名畫，與蒙娜麗莎一樣，受到舉世推崇，直迄今日。

拉斐爾曾畫一幅 Sistine Madonna（1513 年），這是聖母抱聖嬰，兩位聖人及小天使在旁。這幅畫充滿溫和慈愛的人性，完金脫離傳統的嚴肅畫法。他還有一張真人畫像（1515 年，他為「宮廷禮儀」作者 B. Castiglone 的畫像），輪廓清楚、色調華麗，極有神韻。這幅畫對後世的真人畫像，產生很大的影響。

** Titan（1480 ~ 1576），威尼斯大畫家

Titan 是威尼斯最著名的畫家，畫風稍異於佛羅倫斯及羅馬的畫風，以色彩艷麗、構圖生動為特色。他有非常自主的風格，別人稱讚之為：畫中有詩（painted poems）。他最出名並影響後世畫風的作品包括：The Assumption of the Virgin（1518）；Bacchus and Aiadne（1523，Bacchus 是羅馬的酒神，Adriadne 是位棄在島上的公主，兩人一見鍾情），以及騎馬執弋的神聖羅馬帝國皇帝，查理五世（Charles V）的畫像。這幅畫是 1548，Titian 受命至 Augsburg，為查理五世所創作的畫像。據說 Titan 的畫筆掉到地上，查理五世親自撿起交給 Titan，還說：Titan 值得受到皇帝的侍候。

** Mannerism（十六世紀初期，扭曲誇張的畫風）

1506 年，羅馬出土一件稀世古物，這是希臘古祭司 Laocoon 及其兩子被海蛇絞殺的大理石雕像。三人扭曲肢體、奮力掙扎，非常生動，而且轟動一時。米開朗基羅與拉斐爾深受這種生動姿態的影響。米開朗基羅在完成 Sistine 屋頂畫三十年後（約 1536 年），受命在 Sistine 教堂的中牆上，再畫出另一幅名畫，最後審判（Last Judgment），人物都是身體扭曲，肢體表情豐富，與屋頂上以前作品的畫風，明顯不同。拉斐爾過世前的名畫（約 1518 年）The Transfiguration（耶穌成道升天），也展現出這種扭曲誇張的姿態。

像這樣把肢體及表情做出誇張形態的表現方式，在 1520 年代之後，逐漸蔚為風潮。尤其在佛羅倫斯的名畫家 Pontormo(真名 Jacopo Carucci，1494 ～ 1556），在 1525 年所畫的耶穌之死（The Entombment），人物充滿各種表情與姿態，肢體扭曲，特立自主的風格，表露無遺。此後，這一類畫風非常流行，成為主流，通稱之為 Mannerism。

在前面談論達文西時，曾提及當代著名的建築及藝術史家 Giorgio Vasari，也愛繪畫。他在 1570 年，曾創作出聖徒路加畫聖母（St. Luke Painting the Virgin）的像，更是姿態表情俱豐，實屬 Mannerism 畫風的典型作品。

另外有一件非常著名並極具爭議性的畫，就是佛羅倫斯畫家 Agnolo Bronzino（1503 ～ 1572）在 1545 年畫的維納斯與丘比特（An Allegory with Venusand Cupid），含有豐富的色情風味。此畫後為倫敦大英藝廊（National Gallery）所收藏。當維多利亞女王見到此畫後，就對這幅畫的色情部分，

表達不滿的異見。當時的館方揣摩上意、略加修改。但後來，大英藝廊認為不可因為女王一句話而逕自改變古人的原著，於是決定復歸原樣。從此可見西方社會對藝文原作者的尊重。

（二）繪畫藝術重心轉至北方的法荷德英─為「帝王富貴者服務」

先要說明的是文藝復興前的西方，並沒什麼法國、英國、德國、荷蘭之分，那是數百年之後才有的「國家」。不過為方便計，仍以今日的國名稱之。文藝復興前，義大利的北方，都是蠻邦的封建王國，互相爭戰掠奪。這些蠻邦人受到義大利的藝術文明之影響，也各自發展出具有特別風格的藝術品，甚至青出於藍，創出更輝煌的成就。

** Flanders（比利時、南荷蘭）及德國，注重寫實（Naturalism）的新派畫家

羅馬、佛羅倫斯、威尼斯的畫家大多為「宗教」而畫。這是很現實的問題，因為「施主」絕多是教宗、教會、信仰虔敬的領主。但北方地區都是國王貴族掌權。當他們也愛藝術、附庸風雅時，他們不一定非要宗教的神性圖畫不可。人的生活、人物，只要美麗動人，皆可入畫。繪畫藝術的新局面自此展開，並以自然、寫實為重。特為簡介北方地區幾位最具代表性的著名畫家：

- **Jan van Eyck**（1390～1441；Flanders）：他是十五世紀初，荷蘭極具

創新風格的畫家。他也是法王之弟 Duke of Burgundy 的宮廷畫家。他創作很多宗教及人物圖畫，非常寫實，極受歡迎。他最著名的畫是 1434 年的 The Arnolfini Portrait（一對富商夫婦居家牽手的寫實畫）。是北方畫家傳世的代表作品。這幅畫中的景物繁多、色彩濃艷，光線明暗的搭配及表現，久為後世畫家及畫評家所研討的對象。尤其兩人背後的圓鏡，反映出前方人物以及看似一位造訪的客人。這些特色都成為後人討論的話題。

- **Pieter Bruegel the Elder**（1525 ～ 1569；Flanders）：他是十六世紀荷蘭極具自主特色的畫家。他畫出很多風景及人物圖畫，尤其愛畫小農的生活畫（例如他 1568 年的名畫 Peasant Wedding），故別人暱稱他為「農夫 Bruegel」。他在 1565 年畫了六幅季節風景畫，配以當季人物（例如：Hunters in the Snow），非常有名。當時極少人會去畫這種寫實景物。可以說是從他開創風氣，創作出風景寫實畫。

- **Albrecht Durer**（1471 ～ 1528；德人）：他是文藝復興時期，義大利文藝地區以北，最出名的偉大畫家。他的畫風注重自然（Naturalism），他的名言就是：Art is truly in Nature。前述威尼斯大畫家 Titan 的師輩 Bellini，就曾稱讚他的畫作極好（自然也讓他遭到當地同儕畫家之嫉妒）。他廣為後人所熟知的畫作，不只是他的人物風景畫，尚包括他根據古時星座圖（Ptolemy's Almagest），以神話中的人物及動物所畫出（北半球可見的）的夜空星座圖（如大熊座；但由於視點的不同，他畫的與今日的星座正好反向）。他的天份不只於繪畫，他更以活

板製作的圖片（Printmaking，即板畫）而聞名。這些板畫都是宗教性的圖畫（流傳後世最出名的就是 1498 年創作的：Four Horsemen of the Apocalypse：啟示錄的四騎士），在當代西方流傳甚廣。他是北方德語區著名的大畫家，甚至於能在 1520 年，前往今日比利時的 Aachen，參加神聖羅馬帝國皇帝查理五世的加冕典禮。唯在宗教改革時期，他屬於支持改革的藝術家。

- **Hans Holbein**（1497 ～ 1543；德人）：他是德國畫家之子，家學淵源，擅長人物畫。他到英國成為亨利八世（Henry VIII，1509 ～ 1547 在位）的宮廷畫家。他除了以亨利八世的畫像而知名外，最出名的畫作就是 The Ambassadors（1533，現存於倫敦的大英藝廊），畫出愛好新知的法國使節及主教。從這幅圖畫中，可以看到地球儀、觀天儀器、書籍、樂器，充分顯示當代西方人對科學、地理、藝術的高度興趣。

** 法王 Francis I（1515 ～ 1547 在位）及西方（荷法英德）逐漸形成藝術重心

1515 年，法王 Francis I 以女婿身分登上王位。當時正值文藝復興盛期，他自然深受影響，非常愛好藝術，並受人尊稱為：「文化人（Man of Letters）」。他登位不久就邀請達文西入宮為藝術顧問，禮敬有加。達文西還把蒙娜麗莎一併帶至宮中。

1530 年，他把位於 Fontainebleau（這地方有個詩情畫意的中文譯名：楓丹白露）的打獵別墅改建為豪華的宮室，收集大量藝術珍品。當時正值 Mannerism 畫風流行，故當時收藏的藝品也多以此為主。1527 年，神

聖羅馬帝國皇帝查理五世，攻入羅馬，囚禁教宗，許多著名畫家（多為 Mannerism）逃往法國。法王就聘請他們為宮殿的建造顧問。這個宮殿的藝術品，包括蒙娜麗莎，後來悉數轉至巴黎的羅浮宮，成為羅浮宮的珍品。

由於文藝復興的風潮，蠻邦西方（法英德荷）王室貴族及其子弟深受其影響，都愛以藝術文學的水準來肯定自己，卻不是像他們的祖先（如：法王路易九世、英王愛德華三世）只愛用戰爭及武功來肯定自我。從法王 Francis I 禮聘達文西，又喜歡受人敬稱為「文化人」，或神聖羅馬帝國皇帝查理五世，尊重大畫家 Titian 等等事蹟顯示，這些蠻邦人逐漸從好戰尚武，轉而注重藝術文化，也非常尊重藝文專業之士。自此，蠻邦西方逐步邁入文明、藝術之途。

與法王 Francis I 同代友人的英王亨利八世，雖然殘暴，卻非常通曉文藝，他也特別禮聘荷蘭畫家 Hans Holbein 為宮庭畫師。其女兒，愛好文藝的伊莉莎白在 1558 年登位後，還產生了所謂英國的文藝復興。當代英國最出名的藝術莫過於戲劇文化，還產生莎士比亞，盛名滿天下，已無需在此處細表。

位於德國的神聖羅馬帝國，年輕的 Rudolf II 皇帝在 1576 年登位。他更是藝文、科學的愛好者。他於 1583 年，將皇室從維也納遷至布拉格，積極收藏藝術珍品（當時仍是 Mannerism 時代，收藏品亦以此為主），大幅提升愛為藝術的風氣。

1578 年，荷蘭南部的七省，聯合反抗西班牙的哈布斯堡王室，獲得成功，自稱為 Republic of the United Netherlands。1602 年，荷屬東印度公司

成立，積極拓展海外商業，造成經濟空前繁榮。1648 年，這個新的共和國在阿姆斯特丹市起建一座富麗堂皇的市政廳（後改為王宮），自稱為世界第八奇觀。在如此富裕年代裡，繪畫雕像藝術盛行，致荷蘭畫家多如過江之鯽，從宗教畫到風景、人物畫，無所不有，還造成黃金時代。荷蘭畫壇的風光，容敘於後。

** 義大利 Baroque（中譯：巴洛克）風潮的開拓人物：Annibale Carracci, Michelangelo Caravaggio 及 Gianlorenzo Bernini

十六世紀的宗教改革以來，新教徒極力抨擊教宗及教會背離耶穌教義，只重儀式、唸經，還執迷於圖像敬拜之風。羅馬教會為反擊新教徒，也召開宗教大會，確立自己的宗教信念。在繪畫方面，羅馬教會堅持，圖像是給不識字者所用的基督教經書，有助於加強信仰之功能。故教宗 Pope Pius IV 在 1563 年的敕命，仍然堅定支持圖像，但要發揚基督教義、展現宗教神性的恩威，不能含有淫亂之形象。從此，義大利的畫家（仍是 Mannerism 當道）心中有數，必須調整畫風、謹慎遵令而行。

至 1600 年，義大利出現幾位風格創新、承先啟後的畫藝巨匠，一位是 **Annibale Carracci**（1560 ～ 1609），他在 1600 年創作的屋頂壁畫 Polyphemus Attaching Acis and Galatea，宏偉壯麗，為其代表作；另一位是 **Michelangelo Caravaggio**（1571 ～ 1610），他的特色是愛以深黑為底色，顯出莊嚴之感，從他 1601 年創作的名畫「The Martyrdom of St. Peter」，深黑的底色，特別彰顯彼得被行刑手倒綁在十字架的掙扎動作，無論是肌肉、

表情，都非常生動。從此就可看出他的特殊風格。這兩位承先啟後的畫家，他們的風格形成新的潮流，深切影響後世。

　　1623 年，教宗 Pope Urban VIII 登位（就是曾幫迦利略，後又軟禁他的那位教宗）。他也是一位非常愛好藝術及藝術的贊助者，他聘請很多藝術家到教廷服務，其中一位就是後來鼎鼎有名的 **Gianlorenzo Bernini**（1598-1680）。他善於雕刻、建築及繪畫。他最著名的傑作就是 1656 年為聖彼得大教堂廣場所設計的兩個半圓形拱廊。他又是虔敬的信徒，從他流傳於後世的自畫像中，就可看出他嚴謹明析的風格。

　　從此之後，這一類色彩華麗、充滿感性的畫，通稱之為 Baroque。事實上，這一類繪畫之源始，在於宗教目的。特借用當代一位名畫家 Andrea Pozzo（1642 ～ 1709）對此類 Baroque 繪畫所做的簡要定義：「把所有畫出的線條，集中到一個真實的中心點 ─ 上帝的榮耀」。從這句話就可知道這些「巴洛克」藝術作品的本質，原本就是為了發揚羅馬教會的神性信仰。這種華麗動人的風格，很快就傳到荷蘭、法國等地，成為國際風潮。這時正值宗教改革時朝，很多地區的畫家雖然承襲其華麗風格，卻去除其神性，結果又發展成一種嶄新局面的藝術。

** Peter Paul Rubens 及荷蘭（實為 Flanders 及 the Netherlands）的 Baroque 畫家

　　十七世紀初，荷蘭南方出現一位極有影響力的畫家 Peter Paul Rubens（1577 ～ 1640）。他非常聰敏又有天份，早期為宗教作畫，也畫人像、

風景、靜物。他在二十歲時（1958 年）已大有名氣。1600 年，他前往羅馬、佛羅倫斯等藝術中心。他深受 Caravaggio 及 Carracci 畫風的影響。他又受義大利貴族 Duke of Mantua 之器重，擔任巡迴大使，遍及巴黎、倫敦、馬德里。他同時將 Baroque 特殊的風格，傳至各地。他最出名的畫包括：1606 年為熱那亞富貴家族所畫的仕女像 Marchesa Brigida Spinola Doria；1610 年的宗教畫 The Rising of The Cross。他在 1622 年又為法王母后 Marie de Medici（推動文藝復興的佛羅倫斯鉅富，麥迪西家族之後）所畫的 Landing in Marseilles（畫出 Marie 在馬賽港登陸的盛大歡迎景象），莊重華麗、氣勢磅礴，對法國畫風造成很大的影響，在法國形成一種特有的畫風。他對荷蘭的影響自不在話下。除他之外，再略述幾位荷蘭著名的 Baroque 畫家如後：

- **Anthony van Dyck**（1599 ～ 1641）：他是 Rubens 年輕又有天份的得力助手，特善於人物畫。他二十多歲時，到義大利進修，三十歲到倫敦，成為英王查理一世（Charles I，1625 ～ 1649，就是被清教徒革命所殺的英王）的宮廷畫家。他 1635 年的名畫 Charles I Hunting，人物自然而神韻十足，現存於巴黎羅浮宮。他的御用畫家背景及特有的 Baroque 風格，自然對英國畫壇造成舉足輕重的影響。

- **Rembrandt van Rijn**（1606 ～ 1669）：Rembrandt 是荷蘭國寶級畫家，他在 1642 年畫的「Night Watch」，人物生動，是膾炙人口之珍品。他的藝術作品的範圍甚廣，從宗教到自然寫實，還有版畫，都非常有名。他的特色是自畫像很多，非常自然而生動。他在阿姆斯特丹的家及畫坊，已被

保留，做為他的紀念館。

- **Frans Hals**（1582～1666）：他在1616年畫的「Banquet of the Officers of the St. George Civic Guard Company of Haarlem」，人物各顯特色，刻劃入微，是荷蘭國寶級的畫作。可惜他的畫在他年老時，問津者少，甚至影響生活。這個問題的癥結恐是在於這種刻劃入微的畫，在市場上太多，終變成平凡，問津者相對減少所致。不過在他過世後，他的畫又為收藏家及畫廊所鍾愛。

** Baroque 盛行法國，成為藝術重心

- **法王路易十三**（Louis XIII，1610～1643在位）：十七世紀初的路易十三世，也是一位熱愛藝術、贊助藝術者。他的母親 Marie De Medici 就是來自佛羅倫斯的麥迪西家族。自他母親起，就聘請知名畫家、藝術家入宮創作新品，包括前述的荷蘭大畫家 Peter Rubens。

- 法國 Baroque 大畫家 **Simon Vouet**（1590～1649）：他自幼習畫，後在義大利作畫十四年，與另一法國著名畫家 Nicolas Poussin 齊名。路易十三世於1627年召請他回國擔任宮廷畫師及藝術顧問。他最大的貢獻是諄諄善誘，盡心培養下一代的畫家，並把義大利的 Baroque 畫風，傳入法國。他與 Peter Rubens 兩人，對法國的畫壇造成極大的影響。

- **法王路易十四**（Louis XIV，1643～1715在位）：路易十四於1643年登位，因年幼而由大主教 Cardinal Mazarin 攝政。Cardinal Mazarin 也是一位藝術愛好者。他於1648年，在巴黎設立國家繪畫及雕刻學院

（後來更名為：Ecole nationale superieure des Beaux-Arts，非常有名，很多中國著名藝術家來此習藝）。當代的羅馬仍是繪畫及藝術中心，這個學院為提升學生視野，定期挑選優秀學生前住羅馬習畫。後來，這所學院的名聲，遠高於羅馬的藝術學校。

1661 年，路易十四親政。他好大喜功，自命太陽王。他請大畫家 **Charles Le Brun**（1619 ～ 1690）為藝術總監，負責裝飾凡爾賽宮的藝術品，並負責國家繪畫及雕刻學院。Le Brun 為了阿諛路易十四，還為他畫了一幅亞歷山大的勝利像（Alexander the Great's Triumphal Entry into Babylon，1668）。在法王的贊助下，法國藝術家猶如雨後春筍，蜂擁浮現，終讓法國的巴黎超越羅馬，成為新的藝術中心。

- **西方掛毯藝術（Tapestry）及路易十四的 Gobelins 掛毯藝品廠**

織繡的掛毯，自十二世紀起，就流行於歐洲王室及富貴人家，主要用來裝飾古堡宮室中的牆壁。這些工廠原來分布在 Flanders（今之比利時）及法國，是西方圖畫藝術的另一支流（一個畫在布上，一個繡在毯上）。路易十四建凡爾賽宮，自然需要很多掛毯。當時法國最出名的掛毯廠是 Gobelins，在 1662 年由皇室接管，Charles Le Brun 奉命負責圖樣設計，專供凡爾賽宮之用。這些刺繡藝術的掛毯，工藝非常精巧，描述人物、風景，極其細緻。後因成本過高而逐件退隱。迄今，在凡爾賽宮、梵蒂岡，及西方王宮博物館，仍可欣賞到這些藝術珍品。

（三）法國成為藝術中心後的西方繪畫發展簡錄

** 法國的 Rococo 藝術時代（中譯：洛可可）

很巧，Rococo 時代大致與西方的理性啟蒙時代相近。啟蒙精神就是注重理性及人性，主張拋棄宗教迷信，也少談神事。這種精神自然影響到繪畫。因此，繪畫不一定非要展現莊嚴的氣氛，任何美麗動人、可愛可親的事物，皆可入畫。1717 年，法國一位畫家 Antoine Watteau（1684 ～ 1721;#註）畫了一幅清新脫俗的遊樂畫 Pilgrimage to the Isle of Cythera，送至國家藝術學院參展，大受好評。展示會還把他的畫，特別單獨分成一類。從此，新的繪畫風格出現，通稱為 Rococo 時代。著名的 Rococo 繪畫，包括：Francois Boucher 在 1758 年畫的龐畢度夫人（Madame de Pompadour，路易十五的情婦）及另一 Rococo 名畫家 Jean-Honore Fragonard 在 1767 年畫的The Swing。

#註：Rococo 原來是凡爾賽宮的一些室內裝飾藝術家所設計出的特殊樣式圖案，包括：貝殼、蔓葉、捲線等圖案，美麗繁華但不莊嚴，成為流行。其中一位著名藝師為 Claude Audran the younger；而 Antoine Watteau 就是他的學生，學習他「Rococo」的風格。Antoine Watteau 也把他的風格引進繪圖之中。造成「Rococo」風潮。

1737 年，法國藝術展覽會在羅浮宮（Louvre）的 Salon Carre（Square Salon）舉行，大為成功。自此，藝術展覽會都在羅浮宮舉行，並通稱之為 Salon，成為藝術展覽會的代名詞。

** Neoclassicism（新古典畫風）

1751 年，啟蒙時期最具影響力的一本百科全書，L＇Encyclopedie（由啟蒙時期的學者，Denis Diderot 主編，盧梭及伏爾泰都是參與的編者）開始出版。當時社會，尤其是知識份子，都自視為新時代份子，排斥宗教的神性事物、視之為迷信，轉而注重科學、古典歷史（研究實際曾有發生的希臘、羅馬文史藝術；卻不是教會說的那些玄不可測的神事）等俗世事物，蔚成風潮。在這種「脫離宗教迷信」的趨勢下，不再重視宗教性的繪畫。在這情況下，繪畫藝術就為新古典風潮（Neoclassicism）保留出一個發展的便道。

　　1748 年，被維蘇威火山掩埋的龐貝（Pompeii）古蹟挖掘現世，引發西方人對古希臘羅馬文物的極大興趣。同時，德國著名的考古奇人 Johann Winckelmann（1717～1768），將他研究古希臘藝術的結果 The Story of Art in Antiquity，編書出版。此書一經出版，立即造成西方知識界對古希臘藝術的高度興趣。十七世紀起，西方貴族子弟喜好「行萬里路」，把周遊列國（Grand Tour）視為風尚。尤其是法國藝術學院，自 1666 年起，不斷將優秀學員送至羅馬習畫（Prix de Rome），於是「古典希臘」（classical，以別於東方羅馬帝國「政教鉗制的希臘」）及古羅馬的藝術型態，在西方勃然而興。最有名氣的始作俑者，就是法國大畫家 Joseph-MarieVien（1716～1809），在他 1763 年畫的 The Cupid Seller，可說是從 Rococo 轉至新古典風潮（Neoclassicism）的轉折點。

　　十八世紀末的法國大革命及十九世紀初，拿破崙英雄式事蹟，或各種英勇的故事，包括古希臘羅馬故事，都成為畫家的題材。最具代表性的

畫就是法國大畫家 Jacques-Louis David（1748～1825）畫的 The Oath of the Horatii（1784），其主題是古羅馬戰士的英雄式兄弟情（其實只是好勇鬥狠的地方械鬥）。有趣的是，他為當代社交名媛 Madame Recamier 畫了一幅古典畫像，卻不為 Recamier 所喜。然後 Recamier 另請他在藝術學院的學生 Francois Gerard（1770～1837），在 1805 年，重畫一張，卻大受歡迎。一言蔽之，西方藝壇、文壇，無「師徒」之積習，唯靠公平競爭，適者生存。青出於藍者，比比皆是。

1768 年，英國在喬治三世（George III，1760～1820）時代，成立一所皇家藝術學院（Royal Academy of Arts）。首任院長就是英國著名的古典大畫家 Sir Joshua Reynolds（1723～1792），他的作品以人物的畫像而出名。另一位繼任的院長，也是非常有名大畫家，就是來自美國的 Benjamin West（1738～1820）。他最有名的兩幅畫，就是英國攻克魁北克時，不幸戰死的青年將軍 Wolfe，在戰場上臨終的景像，另一幅就是英國海軍大將納爾遜，在擊敗法國、西班牙艦隊後，重傷死在甲板上的場景。這兩幅畫就是典型標榜英雄事蹟的名畫。這個學院為英國產生很多新古典風潮及特立風格的畫家。一般而言，這個學院比前述法國的藝術學院有比較多的開放與自由，這也適切反映出兩國的國情。

對新古典風潮影響最廣的藝術品，不止於繪畫，英國著名的瓷器商 Wedgewood，也是極強的推手。他們在瓷器上畫的古希臘風情畫（名藝術家 John Flaxman，1775～1826，所設計），廣受歡迎，在西方市場非常暢銷。只要是中上階層家庭，都喜歡購買各種 Wedgewood 的瓷器產品。在

此情況下，在不知不覺中，也大為助長西方藝術品的新古典風潮。

** Romanticism

十九世紀初，一種新形態的畫風在西方出現，通稱之為 Romanticism。最好的解釋是借用十九世紀一位法國作家下的定義：Romanticism 是藝術家表達「我自己」在今日的情感，卻不是只為表達古人的感情，也不是為別人刻意去鼓吹什麼偉大事蹟（可參考第十章，西方民主隱憂，第 2 節，關於自由派的說明）。

Neoclassicism 與 Romanticism 無論在時間及藝術家本身，都有許多重複。法國最著名的 Romantic 時代畫，應是大畫家 Eugene Delacroix（1798 ～ 1863）在 1830 年畫的 Liberty Leading the People，是法國大革命時，半裸上身的自由女神，執旗率眾前進的畫。這是一幅全世界的人都知道的名畫。

還有一類 Romantics 是表現自己對時代景物所發出的感情，創作出畫中有詩的作品。這一類畫家在西方各地大量出現，例如：法國的 Claude-JosephVernet（1714 ～ 1789）、德國的 Caspar David Friedrich（1774 ～ 1840）、英國的 John Constable（1776 ～ 1837）及 JMW Turner（1775-1851）。Caspar David Friedrich 的畫作常隱約帶著宗教、哲學的澎湃景象，似乎向世人傳達某種內心深處的含意。John Constable 的畫，多以鄉村風景為主題，令人充分感到田園風光的詩情畫意。他的畫，受到法國藝術界極大的重視與喜愛，還深切影響到法國的畫風。

其中的英國畫家 JMW Turner，十六歲就被選入英國皇家藝術學院，

屬於神童級畫家。他的畫風已有日後所謂「印象派」的身影。他與 John Constable 對英國,甚至於西方的畫壇都造成很大的影響。

** 英國的 Pre-Raphaelites 畫風

1848 年(正值歐洲四處爆發革命之年),一群英國畫家不滿皇家藝術學院所教的傳統畫風,他們主張色彩明亮、輪廓清礎、自由表現,並以拉斐爾之前的畫風為標榜。他們自組團體,稱為 Pre-Raphaelite Brotherhood。他們之中的著名人物為 Dante Gabriel Rosseti(1828 ～ 1882;著名畫作為:1870 年的 Beata Beatrix;1877 年的 Astarte Syriaca)及 John Everett Millais(1829 ～ 1896;最出名的畫作是 1851 年的 Ophelia,是莎翁 Hamlet 劇中一位女士的故事,另外 1856 年的 Autumn Leaves 也是藝壇名畫)。John Millais 也是神童,十四歲就獲選進入皇家藝術學院。其作品極受藝術市場歡迎。他雖排斥藝術學院,後來卻因他的至高名望,竟然還被藝術學院聘為院長。這個現象,恐怕只有在當代的英國才會發生。

** 法國的 Barbizon School

1824 年,英國風景畫家 John Constable,展現自然風情的作品,在巴黎展出,驚動法國畫壇。又因很多畫家不滿法國藝術學院所堅守的傳統主流畫風(即:Baroque 及 Neoclassicism 的畫風),一些少壯畫家就脫離主流,自 1829 年起,陸續跑到 Fontainebleau Forest 的 Barbizon 鄉下,以當地風景做為繪畫題材。其中最著名的大畫家就是 Jean-Francois Millet(1814

～ 1875；中譯：米勒），他的 The Gleaners（拾穗，1857 年），三位貧婦拾穗的圖畫，久為中國人所熟知（別疏忽畫中遠方那位騎馬的貴族 — 這是個重點）。另一幅播種者（The Sawer，1850 年）亦為很多藝術愛好者所熟悉。他還有一幅非常出名的畫 Angelus（1859 年），是一對農夫村婦在農地工作時，聽見教堂的禱鐘（Angelus Bell）、暫停而祈禱的作品。從畫中展現的虔敬之情，即便是非天主教徒（意思是指新教徒，甚至回教徒），也會為之動容。這些畫家依照實景，畫出實人實物，終促成法國一種新的畫風，Realism（寫實風潮）。

** Realism：1850 ～ 1900 年間的社會寫實及社會關懷

- **法國的 Gustave Courbet**（1819 ～ 1877）：他反對藝術學院那些光華亮麗的繪畫。他認為畫家應畫出世界及社會的實景，還要關懷社會。他具有濃厚的反傳統，及社會改革意識。他的名畫 The Stone Breakers（1849）及 Peasants of Flagey Returning from the Fair（1855），都在述說勞工、農人的辛苦及無奈（註：1848 年，西歐各地，包括：巴黎、柏林、倫敦、布拉格，都爆發人民起而反抗專制統治者的暴動，西方的社會問題普受知識階層的注意）。因其叛逆思想，他在 1853 年參加巴黎 Salon 展時，展覽會不滿其畫，幾乎要撤下他的畫作。後來因不受官方及傳統的歡迎，終至遁跡瑞士，沒沒以終。

- **德國的 Adolph Menzel**（1815 ～ 1905）：他是著名的德國工筆寫實畫家，他畫了很多工業生產、風景及人物的生活畫。另一位出名的人物

工筆畫家則是 Wilhelm Leibl（1844～1900），其名畫 Three Women at Church（1882）畫出三位婦女虔誠禱告的神態，受到當代畫壇的讚賞，非常有名。連梵谷見此畫後，都大為感動。

- 英國的 Sir Hubertvon Herkomer（1849～1914）：他是德裔英國人。他很多畫都是關懷社會問題，注意貧困的弱勢工人。他最出名的畫是 Hard Times（1885）以及 On Strike（1891）。當代正值工業社會而引起極多的社會問題、勞工意識。他這些畫還常出現於有關社會、勞工、工運的書籍、圖片之中。

** Impressionism（中譯：印象派）

法國畫壇自 1840 年代，受 Barbizon 畫家及 Gustave Courbet 注重自然及寫實的影響，培養出喜好戶外實景寫生（enplein air）的新一代畫家及畫風。像 Eugene Boudin（1824～1898）就是在 Normandy 海邊的著名寫生畫家。當時，他還遇見年紀尚輕、也愛寫生的莫內（Monet），經常給予指點及鼓勵。

1870 年代初期之前，法國一些前衛畫家（avant-garde artists）不滿藝術學院及巴黎藝術展（Salon de Paris）的傳統守舊作風，經常聚會討論，想與傳統畫壇分道揚鑣。他們在 1874 年起，獨自舉辦畫展，以示抗衡。這些畫家中，包括許多中國所熟知的畫家：Monet（1840～1926）、Pissarro（1830～1903）、Renoir（1841～1919）。在首次展覽會中，一位當代著名的藝評家對 Monet 一幅名為「Impression Sunrise」的畫（Le Havre 港的日

出景色）表現出輕蔑的意見，並諷稱作者為「Impressionist」。於是，這些「反傳統、各具特色畫家」的畫，後來通稱之為 Impessionism（印象派），這些畫家也就稱為 Impressionists。唯後世很多人把「印象派」視為一種特殊的繪畫風格，做出誤解。

這些畫家在當時偏離主流，遭 Salon 展所排斥，也不受當時傳統畫壇及市場的接納，算是一股「逆流」。因此這個獨立畫展的氣勢及後勁不足，到 1886 年就無以為繼而停止了。不過，幸運之神終於及時伸出援手，到了 1870 年，法國著名的藝術收藏家 Paul Durand-Ruel，在倫敦見到 Monet 及 Pissarro 別具風格的寫實畫，深感興趣，各買了幾幅。1872 年，他返回巴黎後，對 Edouard Manet（1832～1883；他雖屬「逆流」卻未參加獨立展）的靜物畫 Salmon，非常欣賞，遂冒險收購這類風格的畫。

他自 1876 年起，經常舉辦畫展，推展這一類畫作。他特別愛向美國的新富階層 — 愛附庸文雅、又肯花錢、又偏好「法國的藝術品」— 大力推廣這些新風格的的畫家及作品。1905 年，他在倫敦舉辦一個「印象派」畫展，非常成功，買主多為外國人，當然都是美國的新富，反正是：All is Art that comes from his France（源自英語名諺：All is grist that comes to his mill）。至此，終於打響「Impressionists」的名號。古人曰：先有伯樂而後有千里馬；是故：先有收藏家 Durand-Ruel，然後才有 Impressionists，信哉！

玄妙的是當時獲准參加巴黎展的傳統畫家，無論是獲得頭獎、特賞的作品，都是船過水無痕，很少有人名留後世，受人傳頌。只有這些「脫離」傳統及師門的「逆流」，才功成名就，揚名於後世。特為之記！

** Post-Impressionism

約自 1885 年至 1910 年之間，又有新的畫風出現。這些人包括大名鼎鼎的梵谷（Van Goth，1853～1890）、高更（Gauguin，1848～1903）及塞尚（Cezanne，1839～1906）。這些畫家後來被通稱為：「Post-Impressionists」（中文可譯為：後印象派）。這名稱是源於 1910 年，當倫敦舉辦法國畫展時，英國藝評家為了市場推廣與區隔的原因，特稱這些各具特色的新銳畫家為：Post-Impressionists（可譯為：後期印象派）。

1880 年代初，法國前衛畫家 Georges Seurat（1859～1891）試用許多彩色小點組成圖畫。1886 年，他以此法創作出一幅名畫（A Sunday Afternoon on the Island of La Grande Jatte），造成風潮。依此畫風作畫者，通稱之為 divisionist 或 pointillest。梵谷就曾受此畫風的影響，甚至可從他的作品中，找到這些痕跡。

十九世紀，日本的浮世繪被荷蘭商人引進西方市場。浮世繪的鮮麗色彩及造型，深深吸引西方畫壇。浮世繪的著名畫家歌川廣重（1797～1858，Utagawa Hiroshige）及葛飾北齋（1760～1849，Katsushika Hokusai），對梵谷及高更造成很大的影響。從梵谷的一些畫作中，就可見到日本風情。只要看他割耳受傷的自畫像中（1889），背景上就可見到日本的仕女圖。他還曾在 1887 年，依照歌川廣重一張梅樹的版畫（龜戶梅屋舖：Plum Park in Kameido），仿畫了一幅同樣的油畫。

高更的畫，別具特色，強烈的色彩與造形，令人印象深刻。他也是浮士繪的畫迷。他有一幅名畫 The Vision of the Sermon（1888），敘述一群婦

女信徒觀看 Jacob（以色列人的直接祖先）與河仙摔角的圖畫。他就是仿照歌川廣重的龜戶梅屋舖，以及葛飾北齋畫的相撲，創作出這幅作品。從梵谷與高更的作品及入迷程度，就可知道浮士繪對當代西方畫壇的影響。

　　遺憾的是當時清朝的中國，久處於封關自閉狀態，百姓又交困於戰事及鴉片，一直未能與旭日東升的西方文化相互交流，自是無緣互相切磋成長，猶如深山隱士，自耕自食，蹉跎百年光陰，甚為可惜。

** Symbolism

　　大約與 Impressionism 及 Post-Impressionism 同期，法國（及西方）出現另一類畫風，大致就是運用想像力，畫出神祕或不實存的題材，卻含有作者自己的意念。

　　1884 年，一位法國作家 Joris-KarlHuysmans 寫了一本小說 A Rebours（意為：Against Nature），主張人造及非自然的事物才會美。他讚賞當時法國神祕畫的畫家 Gustave Moreau（1826 ～ 1898）及 Odilon Redon（1840 ～ 1916），並歸此類畫風為 Symbolism。於是這兩位畫家知名度大為升高。Gustave Moreau 在 1982 年還獲聘為法國藝術學院（Ecole des Beaux-Arts）的教授。他有一位學生，就是著名的大畫家馬蒂斯（Henri Matisse，1869 ～ 1954）。但馬蒂斯的畫風卻與老師大相逕庭，還青出於藍，發展出自己獨到的風格，名滿天下。在這方面，西方「師門」、「師徒」的傳承情況，顯然與中國非常不同。

　　這一類泛稱為 Symbolism 的藝術作品，不只於繪畫。著名雕刻家

Auguste Rodin（1840 ～ 1917）的作品，也被歸入此類，例如他 1889 年的 The Kiss（這座雕像，是述說但丁的神曲中，因偷情而在煉獄的 Francisca 與情夫之寫照；唯請勿與 Gustav Klimt 的畫 The Kiss 相混淆），及 1902 年的 Thinker（即「我思我在」的雕像）。另一位著名奧地利畫家 Gustav Klimt（1862 ～ 1918），也歸屬此類，他 1907 年的名畫 The Kiss，不知吸引多少人駐足，看得入神，十足的 Symbolism。

（四）二十世紀的現代畫壇

** Fauvism（中譯：野獸派）

1905 年，法國巴黎的 Salon 畫展中，藝術學院出身的畫家馬蒂斯（Henri Matisse，1869-1954）及 Andre Derain（1880 ～ 1954）展出色彩明亮、風格清新的作品，吸引很多人的注意。馬蒂斯的風格，迥異於藝術學院的風格，更截然不同於他的「恩師」Gustave Moreau（西方注重個人風格的正常發展；不同於中國的「師承」，不能背離師門）。一位著名的畫評家讚許他：「就像見到 Donatello（文藝復興早期著名的雕像大師）among the fauves（wildbeasts）」。但其重心實指 Donatello，而非 Beasts。無論如何，此類畫風於是就通稱之為 Fauvism。

可是這種畫風很快就消失了，其終極原因無非是當代畫壇人才濟濟，猶如雨後春筍，後浪不斷推前浪，一代新人換舊人。值得一提的是馬蒂斯 1904 年的名畫 Luxe, Calme, et Voupte（Luxury, Calm and Pleasure），明顯源自 Divisionists，使用許多小色點的畫法。但他又很快就拋棄這種別人用過

的方法，並發展出許多不同的新潮畫風及藝術表現方式。若要說到他的特色，不斷求新求變，正是他的特色之一。

** Expressionism

　　1905 年，一群德國的年輕藝術家，為突破傳統畫風，展現個人特有的風格，自行組成繪畫社團，取名為 Die Brucke，為「橋樑」之意（源自大哲學家尼采的話，讓我們當個「橋樑」，卻不必成為終點目的）。其重要成員包括著名的 Erich Heckel（1883 ～ 1970）及 Ernst Luwig Kirchner（1880 ～ 1938）。1911 年，另一批畫家，亦組繪畫社團 Der Blaue Reiter（藍騎士），也是以去舊創新、發揚個人特色為宗旨。這些人中包括著名的瑞士畫家 Paul Klee（1879 ～ 1940）及俄羅斯畫家 Wassily Kandinsky（1866-1944），他們善用鮮明的色彩，巧妙搭配，非常別致。Kandinsky 在德國發展其繪畫天份而有所成，聲名大噪，同時也是抽象畫的創始者。像這些別具一格、展現創新思維及個人風格的當代藝術家，通稱之為 Expressionists。歸屬這一類的畫家還包括奧地利的名畫家 Egon Schiele（1890 ～ 1918），以及挪威的 Edvard Munch（1863 ～ 1944），料想很多人都見過 Munch 於 1893 年所創作的名畫 The Scream，以簡單的線條及場景，充分表現人受驚嚇時的嘶吼。

　　十九世紀後期，日本的繪畫藝術（包括浮世繪、扇子彩繪）普遍受到「Fauves」及「Expressionists」畫家的讚賞。尤其是浮世繪的明艷色彩、物體造形，甚至於繪畫的主題，在當代西方都形成一種風潮，深切影響到當代畫家以及他們的審美觀。

** Cubism 與畢卡索（Pablo Picasso, 1881 ～ 1973）

講到 Cubism 之前，就得先講畢卡索。他是西班牙的藝術神童，來自藝術家庭。在他十六歲時，就開辦自己的畫藝工作坊（Studio），1904 年移居巴黎，與法國畫家 Georges Braque（1882 ～ 1963）共畫、同展。1908 年，法國著名藝評家 Louis Vauxelles（就是稱馬蒂斯的畫是 Donatello among Fauves 的那一位）見到 Braque 及 Picasso 參展的畫，有很多方塊，不解的說：Bizarreries cubiques（cubic bizarries：奇怪的方塊）。於是這種奇異組合且難解的畫風，遂稱為 Cubism（卻與 Cubic 沒有關係）。當時很多藝評家還宣稱，Cubism 是畫壇的革命，新畫風之始。

Braque 最有名的畫是 1911 年畫的 Le Portugais，把一個葡萄牙吉他手的畫像分成好幾個區塊（愈看愈不解）。至於畢卡索的畫，已無須在此多費唇舌。唯一值得一提的是他 1907 年的名畫 Les Demoiselles d' Avignon，是指巴塞隆納風化區，Avignon Street 上的妓女圖。或因保守的社會民情，這幅畫直到 1916 年才公諸於世。

** 十九世紀末期以來，藝術收藏家對繪畫市場的巨大影響力

十九世紀末之前，繪畫的功能，一是用來室內裝飾，二是用來畫出人像留作紀念。繪畫市場的主力，都是權貴及地主富戶。但自十九世紀中期，照相機發明以來，畫像留念的功能很快消失；又因室內裝飾隨著科技的進步，已不像古時多靠圖畫做為裝飾。因此，在十九世紀末及進入二十世紀之後，繪畫市場有一大部分是靠藝術收藏家、畫廊、藝術品拍賣、交易商

在支持。收藏家對繪畫藝術產生舉足輕重的影響，至少不再是靠教宗、主教、權貴、富戶的垂青。例如「印象派」是靠畫商及收藏家 Paul Durand-Ruel 的大力參展推銷才大獲成功。梵谷的畫作，在當時既未受一般買主的偏愛，也沒受到收藏家的關愛，也讓梵谷寂莫以終。

梵谷，以及高更、賽尚，主要是靠英國著名藝術評鑑家 Roger Fry（1866～ 1934）的展示推廣，才廣為人知，揚名世界。尤其是在 1910～ 1912 年間，Roger Fry 在倫敦為梵谷這些畫家的作品舉辦展覽，打響名氣。他為推銷這些畫家的作品，還特地為這些畫家取了一個畫派的名稱：「Post-Impressionism」（後印象派），以與「印象派」相連。事實顯示，這的確是個很好的市場行銷策略。他在 1906～ 1910 年間，還曾擔任紐約大都會博物館（Metropolitan Museum of Art/ NewYork）的 Curator（可譯為：館長）。有了 Roger Fry 這樣的藝壇祭酒在支持，梵谷不紅也困難，只是梵谷生不逢時、也未逢貴人而已。

再回談畢卡索。在 1905 年之前（即他從 Blue Period 剛進入 Rose period 之時），畢卡索的名氣尚未到達名垂畫壇之時（註：當代美國著名寫實畫家 Edward Hopper，1882～ 1967，曾於 1906 年前往巴黎習畫數年後返回美國。後來畢卡索聲名大噪，享譽國際。但 Hopper 對人說，他在巴黎這幾年當中，並不知道畢卡索其人。Hopper 應不會說不實在的話）。當時，在巴黎有位著名的美國藝術收藏家 Gertrude Stein（1874～ 1946），對當時的新潮畫家的作品，如：馬蒂斯、畢卡索，都很有興趣。她對畢卡索的畫作，更是欣賞，大力支持。她是位文學家，還特為畢卡索的畫作，寫

出一些介紹文章。當然，畢卡索亦投桃報李，為她畫了一幅畫像，也成為畢卡索的名畫之一。她與她的哥哥都是藝術品收藏、鑑賞家，共同收集數百件當代畫家的作品，對當代新潮畫家，如：畢卡索、Juan Gris（1887～1927），及新潮繪畫藝術造成很大的影響。

在第二次世界大戰前，美國銅業鉅子古根漢（Solomon R. Guggenheim）對抽象畫，以及沒有題目的藝術創作，發生極大興趣，積極贊助，還於 1939 年，在紐約成立抽象藝術博物館（Museum of Non-Objective Art）。二戰後，又於 1943 年聘請著名建築師 Frank Lloyd Wright（1867～1959，曾設計東京帝國大飯店）在紐約建造著名的古根漢現代藝術博物館（Solomon R. Guggenheim Museum of modern and contemporary art），並於 1959 年啟用。古根漢家族對現代藝術家的作品，包括：抽象畫家、Cubists、Surrealists，經常展示推廣。他們對一種新的畫風 Abstract Expressionism，特別情有獨鍾，大力宣揚，不遺餘力。若說，Abstract Expressionism 是被古根漢家族所捧紅，並不為過。Abstract Expressionism 登上畫壇的主流之後，自會壓縮傳統畫家的空間，例如前面說的 Edward Hopper，就受到負面的影響，甚至許多傳統畫家，包括 Franz Kline (1910～1962)，也都改變畫風，加入 Abstract Expressionism 行列。這些藝術收藏家對繪畫市場的影響力，顯然無與倫比。一位近代頗具名氣的女畫家，就曾直言說道：「There are no great artists without great dealers; The only way for an artist to exist is to be seen by others. The art dealer offers this to him/her」，簡譯即為：若沒有偉大的畫商，就沒有偉大的畫家；一個藝術家

生存的唯一方法，就是被人看到，而畫商就是幫他／她辦到這一點的人。

** 社會主義天堂的俄羅斯及納粹德國對藝術的無情摧殘

1932 年，俄羅斯的蘇維埃政府只容許宣揚革命及社會主義的繪畫。其他罪惡的西方藝術，包括 Expressionism、Cubism、抽象畫……皆在嚴禁之列。前述畫家 Kandinsky，理應是俄羅斯的國寶級畫家，也痛遭禁止之列。

1933 年，自視藝術專家的希特勒宣告；現代藝術，包括：Expressionism、抽象畫……都是墮落藝術（degenerate art），必須消滅。首當其衝的畫家及作品就是德國的 Expressionists 了。他們受到嚴重的迫害，甚至於死亡。這派畫家的創始人之一，Ludwig Kirchner，就因不堪折磨而在 1938 年自盡身亡。現代藝術家大量逃亡國外，很多人逃至美國。這些人後來對美國的藝術市場，造成很大的貢獻。

為了醜化這些墮落藝術，納粹德國特於 1937 年，在幕尼黑（Munich）舉辦首屆「墮落藝術展示會」，把畢卡索、馬蒂斯這些現代派的畫，故意和瘋人院病患的塗鴉畫，胡亂並列在一起展示。這類宣傳型式的展示會在德國各地舉辦。出乎意料的是這種形態的展示會，卻吸引極多的人潮，號稱有數百萬人前往觀賞。實在不敢確定這些熱烈觀眾到底是愛看這些新潮藝術（很有可能是看厭了同型的傳統藝術而去看新潮藝術），或是為了響應納粹政府對「墮落藝術」的指責，而去認識什麼才是墮落。

無論如何，世界的潮流到底是不會受到人力的阻擋，也阻擋不了。迄

今，德國的納粹與蘇維埃早已垮台而消失，而這些新潮的「墮落藝術」，仍在世界存在，繼續發展。

抽象派與促進現代畫的古根漢藝廊（The Solomon R. Guggenheim Museum）

在 1910 年代，許多畫家注重色彩與神韻，卻不在意畫的是什麼人物或主題。反正要看人、物的真實形象，只要用照相機就夠了，無需繪畫。所以也有人稱此類繪畫為 Non-Objective（無主題繪畫）。

最早創作「無主題」繪畫的人，應是前述 Expressionists 的 Wassily Kandinsky。他是抽象畫的開拓者之一。1910 年，他創作一系列抽象畫 Compositions，其目的是想把音樂與繪畫融合在一起。唯在二次大戰後，這批畫多已損毀。殘存而出名的是他 1913 年畫的 Composition VI。抽象畫的開拓者還包括：捷克畫家 Frantisek Kupka（1871～1957），還有一位荷蘭畫家 Piet Mondrian（1872～1944），他的畫在二戰後，約於 1965 年間，還被著名的時裝設計商 Yves St. Laurent（中文：聖羅蘭）所採用，讓抽象畫走入時裝生活之中。

二十世紀初，對藝術極有興趣的美國銅業大王 Solomon R. Guggenheim，積極想要收藏歐洲著名的繪畫藝術品。幫他收集的代理人 Hilla Von Rebay 女士，是德國貴族，自然熱衷當時流行於德國的 Expressionism 繪畫。她向 Guggenheim 推介 Expressionists 及現代畫。當 Guggenheim 親往歐洲，見到 Wassily Kandinsky 的抽象畫時，非常激賞，決

心贊助包括 Expressionists 及抽象派的現代畫。他在 1937 年成立基金會，經常舉辦現代繪畫藝術展。1959 年，在他去世那年，他在紐約第五街新建的 The Solomon G. Guggenheim Museum 落成開幕（通稱 Guggenheim；中文稱：古根漢藝術館），專門展示並推廣現代繪畫藝術。

在古根漢家族大力贊助支持而出的新潮畫風就是前面曾提及的 Abstract Expressionism。這個風潮並不是指某種特別的繪畫風格或特色，而是說，這些畫家完全是自由發揮、隨興創作。他們的圖畫不但和抽象畫一樣，沒有主題人物或景物，他們甚至只把顏料直接灑到放在地上的畫布上。這種繪畫方式，通稱之為「Acting Painting」或「Drip Painting」。紐約的 New Yorker 雜誌在 1936 年，有文章稱這一類「完全自由揮灑」的繪畫風潮為「Abstract Expressionism」。這類畫家最出名的人物，就是 Jackson Pollock（1912 ～ 56），他在 1950 年創作出的名畫 Lavender Mist, Number1（10x7 呎），可說是亂中有序，色彩調和。古根漢的女兒，也是知名的藝術收藏家及鑑賞家 Peggy Guggenheim，在 1943 年，還特地為他舉辦個人畫展，功成名就，一方面自是個人的天份與努力，另一方面也是靠古根漢家人的垂青。

二次大戰後，歐洲滿目瘡痍，忙於重建。當時美國富甲天下，藝術重心自然從歐洲的巴黎轉至美國的紐約，再加上 Guggenheim 的支持，紐約不但成為藝術重心，還成為現代藝術的中心。至此，各地藝術家紛紛絡繹於紐約之途，現代畫家皆欲立於古根漢之廷。

時至今日，繪畫已成收藏家、投資家的資金遊戲工具，與古時的室內

裝飾與留像紀念，或放在博物館供人欣賞，早已大不相同。大家常在新聞中聽到，某某畫作被某人以數千萬美元購得。這些畫，極少送到博物館或私人藝廊展示。絕多送到日內瓦、盧森堡，以及美國德拉瓦州的自由港保稅倉庫（Free Port）。首先，就可免掉一筆龐大的營業稅。放在保稅倉庫，靜候時機賣出，也並非唯一目的。例如，藝術品都有評定的保險價值，只要買了保險，就可向銀行貸出款額運用。諸如此類的資金遊戲，已非古人、外人所能了解，也與繪畫的原來功用，大異其趣。

2. 西方的建築藝術：希臘羅馬文化與西方基督教信仰的合流

建築，在西方自十八世紀以來，就與繪畫、雕刻歸屬為同一類的藝術，通稱為 Fine arts，以表示其等級高於那些 Minor arts，包括：陶瓷、織繡、金飾、玻璃、家具、鑲嵌馬賽克、Stained glass。Minorarts 的藝術品亦被稱為 Decorative arts 或 Applied arts，屬「藝術裝飾品」。

建築藝術是西方的特殊成就。讓我們簡明觀察一下西方建築藝術的發展，如何從石頭蓋到大教堂、皇宮，然後進入現代。

**古希臘時期的建築藝術

古希臘時代的神廟建築，基本上屬於最原始的結構─直柱與橫樑（posts and lintel system，即 trabeatedsys），再逐步發展成一種專業技藝。

今日很多建築名詞都是源於希臘的建築，只要見其分類程度就可窺知其技藝專精程度。在此大略說明其結構如下：

(1) 地基（Crepidoma）：通常有三層，最上面的表層稱為 stylobate。

(2) 柱廊（Peristyle）：此即神廟四周的柱子；柱子頂端的柱頭（capital），有三種形式（Orders）：Doric（最簡單的倒圓錐形）、Ionic（捲渦式）及 Corinthian（花葉式）。

(3) 正門口（Portico）：神廟的分類通常即以正門口的柱子數目來表示，如六根柱子的神廟稱為 hexastyle，八根柱子為 Octastyle。

(4) 神祠（Cella 或 Naos）：神廟中間以牆圍起的部分，可安置神像，如 Athena。

(5) 頂架（Entablature）：在柱頂與屋頂中間的橫樑結構，包含三層結構：architrave、frieze、cornice。

(6) 屋頂（Roof）及尖牆（Pediment）：屋頂沒什麼特別，但 Pediment 的正面，大多雕以動態人像，是希臘神廟建築極醒目又最具特色之處。

以上就是希臘神廟的建築基本要素。因希臘文化是羅馬、西方文化之源，所以很多建築名稱續為西方建築所使用。

希臘建築的特色，不只於硬體的建築，還包括內涵豐富的軟體文化。希臘建築的精神與希臘的古哲學思想也有連帶關係。影響希臘建築最大的人，就是數學及哲學家 Pythagoras（約生於公元前 580 年；名字這麼長，可能難以認出；若講到數學的「畢氏定理」，初中生都認識他）。他認為數字、數學是神造出來的自然規律，是人與神之間，可以溝通的管道。所

以希臘人認為，像神廟這種建築藝術，都要講究數學上的比例及對稱，這樣才符合神意的「自然完美」，也就是均衡調和的至美（這有一個罕見的代表字 symmetria，卻不只於「對稱」symmetry 而已）。易言之，在這種思潮影響下，希臘整體建築（包含尺寸、大小、比例、雕像等）可以說是以數學為基本觀念，所發展出來的藝術品。

希臘神廟的圓柱（Columns），多將柱子中間部分的直徑稍微增加，以達成視覺上的直線效果，並因稍微凸出而有承受力量之感覺。這種視覺調整技術，稱之為 entasis。這些建築，都有傳統的數學比例，例如側面柱子數目（17）與正面柱子（8）之比，都是（2X+1）：X。這就是古希臘建築技術及智慧的結晶之一，也是讓後代西方人盡折腰的原因之一。

最有名的希臘神廟，就是位於雅典衛城（Acropolis）的 Parthenon 神廟。這座神廟是雅典英雄 Pericles 在公元前 450 年，擊敗波斯後，為感謝雅典守護神 Athena 而建的神廟。受命監造者就是著名的雕像藝術家 Phidias（約 488－431BC）的作品。

這神廟附近還另有一座著名的神廟，以希臘古典美女雕像為柱子，稱為 Caryatid（註：以男人做為柱子時，則稱 Atlantes；但不要把 Atlantes 與 Atlanta、Atlantis 混為一談）。這座神廟與雕像合成的建築，實為古希臘藝術文化的登峰造極之作。

希臘有一種 Stoic 派哲學家，中文稱為：苦修學派。但 Stoic 並非一位哲學家的名字，而是指一排柱子（stoa）的柱廊（colonnade）。當代研討苦修的希臘哲學家，喜歡在柱廊裡討論學術。對這一類的學者，無以名之，

後人就以「柱廊學派（Stoic）」做為通稱。

　　1784 年，德國巴伐利亞王 Ludwig，請當代著名建築師 Le ovon Klenze（1784～1864），建造一座日爾曼群英殿（Wahalla），把具有貢獻的日耳曼人立像存奉（包括：哥白尼；德人認為他是德人）。這個群英殿幾乎就是 Parthenon 的複製品。從此可見古代希臘文化，對西方的深切影響。

** 羅馬的建築藝術

　　羅馬承襲希臘文化，不但盡力仿習，還進一步發揚光大。羅馬帝國之初，亦即渥大維（Octavian，27BC～14AD 在位）統一天下，稱帝號為奧古斯都（Augustus）之後，大興土木，建造許多神廟、宮室、道路、橋樑，以彰顯其豐功偉業。在他之後的皇帝，如 Vespasian（69AD～79AD 在位；70AD 起建著名的 Colosseum）、Trajan（98～117AD；112AD 建 Trajan's Column，在柱頂原是 Trajan 的雕像，但到 1587 年，改為使徒彼得）、Hadrian（117～138AD；118AD 建造 Pantheon），都注重建造公共及私人建築。這些工程讓建築藝術在羅馬帝國境內蓬勃發展，並與圖畫、雕像藝術同步發展成為耀眼的藝術。羅馬帝國輝煌的建築成就早為人所熟知，無需在此多言，只略述一些重點：

1. 羅馬著名的建築師及建築學的作者 Marcus Vitruvius（約 70～15BC）

　　Marcus Vitruvius 是第一世紀的建築工程專家。他不只從事建造工作，還親至希臘研究希臘的建築藝術。他依自己的經驗及對古希臘建築的苦心研究，編出一本《建築方略》（De architectura）的書。此書將希臘 - 羅馬

的建築，包括建材、結構、城市規劃等事項，做出有系統的整理及分析。這是世界上最早的建築書籍，到文藝復興時期，還被譯為通用的義大利文。

Vitruvius 的名氣非常響亮，連達文西一幅著名的人體畫，也以 Vitruvius man 稱之。

2. 水泥（pozzolanza）的發明及利用 — 可造出拱頂、圓頂、跨河大橋

古希臘建造的神廟實屬相當原始的「直柱橫樑（posts and lintel system，或 trabeated type）型式」。羅馬人則進一步造出拱門（arch，更明確的名稱是：voussoir arch）；又以此基礎，發展出穹頂（arched roof；barrel vault）。

在公元前一世紀時，羅馬人發現以火山灰（稱為 pozzolanza- 相當於水泥）加水，再調以碎瓦石（即今日混凝土，當時稱為 opus incertum），俟乾後就會凝成堅固的形狀，甚至在水中也照樣凝固。這種建材的出現，無疑是建築業的革命。此後羅馬建築已不再受「直柱橫樑」之限，還可用「混凝土」建造拱門、穹頂及圓頂（Dome），創造出極大的成就。

羅馬人還利用「混凝土」的特性及技術來造橋。最著名的大橋就是一世紀時，奧古斯都在義大利 Rimini 所建造的 Pons Augustus（Bridge of Augustus）。這座橋全長約 62 公尺，寬約 8 公尺，有四個混凝土沏成的橋墩，造出 5 個穹頂（arches），各穹頂的跨距在 8 公尺至 10 公尺之間。這座橋至今仍然健在，充分見證羅馬驚人的工程技術。

最有名的圓頂建築就是二世紀初，羅馬皇帝 Hadrian 所建的圓頂眾神

廟（Pantheon）。此廟半圓形屋頂的直徑長達 43 公尺，由水泥混凝土澆鑄而成。屋頂中央透空，以讓光線進入。這些建築技術都是經過數百年、累積而出的經驗，再加上不斷研究與改進之後的結晶。為其他文化地區所無者。

3. 皇帝及富貴人家的巨宅庭院（Palace and Villa）

羅馬的富貴人家，從皇帝到地主，都喜歡競蓋巨宅及優雅的庭院。例如：皇帝 Hadrian 在羅馬近郊建的庭院 Hadrian's Villa（公元 118 起建），就是仿照古希臘及埃及的建築建造。

這些巨宅及庭院自然需要許多藝術品，裝飾點綴室內及庭院。於是這就造成雕像、馬賽克、圖像的市場需求。這些圖像的來源，多是希臘文化中的事蹟與故事。我們今日能夠知道一些古希臘著名雕像家的作品，例如：Myron（約 5BC 前期）的丟鐵餅人像（Discobolus）、Praxiteles（約 370 ～ 335BC）的維納斯（Capitoline Venus）或 Leochares（340 ～ 320BC）的黛安娜（Artemis with a Hind），其實都是羅馬的雕像家為滿足這些富貴巨宅的需求，仿照古希臘的雕像，仿製而來。那些原來的希臘雕像，至今早已遺失，只有放在羅馬巨宅庭院中的複製品，有一部分有幸輾轉留存給後世欣賞。

羅馬富貴人家對建造巨宅，直到收集藝術品，早已培養出強烈的嗜好，歷久不衰。這對西方藝術文化的發展及傳承，造成極大的貢獻。例如：在十六、十七世紀的權富家族，教宗姪輩的 Farnese 家族及 Borgese 家族，都是藝術品的著名鑑賞家，也是搜購及收藏者，同時也是藝術的強力贊助者。

4. Basilica（聚會廳）及基督教的教堂

羅馬有一種公共聚會之用的長方型建築，稱之為 Basilica，可供官民聚會，也可當作法庭審判之用。公元 313 年，基督教在新皇帝康士坦丁的支持下，不但合法化，也迅速成長、發展。至 391 年之後，還被訂為國教，全體國民都是基督徒。於是 Basilica 就成為基督徒聚會的理想建築，並廣為興建。自此，Basilica 也成為大教堂的專有名詞。至今仍然存在的早期大教堂（Basilica），是一座四世紀時，在德國 Trier 建造的 Basilica of Constantine。其長度達 80 公尺、寬 25 公尺、高 35 公尺，光是碩大無比的外觀，以及屋頂的跨距（Span）就已充分展現羅馬帝國時代的建築技術。

其實這種 Basilica 的建築工程，對羅馬帝國而言，尚不算什麼了不起。公元 537 年，羅馬皇帝查士丁尼（Justinian）在康士坦丁堡所建的索菲亞大教堂（Basilica Hagia Sophia，直稱為 Hagia Sophia，意為 Divine Wisdom），才是建築工程的登峰造極之作。這座大教堂的圓頂，其內徑為 33 公尺，以水泥（混凝土）澆鑄而成；再由兩個半圓形拱頂（Semi domes）及兩個拱頂（Barrel vaults）支撐，才昂然聳立，實屬古代羅馬人的智慧與經驗之結晶。

這座圓頂大教堂是由查士丁尼任命的兩位建築家 Anthemius 及 Isidorus 所建造。他們兩人實為當代的物理學家及數學家，不但要靠著以往累積的知識及經驗，而且需要不斷的分析、研究、試驗之後，才能夠凝聚出這座大教堂。

** 十三世紀的哥德式教堂及公共建築

　　前面講建築的都是「文明古國」，希臘、羅馬的輝煌成就。但是這兩個文明古國早已凋落。西方的羅馬帝國在公元 476 年時，在名義上已經亡於西哥德蠻邦人之手。其後，羅馬帝國的北方，都在蠻邦統治之下。這三個蠻邦人是：法蘭克人（今日法國、比利時地區）、盎格魯撒克遜人（英國的英格蘭）及日耳曼人（今德國、奧地利）。他們在羅馬教會的宣教下，接受基督教義，步入文明開化。法蘭克人自第六世紀起，勢力日漸強大。至公元 800 年，教宗利奧三世（Pope Leo III）加冕法蘭克國王查理曼（Charlemagne）為羅馬人皇帝。查理曼也樂於運用教會的組織與力量來統治子民，形成政教共治的局面。自此，教會在地方上的影響力，也隨之大增。

　　各地教會為了彰顯自己，或互相競比，紛紛愛以擴建教堂為表達忠於基督信仰的方式。他們運用希臘 - 羅馬留傳下來的石匠技藝，如石柱（columns）、圓拱（arches）、半圓屋頂（barrel vaults），把教堂蓋得又高又大。後世人稱此型教堂為 Romanesque 型（亦有稱 Norman style）。這一類教堂中最有名的就是：法國 Toulouse 的 St. Sernin Cathedral（1080 起建）、德國 Speyer Cathedral（1030 起建）及英國的 Durham Cathedral（1093 起建）。到了十一世紀時，教堂的建築技術已臻化境。唯這類教堂最大的缺點就是過於厚重，支撐的柱子粗而多，牆厚窗小，故教堂正廳（nave）相當窄小、不夠明亮。

　　這些教堂都是由知識及技術豐富的「石匠」，其實就是建築師，通

稱為「Master masons」，負責承建。這種教堂在競相比較下，日漸增加，所以「石匠」的經驗與技術也日益精進。他們經常周遊各地，為各教區提供建造教堂的資料，或至各地監工。他們經數百年來累積下來的經驗與知識，早已建立出一套詳盡的操作系統，包括：設計、繪圖、計算、石材選用、切工……等事宜。只要教區的主教或修道院的阿爸（Abbot，院長），張開金口、下令起建，他們就照表操作，循序完工。至於建造教堂的資金，自然是教會向信徒募集而來，包括向信徒銷售赦罪券。

由於互相競爭，以及為了展現自己教堂的特色，各地主教、阿爸或是 Master masons，都在挖空心思，想要造出更好、更具特色的教堂。在此背景下，一種新型大教堂，後人稱之為哥德式教堂（Gothic style；原指這型式像哥德蠻人一樣粗卑醜陋）應運而生。這種教堂的特色就是把窗子（Tracery）加大；但牆壁縮小之後，在牆外建造飛簷（Flying Buttress）以鞏固牆壁。原來羅馬式的半圓拱門，因為承載力量有限，於是改成尖圓錐（pointed arches；註：圓拱門最後需以 keystone 封拱；尖圓錐無需 keystone 封拱，僅以 capstone 置於其上），並用飛簷以分散力量。如此設計，就整體而言，可以承受更多的重量，柱子之間的跨距也可加寬。最大的好處是教堂內部的空間及窗戶都可大為增加，更為明亮。

公元 1140 年，法國巴黎附近修道院 St. Denis 的阿爸 Abbot Suger 就建造一所新型，即後世稱為「哥德式」的教堂。後在 1163 年，巴黎的 Notre Dame（意為：Our Lady）大教堂跟進，成為世界最著名的哥德式教堂。自此，這種型式的教堂在西方大為流行。

這種哥德式教堂的設計，都會依各地建造者及 Master masons 的習性而不斷改進。設計改良方面最具特色者，應是英國的 Perpendicular style 了（大意是窗子加寬加長，窗格都以縱直線為明顯特色）。最有名的這類教堂，一是 1446 年，劍橋大學的 King' s College Chapel，這座教堂先由英國一位 master mason，Simon Clerk 負責建造，卻因玫瑰戰爭而中止。後於 1510 年，再由亨利七世時代最傑出的 master mason，John Wastell（1460～1515）擔綱完成。其特色不只是明亮的直窗，其牆柱與屋頂還做成扇形穹頂（fan vaulting），更是別出心裁的設計。另外一座是亨利七世於 1503 年，請 John Wastell 在西敏寺（Westminster）加蓋一座自己私人專用的教堂，稱為 Henry VII' s Chapel。這座教堂的扇形拱頂與裝飾，都是力與美的結合，應屬哥德式教堂最具創意的登峰造極之作，同時也充分流露 John Wastell 的才華。

這種「哥德式」建築技術主要用於教堂，自然也可用於一般民用建築。最有名的民間建築就是 1202 及 1282 年，分在今日比利時 Ypres 及 Bruges 建造的紡織大樓（Cloth Halls）。這地區因毛紡業發達而致富。故當地的同業公會就投下鉅資，為自己建造大樓。即使以今日眼光來看，這兩座大樓仍屬高大壯觀。Bruges 的紡織大樓迄今仍安然無恙，大樓高塔高達 80 公尺，應屬世界最老、最高的商業摩天大樓。

** 文藝復興期的建築概要

文藝復興是西方人脫離宗教的思想鉗制，展現人性思想之始。今日說

的「建築」，在西方以外地區，皆屬「工程」類別的業務，但在西方，尤其是文藝復興時代，建築與繪畫、雕像，皆屬「藝術」。往往同一位藝術家就能同時擁有三項技藝，例如：米開朗基羅、Gian Lorenzo Bernini 都是三項全能的藝術家。

在建築藝術方面，最驚人的建築藝術就是十五世紀，佛羅倫斯的聖母瑪利亞大教堂（St. Mary of the Flower）與十六世紀羅馬的聖彼得大教堂。光是這兩個教堂的圓頂，就令世人讚嘆不已。聖母瑪利亞教堂的圓頂為建築及雕像家 Filippo Brunelleschi（1377～1446）所設計與監造；聖彼得大教堂由名建築家 Donato Bramante（1444～1514）規劃，後由米開朗基羅設計，建築家 della Porta（1553～1602）建造。

相對於羅馬帝國時代，Pantheon 與 Hagia Sophia 的單層圓頂，聖瑪利亞與聖彼得這兩座教堂的圓頂，為加強其圓周強度，已改進為內外兩層的雙層圓頂設計。若再比較聖彼得與佛羅倫斯兩教堂的雙層圓頂設計，聖彼得還使用鐵鏈加強，並讓兩圓頂的底部，接合在一起，這樣子的設計，就力學而言，圓頂及底部都受到強化，顯然較為進步。

像這樣，不斷研究發展，勇於脫離傳統、謀求改進的行事方法，才是西方建築超過其他文化地區的主要原因；卻不只是：「西方人用石頭蓋房子，所以持久而好；其他地區用木頭蓋房子，難以持久而不如西方」。

前述 Donato Bramante 是文藝復興後期，非常有名的石匠（實為建築師）。他是文藝復興盛期的教宗 Pope Julius II（1503～1513）所委任的建築師。他設計的圓頂建築（1502～1510 在羅馬建的 Tempeitto San

Pietro），對後世的影響，無與倫比，成為西方建築的典範。不只聖彼得大教堂沿用他的圓頂，後世英國的 St. Paul 大教堂、法國 Les Invalides、美國國會大廈，以及美國許多州政府大廈，都深受其影響，紛紛仿效。

關於文藝復興時的建築藝術的發展，其論述已汗牛充棟，實無需在此多言。現在要特別介紹的是承先啟後、促成進步的建築書籍及其作者。僅提出兩位影響至深的作者如下：

＃佛羅倫斯的 Leo Battista Alberti(1404 ～ 1472）及其編寫的建築十論

Leo 是一位多才多藝的當代知識份子。他在 1452 年，依據古羅馬建築家 Vitruvius 的建築論述，也編出一部建築巨著 De Re Aedificatoria（建築十論），從規劃、材料、建造、人力、裝飾、修復等各方面逐一論說。他又以數學為基礎，將建築的基本元素：方形、立方、圓形、圓柱、圓體，從建築角度，詳加解說。他更強調，建築應配合上帝創造的自然世界，到達到勻稱與調和（proportions and harmony；這就是古希臘建築、雕像、哲人所認為至美至善的基礎）的境界。他的書不但是建築技藝方面的論述，也是一本含有哲學思想的書籍。

他還編出很多藝術專業的書籍，包括繪畫的書。但他的才華不只於編書，還曾於 1470 年，在 Mantua 為當地著名的權貴家族 Gonzaga Family 設計一座雄偉的大教堂，St. Andrea Church。這座教堂最驚人之處，是其又高又寬的穹頂（Barrel Vault），讓教堂的大廳（Nave）顯得更為寬闊明亮，也更為莊嚴。他的設計風格，對後來的教堂，有很大的啟發及影響。

#古羅馬建築師 Vitruvius 的「建築方略」，譯為義大利文

前面說的古羅馬建築師 Vitruvius（約 70 ～ 15BC），曾將古希臘 - 羅馬的建築編出一本《建築方略（De architectura）》的書。至 1521 年，亦即文藝復興後期，印刷術發明後，這本書被一位米蘭（Milan）的建築及藝文家 Cesare Cesaroano（1475 ～ 1543）譯為通用的義大利文，很快就轉譯為其他語文，廣為流傳。這本建築寶典在四處流傳、爭相研習後，讓西方的建築技藝與傳承，可以上朔至第一世紀的羅馬帝國時代。

#威尼斯的 Andrea Palladio（1500-80）及其建築四書

很多人都曾聽過 Palladian Style 的建築，這種風格的建築曾風行於西方，尤以英美為最。這型式的建築，始於 Andrea Palladio，他是威尼斯最出名的建築藝術家。他有許多建築藝術的作品，例如：Villa Rotonda（or Villa Capra，1559）、Basilica (Plazzodella Ragione，1549)，一直是後世的典範之作。他還設計一種別具風格的窗戶，通稱 Palladian Window 或 Venetian Window，也早已成為西方建築設計的典範。

基本上，他也是從「石匠」出身，卻不是一般人想像中只會敲打石塊的「工匠」，而是他投入大量精力，深入研習各種建築及相關書籍，尤愛研讀 Vitruvius 及 Leo Alberti 的書籍，結合古往今來的知識與經驗，不斷改進求新，終獲得美譽，實至名歸。

他的業務範圍僅在於威尼斯地區。但讓他盛名遠播、揚名立萬的原因，卻是他在 1570 年，將二十餘年的建築經驗與研究，編出一本建築的書，書名為：建築四書（I quattro libri dell' architettura：Four Bookson

Architecture）。從這本書的內容，包括詳實的建築製圖，他可算是現代建築的始祖。十八世紀初期起，Palladio 的書及其設計，極受英國建築界的青睞，競相學習及仿建。英國貴族 Lord Burlington（1694 ～ 1753）及其建造的 Burlington House（1715）就是英國最有名的 Palladian Style 建築。甚至連美國的傑弗遜總統，都是 Palladian Style 建築的傾慕者及仿建者。

像 Palladio、米開朗基羅、Filippo Brunelleschi 這些承先啟後、備受後人推崇的建築藝術大師，都不可能存在於中國。其道理也很簡單，因為這些人都是「石匠」出身，屬於市井階層的工匠人物，其人、其職業及其作品，在古時中國社會，都不會受到重視，上不了士大夫的高桌。他們的「成就」自然無緣發生。

** 巴洛克（Baroque）風格

十六世紀的宗教改革期間，由於新教徒強烈抨擊羅馬教會注重圖像、儀式，缺乏虔敬的誠意。於是，羅馬教會就召開宗教大會（Council of Trent，1545 ～ 1564），討論教會改革事宜。會後，教宗 Pope Pius IV（1559 ～ 1565 在位）發佈一些改進的敕令，其中有一項就是有關圖像的藝術作品，其大意是說，各種藝術創作應以提升教徒的信仰及對教會的熱忱為目標，正如教宗所指示，藝術作品應「引發虔誠敬神之思」。於是在羅馬教會影響到的地區，無論是圖畫、雕像、音樂……以及藝術家，自然都是朝這個方向創作。這段期間的藝術作品，不論其來源曲折，後人通稱之為 Baroque，即巴洛克風格的藝術，於是有巴洛克繪畫、巴洛克雕像、巴洛

克音樂……自然也會有巴洛克建築。只是有些人對巴洛克建築容易產生誤解。

巴洛克建築的領航者，自然就是在教宗身邊的大藝家 Gian Lorenzo Bernini（1598-1680）。他集雕像、繪畫、建築藝術家於一身，更是一位虔敬的羅馬天主教徒。他在 1645 年為羅馬貴族 Carnaro 設計一座小教堂（Cappella Cornar of amily chapel），及雕像（最出名的就是 The Esctasy of St. Theresa），已成為巴洛克的典型作品。1656 年，他受命在聖彼得大教堂廣場建立兩排半圓形的柱廊（Colonnades at St. Peter's piazza）。他說，這圓形柱廊就像「教會母親」伸出的雙臂，接納信徒、統一信仰。無論是雕像、建築，他都將虔敬的宗教信仰，展現於作品之中。因此，他的作品充分展現宏偉、壯麗、繁盛、完美，成為「巴洛克」的代表作，並讓他揚名於世。

** 許多外地人所認知的「巴洛克」建築

約與 Bernini 同期，還有一位石匠，也是建築家 Francesco Borromini（1599 ～ 1567；註：Bernini 是以雕像出身；Borromini 是石匠出身，意即以建築為主，他還曾與 Bernini 共同工作一段時間）。他曾設計一些特殊風格的教堂建築，最出名且造成影響後世的代表性建築就是 St. Carlo alle Quattro Fontane 教堂。這座教堂的外表及內部都是由橢圓、曲線、凸凹曲面，刻意繞來捲去，加上小天使、人像、圖案，相當繁華，甚至令人看得眼花撩亂。他在當代並沒有很大的名氣，但他這種圓曲繁華的形式，很快就被當時羅馬，以及義大利的歌劇院、戲院、教堂所喜愛而競相模仿。有

人說，這種繁麗的設計有如彰顯羅馬教會的宏偉莊麗，並傲視那些因陋就簡的新教反叛集團。這種特別形式的設計，很快就在德國南部的巴伐利亞（Bavaria）、奧地利等地，大為流行。

此外，在義大利一個號稱珍藏耶穌受難聖服（Holy Shroud）而出名的 Turin 地方，一位兼習建築藝術的教士 Guarinon Guarini（1624 ～ 1683），為供奉這件受難聖服而重建一座新的教堂。這座教堂的設計也是以圓形曲線、繁華裝飾為特色，加上是一座安放受難聖服的教堂，具有很高的知名度，致其建築設計也特別受到別人的注意及模仿。

於是乎，很多不明就裡的人，很容易就把這種充滿圓曲形式、又有豐富裝飾的建築，與巴洛克建築畫上等號。其實這也沒錯，因為在義大利、巴伐利亞、奧地利這些旅遊觀光勝地，許多「巴洛克」建築都是仿習 Borromini 或 Guarini 的式樣，因此許多人把所謂「巴洛克」型式的建築型式，集中於 Borromini 的「圓曲繁麗」設計。

巴洛克建築的範圍，其實已超越「引發敬仰上帝及羅馬教會的虔敬之思」的建築，連法國，甚至新教徒的英國，都有受其影響。事實上，其設計及造形也不只於「圓曲繁麗」，只要是這個時代，具有相近特色的華麗建築，都泛稱之為「巴洛克建築」。特為簡介法國及英國在十七世紀時的巴洛克建築如後：

- **French Baroque - 法國的巴洛克建築**

法國巴洛克建築約始自法王 Henry IV（亨利四世，1589 ～ 1610 在位）在 1594 年結束內戰，登基為法王後，在巴黎所增建宮室，多屬這

種樣式。當代最有名的巴洛克建築就是他的王后 Marie de Medici，請名建築師 Salomon de Brosse（1571 ～ 1626）所建造的盧森堡宮（Palais de Luxembourg）。

亨利四世的孫子路易十四（Louis XIV，太陽王，1643 ～ 1715）於 1643 年登位後，喜愛奢華，更是大舉興建宮殿。當時，許多義大利的建築師早已受聘至法國工作多年，深切影響法國的建築藝術（事實上是各種藝術，包括繪畫、雕像）。在此背景下，法國的建築藝術家，人才輩出，諸如：Francois Mansart（1598 ～ 1666）、Jules Hardouin Mansart（1646 ～ 1708）、Louis Le Vau（1712 ～ 1670）等人，獲得展現才華的良機。西方宮殿式建築的屋頂，常見到兩種斜度的屋頂，這種設計的屋頂稱為 Mansart roof，就是 Francois Mansart 的傑作。

路易十四在 1664 年，任命建築師 Louis Le Vau 建造著名的凡爾賽宮（Versailles）。至 1678 年，他又任命 Hardouin-Mansart 在凡爾賽宮增建一座豪華的鏡宮（Galeriedes Glaces-Hall of Mirrors），並由路易十四御前畫家及凡爾賽裝潢負責人 Charles Le Brun（1619 ～ 1690）畫出浮雕及裝飾。從此，凡爾賽宮以及鏡宮，都成為歐洲王宮豪宅設計的典範。

路易十四又在 1667 年決定重新裝修羅浮宮（Palais du Louvre）。他對義大利著名建築藝術家 Gian Lorenzo Bernini 提出的設計不感興趣，改請法國建築師，包括 Le Vau，負責改建事宜。羅浮宮的特色是成對的 Corinthian 石柱，整排列於正面。正門上面還有一個含有很多雕像的 pediment，古典而優雅。這座全由法國建築師打造的宮殿，後來成為收藏

世界藝術珍品的博物館。

　　路易十四在 1670 年，又任命建築師 Liberal Bruant（1635 ～ 1697），仿效聖彼得大教堂的圓頂，設計一個著名的圓頂建築 Les Invalides（原擬建為傷兵醫療院，後為軍事物品館，拿破崙即安葬於此）。這個圓頂由三層圓頂所組成，比聖彼得的圓頂還要進步。這座建築不只是藝術傑作，也是工程傑作。

- **English Baroque - 英國的巴洛克建築**

　　公元 1666 年，倫敦發生巨大火災，許多教堂及建築皆遭燒毀。英王查理二世（Charles II，1660 ～ 1685 在位）任命 Surveyor-General（可譯為：測量局長）Christopher Wren（1632 ～ 1723）負責重建大教堂。他是數學及天文學家（註：當代「天文學家」就是「數學及物理科學家」，從哥白尼、伽利略、開卜勒……至萊布尼茲、牛頓，都是研究天文星球的「真象」）。他去過法國，法國的建築設計自然對他產生深刻的影響。

　　他最著名的作品就是重建倫敦著名的聖保羅大教堂（St. Paul's Cathedral）。這座教堂正面（西端），具有柱廊、pediment、雙尖塔的醒目設計，唯最壯觀之處就是教堂的巨大圓頂，這就是仿自聖彼得大教堂及法國 Les Invalides，並由三層圓頂所構成。這個圓頂及正面設計，正是當時歐洲大陸流行的巴洛克式建築元素。

　　英國是一個新教徒國家，一向敵視羅馬教會，也不喜歡路易十四的法國。因此，這座仿照歐陸巴洛克式的教堂，自然招引許多新教徒的不滿意見。幸而 Christopher Wren 意志堅強，以及國王查理二世的支持，終於順

利完成。這座教堂在 1675 年動土，至 1710 年完工，成為英國著名的建築傑作之一。

** 風行英國的 Palladian 式建築

自伊莉莎白女王登基（1558）起，英國就是一個與羅馬天主教會對立的新教徒國家。因此，當歐洲大陸盛行巴洛克華麗式建築時，英國並不屑於跟進。但這並不表示英國的建築藝術自此封關自閉。當時英國仍有很多建築藝術家前往建築聖地義大利，取經學習，期以建立具有自己風格的建築。當代英國最出名、也是影響力最大的建築家就是 Inigo Jones（1573～1652）。他熱衷於威尼斯建築藝術家 Palladio 的作品，也是主張均衡、對稱的古羅馬建築師 Virtruvian 之信徒。他曾深入研究 Palladio 的名著建築四書（Four Books of Architecture），非常折服其「比例均衡」觀念。他與一般「學徒」最大的不同，是他不但研究書中的道理，也實地去觀測古蹟舊宮，再參考別的建築書籍，以做比較，甚至還對 Palladio 的一些理論提出質疑，並提出自己的改進意見，還留下紀錄，供以後參考。他這種多方求證的求知方式，就可說明英國的學術、知識能夠快速進步的重要原因。

他返國後，設計一些 Palladian 風格的建築，其中最有名的就是 Banqueting House，使用的石塊都帶著 Palladio 的特色，粗面角邊（rustication），整體設計非常符合均衡比例。從他開始，把 Palladio 的建築風格，引進英國（通稱為 Palladian 式建築），為英國的建築藝術打造出一個新的里程碑。

1715 年，一位英國著名的建築師 Colen Campbell（1676 ～ 1729），結合元老建築師 Inigo Jones 的設計，編出一本名為 Vitruvius Britannicus 的建築書籍。同時還有一位建築師 Giacomo Leoni（1686 ～ 1746），又將 Palladio 的《建築四書》譯成英文。這兩本書吸引很多富貴人家的注意，紛紛仿建這種 Palladian 風格的建築，成為一時風潮。

當時，英國有一位對建築藝術極有興趣的貴族 Lord Burlington（1694 ～ 1753），當他遊訪（當時西方富家貴族都愛 Grand Tour — 周遊歐陸、增廣見識）義大利歸國後，在 1715 年，聘請 Campbell 為他設計一座 Palladian 式的巨宅，這就是倫敦著名的 Burlington House。這個巨宅兩端的窗子，就是採用 Palladio 典型的 Venetian Window。後來，Burlington 自己也開始設計房屋。他於 1725 年，依據 Palladio 及 Inigo Jones 的建築設計，親自在倫敦建造一座 Chiswick House（其圓頂外形就是仿效 Palladio 的 Villa Rotonda）。Burlington 的助手 William Kent（1685 ～ 1748）後來在 1734 年，還受命建造英國的財政部大廈（The Treasury）。這座大廈的 Venetian Window、Rusticated facade（粗面角邊石塊所建出的房舍正面）、pediment、portico，處處顯示這座大廈是一座典型的 Palladian 式建築。

另外值得一提的是蘇格蘭有一位建築師 James Gibbs（1682 ～ 1754），曾至羅馬專修建築。他於 1721 年，在倫敦設計一座新穎的教堂，名為 St. Martin in the Fields，其正面有 pediment 及 portico，並有 Venetian Window，屋頂還有一個高聳的方形尖塔。這教堂顯然就是受到 Palladian 風格的影響。更沒料到的是這個教堂的外形設計，很快就傳入北美新英格

蘭殖民地，大為流行，還成為新英格蘭地區的特色傳統。

** Neo-classicism（中譯：新古典主義）

　　西方知識份子自十七世紀末的啟蒙時期以來，不再執迷於於宗教信仰，都喜好理性論事，追尋新知，對俗世的世界充滿了好奇。影響所及，十八世紀西方富貴家族的青年子弟，都喜歡學習俗世的實際知識，特別愛好周遊列國（Grand Tour），成為流行風潮，以行萬里路來增廣見聞。他們最熱衷的地方就是羅馬、佛羅倫斯、威尼斯，還遠至土耳其蘇丹所統治下的希臘。

　　十八世紀中期，義大利一座被維蘇威火山埋沒的龐貝古城（Pompei）以及附近另一座古城 Herculaneum，相繼挖掘現世，造成轟動，非常吸引西方知識份子的注意，並激發眾多知識份子潛心研究古希臘 - 羅馬的藝術。這些人當中，著名人物包括：德國的 Johann Winckelmann（1717 ～ 1768）、英國的 Robert Wood（1717 ～ 1771）、法國的 Comte de Caylus（1692 ～ 1765），紛紛出書介紹希臘 - 羅馬的古物及藝術，造成風潮。這三人中，影響最大的人物則是德國考古學家 Johann Winckelmann。他對古希臘的輝煌文物（Classical arts；不是東羅馬帝國政教高壓的「希臘文化」）非常著迷，並著書介紹，引起極多知識份子的高度關注與興趣。自此，研究這些古希臘羅馬文化（classical studies），包括：建築、圖畫、雕刻、文史……等輝煌文物，則成為當代最熱門的顯學。

　　於是，自十八世紀中期起，古希臘 - 羅馬的文物成為當代藝術家，包

括畫家、雕像家、建築家的創作題材，成為流行風潮。後來十九世紀末的藝術歷史學家稱此風潮為 New-classicism（可譯為：新古典風潮），這時期及創作的藝術文物有人通稱之為 Neo-classical。自此，西方的建築、繪畫藝術又發展出一片新天地。

在此特列出法國新古典風潮時期的大畫家 Jean-Auguste-Dominique Ingres 對「新古典作品」所做的解說，供作參考：**Learn from the ancients to see Nature⋯⋯they are themselves Nature, One must be nourished by them⋯⋯**，中文大意是：我們可從（希臘-羅馬）古文物中，尋得渾然天成的大自然，這些古文物本身就是大自然的部分，⋯⋯人人都應受其滋潤。（註：西方人說的 Nature，往往不只於中文的「自然」之意，例如美國十九世紀的作家艾默生的大作 Nature，就不只是中文的「自然」）。

這時期建築藝術的發展，浩如煙海，遠非本文所能論述。這裡僅談論幾位具有代表性的建築藝術家及當代作品。

** 法國的 Neo-classical 建築

十八世紀初期，盛行於法國的建築型態是 baroque 及 rococo。但這種建築到十八世紀中旬以後，就逐步被「復古」式的 New-classicism 所取代。在法國而言，最早介紹古希臘-羅馬建築的人，應是 1753 年，Abbe Laugier（1713 ～ 1769）編的《Essai surl' architecture》；後於 1758 年，Julien Dorica David Le Roy（1724 ～ 1803）也編出一本《Ruines des plusbeaux monuments de la Grece》。最早的復古式建築應是 1787 年在巴黎起建的戲

院 Comedie-Francaise，其八根柱子的正門口（octasytyle portoco），就是創新的希臘-羅馬式復古建築。從此，法國的 Neo-classical 建築師及建築，猶如雨後春筍，不斷浮現。

　　法國大革命及拿破崙當政時，英雄主義流行，古希臘、羅馬的英雄故事、希臘-羅馬的藝術，正符時代需求，普受歡迎，於是 Neo-classical 的建築，自然成為主流。最具代表性的建築物就是 1808 年，拿破崙委任知名建築師 J.F.T. Chalgrin（1739 ～ 1811；其老師 Etienne-Louis Boullee (1728 ～ 1799) 更是一位著名的建築奇想家）在巴黎建造的凱旋門（Arcde Tromphe de L' Etolie）；當代著名雕像家 Francois Rude（1784 ～ 1855）後來還在凱旋門上，以古希臘戰士，雕出一幅展現馬賽曲（La Marseillaise）革命精神的名作。這個雕像與凱旋門配在一起，相得益彰，成為法國最醒目的代表性建築物。

　　巴黎市容並非只以優美與雄偉的建築而受人稱讚，更重要的是其市容曾有良好的規劃，才能將建築的美，充分襯托而出。巴黎的市容規劃，最大功臣就是十九世紀中期，拿破崙三世當政時的市政工程官 Baron Georges Haussmann（1809 ～ 1891）。他把彎路取直，建造林蔭大道，美化市容。在此優雅背景下，無異於鼓勵更多的優雅建築，紛紛起建，包括名建築師 Jean-Louis-Charles Garnier（1825 ～ 1898），在 1861 年起建的 Opera（巴黎歌劇院）。

** 德國的 Neo-classical 建築

帶動 Neo-classical 風潮的 Johann Winckelmann 是德國人，所以 Neo-classical 的藝術風格自然盛行於德國。最出名的代表性建築就是 1788 年，普魯士菲特烈大王（Fredrick the Great；1740 ～ 1786 在位）請當代知名建築師 Carl Gotthard Langhans（1732 ～ 1808）在柏林興建的勃蘭登堡大門（Brandenburg Gate，1791 年完工），其設計全是希臘 Doric 改良式的柱子，高大雄偉，加上頂部的四馬二輪戰車銅像，望之威武壯麗，享譽世界。從此，德國 Neo-classical 著名建築師及建築不斷浮現，成為熱潮。

德國巴伐利亞王 Ludwig I（Prince of Bavaria；1825 ～ 1848 在位；註：Ludwig 即英文的 Louis）是一位極有藝術文化的貴族。他受當代文藝風潮的影響，非常熱愛古希臘文化，也愛建造古希臘式的公共建築。他於1816 年，在幕尼黑建造一座專門收集古希臘 - 羅馬雕像的博物館，特命名為 Glypothek（希臘文意為：雕刻物的陳列室），是典型希臘八柱式（octastyle portico）建築；1829 年，他又在萊茵河畔的 Regensburg，完全仿照雅典眾神廟（Parthenon），建造一座日耳曼群英殿（Wahalla；註：這是西方當代流行的「民族主義」產品……哥白尼就受供於此殿）；他又於 1843 年，再度建造一座巴伐利亞名人堂（Ruhmes-Halle, Hall of Fame），也是古希臘 Doric 柱廊的建築，其頂牆（pediment）也是仿照古希臘，但雕以巴伐利亞的文化成就。

十九世紀初，德國最著名的建築藝術家就是 Karl Friedrich Schinkel（1781 ～ 1841）。他是政府的公共建築師。他的特點就是熱衷於古希臘

建築，卻不盲從抄襲，而是將古希臘建築融入自己的觀念，再發揚光大。他最出名的建築傑作，就是柏林博物館（Altes Museum, Berlin）及柏林歌劇院（Schauspiel haus），都是基於古希臘建築所創造而出的新體建築。凡是造訪柏林的人，都會去看這兩座壯觀的代表性建築。任何人有興趣的話，不妨將柏林博物館與大英博物館，或將巴黎歌劇院與柏林歌劇院，做個對比，以觀察各自的特色。Karl Friedrich Schinkel 不但專精於建築藝術，還是位有名的歌劇舞台設計家，正是：「君子不器」，不愧是德國最偉大的藝術家之一。

** 美國的 Neo-classical 建築

　　若說到美國的建築之父，出乎意料之外，都會指向美國第三任總統傑弗遜（Thomas Jefferson，1743 ～ 1826）。他非常欣賞 Palladian 及 Neo-classical 的建築風格。他在自己維吉尼亞 Monticello 的老家，親自設計出自己的房子，就是仿照 Palladio 著名的 Villa Rotonda 別墅所建造。

　　事實上，在十八世紀，美國獨立之前，美國的建築本來就是承接英國流行的 Palladian 設計風格。例如當代的 Georgian House 式樣，就是仿從 Palladian 建築而來，包括常見到的：Hipped Roof（四個斜面的屋頂）、Palladian Dormer Window（在屋頂上的凸出窗子，比法國 Dormer Window 繁複）以及最盛行的擴篷正門（Projecting Entrance Pavillian，即 Portico）。此型建築物中，最知名的應該是華盛頓總統在 Mount Vernon 的住宅了。

　　傑弗遜於 1780 年代，擔任駐法大使。他對當代流行的 Neo-classical 建

築非常激賞。他返國後，就將法國 Nimes 一座希臘 - 羅馬神廟式的建築 Maison Carree，做為維吉尼亞州政府的設計樣板。他在 1817 年，設立維吉尼亞大學（美國第一個州立大學）時，就仿照羅馬的眾神廟（Pantheon），建造一座圓頂圖書館，這也屬一種小型的 Neo-classical 建築。

　　熱愛建築的傑弗遜，以其總統的身分，對美國公共建築自然造成很大的影響。1792 年，在興建總統辦公室（後稱：白宮）時，他以「業餘建築家」的姿態，親自設計出一個 Palladian 式的總統辦公室，當然還會有一個圓頂。不過，後來卻由一位愛爾蘭的專業建築師 James Hoban 得標。不知是有意或是無意，Hoban 也是採用 Palladian 式樣的設計（註：白宮在 1812 年對英戰爭時，被憤怒的英軍燒毀，後來才不斷增建）。

　　十九世紀初建成的美國國會大廈（The Capitol），從其圓柱、Portico、圓頂……一看就知是座希臘 - 羅馬及當代混合改良式的 Neo-classical 建築。這大廈的圓頂也有三層，最外層是以當代科技產品鑄鐵架組合而成，遠比聖彼得大教堂的圓頂，要建得快速而且容易多了。值得一提的是其上議院入口處的希臘式柱頭（Capitals），是以美國殖民地初期的標誌，煙草葉與玉米穗，做為柱頭的形式。這也是這座建築的特色，雖是仿效，卻保持自己的特色。

** 英國的 Neo-classical 建築

　　英國著名的古物及旅行家 Robert Wood（1717 ～ 1771），在 1750 年，前往地中海及中東各地，研究希臘、羅馬古文明。他在敘利亞費時專心研

究 Baalbek 及 Palmyra 的古蹟（近世被 ISIS 所佔，大量古物遭受損害及破壞）。後自 1753 年起，不斷在英、法兩地發表羅馬古蹟與建築的介紹，也掀起 Neo-classical 建築的熱潮。

同時，另有兩位英國建築家 James「Athenian」Stuart（1713 ～ 1788）及 Nicholas Revett（1720 ～ 1804），在遊訪希臘，長期研究其建築後，終在 1762 年，合力出版古希臘的建築書籍《Antiquities of Athens》。經過這些書籍與介紹，Neo-classical 的建築，在英國日漸成為流行。

英國十八世紀的建築師 Robert Adam（1728 ～ 1792），應是英國 Neo-classical 建築的建造先驅。他於 1761 年，在 Middlesex 改建一棟稱為 Syon House 的建築。他一反原來的 Jacobean 傳統式設計（詹姆士一世、查理一世、二世時代的風格，通稱為 Jacobean Style），全部改採古希臘 - 羅馬風格的設計。

英國海軍總部（Admiralty，在倫敦的 Whitehall）在 1759 年整建，其正面就是採用典型的 Neo-classical 設計，以彰顯英國海軍的威盛的形象。最有名的 Neo-classical 教堂就是 1819 年在倫敦起建的 St. Pancras Church，不但西側（正面）採用希臘六柱式 Portico 正門，南北兩側還仿照雅典衛城的神廟，以 caryatid 女石像為柱子。

1823 年，英國建造大英博物館（National Museum），為了展現文化傳承，刻意仿效古希臘的雅典娜神廟（Athene Polias Priene 今在土耳其）建造。至此，Neo-classical 形式的建築已在英國成為主流。

** 英國的 Gothic Revival—Victorian Gothic style

十九世紀中期的維多利亞時代，英國又出現哥德式建築再起（Gothic Revival）的風潮。這風潮中，最具代表性的建築就是英國的國會大廈（Palace of Westminster），其結構是由名建築師 Charles Barry（1795～1860）所設計。值得一提的是，Barry 將內外的裝潢設計，悉數委請另一位年輕而著名的天才建築藝術家 Augustus Pugin（1812～1852），擔綱負責，他所設計的代表作品包括：英國女王在上議院的寶座（The Royal Throne）、接客正廳（Central Lobby）。

Augustus Pugin 實為一位建築藝術的天才，很早就為英國另一著名建築師 John Nash（1785～1835）當助理，很快就建立出自己的名聲。他在 1841 年，以一個年方二十九歲的青年，就編出一本著名的暢銷書，《True Principles of Pointed or Christian Architecture》，還創造出哥德式建築再起（Gothic Revival）的風潮，令人嘆為觀止。

這種新風格的 Gothicstyle 建築，產生於維多利亞女王時代，故亦常稱為 Victoria Gothic style。1874 年，由 George E. Street（1824～1881）設計的司法大廈（Royal Courts of Justice）就是另一著名的 Victoria Gothic style 建築。這種新風格的建築，隨著當時大英帝國的國勢，也傳至世界各地，包括：印度的孟買、中國的上海，均可見其身影。可惜的是造成風潮的這位主角 Augustus Pugin，在四十歲的英年就因精神錯亂而早亡。

** 結合藝術與工業的德國現代派建築學校 Bauhaus（1919～33）

至此，西方建築藝術的發展，無論是書籍或實體建築，都是由民間，依市場需求，自由發展而出。政府幾乎沒有直接出面推展建築藝術。

　　在這幾個西方國家中，只有德國政府在 1896 年，為仿習英國先進的工業及設計，特派建築家 Hermann Muthesius 前往英國考察多年。他回國後，在 1907 年，設立一個設計研協會，邀請工業、藝術、建築方面的設計人才，共同切磋，期望能發展出又新又好的現代工業及建築設計理念。這協會中有一位建築藝術家 Walter Groupius（1883 ～ 1969），非常熱衷於拓展現代設計，把藝術與工業結合在一起的新觀念。後來則因第一次世界大戰，這個協會也不了了之。

　　一次大戰後的 1919 年，Walter Groupius 對拓展建築藝術的熱忱，毫不衰減。他在德國的威瑪（Weimar），設立一所具有現代理念的建築藝術設計學校，訂名為 Bauhaus，其意即為：Building House。他們的現代理念不但尋求藝術上的美感，更要求實用，產品須展現應有的功能。他聘請各類藝術家，前來任教，包恬：著名畫家 Paul Klee（1879 ～ 1940）及 Wasily Kandinsky（1866 ～ 1944）。1926 年，這所學校遷至 Dessau，並自行設計校舍。從這所新校舍的設計，就已脫離傳統型式，進入現代新型的建築設計。

　　1927 年，Bauhaus 曾設計出預造的組合房屋，可用於大量建造、價格便宜而實用的房子。不只於建築，一位先期學員，後來擔任教席的家具藝術設計家 Marcel Breuer（1902 ～ 1981），還用細鋼管，設計出線條簡單、幾何圖樣的椅子，非常具有特色，讓他聲名大噪。Bauhaus 所標榜的現代而實用之設計，對德國的建築及工業產品設計，造成巨大的影響。

1933 年，德國由希特勒掌權。希特勒早年出自繪畫學校，自視藝術專家，急欲消滅那些非正統的抽象、超現實等，奇形怪狀的藝術，罪之為頹廢藝術（Decadent Art），並大肆迫害這方面的藝術家。這所 Bauhaus 設計學校正好聘有很多「頹廢藝術家」及他們的作品，自然也被迫關閉。

　　學校雖然關閉，但故事並未結束，這學校的教師，在 1930 年代後期，紛紛逃至美國，包括：Walter Gropius、Marcel Beuer。這些著名的建築藝術家來到美國後，對美國自然造成莫大的影響。例如：Walter Gropius 避難至美國的波士頓後，即受聘於哈佛大學，擔任建築設計的教授，後來還成為系主任，直至退休。他至哈佛後，就把現代設計的概念，引進學校。在校期間，他雖然也有經營設計建築的業務，但他的重心仍是在於教育後進。Marcel Beuer 也到哈佛任教，後來又到紐約，並負責很多知名建築的設計，包括：紐約市的 Whitney Museum of American Art。

　　以上就是十九世紀末，德國政府與民間合力推廣建築藝術的簡明演義及演變，頗令人唏噓。唯值得在此附帶一提的是中國在古代宋朝時，也曾有注意建築及施工的史跡，略述如後：

　　宋徽宗時，令建築監師李誠，編出一本宮室建築設計及施工的書，稱為《營造法式》，並於公元 1103 年完成。這本書比文藝復興時的建築家 Leo Battista Alberti 在 1452 年所編寫的《建築十論》，還要早三百年。可惜李誠的《營造法式》，對中國建築的影響幅度，不如 Alberti 的《建築十論》；更遠不如 Andrea Palladio 在 1570 年編的《建築四書》，對西方建築藝術所產生的巨大影響，令人感慨。本書對此尚無評論的能耐，只能

感嘆的表示，其原因大致有二：一是中國自古以來的士農工商社會，輕視工匠、藝術工作者；二是知識份子全員一體的把讀書目標，也就是求知的目標，放在：「通過科考做官」這個窄途，卻疏忽藝術、工技等其他方面的知識。

3. 西方獨到的藝術精品：雕像

若講希臘文化，主要指公元前 500 年至 300 年（更精確的說則為 480 年至 330 年），這兩世紀期間，希臘人所發展出來文明，包括：建築、雕像、神話、哲學等知識及藝術文化。今以希臘最具特色的雕像藝術來代表希臘文化，一面藉以觀察希臘文化在羅馬與蠻邦西方的飛揚發展，一面反觀奧圖曼土耳其統治者蘇丹，錯失習人之長的良機。

** 羅馬人競相仿習希臘的雕像藝術，並發揚光大

羅馬人自始就愛慕希臘的先進文化。後來雖以武力「征服」希臘，卻仍然欽慕並持續仿習這個戰敗國的雕像藝術及先進文化。羅馬人雖大量抄襲希臘文化，卻也從文化融合中，發展出擁有自己特色的新文化。羅馬帝國之初，從皇帝到官員、地主、富戶，都熱愛希臘雕像，常請本地雕像家仿造希臘著名雕像傑作，陳列於室內，或點綴於花園，成為風氣。我們今日所知道的希臘雕像泰斗及其作品，諸如：

Myron（約在西元前五世紀）著名的擲鐵餅者（Discobolus）

Polykleitos（約在西元前五世紀）的 Doryphoros（或稱：Spear Bearer）；

Phidias（與 Polykleitos 大約同期人物）的 Appollo Pamopios；

Leochares（約 340～320BC）非常著名的 Diane of Versaillers（在羅浮宮，原名：Artemis with a Hind）與 Belvedere Apollo，文藝復興高潮期為教宗 PopeJuliusII 所擁有；

Praxiteles（約在 375～335BC）的 Apollo Sauroktnonos；Capitoline Venus Lysippos 的亞歷山大帝人頭像（即羅浮宮名為 Azaraherm 的大理石雕像）以及 Hermes tying his Sandal（在羅浮宮；Hermes，中譯：愛馬仕，久為眾人熟知）；

還有希臘擊敗波斯的大英雄 Perikles 之半身像（在大英博物館），缺臂的維納斯（Aphrodite of Melos，通稱 Venus de Milo，在羅浮宮，是最廣為人知的維納斯雕像）；

這些雕像全都是羅馬人仿造希臘雕像的複製品，而原來真品全因戰亂，早已遺失。羅馬人對希臘雕像的愛好及需求既然如此龐大，使得羅馬雕像藝術的水準，也愈來愈好，甚至青出於藍，創造出更新、更好的藝術成就。

顯然，羅馬雕像藝術的輝煌成就，其實全是以希臘雕像為基礎，建造出擁有自己特色的雕像藝術。這不但省下大量的試驗、錯誤、改進的程序，且在融合的過程中，創造出更有特色的藝術品。若以中文解說就是：登高

而招，臂非加長也，而見者遠。若用更通俗的說法就是：從別人的背上站起來，您就會比別人更高。羅馬的雕像藝術可以說，就是站在希臘人的背上，借力使力，發展出更大的成就。

讓我們假設一下，如果羅馬人沒有傾慕希臘文化，後來又以大征服者自居，輕視亡國的希臘文物，甚至來個「去希臘化」，那麼後世的「羅馬文化」將只是剩下一個中空的文化，不會創造出任何成就，自然更不會有「羅馬雕像」這回事。果真如此，「希臘雕像」肯定不會留傳後世而埋入歷史塵土之中，至多只是另一個尼尼微、巴比倫古蹟而已。而「羅馬帝國」充其量只是一個短期的軍事強權，不會留下任何可觀的文化蹤跡。相信這個假設及推論，應是了無疑問。

現在讓我們繼續看一下，自從西方羅馬帝國覆亡後，DEFG 蠻邦西方如何承續希臘 - 羅馬的雕像藝術，進而發揚光大的事蹟。

** 西方，尤其法國人，仿習羅馬的雕像藝術，創造嶄新成就

文藝復興之初，義大利的雕像藝術就深切影響那些蠻邦西方人。當時，因法國與義大利之間的頻繁交流，法國最容易吸取義大利的先進文化。自十三世紀起，義大利的雕像藝術家，如：Nicola Pisano(1225 ～ 1284)、Andrea Pisano(1295 ～ 1348)、Lorenzo Ghiberti（1378 ～ 1455）、Donatello（1386 ～ 1466），及其作品就深切的影響法國的雕像藝術。Donatello 是位極負盛名的雕刻、鑄像大師，他的成就對文藝復興的影響至深。

有幾個早期的法國國王，包括十四世紀的查理五世（Charles V；1364～ 1380 在位）及其弟，布根第公爵（Duke of Burgundy，Philipthe Bold；1342～ 1404 生歿），都是藝術的熱愛者及贊助者。布根第公爵於十四紀末，在 Dijon 建造一座著名的修道院（Chartreuse de Champmol），並請藝術家 Claus Sluter（1350～ 1406）負責雕像設計及製作。在教堂入口的聖母聖子像（Virgin and Child）及摩西先知群像（The Well of Moses）都是承先啟後的傳世之作。尤其是那座聖母像，栩栩如生，生動而有活力。但這種「不夠莊嚴神肅」的雕像，在東方康士坦丁堡的希臘政教高壓帝國境內，沒人勇於嘗試，也沒有市場，幾乎不可能存在。

　　自十六世紀起，義大利雕像大師米開朗基羅（Michelangelo Buonarroti，1435 ～ 1488）、Benvenuto Cellini(1500 ～ 1571)、Giovanni Bologna (aka. Giambologna，1529 ～ 1608) 等巨匠，在文藝復興高潮時期，多依據基督教的故事及人物，創造出無數驚世作品時，法國的雕像家，如：Jean Goujon(1510 ～ 1568)、Germain Pilon(1529 ～ 1590) 等，不遑多讓，也在法國創出許多著名的傑作。此時，德國、荷蘭、西班牙的雕像家也不斷問世。

　　自十七世紀的 Baroque（巴洛克時期），義大利產生許多著名的雕像家，如：Gian Lorenzo Bernini（1598 ～ 1680）、Alessandro Algardi(1598 ～ 1654) 之際，法國在法王路易十三（1610 ～ 1643 在位）、路易十四（1643 ～ 1715 在位）的贊助下，雕像人才輩出，如 Pierre Puget(1620 ～ 1694)、Francois Girardon(1628 ～ 1715)、Jean-Baptiste Tuby(1635－1700)，其成就已

不亞於義大利，甚有過之。

十八世紀時，義大利廣為人知的雕像大師就是 Antonia Canova（1757～1822；名作如：Psyche Awakened by Eros，Three Graces）；但此時起，法國已成為雕像藝術的重心，人才多如過江之鯽，極享盛名者如：Etienne-Maurice Falconet（1716～1791；彼德大帝騎馬銅像及許多體態優雅的仕女，如羅浮宮珍藏的 Bather）、Jean-Baptiste Pigalle（1714～1785；Mercury Tying Talaria）、Jean-Antonine Houdon（1741～1828；伏爾泰像 Diana the Huntress）。

至十九世紀時，法國已執雕像藝術之牛耳，雕像大師 Francois Rude（1784～1855，名作：La Marseillaise）、Jean-Baptiste Carpeaux（1827～1875，名作：Ugolino）、Auguste Rodin（1840～1917；他的大名「羅丹」及其名作：The Thinker、The Kiss 早已廣為世人所熟知）享譽世界。

同時，德國、英國、荷蘭等地的雕像家亦層出不窮，造成西方雕像藝術的一片榮景，成為世界的領頭羊。

** 土耳其未能利用對手的優勢，終至淪落衰敗

前面說過，羅馬人以武力征服希臘，但在文化上卻謙沖而樂意的接受希臘文化，融入自己的文化，再發揚光大。希臘的雕像藝術就是典型實例。

北方的蠻邦人法蘭克人、盎格魯撒克遜人、日耳曼人（就是 DEFG 西方人），早期經過羅馬教會的開化，並接受希臘 - 羅馬文化的薰陶，再發展出自有的特色文化，人才輩出，造成後浪推前浪，節節高升，終打造出

更輝煌的成就。

十五、十六世紀時，回教奧圖曼土耳其的軍功強盛，專愛欺凌衰弱的基督教國家，是當代令基督教世界聞之色變的「帝國主義」者。公元1453年，奧圖曼土耳其蘇丹王攻下康士坦丁堡，滅亡希臘基督教文化的東羅馬帝國，然後再滅（雅典的）希臘，致兩千多年的希臘文化，包括輝煌的古希臘文明以及千年基督教神權高壓文化，悉數淪入土耳其蘇丹的手中。

不同於羅馬人，也不同於西方的 DEFG 蠻邦人，信奉回教的土耳其蘇丹，以大征服者的姿態進入康士坦丁堡的東方羅馬帝國，包括「雅典的希臘」，刻意貶低並蔑視敗方希臘的一切文物，不但迫害基督教及前朝的政教人物，甚至損害千年之久的索菲亞大教堂（Hagia Sophia）。他們對古希臘文明（the Classical）更不屑一顧，對古希臘的神話故事，斥之為異教邪說；雕像藝術更是罪大惡極的「Idols（偶像）」，勢必嚴禁，並在銷毀之列。於是，希臘在回教蘇丹的高壓統治下，終於淪入落後之地。

土耳其蘇丹的回教專制王朝，缺少外來文化的交流與激勵，又封閉而自雄，只能孤立於世界一隅，獨自摸索，其文化發展自然受限。當土耳其的軍力衰退，其他人文方面的文化，實在乏善可陳。時至今日，大量觀光客前住土耳其旅遊，無論是古希臘的遺跡或是東羅馬帝國的希臘正教會遺產，絕多是靠古希臘留下的遺物在吸引外國遊客。

西方 DEFG 蠻邦人與奧圖曼土耳其人，兩者原來都是文化的後進蠻邦人；但兩者的後續發展卻不可同日而語，土耳其的藝術及各項文化成就，

遠遜於蠻邦西方，實難相提並論。土耳其衰落的主要原因之一，自應是「封閉自雄、閉門造車」，未能將外國所創造的先進知識與經驗，蘗為己用，成為提升自己的進身階，終至落後而不自知。

4. 西方瓷器異軍突起、飛速進步簡史

＊＊ 西方瓷器（china）從零躍至藝術珍品的小史

中國的瓷器自古以來就久享盛名。在第八世紀的唐朝時代，中國的瓷器早已享譽「四夷藩邦」。明朝時的青花瓷，更是舉世聞名，無論在西方或回教地區，皆屬珍品。江西景德鎮更是以瓷器而遠近聞名。西方人甚至直稱瓷器為 china。

西方瓷器的歷史很短，但成長極快。讓我們略看一下瓷器在西方的成長小史：

- **十七世紀，荷蘭的「Porcelain」：Delft Pottery，通稱 Delft Blue**

十七世紀（1600）初，荷蘭（其實這是不正確的名稱，當時正式名稱為：The United Provinces of the Netherlands，可譯為：日德蘭聯合省；或簡稱：The Netherlands）仍是西班牙哈布斯堡王室的屬地。當時中國的瓷器，尤其是青花瓷，是昂貴珍品，只有王室及富貴人家才有。1602 年左右，許多義大利的陶器匠，移居至荷蘭 Delft 地方。這些善做陶器（Pottery）的人，就仿青花瓷，做出白底青花的陶器，號稱「Porcelain」。因是價格便宜的「青花瓷」仿造品，所以也很受歡迎，非常暢銷。通稱之為 Delft Pottery，或

魚目混珠稱之為：Delft Porcelain。

荷蘭大畫家 Jan Vermeer（1632～1675）有幅名畫「View of Delft」，就是十七世紀中期，以生產陶瓷而致富的 Delft，造出一片富裕的城市景象。迄今，Delft 的瓷器雖已風光不再，仍有一家百年老店 Royal Delft 繼續營業，成為追昔撫今的勝地。

• 德國、奧地利研製發展瓷器，成為西方瓷器藝術品之始

十八世紀，德國有位煉金術士（Chemist）Johann Friedrich Bottger，於 1701 年在柏林宣稱能將普通金屬變成金塊。這種大言不慚的江湖術士，遲早總會惹出麻煩。他後來果然被普魯士下令通緝。1705 年，他逃至薩克遜（Saxon），受薩克遜大選侯（Elector；August the Strong）的保護。大選侯相信他的技術，將他安排在 Meisson，讓他繼續研究煉金術。這時，薩克遜正好有兩位貴族正在研究如何製造中國昂貴的瓷器。這兩位貴族邀請 Bottger 加入他們，一起研究，Bottger 欣然同意。

1708 年，Bottger 終於發現以 hardpaste（或稱 White earth，就是中文的高嶺土，加上瓷石）就可製出瓷器。於是西方的瓷器從此誕生。經過後續的研究發展，薩克遜大選侯於 1710 年，在 Meissen 設立西方首座瓷器製造廠（即瓷窯，Kiln）。

1719 年，Meissen 瓷器廠的一位技師 Du Paquier 前往奧地利的首府維也納另設一家瓷器工廠。這是歐洲第二個瓷器工廠。但他顯然不善於營運及銷售，業務難上軌道，苟延殘喘。至 1744 年，因奧地利的哈布斯堡王室也很珍視瓷器，決心收購這家工廠。有了王室的支持，新人新政，改善

缺失，業務好轉，與 Meissen 並列為歐洲最古老的瓷器廠。

此後，這兩家工廠不但互相競爭，也不斷遇到新進工廠的競爭。例如 Meissen 旁邊的大城德勒斯登（Dresden），原是 Meissen 瓷器的轉運站，立即有人投資設立瓷器廠，甚至以 Meissen 瓷器蒙混銷售。這讓許多買主必須精明到足以分辨到底是真的 Meissen 瓷器，或是 Dresden 仿造的瓷器。後來，Dresden 瓷器經過多年的歷練，也打出自己的名號。俟享有名氣後，才自稱 Dresden china。

在這種激烈競爭下，各家瓷器廠莫不以高品質及精美設計的圖樣來吸引買主。瓷器原以餐具為主，但在生意競爭下，室內裝飾的瓷器，已被開發成一個龐大市場。希臘羅馬神話以及宗教人物的可愛小雕像（figurines）都被開發成一個極大的競爭市場。

當時在義大利及法國流行一種相聲小丑劇（Commedia dell' arte）。最廣為人知的故事就是一個笨富翁，由一個機智的隨從及兩個丑角跟班四處旅行，產生許多趣事。像這種流行劇的人物，都被製成可愛的小雕像，在各家競相鬥艷下，造成市場高潮。

為了區別產品，各廠家都極重視產品的商標，不但彰顯自己的產品，還利於買主購得真貨。例如 Meissen 的商標是兩把藍色的劍；維也納瓷器廠的商標則是個藍色盾牌。無論雙劍或盾牌商標，都成為富貴人士居家身分的象徵。這兩家並非一帆風順，都曾歷經許多波折而後重生，詳情不必在此細表。

· **法國路易十五的 Sevres 瓷器廠**

1738 年，法國陶藝技師 Robert and Gilles Dubois 在 Vincennes 地方設廠，生產陶瓷供法國王室使用。唯當時並非用高嶺土燒出來的真正瓷器。後來才輾轉獲得使用高嶺土的資料，燒出真正的瓷器。1753 年，這家工廠奉法王路易十五及其情婦龐畢度夫人（Madame de Pompadour）之命，遷至巴黎近郊的 Sevres，專門供應王室瓷器，終成王室直屬工廠。在龐畢度夫人的主持下，許多藝術家都受命設計，造出藝術水準極高的瓷器。尤其是瓷器的色彩，非常亮麗高雅。當時 Sevres 瓷器廠研發出最著名的三種色彩則是：深藍、淺藍及龐畢度粉紅（rose pompadour；屬一種艷麗的 pink）。

　　1770 年左右，法國 Limoges 地方發現品質優良的高嶺土。這不但有助於法國瓷器的燒製，也讓 Limoges 成為法國另一個著名的瓷器產地。

　　法國大革命後，這家王室的 Sevres 瓷器廠幾乎停頓。至 1800 年，法國指派一位工程及藝術專家 Alexandre Brongniart 主持這家老舊工廠。他以發揚藝術水準以及自力更生為目標。他重視研究，終發展出高品質、鮮色澤的釉料及琺瑯，大為提高市場上的競爭力。他還聘用法國著名藝術家代為設計新圖樣。當時新古典藝術風潮（Neo-classical type）仍在西方流行，他就仿效著名的 Neo-classical 雕像大師，如 Etienne-Maurice Falconet（1716～1791）、Claude Michel(多稱他為 Clodion，其作品常含色情暗示）的風格，造出各種圖樣的瓷器及小雕像，極受社上層市場的歡迎。他又注重生產管理，採用改良的新式窯，以減低生產成本、提高效率。他奉獻畢生的心力，專心致志發揚 Sevres 瓷器的藝術水準。他在 Sevres 廠工作 47 年，至 1847 年，逝於任上。至此，Sevres 瓷器已成為世界最高貴的藝術品之一。

- ## 英國的 Wedgwood 瓷器

Wedgewood 的大名，早已享譽世界，實無須在此多言，僅在此略述其重點。Josiah Wedgewood（1730～1795）小時候，在他哥哥的陶器廠做為學徒。後來自行創業，除陶器外，也開發瓷器。他很有眼光，不只以生產食具、裝飾品而滿足，他特聘雕像藝術家 John Flaxman（1755～1826），依照當時流行的 Neo-classical 風格，將希臘、羅馬神話故事中的人物，加以詩情美意化後，成為其瓷器的設計圖樣。因為圖案的造形極其高雅，非常暢銷，也讓 Wedgwood 之大名，不逕而走。Wedgwood 的古典瓷器與當時西方 Neo-classicism 的藝術風潮，正好相輔相成，雙雙獲益。

Wedgwood 持續鑽研，終在 1775 年又發展出一種青灰色的新品瓷器，jasperware。這個新品瓷器，配合著希臘、羅馬古典圖案，很快就成為歐洲王室、貴族、富人所爭購的珍品，大量出口，行銷各地，成為家喻戶曉的名貴藝品，直迄今日。

Josiah Wedgwood 不是只知埋頭苦幹的人，而是愛用頭腦，不斷改進、創新、求變的人。與其說他是一位瓷器廠的老闆，不如說他是一位愛思考、求進步的科學家。這樣說，一點都不誇張。他在 1782 年研究出能夠測量瓷窯溫度的儀器。這不但讓他的瓷器品質比別人更好，還讓他在 1783 年獲選為英國皇家學會（Royal Society；牛頓就是早期的會員）的會員，實至名歸。Wedgwood 的成功，絲毫沒有僥倖。

- ## 光華亮麗的 Bone china（骨瓷）

西方人自始就以煉金術（alchemy）的方式，「變出」瓷器。所以即

使研製瓷器成功之後，還是有很多人繼續研究，希望點石成金，鑽研出更好的瓷器。1749 年，英國人 Thomas Fry 就將動物骨灰做為瓷器的原料，燒出一些色澤光華的瓷器，只是品質不夠穩定。

至 1800 年，一位陶瓷業主 Josiah Spode（也是 Wedgwood 的同鄉友人）的兒子 Josiah Spode II，終於找到最適合的骨灰比例，開始大量生產這種新產品－Bone china。由於色澤亮麗、鮮豔奪目，很快就大為暢銷。自此，Bone china 就成為高品質瓷器的代名詞。

** 為何西方的瓷器能夠快速超越中國？

十八世紀之前，中國已有上千年的瓷器歷史，是當時世界首屈一指的瓷器製造及供應者。唯自西方人在十八世紀中期，從零開始生產瓷器之後，只花一百餘年的光陰，就能快速超越中國的千年瓷器。至十九世紀末，在西方瓷器的高藝術水準、高品質下，中國的瓷器已瞠乎其後。這情況，與其說中國瓷器退步落後，不如說西方瓷器飛躍前進，而中國仍在原地踏步、遵古炮製。只要看一下前述西方瓷器的發展小史，就可知道西方的成功之道。

我們可以把西方瓷器飛躍前進的幾個重要因素，簡明列之如後：

（1）西方王室及富貴者對藝術品的熱愛，形成強烈的市場需求

自文藝復興以來，西方王室、貴族、教宗、主教、地主、富戶早以普遍培養出對藝術、音樂、戲曲、詩文方面的濃厚興趣與品味。以法國而言，從法王 Francis I，直到路易十五，每個國王及其貴族全都是藝術的大

力贊助者。上行下效，耳濡目染，世代相傳，藝術品已成為富貴人家生活的一部分。這種熱衷藝術品的風氣，終於造出西方人對瓷器藝術品的強勁需求。

(2) 西方各國都是對外開放，文化交流無礙，訊息傳遞迅速

西方各國之間，都是互相開放的社會，無論是文化、商業交流，大多時間暢行無礙。尤其是西方的印刷技術日益進步，知識、訊息，很快就可流傳各地。文化在交流之中，自會產生互相激盪、競爭、鼓勵的現象，讓各類文化充滿活力。

(3) 西方的商業社會，讓瓷器及各種藝術品飛躍成長

西方自早就是商業社會（因為商業社會，才導致文藝復興，帝國主義），藝術品，包括瓷器，全由市場主導其興落。因此，在商業的環境下，西方具有下列兩項特質，助長瓷器（及藝術品）的：

- **自由競爭的環境，適者生存、不適者落亡**

    西方各國及各廠商之間，互不相隸屬，具有相當充分的自由競爭環境。人人必須力爭上游，否則立遭自然淘汰。前述各大瓷器商的浮沉錄就是典型故事，無須贅言。

- **鑽研發展，創新求進的特質**

    在自由競爭的前題下，各廠商必須不斷推陳出新，於是，對新設計、新產品的研究、開發，成為生存的必要手段。從 Bottger、Wedgwood、Alexandre Brongniart、Spode 等人物所投入的腦力與精力，就可知道西方人對瓷器的細心研究、創新求進的精神與行動。

四

西方的商業及自治社會

1. 西方特有的商業社會

** 西方的資本帝國主義，只是文藝復興時代，商業社會的延伸

　　自十七世起，西方帝國主義國家，不斷向海外殖民，擴張勢力。這些帝國主義者都是以商業動機為擴張的主軸，這與古時的侵略者，如：亞歷山大、蒙古大汗，只以征服為目的，不盡相同。

　　這些西方帝國主義國家，在世界各地掠奪資源，欺凌弱小民族，受世人批責為：罪惡的資本主義。事實上，這種「罪惡的資本主義」在文藝復興時期，義大利的城邦之間，早已進行這種為商業利益而爭的「罪惡的資本主義」。例如：1133 年，熱那亞就因商業競爭，藉教宗權位之爭，洗劫義大利南方的海港城市 Amalfi；1555 年，佛羅倫斯也藉機攻滅其競爭對手 Siena。這些弱肉強食的實例，早已屢見不鮮。因此，西方帝國主義與文藝復興時代，城邦之間的競爭，實為一脈相承的的商業競爭及資源掠奪文化。在此商業文化下，各國為了謀求發展與擴張，自會導致帝國主義的必然結果。

　　這兩者唯一不同之處，只是義大利城邦之間的競爭與掠奪，以及「受

害者」，僅限於義大利。這些城邦後來還變成同一國家，仇恨隨著時間與文化的融合而自然消失。但西方帝國主義的商業競爭、武力拓展，都是侵犯其他文化地區。受害者，包括：中國，餘痛猶在、直迄近世，自然難以釋懷。

西方資本帝國主義的興起，源自商業致富的資產階層。自文藝復興以來，西方的資產階層日漸增加，並在國王貴族與宗教神權兩大統治體系之間，形成極有影響力的新興勢力。這個日漸崛起的資產階層新興勢力，沒有具體形態與組織，卻在默默之中，支配西方文化的發展與進步。本文要談論的主題，就是介紹西方的商業社會。

西方的商業社會，具有自治與法律的特質，為其他文化地區所缺乏者。今日西方國家的特色，也是其優勢文化，就是民主法治。民主法治的基礎，在於法律，故在談論西方的法律文化之前，特將西方商業社會，以及自治文化的背景，先做個簡略的說明。

** 西方特有的商業結構

西方在中世紀（十一世紀前）都是封建的蠻邦王國。國王其實就是最大的地主，他把一部分土地賜給貴族，成為次層地主，他們在自己的領地，擁有統治權力。但在這些蠻邦境內，還有一個受命於教宗的羅馬教會，他們也擁有廣大的土地及財富，並支配著人民的宗教思想及信仰。農人就是替國王貴族與教會從事生產的人。他們是生產的主要來源，不過實際上卻是附屬於土地，從事生產的農奴（villein）。換句話說，當時西方社會有

國王貴族與教會兩個統治及支配階層，雙雙都騎在百姓（主要是農人）的頭上，作威作福。

至十二世紀後，從義大利的老西方，包括：佛羅倫斯（Florence），熱拿亞（Genoa）、威尼斯（Venice），直到北方的 DEFG 蠻邦西方，出現許多從事技藝及商業的人，他們聚在一起，從事各種經濟活動，逐漸形成都市形態。這些商人不但在本地互相交易，還遠至外地從事不同地區的「國際貿易」，交易性質也日趨複雜。

當代最重要的貿易貨品就是羊毛紡織業了，英國就是以生產羊毛而出名，直迄近世；今日比利時、南荷蘭地區，古稱 Flanders，就是著名的紡織業中心，業務興隆，財源廣進，人口也不斷增加。當時，Flanders 最有名的紡織城市就是 Burges 及 Ypres。這兩個城市到了十三、十四世紀期間，已非常繁榮而富有。這兩個城市在當時已可蓋出高聳入雲的紡織業大樓（兩個 Cloth Halls，高達 80 公尺），迄今仍可見其昔日風采。從此即可顯示當時的富裕程度。亞麻（Flax）則是另一個重要的紡織原料，供製亞麻布（linen）。當代最好的亞麻布則是在法國巴黎的北部地區。唯當時的製造業，都是家庭式的工坊（Workshops），沒有所謂的「製造工廠」，那是工業革命以後才有的事。

那些從事各行各業的技藝工作者，以及從事貿易的商人，為了聯合在一起，互通訊息、互助互惠，保護自己團體及會員的權益，紛紛設立同業公會（Guild，中文有稱：基爾德）。這些同業公會也是一種會員自治的型態，是西方社會特有的產物。只要看佛羅倫斯一個地方，各種同業公

會的盾徽（Coats of Arms），包括：斧頭、鑰匙、綿羊、玻璃杯、石門，就大致可知道他們從事哪種行業，更可看出當代同業公會繁榮昌盛的景象了。

到十五世紀起，威尼斯所造的玻璃製品，從裝飾品到器皿，都是當代最好的精品，也是高級藝術品，為富貴人家所珍愛。至於當時萬商雲集的佛羅倫斯，可以說是百業興旺，富甲天下。就以佛羅倫斯著名的金幣來說，其金幣通稱為 Florin（註：英國在十九世紀中期所發行的 Florin 幣，是 2-shilling 的銀幣，名同意不同），形同今日「美金」，不但足金足量，信用可靠，而且設計精美，成為當代最可靠的通用錢幣。

谷騰堡在十五世紀中朝，發明活字印刷機之後，西方的印刷業就一路快速成長。因為活版的排字（moveable type or sort）及印制，需要很多技術工人，因此，印刷業也就成為西方社會非常重要的行業。

西方各地既有如此多的製造行業，自然要靠貿易商人（Merchants），或稱：貿易商、行商，把貨品運送至各地，以達貨暢其流的目的。例如這些貿易商從英國輸出羊毛，自 Flanders 輸出布匹，從法國輸出葡萄酒，自義大利出口玻璃之類的貴重貨品。自十三、十四世紀以來，經濟富裕的人愈來愈多，商品需求大增，交易量與交易範圍也不斷擴大，於是這些商人也愈來愈富有，甚至富可敵國，還成為當地社會、城市舉足輕重的重要人物。

十三世紀時，德國北方，沿波羅的海（Baltic Sea）的貿易城市，在路貝克城（Luebeck）的主導下，組成商業聯盟，稱為漢撒同盟（Hanseatic

Leage；簡稱 Hansa）。他們自訂規章，互相合作以保護會員的商業利益。他們的貿易範圍橫跨整個歐洲北部，在各大港口，包括倫敦，都有他們的業務據點。他們聯手操控波羅的海及鄰近地區的貿易，成為當代歐洲北方勢力最為龐大的國際商業組織。他們勢力非常強大，還常常以商逼官，令各國官府望之生惡，甚至生畏。

十四世紀時，最出名的遠洋貿易商，在義大利就是威尼斯及熱那亞，他們的船隊不只於地中海，還遠至英格蘭，黑海。威尼斯人幾乎操控所有對東方的貿易，甚至介入外國的內政與政爭。這也難怪威尼斯商人（Venetian）會聲名遠播。

** 促長西方商業的銀錢業

這些橫跨海陸的商人從事不同地區的國際貿易時，自然需要「銀行」的居間支援，例如：兩地之間的匯款、不同錢幣的兌換等業務，都需要銀行才能完成交易。

在文藝復興之前，「銀行」其實只是所謂的「當舖」（Pawn Shop），只是比今日說的「當舖」多了一個錢幣的交換業務。錢幣交換在古代西方社會是一種相當重要的行業。這是因為西方各地多是獨立的自治城邦，各自發行自己的金幣或銀幣，因此在進行城邦之間的貿易時，錢幣交換自是重要。十七世紀荷蘭大畫家 Rembrandt 就畫了一幅 Money-changer 的名畫，充分顯示銀錢業者奸巧精算、嗜財如命的形象。甚至在更早的千餘年前，就有耶穌在猶太聖廟內，趕走銀錢交換商販（Money changers）

的故事。由此可見錢幣交換是西方自古以來就很興盛的行業。北義大利，如佛羅倫斯，自早就以貿易而富裕，所以其「銀行」業務，自會隨著貿易的繁榮而快速成長。

當時，北義大利的「銀行」雖說是典當及換錢的商號，其實多為市場街邊的攤子，通常只是一張櫃檯的桌子（Counter、Desk、Bench）而已。這些字在義大利語中，通稱之為「Banca」。義大利是 DEFG 蠻邦西方的商業及文化之源頭，於是這個「Banca」就轉化成為「Bank」（銀行）的字源了。只要是銀錢典當業，總是會有風險。這些櫃檯攤子式的 Banca 若呆帳過高，無法履行承諾時，債權人就會憤怒的把櫃檯或桌子打破（rupture, counter was broken），造成「bankrupt」（破產）。

當代最出名的「當舖」，亦即中古時代的「銀行」，應是十四世紀，到英國倫敦開業的倫巴底人（Lombard）。他們都是來自北義大利 Lombardy 省（在米蘭地區；源自佔領此地的哥德蠻族，倫巴底人）的銀錢業者。英王愛德華三世（Edward III）在百年戰爭時，為籌軍費，四處舉債借錢，據說還典當皇冠、珠寶，以向倫巴底商號借貸。這些倫巴底典當商號集中的街道，就稱為：倫巴底街，後來還成為倫敦的銀行街。

十三、十四世紀時，因為貿易日益興盛，佛羅倫斯已發展出一些極具規模的銀錢業者，業務及功能早已超過「當舖」的業務範圍，步入「銀行」階段。當時最著名的兩家銀錢商號就是 Peruzzi 及 Bardi。十四世紀初，英王愛德華三世為爭法國王位，發動百年戰爭，需款孔急，就向 Bardi 及 Peruzzi 聯合貸得鉅款。後來英王無力也無意償債，這兩家銀行只得倒閉

（bankrupt）。於是這兩位鉅富的事業，至此告一段落。但 Bardi 的女婿 Cosimo de Medici（1389～1464）則繼承其事業，不但振興佛羅倫斯的貿易、銀錢商業，還控制佛羅倫斯的政治。後來 Medici 家族還成為文藝復興的主要贊助者。

十五、十六世紀時，德國也產生許多經營貿易及銀行業務而成鉅富的富商。其中業務最廣、最富有、影響力最大的富商，毫無疑問，就是富哥家族（Fugger）了。他們家族的興起，始於十四世紀，到了十六世紀時的 Jacob Fugger，或稱：Jacob the Rich（1459～1525）主持時，業務興盛至極點。他的總部設在德國的 Augsburg，分支機構遍及歐洲大城，業務範圍不只於貿易及銀行，還包括：銅礦、銀礦，房地產。

富哥家族是住在城市裡的商人，僅是 Commoner（庶民）或 Burger（城市市民）階層，不屬於貴族（Peer）及教士（Priest）這兩個統治階層。理論上，富哥只是「城市市民」（burger），但由於他富可敵國，政商亨通，故其社會地位，足以貴比王侯。他甚至能與德國七個大選侯（Electors；由三個大主教及四個貴族組成，有權選出神聖羅馬帝國皇帝）平起平坐。那些大選侯還特意尊稱他為：A Rich Burger，以彰顯他的身分地位。但在實際上，這位沒有投票權的 Burger，卻能操控大選侯會議的決定。例如：神聖羅馬帝國皇帝查理五世，就是靠 Fugger 之助，在選戰中擊敗法王，獲選為皇帝。查理五世曾向富哥商號貸款，當富哥向查理五世提示欠款到期時，查理五世都不敢怠慢的還款。中國有個俗語：有錢能使鬼推磨，就是如此。

Fugger 家族最廣為人知，也是影響世界的大事，就是貸款給勃蘭登堡大選侯亞伯特（Prince Albert of Brandenburg），賄賂教宗，以取得 Mainz 大主教的職位。Albert 為了還債，在其轄區出售赦罪券。結果引起馬丁路德的公然反對，造成宗教改革，改變了世界。

** 富可敵國的西方資產階層

　　從上面這些西方商人的發跡故事看來，這些資產階層，在財富及組織力量大增後，都喜歡縱橫國內外的政商世界，甚至於以商逼官。漢撒同盟、威尼斯商人都是官商合縱勾結的高手。例如：威尼斯一直與羅馬教庭暗藏心結，當英王亨利八世與羅馬教庭交惡時，威尼斯在英國的使者，就從中慫恿，暗中促裂。說到威尼斯人，若說他們是縱橫國際、煽風點火的政商高手，並不為過。他們在十三世紀時，還曾引誘十字軍，共同洗劫康士坦丁堡。這些醜事在在說明：只要是有了實力、成了氣候的「資產家」，若沒有約束、制衡的勢力，只要是利益所在，任何事，包括傷天害理之事，都可做得出來。這就是「罪惡的資本帝國主義」的罪惡之源。

　　漢撒同盟自然也是以商逼官的能手。北歐丹麥等國的官府，都曾領教過他們的霸氣。難怪英國新教女王伊莉莎白，在十六世紀時，對漢撒同盟就非常不滿，一怒而下令關閉漢撒同盟在英國的物業。從這些事例，就可看出西方那些資產階層，在教會與國王貴族兩大統治勢力的夾縫中，如何脫穎而出，形成社會主流的實景。

　　那些西方商業城市大致上沒有上級高官的管轄，於是有勢力的富商，

亦即鉅富的資產階層，聯合起來，合組管理眾人之事的「政府」。他們政府的中樞，就是由權勢商人所共組的「議會」，決定境內的大事及規矩，並選出一位領袖（多為最有財勢者），以管理市政。最為中國人所熟知的佛羅倫斯、水都「威尼斯共和國」、日德蘭聯合省（即教科書說，佔據台灣的「荷蘭」），都是實例。就連羅馬市，名義上雖是教宗的直轄地，但自十四世紀，羅馬市民的反抗後，亦變成自治城市。在德語地區的大城，許多商業城市還是經過皇帝（神聖羅馬帝國皇帝）親自核可的「自由市」。這些新興的自由市，完全是自治的獨立政體。

這些城市的權富家族勢力，是相對於「國王貴族」與「教會」這兩大統治支配勢力之外的新興勢力。這個新興勢力雖沒有政、教支配權力，卻因其經濟實力而擁有影響國家政策的軟實力。前面已介紹過漢撒同盟以及 Fugger 家族一手操縱政商的風光事蹟，特再舉出下列兩項實例，以認識西方資產階層的軟實力如下：

- 十四世紀，英法的百年戰爭初期，法國大敗，法王約翰二世（John II）被俘。太子查理五世（Charles V）在巴黎想請大議會增稅。但大議會領袖，也是巴黎商會領袖 Etienne Marcel，堅不同意，要求太子查理五世先進行改革，才肯同意。會後，法王查理五世還被 Marcel 及商會，合力趕出巴黎。這時查理五世才恍然大悟，原來巴黎擁有實際影響力的人，並不是他這個「國王」，而是那位富有的「市民（burger）」Etienne Marcel。

- 再看一下十四、十五世紀之間，一位著名的倫敦市長 Richard

Wittington（1354 ～ 1423，多曜稱為「Dick」）。他原屬貴族之後，遷居倫敦，加入布匹商會（guild）學習布匹生意。後來他自行經營布匹貿易而致富。他不但成為布匹商會的領袖（master），又成為倫敦市政議會的一員。由於其才智及幹練，他很快就獲議會推任為市長。他在 Richard II、Henry IV、Henry V（第二期的百年戰爭，正值明太祖開國之初）在位時，曾四度擔任市長職位。他經常向皇室、商會、教會、市政建設（如排水溝、清潔工程）、慈善機構捐獻。在當代的倫敦以及西方都市（如：漢堡、路貝克等自由市）像他這樣精明幹練、政商兩棲，並獲選為市政首長的商人，多如過江之鯽。由他們擔任市政首長，無論如何要比國王派下來的親信大臣，對市政及建設，更為關注，也更有效能。

** 西方的知識階層隨資產階層的興旺而大增

這些資產階層必須要有充分的知識，或聘請知識份子，負責經營、管理方面的事宜。於是，資產階層與知識階層，成為魚水相歡的關係。原來，西方的知識階層只存在於教會及王權統治系統，唯自資產階層的興起後，不但需要知識階層，也產生更多的知識階層。從這情景看來，西方的知識階層與資產階變成層唇齒相依、共生互融的現象。這和文藝復興之前，只有教會的神職教士，才是知識階層，已大相逕庭，風水大幅轉向矣。

這情況和中國也大不相同。中國的知識階層─就是四民（士農工商）之首的士大夫階層，亦稱「讀書人」─可以說是全體湧入科舉考場，通過

科考後，進入官府系統，成為統治階層。「商人」在中國一向是四民之末，社會地位甚低。中國的知識階層，不會為去為四民之末的「商人」服務，更不會立志要竭盡才智、效忠商賈。這就讓中國讀書人的出路，大受限制，除了進入官府的窄門外，別無出路，缺乏發揮才智的空間。中國有句成語黃粱一夢，就是這個情景的寫照（可參考第十二章，第4節，「明朝劇作家湯顯祖，對照莎士比亞，成就受限」，邯鄲記的故事）。這和西方的商業社會，從出發點就大不相同，因此，以後的發展過程及結果，自然也大異其趣。

以上就是西方的資產階級興盛概要。這種結構的商業社會，是西方社會獨特的產物。就連神聖羅馬帝國的哈布斯堡皇族（Habsburg），其祖先就是富商鉅賈。這個特色是西方以外地區所沒有、也是難以發生的現象。

在此還要特別說明的是，當時西方（包括：北義大利的老西方及蠻邦西方）資產階層所發展出來的「商業社會」，與其他專制文化下的商業社會，有很大的不同。最大的不同，在於西方的商業社會擁有自治能力；而其他文化地區，從東方的希臘、俄羅斯，中東的回教國家，直到遠東的中國、印度，都沒有西方的自治經驗。這兩種自治文化與專制文化的最大差別，在於前者培養人民成為主人，後者管制人民成為順民。

2. 西方獨有的自治（Autonomy）文化

** 西方自治文化的發源地：希臘

英文的 Autonomy（自治）源自希臘文，由 auto 及 nomos 所組成。auto 表示「自己」之意；nomos 原意為「規矩、量規、丈量」之意，再引申成為舊約的律法（The Law；即拉丁文的 lex）；也就是後世說的「法律（The Law）」。因此，autonomy 的本意就是：**一個社會，由人民依現有的規矩或自訂的法律，自行管理自己的政事。**

古時希臘是許多各自獨立的城邦，沒有上一級的帝王，自然沒有權威上級的干涉，基本上都是小國林立。雅典早在公元前四百多年，就有議會的雛形。雅典人的社會有自己的規則，以管理眾人之事，這也是最早的自治型態。很多西方學者認為，這就是民主政治之始（請參考第十章，第 1 節：西方民主的隱憂）。

** 認識一個真實的羅馬自治法令（Lex Julia municipalis）

1732 年，義大利南端一個臨海古城 Heraclea，有兩片羅馬古物發掘出土。這是兩片古羅馬時代的銅板，兩片都是一面刻以拉丁文的古羅馬律法，另一面則是希臘銘文（註：義大利中部以上屬拉丁文化，但南端及西西里島，屬於希臘文化地區）。這份古羅馬時代的法律，主要是規範城市的自治、管理事宜，包括：成立人民代表議會（decurionum：town councillor）；代表（decurico：councillor）的選出。據考古學家推斷，這部法律約在凱撒大帝（100 ～ 44BC）在位時所制訂。因為當代羅馬正逐步統一義大利及法國的高盧地區。約在公元前 69 ～ 49 年左右，羅馬人對其統

治的城邦，給予同等羅馬公民的身分與權利（civitas；citizenship and citizen rights），並要求這些城邦也仿效羅馬，自行訂立法規、管理自己的城市。這兩片出土的法令，就是傳至 Heraclea，並由當地總督公告大眾，要求依照此法，成立議會組織，管理政事。這部法律後人通稱為：Lex Julia Municipalis。

這部法律後來在龐貝古城（Pompeii；79 年被火山爆發所湮沒，1748 年被人挖掘現世）的文件中，也獲得證明。兩位澳洲學者 Brian Brennar 及 Estelle Lazer，在 2005 年，發表一本龐貝古城的研究報告：Pompeiiand Herculaneum。書中表示，龐貝就是依照 lex Julia municipalis 的規定，設立自治政府。例如，龐貝有一個人民代表議會，類似今日的議會組織（Town council），包括 80 ～ 100 位議員，皆由富有且具影響力的人所推選而出。從這份文件出土的故事，我們就可知道西方的自治經驗，可以上朔到兩千多年前的凱撒時代。

西方羅馬帝國的皇帝，在公元 476 年被哥德人罷廢。羅馬帝國的拉丁西方淪入黑暗時代，文化傳承中斷。拉丁西方，主要是義大利，數百年來沒有上一層的皇帝，各地山頭林立，互不相隸屬，各管各家的事。羅馬教宗雖自稱羅馬帝國的傳人，卻無實力與實權，難在實質上控制各地教區。因此，許多地區得以享有「自治」的機會。這情景與政教專制的東方、回教世界，大不相同。今將西方各地區，自治的概況略述如後。

** 西方自治實例及概況

- **羅馬的自治（Commune of Rome）**

  1143 年，羅馬市的有識之士，不願處於羅馬教廷神權統治之下，期望仿習古羅馬，建立一個俗世的共和政體，由元老（Senates）及人民共同組成的自治體（如古羅馬自治標語：Senatus Populus Que Romanus — SPQR）。於是，發動革命反抗，將教宗趕出羅馬，成為獨立自治政體。至 1188 年，教宗 PopeClement III 為求和平共存起見，同意羅馬市民自治，教宗只是名義上的領袖，一切俗世業務，包括市政、治安、稅務等事宜，概由羅馬市民及自治政府負責。

- **威尼斯共和國**

  威尼斯自中世紀起，靠海上貿易獲得巨大財富。他們有自己的議會，由議會選出領袖，稱為 Doge。Doge 並無實權，尚須受到十人議員團（Venice's Council of Ten）的節制（如 Doge Francisco Foscari，在 1457 年，還被十人議員團給罷廢了）。所以威尼斯的發展，全由各民間團體自行管理自己的事。民間團體中，尤其是 Scuole（或可譯為「慈善機構」）的民間團體，在社會上具有舉足輕重的影響力，也是藝術文化的贊助與發揚者。在當代，像威尼斯這樣富裕、強大，還對鄰邦具有極大影響力的國家，居然沒有天縱英明的國王在指點江山。這對許多習於專制的國家來說，的確是個匪夷所思之事。

- **瑞士的自治邦（Cantons 及 Communes）**

  瑞士是很多大小不同的自治邦所組成的聯盟。蘇黎世（Zurich）就是一個典型的自治市。蘇黎世的人民議會在 1522 年，宗教改革之初，

集體反對羅馬教會，支持宗教改革家 Zwingli，自行訂立規章，進行改革。1541 年，日內瓦（Geneva）的人民議會也邀請喀爾文（John Calvin）進行宗教改革，包括訂立青天法（Blue Laws），要人民依基督教義所訂的法律行事。喀爾文的思想及教會應由資深信徒共管共治（非由一人大權在握）的信念，深切影響荷蘭、蘇格蘭，英格蘭及美國。

• 神聖羅馬帝國（德國）的自由市

在宗教改革前後的德國，產生許多不受皇帝及貴族管轄的自治城市。這些城市都因商業繁榮、人民聚集而興起的的城市，如法蘭克福、科隆、漢堡。這些城市都是由市民（Burgers）自已管理自己的自治城市。這種市民自治的方式，在帝國境內，早已形成一種定型的治管理文化。這種西方特有的自治文化，薪火相傳直至近世。

在第一次世界大戰後，普魯士的海港大城但澤（Danzig），在 1920 年，依美國威爾森總統的十四點原則，成為獨立自治的自由市，擁有自己的議會、法律、政府、錢幣。由於德國人早有自治文化（包括漢撒同盟、商人自組聯盟、合作發展），但澤市的自治政府運作順利無礙。光從其整潔有序的市容，就可了解其自治的效能。二次大戰後，歸屬波蘭，德人不是死亡就是離開，波蘭人移入，改名為 Gdansk（中譯：格但斯克）。

另外還有一個原屬普魯士的海港大城 Konigsberg，最早還是普魯士的首府，也是大哲學家康德（Immanuel Kant，1724 ～ 1820）出生、講

學之地，也是一個擁有充分自治的城市。從昔時照片就可知道這是一個管理良好的城市，市容整潔而優雅，難怪會產生大哲學家。二次大戰後，原來的德人，幾乎死亡殆盡，或遭驅離，並移入大量俄羅斯人，改名為：Kaliningrad（中文名：加里寧格勒），處於蘇維埃政府的管理之下。

現在由波蘭及俄羅斯政府管理下的格但斯克與加里寧格勒，若與昔時德人自治時代相比，哪一個比較好？這是個開放性、沒有明確答案的問題，只有靠大家冷眼旁觀，自下結論了。至少在一次世界大戰前後，這兩個自治市的政治、經濟、清廉、效率等各方面，都遠比現在許多「民主國家」要好太多了。

** 北美殖民地（美國）最早的自治

英國自十三世紀的亨利二世起，就以「頒下法律、臣民遵行」的管理方式治國，英國人早已習於法律、自治的環境。故在十七世紀初，英國殖民北美時，人民自然而然就：「無需上級指點，即可自己訂法、管理自己的事務」。這種自治的習性，也早已成為英國定型的文化，是社會生活中的一部分。因此，北美各殖民地都有能力自行設立議會，自訂法律，實行自治。讓我們略為見識一下英國人在北美自治的實景：

- **北美成立第一個英式議會政府 – The House of Burgesses**

  初期的維吉尼亞殖民地，尚屬人治，總督的意見就是法律。1619 年，新上任的總督 George Yeardly，顯然不習於這種「大權一手在握、威

武號令百姓」的當官習性。他認為殖民地的人也應像本土的英國人，具有共同參與法律制訂的義務，以及享有法律保護的權利。用中文來說就是：天下非朕一人所能獨治；亦非朕一人所能獨享。於是他設立議會（House of Burgesses），做為他制訂法律的顧問，共同決定及修訂法律。這是北美最初的議會型態，也是擁有民意的政府。像他這種思想及行為，並非特立獨行，而是經百年以上時間所培育而出的一種觀念與習性。這現象絕非其他專制文化地區所能想像，更不可能仿習而出。

** 西方商業及自治文化的特色

自文藝復興以來，西方（主要指蠻邦西方）以外地區，包括：東方（希臘、俄羅斯）、回教世界以及中國，都是君權至上的皇權專制。這些歷史悠久的專制皇權，都擁有千餘年累積而出的龐大官僚統治網。只要看一下羅馬教會、中國明清兩朝的龐大官網體系，就可知其梗概。這些國家的官僚人治網，最大的缺點就是將全體臣民困守在一個故步自封的社會，缺乏除舊迎新的活力，造成：撼山易、撼「傳統」難，任何改革都窒礙難行。

西方這些新興的蠻邦，沒有臃腫的人治官網，社會也非常開放，加上其商業及自治的文化背景下，產生下列兩種特質：

- **商業社會含有競爭拓展，求新求變的特性，致人才輩出，社會進步**

西方商業社會的特質就是：競爭、務實與創新求進。這個特質讓西方各行各業多元蓬勃發展。原是蠻邦的西方，就在商業競爭，探求新知的風

氣下，快速超越各大文明古國。隨手舉出一些平凡的實例，看一下當代西方人探求新知、創新求進的概況：

- 當西方仍是十二世紀之前的黑暗時代，回教世界已創出高度文明。當代回教知識份子自是非常輕視那些野蠻無知的「佛朗機人」（法蘭克人，即西方人的通稱）。回教世界一向自豪發明「阿拉伯數字」、天文知識（許多星名尚源自回教徒，如牛郎、織女星，英文為 Altair、Vega，皆源自阿拉伯文的「飛行者」及「撲襲獵物」），又發明了火藥（中國也如此說）。但文藝復興之後，西方無論是在數學、天文、炸藥等各方面的知識，快速進步，遠遠超過回教世界。再從前述西方發展瓷器的歷程看來，西方只消百餘年的時間，就能快速超越中國千年的瓷器。從這些現實故事，就可以清楚見到西方商業社會的競爭效果。

- 威尼斯一位聖方濟修士 Luca Pacioli，也是達文西的至友，對數學極有研究，也很有興趣。他發覺威尼斯在商業的記帳方式不夠理想。他以其數學的背景，研究記帳的改進方式。他終在 1494 年創造出複式會計（Double entry Bookkeeping），這是個打破傳統、非常創新的發明，讓記帳方式從傳統的簿記，跨入會計，極有益於商業管理，很快就被廣泛使用、直迄今日。

- 1492 年，哥倫布就是靠著求新的探險精神，發現號稱印度的北美；而資助哥倫布第二次及第三次航行的義大利 Medici 家族代理人 Amerigo Vespucci，在 1497 年，乾脆親自出海探險。在跑遍北美七年

後，他認為這塊陸地不是亞洲，而是一個新世界。當時德國地圖繪製商 Martin Waldseemuller，在印製新地圖時，對這片新大陸無以名之，就將此新世界以 Amerigo 的拉丁文，稱之為 Americus，即英文的 America。這就是西方商業社會所產生的探險故事。

- 1830 年代，當達爾文乘小獵犬號出海探險時，當時英國的海軍地圖已和今日的地圖相去不遠，地圖上甚至畫出相當精確的台灣，清晰可見。由此故事背景可以很容易的看出，英國人的知識、技術早已快速累積、進步，走在世界尖端。到 1840 年的鴉片戰爭時，滿清皇朝早已不是英國的對手，敗戰自是當然。

• 自治的社會，需要法律

西方的自治文化，含有兩種不可缺少的要素，一是沒有上級指揮的自我管理，另一個就是依賴法規或法律，來管理眾人之事。換句話說，這些沒有上級「英明指導」的城市，唯有依靠社會的規矩或法律，才能夠自治。易言之，就是有「法律」，才會有「自治」。當然，他們當時的法律遠不如今日的完備，與其用「法律」這個現代名詞，不如說是自治社會的法規、習慣法來得恰當。

十六世紀，瑞士的蘇黎世（Zurich）就是議會反對羅馬教會，並請茲文利（Ulrich Zwingli，1484～1531）進行宗教改革。茲文利以基督教義為基礎，訂出「六十七條信規（Sixty-seven Articles）」，經議會同意後，做為宗教信仰及社會生活的準繩。顯然，蘇黎世的議會並不是請茲文利高高在上、號令全體子民，而是讓茲文利訂出法律，經議會同意後，才依法行事。

喀爾文在日內瓦；北美殖民地；德國的但澤及各地自由市，都是以此方式實行的自治。因此，西方的自治需要法律，也唯有依靠法律，才能達成自治。

西方從自治演進到民主法治，還有一個顯著的特色，就是在法律的作用下，靠分權、授權、分層負責，做為政事的管理方式。事實上，這種分權、分工的管理特色，尚可朔源至舊約摩西的親身經歷（見 Exo.18:13 ～ 26）。這種分權、分工的習性或文化，大大的增進行政效率。

但西方以外地區的專制國家，當權者都習於揮舞權力，加上缺乏法律的節制，這種分權、授權、分層負責的管理方式，甚難實行。最明顯的實例就是明朝崇禎帝的境遇，皇上既無分權、分層負責的傳統與意願，大臣也沒有充分授權、敢做敢當的習性（只有一位敢做敢當的袁督師崇煥，結果死於崇禎手中），甚至在他登上煤山自盡前，還在怪「諸臣」誤國，卻未曾責己。這不只是崇禎皇帝的悲哀，也是中國的悲情。

** 商業社會與自治經驗是西方民主的基礎

西方的民間，經過數百年的奮鬥，包括戰爭，才能脫離王權人治，並藉選舉，選出新政府，終打造出西方的民主。但這並不表示其他文化地區的人民，包括：東方俄羅斯、回教世界，也可經過戰爭或任何手段，推翻王權專制，採行選舉制度，也可同樣的打造出民主。那是不切實際的美夢。只要從近代俄羅斯、伊拉克、阿富汗的快速「民主」，很容易就可了解，民主全然不是那麼簡單的事。

西方能到達民主，實包含很多因素才有今日。至少，西方是以「商業與自治社會」為基礎，加上健全的法律，才足以發展出目前的民主法治。其他久處帝王專制的國家，自古以來不但沒有商業自治的經驗，更缺乏法律的觀念。如此背景，若想達成民主，實非一朝一夕、垂手可得之事。

西方的法律含有深厚的歷史及文化根源，因為根深、才能葉茂。其他地區的國家，都是仿照西方法律，僅在朝夕之間，就頒出一大堆法律，寫的甚至比西方還要好。唯在實質上，因為沒有法律的歷史淵源，缺乏厚實的根底，空有綠葉、無根又無幹，法律多是徒具形式，難以自行。這樣的說法，雖不中聽，卻是冷酷的現實。因此，今日實有必要從根本了解西方的法律，才是正途，卻不只是認識西方現行的法律及條文，就於願足矣，可以治國平天下了。

五

西方法律（The Law）的根源：
基督教的律法與羅馬十二表法

1. 略窺基督教的律法與羅馬十二表法

　　法律可以說是西方人經過千年歷練，不斷演進而出的特質文化。人類自古以來，絕多都是帝王專制。皇上大權在握，愛怎麼做就怎麼做，今天這麼做，明天反著做，前後行事不一致，沒有標準。臣民只有無條件的順從上意，逆來順受。這種統治方式，簡稱為「人治」。

　　只有DEFG蠻邦西方人，在盎格魯撒克遜的英格蘭帶頭下，發展出「依照法律治理國事」的形式，簡稱「法治」。這種依法治國的方式，就成為西方法治民主（以區別東方及亞非國家所實行的選舉民主）的骨幹。

　　就歷史演進而言，西方（這包括：義大利的老西方及DEFG蠻邦西方）的法律之源，就是基督教的律法（The Law，或稱教律）與羅馬法。即使羅馬法，也是六世紀時，由羅馬皇帝查士丁尼下令基督教的神學者，將羅馬帝國以往皇帝的詔令，以及基於羅馬十二表法（Twelve Tables）所發展而出的法律、習慣，然後再「一切以基督教義為本」，所編訂的法律大全。一言以蔽之，西方法律的根源，都是源自基督教的律法，或教義。

上面的說法，對處於中國文化下的人而言，恐會發生一些疑問，不容易理解。其原因主要還是中西文化在根本上的差異，以及時代的偏差所造成。略述如下：

- 首先，中文對基督教的神性教義、戒律，通稱為「律法」或「教律」，但對於現代國家的憲法、民法，通稱為「法律」。在中國，「教律」和「法律」是兩碼子不同、也不相干的事；但在西方，無論是拉丁文或英文，「教律或律法」和「法律」自始就是同樣的字，拉丁文是 lex（這是單數，複數為 leges），英文就是 Law，或複數的 Laws。這個差異的來源，是十九世紀末，日本為學習西方文化，將許多西方學術的專有名詞，譯成日文的漢字。清末民初，中國為快速學習西方文化，取其捷逕，將日文中的漢字名詞，包括：「法律」、「社會」，甚至「名詞」本身，悉數抄錄，轉為中文，於是一個 Law（即拉丁文的「lex」），形成兩個不同的字，更分別成為兩種不同的觀念：「基督教教律（或「律法」）」與「法律」。

- 還有一個原因就是西方社會自宗教改革以來，一直提防宗教涉入俗世政治，一面嚴行政教分離政策，一面排斥神性思想，還發展出無神論的思潮。中國學者自清末民初前往西方學習時，西方人早已政教分離久矣，中國學子絕多只從俗世的角度去研習西方文物，絕少從西方文化根源的基督教義中，探訪西方文化。自二次大戰後，海峽兩岸都是封閉專制，西方的書籍及思想普受鉗制，直到 1980 年代之後，才有開放、解嚴之實。因此，很多學者，雖然才智過人、博覽群書，

到了美國或西方的學府，打從開始都是從俗世的角度去研習西方的法律、哲學等傳統西學。其實，西方的哲學（Philosophy）、法律（the law）都是從基督教的神學發展而來。大多中國學者對俗世部分的法律、哲學，非常精通，甚至勝於其師，但對法律、哲學根源的基督教義，並不深入。即使有些學者也是基督徒，無論是羅馬天主教徒或新教徒，恐多是唯教會的神性教義為從。至於非基督徒的學者之中，還有很多人對基督教抱有成見，包括：基督教是帝國主義的宗教。

因此，若不先從歷史中，認識西方文化根源的基督教，直接從俗世層面學習現代西方文物，包括：法律、哲學，甚至於藝術，恐難深入了解西方文化，只能多見其表，不見其裡，很容易就陷入以管窺天，不是盲目讚捧，就是盲目批責。就以西方的繪畫、雕刻藝術，甚至於古建築為例，若不熟悉基督教，恐只能從表面看其光艷的形色，或是一堆美麗的石頭造形而已，不易體會其真意，也難有發自內心的感覺。

現在讓我們分別察看一下西方「法律」的根源，一是基督教的教律，或簡稱：律法（The Law），二是羅馬法根源的十二表法。

2. 基督教的律法（The Law）

** 基督教 Bible 的簡介

大家都知道，基督教的經書 Bible，中文通稱為聖經，分為舊約與新

約。舊約實際上就是猶太人，即古時的希伯來人（Hebrews），所信奉的希伯來經書，多稱之為 Hebrew Bible。約一世紀時，非猶太人的外邦基督徒（都是希臘人，這是泛指接受希臘文化、說希臘語，廣義的希臘人，包括小亞細亞人），他們使用埃及亞歷山大城，猶太教士所編譯的希臘文版之希伯來經書。這份翻譯版原來是要給那些希臘化的猶太子弟，不要他們忘本而使用的版本。這希臘版與原版是一樣的，只是譯者多加了一些故事而已。

基督教源自猶太教，信徒自然也把希伯來經書當作經典教義，並將此經書的書名稱為舊約（Old Testament）。但基督徒到底是以崇敬耶穌為主軸，所以基督徒把希伯來經書的次序稍作調整。最重要的調整就是將先知瑪拉基（Malachi，音：`MAlerkai，中譯：瑪拉基書）的預言書，移至舊約最後一章。因為瑪拉基預言，上帝將派一位使者及先知來到人間，改變人心，去邪除惡，歸宗上帝（見 Mal. 3:1；4:5～6），並敦促大家遵奉上帝的律法，以達世界大同的和平境界。這也暗示，舊約的神啟工作，至此告一段落，並宣告耶穌的來臨，新的時代即將開始，一切預言都會成真。

新約（New Testament）包括四部福音書（Gospel）及使徒、門人的傳教經歷、書信及教義討論。新約最主要，也是最重要的部分自然就是四部福音書，此即：馬太福音（The Gospel according to Saint Matthew）、馬可福音（"Mark"）、路加福音（"Luke"）及約翰福音（"John"），各自記載著耶穌的言行，是基督教義的中心，也是最具權威的精華部分。

中文說的「律法」或「律法書」，即英文的「The Law」或拉丁文

的「lex」（希臘文則是 nomos），原來是指舊約的前五章，即創世紀（Genesis）、出埃及紀（Exodus）、利末紀（Leviticus）、民數紀（Numbers）、申命紀（Deuteronomy），是上帝創造萬物及上帝經過摩西（Moses）所傳下來的訓示。猶太文稱此五章「律法書」為「Torah」，其本意為「教誨、指示、訓言」。這部律法書中，最重要戒律就是上帝頒賜給摩西的十誡了。

舊約（亦即古猶太人的經典）與新約（希臘人所建的基督教經典，亦即耶穌的思想、訓言）基本上的差異在於：舊約多教人「**你不可**」偷、搶、殺人；新約中的耶穌則多教人「**你應要**」愛別人、關懷貧弱。若以羅馬教庭的神學權威艾奎那的說明，舊約讓信徒「怕」（fear）做惡事；新約要信徒去「做好事」、「關愛」別人。他還稱舊約為「老法」或「舊法」（Old Law）；新約，尤其是四部福音書中的訓誡，為「新法」（New Law）。

耶穌視遵行上帝的律法（指舊約的 Law;；如 Mat. 5:18；19:17 ～ 19）是一個人最重要的基本原則，不但要待人如己（見 Mat.7:12），還要愛人如己（見 Mat.22:39）。因此，艾奎那以及西方的羅馬教會都認為：新約，實已包含舊約全部的訓示，是律法總其成的結論。簡言之就是：新法包括老法。總而言之，基督教會及其信徒，都以福音書，耶穌的言行為中心，並將新約、舊約的訓示、準則，皆視為律法。

** 基督教律法的精要簡介

讓我們先從基督教義中，最基本的十誡（Ten Commandments）談起。十誡前半段要子民以至誠，堅信唯一真神；後半段就是要子民遵奉上帝所

訓示的道德行為。一言以蔽之，上帝只要求信徒辦到兩件事：一是虔敬上帝，另一個就是遵守律法道德。這就是希伯來經書與基督教的律法，也就是整個「The Law」的精義。

首先，基督教基本上是宗教的神性信仰，但我們在本書所談論的僅是俗世部分的律法，不談神性的信仰部分。在舊約的律法書（Torah，即摩西的前五書），律法還可再分為兩大類：一是上帝指示子民，應奉行的處世道德；另外就是敬神的宗教禮儀，包括：男子要行割禮、神帳（Tabernacle）的製作、祀壇（Altar）的規格、祀禮的供品、祀禮用的七座燭台（見 Exo.25:32）、燒全羊以敬神、宰動物必須放血後才可食用（以確證死亡，其上帝禁吃活的動物）。因為有關神性信仰與宗教禮儀並非本書討論範圍，我們只談有關俗世部分的律法，The Law，亦即為人處世的道德訓示與規矩。

我們先把十誡中，道德部分的「Law」，列之如后：

- 孝敬父母
- 不可殺人
- 不可淫亂
- 不可偷盜
- 不可誣陷別人
- 不可貪取別人財物

從十誡看來，若不談神性、律法，或 The Law（就是十九世紀末，日

本學者譯成「**法律**」的那個名詞），本身全然就是上帝諄諄訓誡的「**處世的道德**」，也就是：在社會裡的一群人，若想和諧共處、互助共榮時，大家應有的**處世規矩與紀律**。

西方以外，未曾經歷律法調教的地區，只從表面就把「法律」（The Law）與「律法；律法道德」（也是 The Law）視為兩回事。事實上，「The Law」自始就是處世道德。The Law 未受正解，甚至遭到誤解，難怪西方以外的地區，包括東方及亞非地區，大多國家都是法律不彰，司法難顯公義。

讓我們先從新約及舊約中的律法，亦即上帝的「訓示」（= Torah = lex = The Law），認識一下律法的精義：

- **律法就是處世道德（morality）**

  從十誡就可看出律法的本質就是道德行為。無論舊約、新約，處處都是教導子民為人處世的倫理道德。新約的使徒傳中（Act.22:3），使徒保羅自述說道，他是受教於猶太祭司（英文為：Rabbi）Gamaliel 的門下，修習祖先所傳下的律法，這部律法教育我們學會至善的行為（brought up in the city at the feet of Gamaliel, and taught according to the perfect manner of The Law of the fathers）。從這段話就可知道，律法是教人道德，期望眾人都能止於至善。

  這位 Gamaliel 是第一世紀時的猶太教士，也是當代著名猶太教的改革派大師 Hillel 學派的一員。現在讓我們看一下 Hillel 這位猶太著名律法學派的創始掌門人，對整部律法的精粹見解：

「不可把你所厭惡的事，加諸於別人身上」，整部律法書的重心，就只是這一句話，其餘的律法條文不過是這句話的補充說明而已（That which is hateful to you, do not to your friend. That is the whole Torah, the rest is just explanation.）。

　　這句話也是中國古聖先賢說的：「己所不欲，勿施於人」；或「不可以鄰為壑」。這句話，就是全部道德的基礎與出發點。十誡中的道德戒律，就是這個基礎道德的延伸。耶穌更把這句話，擴展到「愛鄰人一如愛自己」的境界。

　　基督教源自猶太教，其律法觀念自是一脈相傳。讓我們簡明扼要的看一下新約與舊約所訓示的 The Law，亦即基督教的律法道德，簡列如下：

- 有人打傷這人的妻室，若他不是惡人，他須受法官的裁決及處罰；若他是惡人，這人就應以牙還牙、以眼還眼、以手還手的反抗（Exo.21:22～24）

- 主人若打壞奴隸的眼睛，主人就應釋放這位奴隸做為賠償（Exo.21:26）

- 工作六天後，第七天應休息，不但幹活的牛、驢可以喘口氣，奴隸及僕人亦可恢複元氣（Exo.23:12）

- 在收成時，你們不能把掉在田中的麥穗拿走，這些掉下的麥穗應留在田裡給窮人及外地來的人撿回食用（Lev.19:9,10;19:31;23:22）

- 你對別人不可存有仇恨、怨恨之心，還要愛你的鄰居（Levi.19:18）

- 你們不可從事相命、巫術之類的迷信，犯者以石頭擊死

（Lev.19:31,20:27）

- 你們要尊敬老人，見到老人要站起來〔 Lev.19:32）

- 你們要善待孤兒、寡婦及外地來的生人，並要解衣推食（Deu.10:18）

- 你們判案時，不可曲解律法、不可因人的身分地位有不同的判決，更不可收賄而蒙蔽智慧與公義（Deu.16:19）

- 要關愛外地人，因為你們在埃及也是外地人（Exo.21:21;23:9; Deu.10:19; Lev.19:34）

- 你們不可欺壓僕人（Deu.24:14）

- 父親不可因為兒子犯的罪而受刑罰；兒子也不應為父親犯的罪而受刑罰；人人應為他自己的罪過負責，並接受應得的處罰（Deu.24:16）

- 鞭刑最多只能抽打四十下。超過四十鞭，你的鄰居都會瞧不起你（Deu.25:3）

- 只要遵守並實踐律法，你們就會繁榮昌盛（Deu.29:9）

- 任何人都不能超越律法；……守法並宣揚守法的人會在天堂獲得榮耀（Matt.5:17,18,20）

- 判決應以律法的立法精神為重，不應只重文句小節而忽略重心（意譯，Matt.23:23,24）

- 愛鄰居如愛自己，這遠比只向上帝供奉祭品、奉獻都要好（Mark12:33）

• **律法的目標在於追求公義（righteousness）**

無論新約、舊約，處處強調公平與正義，即「righteousness」。同時

又非常厭惡不公不正之事（inequity）。例如舊約（Deu.32:2,4）表示，上帝是：just and right is he, without iniquity（公平與正義的化身，沒有偏私）。

就拉丁版原文（源自希臘版）而言，這個 righteousness 原來是「iustitia」，最直接的意思是：「公正」之意（即英文的 justice），但在文意中，很多地方也表示：「對而正確」的事。於是，英文若用「Justice」，未能全然表達其意。

英文「Right」當作名詞時，在拉丁文中有兩個字意相近的字義，一是 rectum，大致上是 rectitude、equity、uprightness，即正直、公正、對的事；另一則是：iustum，意為：justice、uprightness 之意。所以在十七世紀初，英王詹姆士的英文版中，就不選用字面較狹窄的「Justice」，而選用「right」的變形字：「righteousness」做為拉丁文「iustitia」的英譯名詞。這也是後人讀英文版時，若與拉丁版對照，多少會產生一些困惑之處。

若用中文來表達，最適切的翻譯應是追求「公正與正義」或「公平與正義」，亦可簡稱：公義。

- **律法貴在實行（Do them）**

舊約中，上帝經常告誡子民：「力行我的律法（do my commandments and statues）」。新約中，耶穌多處要信徒「做他所教的事（do whatsoever I command you）」；其門徒在書信中，他再三表明：上帝以人的行為判定其人（God, who will render to every man according to his deeds，

Rom.2:6），信徒要力行聖言，不可光說不練（Be a doer not a hearer）。

事實上，真正力行上帝聖訓的人並不多，尤其是帝王統治者，絕少。

無論中西古今，光是十誡中一個簡單的訓示：「不可殺人」（也是中

國三千年前，孟軻所告誡的：「不嗜殺人」），就難以實行。

一言以蔽之，律法（The Law)，亦即上帝所訂下的「法律」，就是要

人照著他的話去「做」而已。也就是說，力行其言，才是忠誠信徒。

因此，只會整日祈禱唸經而不「**做**」他的律法，並不符合上帝之意，

用中國古書的話來說就是：獲罪於天，無所禱也！

- **律法注重司法審判（judgment）及其公正性**

艾奎那在其神學總覽中，對舊約律法的戒律（precepts，即：規則條

文）分為三大類：道德行為戒律（Moral precepts）、宗教儀式戒律

（Ceremonial precepts）、司法審判戒律（Judicial precepts）。宗教儀

式的戒律非本文討論範圍。因此，律法的重心在於：道德行為及司法

審判兩大事項。這看來是兩件事，其實仍為一回事，那就是：維護

道德行為，不受破壞。因為司法審判就是對違犯律法的嫌疑人，依

據律法做出公平與正義的判決，以明辨是非，也是伸張公義的手段，

故成為律法非常重要的一部分。

信徒子民的行事是否符合律法？到底是清白？或是違犯上帝的戒律，

都是重大事項，不可輕忽。上述的「righteousness」，其希臘及拉丁

原文都以司法審判的「Justice」來表達，由此可見司法審判在基督教

及西方文化中的重要性。既然重視審判，就非得要注意其公正性。上

帝也在律法書中，諄諄告誡判官及審判的公正性。在此歷史傳承下，司法審判自然也成為西方的核心文化之一。

- **律法的終極目的：天下太平，公義樂土，大同世界**

  基督教的律法說得很清楚，實現律法的目的就是要：化刀劍為犁鋤；不再兵戎相見，也沒有戰爭，公義盛行於人間，人人互助互愛，在公義樂土上，享受和平盛世。

  律法的目的，其實正是中國古書所說的：大同世界。這也說明，無分古今中外，人同此心、心同此理。

為便於中國文化下的人，認識西方文化根源，也就是基督教的舊約與新約（採用英王詹姆士版，即 KJV 版），特意挑出有關道德行為與司法審判（在此不談神性信仰及宗教禮儀）的戒律，加以分類，以原版英文與中文簡譯，並列於附錄一，供讀者參閱。

這些處世道德或道德行為的戒律，與中國古書以及古聖先賢所說的道理，在實質上都是相通的。本書特從中國文化根源的四書：大學、中庸、論語、孟子，將為人處世的教訓，選錄一些實用良言，列之於附錄二，以供讀者參考。

若審視中、西文化根源的古訓，終會發現其內容大同小異，殊途同歸。其實，無論是再多的聖言古訓，或是動聽感人的良言金句，最重要的一件事，只在於是否實行訓言而已。

為說明「實行訓言」與「有說沒做」的差異，特再選錄幾則可蘭經的金句，列於附錄三。這些「上帝的話」（註；回教、猶太教、基督教都是

信仰同樣一位：唯一真主）自然都是金玉良言，讀來句句珠璣，聽之暮鼓晨鐘。只是大權在握的回教世界統治者，如：哈里發、蘇丹，甚至直到近世的聖戰士，明顯都未能實行聖訓，沒有照著去做，甚至反其道而行。

3. 基督教權威大師艾奎那（Thomas Aquinas）對「The Law（lex）」的禪釋

** 略窺艾奎那的神學總覽（Summa Theologiae）

艾奎那是十三世紀時，教宗的神學顧問，也是解釋教義的首席權威。他編的神學總覽，代表羅馬教會對基督教義的解釋，是西方教士必讀的神學教材。所以他在神學總覽中的觀念，自然成為教會的正統思想，深刻影響後世。

這部神學總覽其實就是運用亞里斯多德以及古希臘哲人的學說，來解釋舊約與新約的內容，包括：上帝創造萬物、律法、美德、原罪、耶穌降生、升天、聖事（禮儀、婚姻等事），直到煉獄（purgatory）。艾奎那在書中處處強調，基督教義的基礎是「理性」（ratio；英文：reason），以及「知識」（scientiae；英文：science，唯當時尚無今日「科學」的概念），所以在他的文章裡，都是旁徵博引，運用各種古經及先賢所說的道理，很有條理的解說教義（亦可稱之為：自圓其說），卻不是只以宗教的激情，盲目直言斷論。就這方面而言，艾奎那與其說是一位神學家，不如說他是一位

想要「以理服人」的高端知識份子（註：不管是什麼「理」，只要說得通的「理」）。他受教宗器重、也受後人欽敬，可說實至而名歸。

艾奎那的神學總覽對西方，以及基督教，造成非常深遠的影響。即使宗教改革時的改革宗師，如馬丁路德、喀爾文，他們的思想仍在其影響之下。所以我們應先認識一下他的神學總覽中，他對「Lex」（The Law，律法、法律）的解說。他對律法的解說，自然也成為後世法律的根源，略述於後。原文都在神學總覽（Summa Theologiae；英文為：Summa Theologica）的下列兩部分：

(1) First Part of the Second Part（第二卷第一篇），Treatise on Law（律法詳解）第 90 ～ 100 號議題（有關法律的種類、功用、目的等問題）。

(2) Second Part o the Second Part（第二卷第二篇），Treatise on Prudence and Justice（明辨是非與法律公義詳解）第 60、63、67 議題（有關司法審判方面的問題）。

他這本神學總覽是以拉丁文所寫。本文以中文寫出，為求真確，關鍵字附上原文（拉丁文）及英文，以便利讀者易於了解原意。

• Lex（律法）一字，源自拉丁文的：「ligando」，其原意為：束縛、綁住（to bind）之意，再引申為：人的行事規矩與準則（regula et mensura；rule and measure），用以約束人的行為，不踰矩。

• 律法是為人民共同的利益（pro communi utilitate civium；for the common benefits of the citizens）、社會共同的幸福（bonum commune；common good）而設立；不是為個人的私利而設。

- 艾奎那還引用查士丁尼的羅馬法（即 Pandects），強調律法是為大多數的情況而設（iura constitui oportet in his quae saepius accident；Laws are made to suit the majority of cases），不是依據個案而設（ex his autem quae forte uno casu accidere possunt, iura non constituuntur；they are not made according to individual case.）。

- 律法既然是為了人民共同的利益，律法應由全體人民（totam multitudinem；whole people）或關心眾人利益的人民代表（personam publicam quae totius multitudinis curam habet；representatives of the public who care about the interest of the whole people.）來制訂。

- 上帝賜予的律法，包含道德訓示（lex a Deo Data, praecepta moralia continebat；The Law given by God comprised moral precepts.）。

  舊約的律法，包含各種道德訓示（lex vetus continent inse multa mandata；Old law contains many commandments.）。

  新約的律法，足以充分做為人的行事規矩（Lex nova sufficienter hominem ordinane circa interiors actus.；New law is sufficiently used as to direct people's actions.）。

- 立法者訂立法律的目標，在於教化人民，培養出做好事的習慣（assuefacientes faciunt bonos；habituating people to do good things），以在社會上做個好公民（cives bonos；good citizens）。

- 遵守律法是一種美德（virtitus；virtue），但往往是源於害怕受到處罰（ex timore poenae；from fear of punishment）而遵守法律。

- 艾奎那說的神之律法（lex divina；Divine law）：可分為舊法（或老法，veteris legis；Old law）及新法（novae legis；New law）。舊法就是舊約所訓示的律法，大多屬俗世的規矩，尚不完備，有待補充；新法就是新約所訓示的律法，包含舊法，加上耶穌指示的新戒律（包括愛人如己）；最終，由新法總其成，而為永恆的律法與真理。

- 再簡介艾奎那（也是新約中，使徒保羅及希臘古哲）說的自然律法（lex naturalis；Natural Law）。他引用新約，使徒保羅在羅馬書所做的解說（見 Rom.2:14,15；可參閱附錄一，保羅解說外邦人沒有成文的自然 律法）如下：

  外邦人雖沒有明文寫出的律法，但他們的行事卻能自然而然符合律法的規則；這因為他們本著良心行事，都知道什麼是好事、什麼事為壞事，該不該做。這就是自然律法。

** 神學總覽中，對律法的分類

1. **永恆律法（lex aeterna；Eternal Law）**：有一套深奧而永恆的真理，存於天地之間，是造物者的終極公正的規律；也是人類一直試圖探索，卻不易被人充分認識的規律，就是永恆律法。

2. **神之律法（lex divina；Devine Law）**：就是前面所說，舊約與新約所構成的舊法與新法。新法是總合舊法的終極大法，本質上就是永恆律法。但人對新法尚末能充分認知，行事亦未符合其要求，故尚需堅定信仰，奉從神喻，探索聖言，以達目的。

3. **自然律法（lex naturalis；Natural Law）**：已如上述，是那些沒有成文律法的外邦人，雖然沒有訂出明文的「律法」，卻靠著道德良心或心中的一把尺，知道什麼事該做，什麼事不該做。今特把艾奎那在神學總覽中，對「自然律法（lex naturalis）」的解說，簡譯成中文，置於附錄四，供讀者參考；一面用以說明自然律法，一面可從其辯解的方式，觀察一下古代西方知識精英的學術論述方式。

4. **人訂的律法（lex humana；human Law）**：人依靠良心中的自然律法，用理性推理（ratio；reason），循著神之律法，也就是依循永恆律法的精神，編訂出盡可能符合天意的律法。這就是世人所知道的俗世法律，包括：大憲章、英國伊莉莎白一世的三十九條信仰、喀爾文在日內瓦訂的青天法、美國憲法等，人訂的法律（註：需符合前面所提，由全體人民或了解民心之代表所訂的「規矩與準則」，才屬這個：人訂的律法，如：美國憲法。）

   由人訂出來的明文律法（lex scripta，written law），用來補充自然律法不足之處（suppletum est quod legi naturae deerat；it supplies what is lacking in the natural law），以及矯正自然律法不周之處（ad correctionem legis naturae；to correct the natural law）。

   唯因人的智力及理性推理（reason）有所侷限，往往一時無法認清天意及永恆律法，因此人訂的律法難免有些失誤及不足之處。律法的精髓在於伸張公平與正義（iustae trecta，just and right）。只要是人訂的律法，其標準與原則都會隨時間而發生變化，故應與時俱進；若有不

適用的時候（不符民意，不合天意），就應立即修改。例如古時的羅馬十二表法，演進至查士丁尼的羅馬法；美國的憲法及後來的憲法修正案。

讓我們再認識一下艾奎那對「lex humana」的解說如後。這是中文大意上的翻譯。他講得相當深奧，加上文化與時空背景的差異，不見得譯得精確。但這並沒有什麼大關係，這與附錄四「自然律法」的翻譯，目的相同，都是藉機認識一下西方十三世紀大學問家的思維與論證方式。

當見到一些世間自然發生、卻不易測知其道理的事（ex principiis indemonstrabilibus naturaliter cognitis；from naturally known indemonstrable principles），我們可依據知識（scientiarum；sciences，後世已專稱之為「科學」）找出結論；至於那些我們難以輕易知道的道理（quarum cognitio non es tnobis naturaliter indita；those cognitions that are not imprinted on us by nature），我們可以不斷的從理性推理中獲得（per industriam rationis inventa）。因此，無論是一般性的道理（general principles）或上述不易測知的道理（indemonstrable principles），我們都可運用人的理性推理（human reason），決定某些情形下所發生的事，應該怎麼處置。這種依靠人的理性推理，訂出處置某些情況的辦法，就是「人訂的法律」（leges humanae；lex humana 的多數詞）。

註：中國古書中，頗為神似的論述，可參閱朱熹對大學格物致知的補述：所謂致知在格物者，言欲致吾之知，在即物而窮其理也。蓋人心之靈，

莫不有知，而天下之物，莫不有理，唯於理有未窮，故其知有不盡也。……
至於用力之久，而一旦豁然貫通焉，則眾物之表理精粗無不到，而吾心之
全體大用無不明矣。此謂物格，此謂知之至也。

** 神學總覽中，對法官與審判的論述

- 審判就是維護律法公義的方式（iudicium est actus iustitiae；Judgment is an act of justices and righteousness）。

- 審判時，法官（iudex；Judge）就是上帝的代理人（minister Dei；God's agent / helper），代理上帝判案（Dei est iuducum；Judgment of God），正直無私，讓公義（iustitia）從審判（iudicum）中，得以顯現及伸張。

- 在審判犯罪案件時，原告（accuser）必須出庭，以便讓被告（defendant）可以面對指控他的人，並可為自己辯解；若原告沒有出面，不得開庭判罪。

  這就是新約使徒傳 Act.25:16 所說，若要審判一個人是否有罪，法官必須要召喚指控他的人（accuser）出庭，面對被告，並准許被告答辯對他的指控（可參閱附錄一，有關審判部分；這也是西方法律的精神，不得未經雙方答辯、審判的程序，就判人以罪，入獄受刑）。

- 除非有充分證據證明一個人犯法，我們應視他為沒犯罪的好人（debemus eum ut bonum habere；We should deem him good）。

- 如果沒有充分證據，只有嫌疑時，應以最輕的嫌疑來處置（meliorem

parteminterpretando quod dubium est；interpreting for the most favorable what is doubtful to him；中文有譯：罪疑唯輕）。

- 如有明文寫出的法律（lex scripta；Written law），法官要依此法律所寫的條文來審判，不可依自己的想法或使用其他文件做為判決的依據；如果法律條文寫得不夠周全，或違背常理，不適用於案情，此時，法官不宜拘泥於條文的字句（litteram legis；letter of the law），應根據立法者的立法原意與精神（intendt legislator；Legislator's intention），做出傾向公義（ad aequitatem；toward equity）的判決。

  這最有名的案例，就是耶穌在安息日（Sabbath）醫治病患，當權的法利賽人就指控耶穌違犯上帝的律法；耶穌就反責這些權貴，不重律法慈恕的精神與原意，只會斤斤計較字面的措辭，隨興指控，把律法造成重擔，強壓在人民的肩上，受盡律法之苦。

- 一個好法官不應依照個人的意見（proprium arbitrium；private opinion）來判案，應依據法律及正義（leges et iura；Law and Right）判案。

- 一個公正的法官應根據案情的原由（causas）而做出判決，不可因當事人的身分和地位而偏循（non est personarum acceptio；No respect of persons）。

- 每位法官都有義務給各當事人在法律上應有的權利（全句為：quilibet uudex teneturius suum reddere unicuique；Every judge is bound to give each side his righ of The Law）。

- 法官判決時，是有一些可以自由心證之處（arbitrio iudicis

relinquuntur；left to judge's discretion），對犯小錯、誤觸法網的好人，施以慈悲，讓他們有悔過自新的機會。但對惡性的壞人，不可輕易放縱輕判，因這樣做會危害好人及社會（si inordinate poenam remitteret, nocumentum inferret et commumtati；if remitting punishment inordinately, he would inflict problems to the community），也失去了律法的公正。應讓惡性的壞人受到該有的處罰（malefactores punicantur；Evil / wicked doers shall be punished）。唯有除惡務盡，才符合律法（可參閱舊約 Deu.19:20，so shalt thou put the evil away from among you；新約，耶穌說 [Mat.7:19]，Every tree that bringeth not good fruit is hewn down and cast into the fire）。

從上述艾奎那對律法及司法審判的論述中，就可看到他在十三世紀，對律法所做的解說，至今仍在延用，影響直迄今日。這也說明西方法律的歷史淵源，非常深厚。西方就是從此深厚的根基上，不斷的演進，盈科而後進，才打造出近世的法律體系，實非偶然。

艾奎那運用希臘古哲俗世性的學術，去解釋基督教的神性教義，把舊約與新約所說的神跡神事，運用他所謂「理性推理（reason）」的邏輯，做出解釋。他的論述方式，都是先以反方質疑，他再予以反駁，然後再詳加說明。這也是古時西方習用的辯證方式。我等中國文化下的人，自然沒有必要順其邏輯，全然信服他所做的解釋與辯證。但他那博學求知的精神與辯證推理的方式，的確令人佩服，值得仿習。

艾奎那雖是基督神學家，卻肯接受基督教斥為「異教陋俗」的古希

臘學術，並利用這些學說把自己的信仰 — 基督教義 — 更上層樓，推向學術的高峰。若說他：「為基督教立心、為基督教立命、為往聖繼絕學」，並不為過；不只於此，他的學說還為後世的學術開出一片廣闊的天地。東方正教會的基督教，以及曾經文明一時的回教，一直固守著僵硬的神性信仰，拒斥外來的新知，還常愛批責西方，到如今，有何建樹可與那些蠻邦西方相比？

4. 羅馬法（以 Pandects 為主）的故事簡介

** Pandects（六世紀，羅馬皇帝查士丁尼制訂的羅馬法規大全）出土故事

　　且說十二世紀初，教宗英諾森二世（Pope Innocent II，1130 ～ 1143 在位）剛獲選為教宗後，其政敵另選一位教宗，並將英諾森趕出羅馬。這時，神聖羅馬帝國皇帝 Emperor Lothair II，支持教宗英諾森，而義大利南部地區，包括一個海港城邦 Amalfi，都站在反對的一邊。於是，Lothair 聯合北義大利比薩（Pisa）城邦的艦隊，於 1132 年攻入 Amalfi，並助教宗英諾森復位，Lothair 亦獲教宗正式加冕為羅馬人皇帝。後來到了 1136 年，比薩人再度攻佔 Amalifi。這次就大肆劫掠。在四處搶劫時，偶然獲得一份查士丁尼所訂的羅馬法規大全（Pandects），比薩人把這份法典當作戰利品送回比薩珍藏。到了十五世紀初（已是文藝復興時期），佛羅

倫斯人戰勝並控制比薩，這份法典又被佛羅倫斯人所奪取，藏於佛羅倫斯公爵的宮中。很多人說，西方從此開始研習羅馬法，成為西方法律的源頭。

哈！上面這個故事，只是西方的「三國演義」，不是真的史實，但很多人寧願信其為真。後世西方以外地區一些不明就裡的人，也隨聲附和。這類故事有各種版本，前後不一。事實上，十一世紀初，義大利的波隆那（Bologna）就已有很多神學者在研習羅馬法。這些師生學者在 1088 年，組成研習神學、教律（Canon law）、羅馬法（主要為 Pandect，是 Justinian code 的主體）的學術社團，稱為 universitas。這就是一般公認世界首座大學之始。但是這個劫掠 Amalfi 而發現羅馬法的故事卻是發生在 1136 年。光是時間的差異就知道這故事是假的。即使如傳說中的故事，這部法典只是珍藏在宮中當作觀賞的戰利品之一，並未廣泛的供各地學者查閱，更並未從此而引起羅馬法之研究熱潮。

另外，若依據羅馬教會的說法，大約同期在 Ravenna 發現一本保存相當完整的羅馬法。這說法比較可靠。因為 Ravenna 曾是羅馬帝國（康士坦丁堡的東方羅馬帝國）總督府所在地，能發現這部法規應是正常現象。但羅馬教會並沒有說，就是從這一本展開羅馬法的研究。

話說在六世紀時，查士丁尼皇帝（527 ～ 565，在位）就已牢牢的控制住西方的義大利。只要看看當時總督府所在地 Ravenna，一座非常著名的東方式教堂 St.Vitale（公元 526 年動工，547 年完工），牆上有一幅出名的馬賽克壁畫，就是展現查士丁尼皇帝與主教、軍人的威凌壁畫；他還

能當眾羞辱羅馬教宗，就可知道整個義大利全在這位羅馬皇帝嚴密的監控之下。直到 750 年，一支哥德蠻族倫巴底人（Lombard），才把東方羅馬帝國的勢力完全趕出西方的北義大利。在這兩百多年的政教高壓期間，查士丁尼的「羅馬法」，當時是唯一可用於俗世的「人訂的律法」（lex humana；human Law），也是帝國境內，包括西方義大利，通用的「法律」，其效力及於教會與官民。即使羅馬帝國的勢力在 750 年被逐出西方，但羅馬法的餘力仍然根留於西方的義大利地區。

早在五世紀時，狄奧多西二世皇帝（即是訂基督教為國教的狄奧多西皇帝之子）曾依羅馬現行律法及習慣（源自十二表法），配合國教的基督教義，編出一份不完整的律法大全。

查士丁尼是一位擁有堅強基督教信仰的皇帝。他不但把偏向密術，不務正規學術的柏拉圖書院（這與中國漢朝時的儒生，大談陰陽五行類似）關閉，還把其他不同的基督教派大肆屠殺。他認為當代紊亂的信仰及思想，是一大亂源，故決意使用一部統一的基督教義及俗世律法來管理臣民。他自我期許的立國精神就是「一個帝國、一種信仰、一部法律」，即 One Empire（imperium）、One Law（lex）、One Church（ecclesia）。於是在他即位（527 年）後不久，就召集大臣及基督教學者（註：這兩種人都是一類的的基督學者），把通行於境內的法律、習慣、法令，配合基督教義（當然是他認可的教派及教義）重新整編出一份新的法律。

這部通稱查士丁尼法典（Code of Justinian）的法律，範圍很廣。但最重要，也是受後代重視的一部分，稱為 Pandects。這是希臘文的英文拼法，

其希臘文意為：all－encompass（pan-dects），全部包含之意。若直譯為拉丁文則是：pandectae（複數詞）。拉丁文則通稱為：digesta（其英文為：Digest）。光是這部分就有五十冊，並於 533 年編妥公布。

這整部法典原來就是依查士丁尼之意，以羅馬帝國原始官方語言，拉丁文編寫（所以後來才能夠在西方流行）。但在查士丁尼時代，康士坦丁堡實際的通用語文已是希臘文，很多名詞也用希臘文來表示。因此，後世很多人亦將此 digesta 用希臘文的拼法來表示。例如英文除了用 Digest，也使用 Pandects 來表示。不過這部六世紀所編訂的「法典」，與今日所說的「法律」，兩者相差甚大，不宜畫上等號。當代的「法典」不如說是皇令、指示、訓誥，較為恰當；若用中文來形容這部「法律」，最貼切的說法就是：有典謨、有訓誥、有誓命、有之奧。

查士丁尼為了貫徹基督教信仰，他要求這部法典：「自始至終（The beginning, the middle, and the end of our legislation），一切以上帝為本」。羅馬皇帝自康士坦丁大帝以來，一直是帝國境內政治與教會的最高主宰（還可決定耶穌基督到底是二位一體，或是三位一體），所以這部「以教義為本」的律法自然成為高階神職、神學者的研習資料。

在十一世紀時，義大利的波隆那（Bologna）一地，已有很多神學者、也是當代的知識份子，在研習羅馬法。1088 年，這些師生學者組成 universitas 的研習社團，成為後世大學之始。

約在 1144 年，一位波隆那大學的羅馬法學者，倫巴底人 Roger Vacarius，受一位大主教 Theobald 的介紹，前往英國的牛津大學，並自

1149 年左右，在牛津大學開始講授羅馬法。由此事實也可測知，1136 年在 Amalfi 發現 Pandects，並開啟羅馬法的研究，並非事實。

因為很多人喜歡引用 Amalfi 的傳說來附會羅馬法，言之鑿鑿，讓很多人信以為真。其次，很多人愛把羅馬法視為全然俗世的「法律」，卻忽略羅馬法與基督教的淵源。這些現象顯然與歷史事實有很大的出入。因此，特費一些篇幅加以說明。

** 影響西方至鉅的 Pandects（or Digest，羅馬法的主體部分）

約在十三世紀之前（亦即約在文藝復興之前），西方資深的神學家（包含：修道院僧侶、教會神職者、「大學」師生等）在研讀各類經書時（包括：Pandects，都是手抄本，很貴，非一般人能擁有），都習於把文句的解釋、意見、分析，甚至感嘆，加註在每頁空白處，此即中文所說的「眉批」（gloss）。這些學者通常稱之為「Glossators」。

到了十四世紀之後，隨著西方商業自治社會的持續發展，急需法律做為維持社會秩序及調解紛爭的工具。當時唯一的現成「法律」，就是羅馬法的 Pandects，可資借鏡。於是為了協助當時社會引用、解說及認識羅馬法，許多律法學家，紛紛對 pandects 做出解說與應用，並以書本、專冊的形式問世，這些人通稱為：Commentators，在今日法國境內，就有很多人從事這些工作。

Pandects 訂立之初，就以符合基督教義為宗旨。西方的知識份子，全部都是基督教的神學教育下成長。自此，Pandects 之研讀，在西方社會益

形重要，還成為訂法的準繩。因此，研究羅馬法的人也愈來愈多，終成為西方的顯學。到後來，西方社會的法律，都直接或間接，受到羅馬法的影響，尤以法國、德國為甚。

羅馬法對西方的影響雖是如此巨大，卻是數十萬條，浩如煙海的千年古董。其內容繁浩玄奧，亦不符合現代的社會情況。我輩中國文化下的人，實無必要費時研究其內容。但為深入認識西方法律，我們可以繞過繁瑣無序的羅馬法，直接去羅馬法之根源，查看簡明的羅馬十二表法，藉以認識西方法律的特質。

5. 羅馬法根源的十二表法（Twelve Tables）

** 羅馬十二表法小史

古羅馬社會分為兩種階層，一是貴族（Patricians），多是地主，另一類就是庶民，或平民（plebeians）。在古代社會，羅馬常須對外作戰，這時就需要庶民的戰技。一如雅典城邦的貴族要靠戰士（Hoplites）的戰技作戰。那些好戰的貴族一向靠著壓榨別人以取得自己最大的利益。這些庶民既然有「被利用價值」，遇上不平就會爭取公平待遇，最好的辦法就是在戰場上怠工，不前進。貴族在庶民階層的壓力下，就與庶民談判。為求安撫庶民，貴族同意編訂一套雙方同意的法律（lex），共同遵守。為編出這套法律，羅馬組成一個十人小組，宣稱前往希臘取經。他們其實只到

羅馬南方，希臘的殖民地去學習希臘文物。約在公元前450年，這十人從「希臘」回來之後，公布一個十二大項的法典，刻在銅碑上（這是一世紀時，羅馬史學家 Titus Livius 如此說，亦有說石碑，但這並不重要），宣稱將藉此法，以公正的態度對待庶民，並做為羅馬人共同遵守的法規。後世稱此法典為：十二表法（英文 Twelve Tables；拉丁文 leges Duodecim Tabularum）。公元前387年，高盧人（Gauls）攻入羅馬，四處掠奪，同時破壞十二表法的銅碑，碑文從此失蹤。

高盧人退走後，羅馬又逐漸平穩。雖有了明文法律，大部分貴族仍然不願放棄自己的權益，雙方的爭執仍然持續不已，也不斷談判。談至公元前367年，羅馬的人民會議決議選出兩個 Consuls 為執政官，一位來自貴族，另一位可選自庶民，每人任期一年。這種兩人輪流擔任執政官的方式一直沿用至羅馬成為帝制時期。唯雙方都想爭取較多的權益，所以爭執也不斷發生。直到公元前300年，元老院（Senate）為平衡衝突，特為庶民階層設立一個代表庶民權力的保民官（Tribune of the masses），這是全由庶民組成的監督團體，藉以安撫庶民。

羅馬的庶民階層雖也能和貴族相爭，也曾用過怠戰的方法爭取權益，但羅馬貴族及地主階層的神通廣大，每次爭執後的談判，都像擠牙膏一樣，施出一些小惠，包括：明訂法典、選舉、設立保民官，但大權一直牢控在貴族手中。其實，貴族口中的肥肉，又是臥榻之側豈能容人享用及酣睡？雖然羅馬貴族之中，仍是有一些願意為庶民爭取權益的人物。很不幸，這些好人悉遭既得利益者殺害、放逐。改革其實並不困難，難

在既得利益者的誓死頑抗。因此，上層的貴族至多只能從表面上，對平民做出一些安撫的手段，卻難在實質上幫助庶民，所以社會充滿不公不義。

羅馬的十二表法的原始條文早已遺失。目前所知的條文都是從其他歷史文獻中收集而來。羅馬首位皇帝，渥大維（Octavia）在位時，有一位著名歷史學家 Titus Livius（59BC～17AD；英文譯為 Livy，較受人知），編寫羅馬建城以來的歷史。書中也介紹十二表法，他說此法刻在銅柱上，故西方人亦稱之為十二銅表法。西羅馬滅亡，文明隕落，人民無知，文物失散。至十四世紀文藝復興時，有些文人不肯隨俗逐流、日夜埋首於經文；他們有自己的志趣，志在找尋失落古籍。最有名望的人物就是 Francesco Petrarch（中譯：佩脫拉克，他出身於波隆那大學）。他設立圖書房，收集並鑽研希臘、羅馬古籍，重新編整，Livius 的羅馬建城史也在其整理之列。羅馬十二表法就在許多學者不斷鑽研努力下，終於大致復出。

十二表法雖沒有重新刻鑄公布，實際上也就是羅馬人一般的習慣法規。六世紀時的查士丁尼下令編訂的羅馬法典，實際上就是源自最早的十二表法。因此，這份十二表法都直接或間接的影響到後世西方的法律。因此，若要了解西方法律的根源，除了基督教的律法外，還應該認識一下十二表法。這正如外國學者想要了解中國書生的思想，最好先看一下「論語」的說法。

**** 羅馬十二表法內容簡介**

讓我們在十二表法中，挑出幾項重要條文，簡譯為中文，再略加註解，列之如後：

第一表（TableI）

1. 如有人指控被告（defendant），被告必須出庭。否則可將被告捉至法庭。

2. 如被告試圖躲避不出庭，原告就可抓他出庭。

註：這開頭兩項條文是讓法律足以自行的精華條文。無論羅馬帝國、中國，都是刑不上大夫的社會，財多勢大的貴族高官不可能會被受害人叫到法官前面評理（不幸，迄今尚存），法律當然不足以自行。如果這條程序法能夠合理執行，法律的公義就容易出現。

第四表（Table IV）

1. 生下殘障嬰兒，父親可以殺之。

2. 父親操兒女生死之大權。

註：羅馬顯然是父權至上。Patrician（貴族）就源自 pater，paternal（父，父的）。難怪羅馬貴族抓權不放，視民如草芥。

第七表（Table VII）

9. 樹倒在別人家院子，別人家有權處分、移走這棵樹。

10. 果樹倒在鄰家田地，樹主有權取回果子。

註：這說明羅馬人重視私有財產的權利，不受外人侵犯。雖是你的樹，

如侵犯到別人土地之上，別人就有權處分；但是這棵樹雖侵犯了別人的土地，但果子是你養育而來，仍屬你的財產，有權取回。這就是當時羅馬人的私有財產觀念。如果別人把果子一起處分掉（吃掉、賣掉，就是不交還）怎麼辦？那就要請法官視案情裁決。以上是法律的理論部分；再設想一下，如您是羅馬平民，鄰居是元老，您的果樹倒至他的後院，樹和果子都被元老拿走。在當代，您幾乎不可能依據第一表、第一條，到法官那兒控訴元老，討回果子。這就是法律的現實部分。

#第八表（Table VIII）

2. 如果有人打傷別人，受害人可以同樣的報復，唯雙方若談妥賠償條件，則不在此限。

　　註：這和猶太人的律法書所說的處置相近。但猶太律法書的規則（請參閱附錄一），似較有人性，也較合理。

17. 偷盜而來的東西，不可合法擁有、永無變成自己財產的權利。

　　註：這條說明任何財產的權利，都屬於本來的物主。非法得來的財物，永不應歸屬於非法奪取者。不過，這一條寫得很好，只是羅馬貴族從未尊守。羅馬的財富都是從被征服地區強奪而來，都變成大將、貴族合法的私有財產。猶太人的大廟寶藏，都被羅馬皇帝Titus及其官兵所奪取。其實，這一條只是寫給平民看的。簡言之就是，州官可以放火、刑不上大夫，古今中外皆然。

18. 在（羅馬）城內，夜間不能聚會。

註：這一條原是防範平民聚會作亂之用，但也是一直都沒有認真執行。在一、二世紀時，基督徒無論白天、晚上，常有聚會禱告之事。這當然引起羅馬一般人側目、疑心。但羅馬卻未能依法有效制止他們晚上的聚會。最後，為迫害基督徒，就加以屠殺、餵獅子（請參閱第 IX 表，第6條）。事實上，羅馬富貴人家經常夜間聚會狂歡、飲酒作樂（即 orgies），法律何在？

23. 任何以假話或偽證去誣陷別人，應處以極刑。（註：Tarpeian Rock，羅馬處死刑之地）

註：摩西十誡中，也有這一條。但死罪似乎過於嚴重。在古羅馬及羅馬帝國時代，誣陷別人之事，一定很多，不知是否曾因此罪名而遭極刑（以羅馬人有法無律的現象，料不會有）。

#第九表（TableIX）

1. 不可因人的身分而給予特權（privilegia ne）；非經人民議會（maximum comitiatum；populous assembly）同意，不得任意判處羅馬公民死罪。

註：猶太律法書中也有相同的條文。其實質意義就是法律之前，人人平等（卻都沒達成，法律自是不公）。使徒保羅就因是羅馬公民，獲得羅馬官員的保護，免受猶太教士處以極刑。這也讓使徒保羅對羅馬帝國官員大為稱讚，有仁有意（他應是唯一稱讚羅馬帝國的基督徒）。

3. 法官判案，如收受賄賂或不當利益，法官將受死罪。

註：羅馬古時法官是否直接或間接取得利益？是否有法官因犯此律而

受刑？……事出有因，查無實據。請向歷史學家查詢。

5. 被判處人民公敵者，應處以死罪。

　　註：犯此罪最出名的人，就是尼羅王（Nero）。

6. 禁止任何人未經審判的程序就處以死罪。

　　註：立法精神極好！其實質意義就是不能隨意殺人。西方文化、法律的根源，摩西十誡也說不可殺人。但擁兵大將、元老……向來不受此法律條文的約束。無分中外，此法向來不上當權者。

#第十表（Table X）

1. 不可埋葬死人於城區之內

　　註：羅馬第一位皇帝，奧古斯都，就明目張膽的葬在城區之內。他的墓地特稱之為Augustus Mausoleum，遺跡仍在。實為十二表法的極大諷刺。

#第十一表（Table XI）

2. 平民與貴族不得通婚。

　　註：公平對待……?!

6. 羅馬法與十二表法是否曾維持法律的公義？

**試看羅馬法的公義何在？

　　先談羅馬法，這是羅馬皇帝查士丁尼剛登位，就下詔令，依循基督教義及其精神，編修一部通行整個羅馬帝國的法律。他要求的是：一切以

上帝為本。但是他對意見不同的基督教派，不是高壓鉗制（如敘利亞的基督徒），就是大肆屠殺，（如認為耶穌就是唯一真神的埃及 Copts 教派），絲毫不見耶穌愛人的教義。這個唯一神教派（Monophysites）已經被屠至血流成河，若不是皇后 Theodora 再三求情，恐已屠至一人不留。但問題是，他所鍾愛的皇后 Theodora，卻是唯一神派的信徒。

他認為雅典的柏拉圖書院（Platonic Academy）談論的都是希臘異端（Hellenistic beliefs，指古希臘學術，是異端，都是 pagans），加上當時主持人，如 Damascius 還特愛談論神性玄祕之事，更不符他的基督教義，所以在登位第二年（529）就斷然下令關閉這所著名的書院。當代書院知名的學者（註：多是神性玄祕之學，類似漢儒熱衷的陰陽五行，卻不同於柏拉圖、亞里斯多德的學說）如 Damascius、Isidore，其觀點還經常被艾奎那所引用。

公元 522 年，當查士丁尼尚在皇儲身分時，他愛上唱戲的女優 Theodora，極思娶為妻室。唯當時羅馬帝國的社會階層意識很深，為國法所不容。這對他倒不造成妨礙，他經其叔叔皇帝首肯，立即下令修改法律（可參閱前述十二表法，第十一表第二條），然後結婚。以現代語法來說就是：只要有權，就可操弄「法律」於股掌之間。

還有更糟的，艾奎那在他的神學總覽中，當論及是否人人皆受律法平等對待時（見第二卷，第一篇，第 96 號議題），書中曾引用查士丁尼的羅馬法 Pandects 中的一條法律如下：

Princeps legibus solotus est。

其意為官府首長們（Princepts）不受法律的約束（legibus solutus est；are exempted from The Law）。用中文來講，就是：刑不上大夫。

在這種背景下，如何指望這部羅馬法能夠盡到維護公義的責任？更別期待從這部法典，就能到達上帝的公義和平之境界。也別忘記，查士丁尼還是羅馬帝國的中興名王，算是個好皇帝。至於其他皇帝在位時，國政的昏庸腐敗，社會缺乏公義的現象，已可想像而知，無須在此細表。

** 試看羅馬十二表法的公義何在？

再說十二表法，首先看一下第十表，第一條：市區內不得埋葬；再看一下第九表，第一條：不可因人的身分而有特權。但羅馬第一位皇帝，奧古斯都的陵墓就在市區之內。從此就可推知十二表法的公正程度了。

自古羅馬時期以來，貴族、地主階層就一直肆無忌憚的欺壓庶民。從此情況看來，這十二表法本身，顯然只是貴族階層為了敷衍庶民階層而做的表面改革。即使有人要為庶民主持公道，可能損及貴族實際利益時，不但集體同聲反對，還放逐、甚至刺殺為庶民爭取公平待遇的人。讓我們簡略回顧一下歷史。

公元 133 年，保民官 Tiberius Gracchus（擊滅迦太基的大將軍，Scipio 的外孫）決心實行土地改革計畫，令貴族大為不滿，次年他即遭暗殺。再由其弟接位，仍想改革，但貴族把持的元老院堅決反對，迫他自殺身亡。這就是當時元老院（Senate）中，兩派（即 optimates 與 populares，凱薩卻屬後者）惡鬥的實況。其劇情都是財閥（Plutocrats）為了壟斷私利而造成

的金權競逐演義。這些高高在上的財閥，向來不把庶民視為同等的人類，自然也不會想到造福庶民。

十八世紀，Neoclassicism 時期，英國著名女畫家 Angelica Kauffmann（1741～1807；生於瑞士，二十七歲即獲選為英國皇家藝術學會的創始人之一）在 1875 年畫了一幅名畫 Mother of the Gracchi，顯示別的婦女都在炫耀珠寶，只有 Gracchus 兄弟的母親，很自豪的展示兩個有教養的兒子。這原是十八世紀末，反映當代西方鼓勵道德、勇氣、智慧的應時作品。但這幅畫尚未說出這兩兄弟的悲慘下場。在真實的古羅馬社會中，對財富與權勢的追求，遠勝於道德行為，好人並非有好報。這兩兄弟的結局，顯然是個絕大的諷刺。

至此，羅馬的權力全在貴族把持之下，庶民階層每況愈下，貧者愈貧，翻身無望。公元 107 年，大將軍 Gaius Marius 在北方大破日耳曼蠻兵。他與庶民階層的士兵並肩作戰，同生死、共患難，自然產生鐵血般的同袍感情。當他勝利班師回朝，擔任執政官時，很自然就會想要幫助庶民階層，進行改革以求社會公平。這時，既得利益的貴族與元老院對他大為不滿，極力反對改革。

公元前 91 年，大將蘇拉（Lucius Cornelius Sulla）平定鄰邦叛亂，並於公元前 88 年被選為執政官。他與 Marius 對立，次年率兵進軍羅馬，將改革者 Marius 放逐至迦太基。公元前 82 年，蘇拉又獲貴族及元老院的支持，變成獨裁者。他藉著大權在握，立即屠殺 Marius 一派有志於改革的同黨。他還改變政體，增加元老院的貴族權益，限制保民官及全民議會

（populous assembly）的權力。他的獨裁為後來的帝王專制開出先河。

今日很多人都聽過羅馬著名的法學家 Cicero（106 ～ 43BC；與凱撒、龐培同時代的政治及法學家）與 Ulpian（170 ～ 223AD；在兩個變態的羅馬皇帝 Elagabalus、Alexander 朝庭下任職），他們試圖維護法律正義不遺餘力，諷刺的是他們都因法律失去作用而遭身首異處的死罪，Ulpian 還是被皇帝的禁衛軍活活打死。

也許有人會說，元老院內沒有庶民代表，所以造成不公（這是典型北美盎格魯撒克遜新教徒的反英式觀點）。但這只是表面的說法。元老院中 populares 派的元老（可譯為：populists）就是站在庶民百姓立場說話的一派（雖然很多人也是為私利及權鬥而來），Gracchus 兄弟、Marius 都屬這一派。羅馬最高行政首長，兩位執政官（Councils）之一，就是來自庶民派。由此可知，即使有代表在元老院之中，仍然難以發生效果。在各派財閥及利益集團的縱橫壟斷下，連威武大將軍都會敗在這些既得利益的貴族手中，那些沒有資源的庶民代表，早就被權貴財閥不是收買、就是畏懼的不敢出面說出公道話。所以，有沒有代表，早在紀元前的古羅馬時代，就已證明並非真正的重點。在真實的歷史中，羅馬只是空有一個十二表法，對庶民而言，實在無法展現公義。

當羅馬成為皇帝專制的羅馬帝國之後，法律更是無能為力，缺乏公義，訟案也以拖延曠時而出名，庶民的權利備遭蹂躪。這就是為何康士坦丁大帝在 312 年進軍羅馬，當上皇帝後，為幫助普羅民眾避開羅馬帝國的劣法陋規，特別讓許多基督教的主教擁有司法審判權，至少能讓一部分人

民能夠獲得到一些遲來的正義。

羅馬帝國沒落的原因固然很多，但歸根究底，沒落的轉捩點，都始於羅馬皇帝的失德，列如：尼羅王（Nero54～68在位）Commodus（180～192；就是有名的哲學家皇帝Marcus Aurelius之子；他能教導別人做好人，就是教不好自己的兒子）、Elagabalus（218～222；變態失德皇帝），結果就是上行下效，風行草偃，國家迅速腐化。任何沒有以道德做為基礎的社會，實難光靠一份十二表法，或查士丁尼法典，就能用來安邦治國。

7. 從基督教律法與十二表法，看法律生效的必要條件

基督教立國的羅馬帝國很早就坐擁十二表法與基督教的律法，再加上一個查士丁尼法典，可謂得天獨厚。但玄妙的卻是日暮途窮，終至衰亡，顯然未能從這幾部備受稱頌的大法之中，獲得好處。這兩部法律沒有發生效果的原因固然很多，我們似可從前述西方律法發展的歷史事實，發現法律發生效用的兩個必要條件：

1. **The Law 的基礎，就是人的道德良心；社會若缺乏道德信念，法律不會發生實效。**

人訂的律法（Human Law）是依自然律法（Natural Law）推展而來，而自然律法則是源自人的道德良心。其出發點就是：己所不欲，勿施於人

的道德觀念，也就是：不可貪取鄰居的東西，也不以鄰為壑。易言之，沒有處世道德的觀念與行為，任何法律，無論寫得再好、再周全，都不會發生實效。有勢者都會找出法律漏洞，或根本無視於法律，置法律於無用之地。

這裡說的道德，不是成為聖賢的崇高德行，而是社會為求得和諧共榮，大家應遵守的立身行事規矩而已。

2. 「法律之前，眾生平等」，法律才會生效；法律若因人而異，沒有平等地位，法律仍不會發生實效。

- 舊約律法書說：在上帝的律法之前，不可因人的身分而有所不同（No respect of persons，可參閱附錄一）。

- 艾奎那在其神學總覽中，第二卷第二篇第63議題，直言無隱的說：法律若視人的身分而有所不同，就是罪（personarum acceptio est peccatum：Respect of persons is a sin）。

- 十二表法，第九表第一條，不可因人的身分而有特權（privilegia ne；Do not permit privilege）。

「不可因人的身分而異」以及「不可因人的身分而有特權」，其實質意義就是說，在法律之前，人人平等，法律才會生效。任何一個社會，若還沒有進步到：「法律之前，眾生平等」時，無論古時的十二表法、羅馬法，或明日的任何法律，都不會發生實效。

事實上，任何專制及寡佔的政權下，都難有上述兩項條件。即便是

十二表法及羅馬法，都是當權的統治階層施下，或恩賜給受統治的百姓。在此背景下，上述兩項條件自然無從發生。

那麼，什麼時候法律才開始發生效用？也就是說，上述兩項條件日漸成熟，法律足以自行，是在什麼時候才得以出現？這情景直到十七世紀，在英格蘭開始顯現，然後從盎格魯撒克遜新教徒手中，才日漸發展、成熟。容後再敍。

六

法律（The Law），在蠻邦西方終可自行

1. 宗教改革後，西方重視教義中的律法道德

** 基督教神學泰斗艾奎那對「The Law（律法）」所下的定義

只要看一下基督教律法書（The Law）的十誡，就可知道，除了敬畏上帝外，律法就是要求其子民奉行上帝諄諄訓示的道德行為。此外，羅馬教會的教義權威艾奎那，他對律法所下的定義，也是新約與舊約不斷耳提面命的「道德訓示（Moral Precepts）」。這表示，在基督教的影響下，西方人自始就把「The Law」（律法及法律）與「道德」視同一回事。

艾奎那在其「Summa Theologiae」中，對 lex（The Law）做出 19 篇詳盡的論述（Treatise on Law，Q.90 ～ 108）。他的解說自是西方法律觀之根源。讓我們列出幾則他的解說如下：

該原文為拉丁文。為求簡明，將議題的問句以中文寫出，艾奎那的解答則以拉丁文及中、英簡譯並列。

Q.99：律法是否由道德訓示所組成？（Whether old laws are composed of

moral precepts？）

艾奎那答：lex a Deo Data Praecepta moralia continebat（The Law which was given by God comprised moral precepts）.

中譯：上帝賜予的律法是由道德訓示所構成。

他又解釋說：lex vetus continent in se multa mandata.

中譯：舊約法律盡在於（上帝的）訓示之中。

Q.100：舊約律法，是否就是符合天意的自然法？（Whether all the moral precepts of the Old law belong to The Law of nature？）

艾奎那答：Omnia moralia praecepta legis sunt de lege nature（All the moral precepts of The Law belong to The Law of nature）.

中譯：整部律法所說的道德訓示，都是符合天意的自然律法。

Q.108：新約中，耶穌的訓示是否盡含所有的道德訓誡？（From: #3 topic：Whether the New Law directed man sufficiently as to interior actions？）

艾 奎 那 答：(per sed contra of #3 topic) ……Sermonem istum domini omnibus praeceptis……（ …Sermon of the Lord is replete with all the precept）.

中譯：耶穌的訓示包含世間所有的道德訓示。

艾奎那又說：Lex nova sufficienter hominem ordinane circa interiorsa ctus.

中譯：福音書中的律法充分足以做為人類行事的規矩。

從這位西方基督教義權威大師的論述中，顯然可以看出：法律（lex；The Law）與道德訓誡、規矩（moral precepts）在西方原版的法律上，是一回事。但對西方以外的國家而言，由於文化與歷史淵源的差異，就不見得如此了。就以中文而言，無論是「律法、基督教神律、十誡、The Law、Statues……」與「法律」，看來看去都是不同的兩回事，於是「法律」與「道德」看來沒有直接關係，充其量只是「道德的最低標準」而已。

宗教改革之前，那些不滿羅馬教會腐敗的神學家，包括：威克里夫、易拉斯摩，都是處處提醒世人注重基督教義中的「道德行為，仿效耶穌愛人濟世的言行」，這些就是：lex，或 The Law，或「律法」。至十六世紀的宗教革命後，西方的改革者，在否定羅馬教會偏重儀式頌經、神啟迷信之餘，都開始重視基督教義中的道德信念，紛紛起而倡導律法道德與耶穌愛人濟世的道德言行。這種影響深遠的社會改革活動，只有在 DEFG 蠻邦西方發生；在其他文化地區，包括：北義大利的老西方，都沒有發生同樣的改革活動。為進一步了解西方變革的實況，特把西方社會注重律法道德的一些實例，簡述於後。

2. DEFG 西方社會注重律法道德的實況

** 德國的虔敬風潮（Pietism）

馬丁路德在宗教改革時，積極想要打破羅馬教會籠斷教義、只重儀式誦經之陋習。他本人也基於教義，說了許多勸勉人心、守法自律的話。

例如，為了勸說眾人盡忠職守、勤於本份的工作，他說了一句名言：一棵樹侍奉上帝最好的方式，就是好好的做一棵樹（A tree serves God best by being a tree）。宗教改革之後，德國北部各邦脫離羅馬教會，自組獨立的教會，稱為路德教會（Lutheran Church）。但是在他領導的宗教改革之後，幾乎是後繼乏人，致使這個新生的路德教會失去了持續改革的動力。這個現象造成路德教會一片暮氣沉沉，太平有餘、朝氣全無。許多教士只是做一日和尚，撞一日鐘而已。

這種平靜沉睡的現象，到了十七世紀下半期，開始改觀。一位在法蘭克福（Frankfurt）的路德派教士史賓那（Philip Jacob Spener，1635～1705），他曾在 Strasbourg 見到一位法國教士 Labadie（1610～1674），以實行基督教義中的道德生活為目標，建立一個社團，稱為 Labadists。參加這個社團的人，大家自律守法、互助互愛，共同生活在一起。在他見識到這個社團後，心中非常感動。於是他也想在路德教會內，如法炮製。於是，他與志同道合的友人合作，共同定期研究教義經書，注重修身律己（Self-discipline），力行耶穌言行、體驗耶穌精神。他的名言就是：

光是知道基督教義是不夠的，基督教義就是行為而已（True Christianity is much more a matter of behavior）。

他在 1675 年，編了一本重視律法道德、虔敬修身的書 Pious Desires（可譯為：虔誠信仰者的目標），讓他在德語地區（當時尚無德國）聲名大噪，廣為受人敬重，追隨他的人也愈來愈多。別人稱之為虔敬社團（Collegia

Pietatis，英文：Piety College）。這些人並非一個教派，而是泛指那些具有
虔誠信仰的人，在日常生活中，奉行律法道德的風潮。此後，這股風潮遂
被稱為 Pietism。

但樹大招風，他的名氣與風頭如此響亮，自然遭到教會同僚的強烈不
滿。他不得已而離開法蘭克福，前往德勒斯登（Dresden；如前所述，另
一著名瓷器產地）。1687 年，他在德勒斯登與一位來比錫大學出身的教
士，法蘭克（August Francke，1663 ～ 1727），共同推展虔敬風潮，鼓勵
大家仿效基督言行，過著道德的生活。結果也是造成一股熱潮，效果宏大。
1691 年，史賓那受聘前往柏林，擔任教會主持人，仍然繼續推動修身處
世的社會道德活動。

到了 1692 年，法蘭克受聘至威登堡（Wittenberg）的霍爾大學任教
（University of Halle，1994 年，勃蘭登堡大選侯，亦是後來普魯士王，
Fredrick I, King of Prussia，將當地兩所大學合併為 Halle 大學。其中一所
就是馬丁路德反對赦罪券的威登堡大學。另註：Halle 的德語唸法是 HA-
ler）。法蘭克在霍爾大學仍然非常積極推動虔敬的道德生活，獲得空前成
功，並把虔敬風潮推至高峰。1694 年，當威登堡的兩所大學合併為霍爾
大學後，法蘭克就禮聘史賓那到此校擔任教席。他們不只於修身律己，還
推己及人，實行耶穌「愛你的鄰居」的精神，幫助貧困家庭，助其子弟入
學，又設立醫院等助人濟世的組織。隨著普魯士的日漸強盛，這個虔敬風
潮在德語地區也四處擴散，對後世德國人造成極大的影響（試看今日德國
人守法守序的實景）。

霍爾大學在虔敬風潮下，也出了一位著名的學生金曾德夫（Count von Zinzendorf，1700～1760）。他出自富有的貴族家庭，卻是位謙沖自牧、愛人如己的路德派新教徒。他在1722年，撥出土地讓波希米亞（今捷克）反抗羅馬教會的胡塞人（Hussite，百年前，因Jan Hus遭火刑處死而反叛的信徒）定居。這些避難者組成教會與虔敬風潮合流，成為後世的摩拉維亞教會（Moravian Church）。金曾德夫成為這個教會的精神領袖。這一派人後來移民至北美的賓夕凡尼亞州，建伯利恆市（Bethlehem），並設立大學（MoravianCollege；另成立第一所女校），建立貧弱老婦療養院，繼續以行動傳播基督教義。

** 法國教士推動律法道德概況

法國雖在十六、十七世紀期間，受到宗教改革的影響，也出現過兩格諾（Huguenot）新教活動（終在1685年，悉遭法王路易十四禁止並逐至國外），唯在整體而言，一直是信奉羅馬天主教的國家。但法國教會的情況，有些特殊，與別的羅馬天主教國家，不盡相同。法王早於十四世紀起，就主導法國的教會（#註），任命自己的主教，不受羅馬教會的管制。自路易十四起，還任命俗世的貴族，擔任各地主教。在此背景下，羅馬教會那種神性意識形態的壓制，在法國大為減少。

#註：法王菲利浦四世（Philip IV，1285～1314在位）為反制教宗Boniface VIII禁止國王向教會收稅，派人去羅馬將教宗放逐而死。然後

由一位法國大主教繼任為教宗，是為 Pope Clement V。從此，教庭移至法國的亞威農（Avignon），這段時間長達 68 年（1309～1377），史稱 Babylonian Captivity of the Papacy。

法王法蘭西斯一世（Francis I，1515～1547）在 1516 年，迫使教宗利奧十世（Pope Leo X）簽訂 Concordat of Bologna 條約，同意法王為法國教會的最高領袖，自行任命主教，獨立於羅馬教庭的管轄之外。

因此，在較為開放的法國，大家對基督教義的解釋與言論，自然也享有較大的自由。這也是為何十七、十八世紀，法國會有那麼多愛好高談闊論，造成百家爭鳴的「Philosophes」（即英文的 Philosophers，今通譯為哲學家，早期只表示一群喜愛智慧、知識，卻不執迷於神性教義的書生），包括鼎鼎大名的：笛卡兒、伏爾泰。

被革命黨人處死的法王路易十六，生前看了伏爾泰的書籍後，曾經非常悲痛的說：這種人物的思想將會毀滅法國。若從另外的角度來說，連國王都痛恨的「邪惡思想」竟可在法國盛行。由此可見當代法國社會的自由程度。

伏爾泰經常批責教會，又公然否定基督教義中的上帝，致使主教及貴族迫他流亡國外。若是伏爾泰是生長在義大利或西班牙，早被送上宗教裁判所了。由這些實例即可知道當代法國的開放程度。

在十七世紀初期，已有不少法國教士著書，勸人虔誠讀經，奉行耶穌言行，過著道德的生活。這些人當中，最出名的就是一位主教 Francisde

Sales（1567～1622）及其編著的《Introduction to the Devout Life》。還有一派稱為簡生派（Jansenism）的思潮，也對法國造成很大的影響，略述如後：

在十六世紀初，一位比利時的天主教神學教士簡生（Cornelius Otto Jansen，1585～1638），他的神學論文集在他死後，於1640年出版。他的書不只解說基督教義，還要人遵奉教義中的道德行為。他認為，**力行耶穌訓示，才是真的基督徒，卻不是只會祈禱行禮**。這本書出版後，非常暢銷。這本書還有一個特點，那就是疾言批評耶穌會。這是因為耶穌會為爭取信徒，只要任何人肯口頭悔罪，耶穌會修士就馬上宣告這個人獲得赦罪（Absolution）。簡生及這一派的人認為這種赦罪法簡直就是形同兒戲。他們認為，悔罪應是一件很慎重之事，必須以行動及誠心來表達悔罪之意，絕非口頭輕輕說了一聲之後，就免罪完事了。然後再次犯過、再悔罪，失去悔罪的真意。

這些主張過著道德生活，誠心悔過的一派，很快就傳入法國，日益流行。十七世紀下半期時，很多貴族、高官、知識份子（就是以後的Philosophes，即哲學家）都加入這個行列。這些知識份子中，很多都是當代名人。最有名望的知識份子，就是啟蒙時期的大數學家、科學家及Philosophe（哲學家）巴斯卡（Blaise Pascal，1623～1662）。

這本書大肆批評耶穌會，自然讓當時也是耶穌會出身的教宗烏爾班八世（Urban VIII，就是軟禁迦利略的那位教宗）大為不滿，致該書在1643年，列入書禁（Index）。又因簡生的書中，同意命運天定（Predestination）

思想，那簡直是和喀爾文新教派的「異端」隔海唱和，故自 1653 年起，受到好幾任教宗的譴責。但譴責歸譴責，羅馬教宗對法國天主教徒沒有實質的影響力，故尚稱太平無事。這一派的人照樣過著自己喜歡的虔誠生活。

唯至法王路易十四臨朝主政後，他對這些新教的同路人自然心懷戒心，並多方設法阻止其發展。可是這一派人當中，有很多有名的知識份子（Philosophes），尤其是巴斯卡，就在其中，所以雖說是壓迫，總是手下留情，不便使出重手。直到巴斯卡世後，迫害就日益嚴重。後來到了 1709 年，路易十四在大權在握、習於專權統治後，不願再繼續將就這些孤芳自賞的賢德人士，開始大舉迫害這一派人物，還剪草除根，把這個門派的大本營，巴黎的 Port Royal 修道院，關閉，次年還乾脆拆除整個修道院。

像上述拋棄宗教迷信，重視生活上的道德行為、助貧濟弱、教育信徒，在當代的法國，非常盛行。例如十七世紀中期，一位教士 St. Vincent de Paul（1580～1660）於 1624 年在巴黎與同道教士，仿效耶穌精神，成立救助貧弱的團體（後來稱為 Lazarist 的社團）。他們以虔誠的信仰，熱心幫助貧困人家，訓練教士，傳達耶穌基督愛人扶貧的濟世觀。他們在 1633 年，獲得教宗的戒令及嘉許，實至西名歸。他們又另設婦女慈善救助團（Sisters Charity of Vincent de Paul），專門幫助那些貧弱、又無社會地位的婦女。他們不只在法國本地救助貧弱勢，還遠至國外，甚至遠至中國，以救濟當地貧弱為己任。

中國人對這個社團應不會陌生。他們在中國抗日戰爭期間，積極救

助中國難民。最著名的一位就是鼎鼎大名的雷鳴遠神父（Vincent Lebbe，1877～1940），他一生就在中國，致力於救助貧苦大眾及難民，遠比許多高官顯貴說的還要多，令人欽佩。不管別人（如：回教）怎麼批評基督教、也不管別人（如：新教徒、東正教會）如何批責羅馬教會，雷鳴遠神父及其社團對中國的無私奉獻，總會受到中國人的感謝。特為之記。

上述那些注重道德行為及愛人濟世的基督教社團，雖然很多，但也有些社團的主張，並不符合時宜而日趨沒落。例如前面提到的 Labadists，其創始人 Jean de Labadie（1610～1674）原是耶穌會修士，後來改奉喀爾文派的新教信仰。他想建立一個符合基督教義，過著道德生活的和平公義社會。但他的團體主張放棄私有財物、一切公有（#註），由於過於公有化，生活也過於嚴謹而單調，並不符合人性而終至落幕。還有一些則流於神祕。例如一個頗有名氣的 Quietism 派，只以沉思、祈禱，甚至執迷於禮敬十字架，以求內心的寧靜。這種只重形式及神祕色彩的派別，更違反當代脫離宗教迷信的主流，自然很快就遭淘汰的結局。

　#註：當耶穌死後，在耶路撒冷由門徒主持的教會，就是過著一切公有的團體生活。這就是為何在二十世紀後期，許多拉丁美洲的共產黨份子，以及傾向共黨的教士，包括：聖方濟、耶穌會的修士，常向人民宣稱，耶穌的基督教會就是最早的馬克斯主義者。

** 英國新教徒注重教義中的道德行為

英國的神學者威克里夫（Wycliffe），在十四世紀時，就疾聲批評教

會的腐敗，並與教友合組 Lollards 社團，以仿習耶穌言行及福音書裡的道德觀為幟志，回歸基督教義的本質。即使威克里夫在過世後，這個社團的人員就散布於社會各階層。他們對教會的不滿，仍以口耳相傳，暗中蔓延。

到十六世紀宗教改革時期，亨利八世與羅馬教會決裂。這時，不滿教會腐敗的英國知識份子（當然都是神學者），就像洪水決堤一樣，蜂擁而出，痛責教宗與羅馬教會，同時宣揚耶穌助人濟世的言行。

到了伊莉莎白女時代，以新教徒為主的國會，在 1571 年，通過「三十九條信規（39Articles）」，經女王簽字後施行。這就是英國新教立國的根本大法，英國國教會所有的教士必須奉行。這份信規特別指示所有的英國人（都是基督徒）都應遵守上帝的戒律，並明言：這個戒律就是道德律。讓我們快速看一些相關的條文：

第 7 條（Article VII，of the old Testament）

No Christian man whatsoever is free from the obedience of the commandments which are called moral.（**所有的基督徒皆須遵守上帝的戒律 ─ 道德律。**）

第 18 條（Article XVIII，Of obtaining eternal Salvation）

Every man shall be saved by The Law……so that he be diligent to frame his life according to that Law, and the light of Nature.（**……若遵奉 The Law [律法]，人人都有獲救的機會，所以人人都應盡力依據 The Law 所訓示的規矩行事及生活。**）

第 35 條（Article XXXV，of Homilies；道德教誨）

……to be read in churches, by the Ministers, diligently and distinctly, that they may be understood of the people.（**道德的教誨應由牧師在教堂諄諄講解，讓信徒充分認知。**）

這裡說的 Homilies（道德教誨）包括神性信仰與道德行為。在道德行為方面，亦明確說明，包括：保持教堂的清潔乾淨、行善功、不貪食不酗酒、不重虛華服飾、施捨窮人、懺悔改過、勤快不懶惰。

第 38 條（Article XXXVIII，Of Christianmen's Goods, which are not common；基督徒的財物）

……every man ought, of such things as he possesseth, liberally to give alms to the poor, according to his ability（**每個人應依據個人的能力，自由的將一些財物捐助貧弱者。**）

從上述說明看來，十七世紀末，英國人所認知的「The Law」，就是基督教義中的「道德行為」而已。這種道德行為受教會、教士、知識階層的鼓勵與教化，終成約定成俗的處世規矩。

英國國教會是承襲喀爾文的新教思想。喀爾文是一位非常勤奮，又虔敬上帝，遵奉律法道德的人。他的思想及精神也隨之傳入英國國教會，並表現在 39 條信規之中。英國國教會有很多較為激進的人（即外人戲稱為：清教徒的人），他們認為他們自己奉守律法道德，並在堅誠信仰（Faith）下，做出善功（Good Works），所以他們自己認為就是耶穌願

意拯救的選民（Whom he hath chosen in Christ out of mankind,……They walk religiously in good works, by God's mercy, they attain to everlasting felicity. As godly consideration of Predestination, and our Election in Christ,…… 見信規 17 條，並參考第 11、12 條）。因此，英國國教會的信徒，尤其是那些激進的清教徒，都紛紛以律法道德做為社會生活的準則。從另一角度而言，這也說明為何英國有很多道貌岸然之士，即使是個假道學，也得展現出遵奉律法道德的樣子。

即使殖民北美，英國的律法道德觀念亦隨之傳入美國。只要看看 1611 年，維吉尼亞殖民地所頒布的法律，Dale's Code 或稱 Dale's Law，幾乎就是依照舊約的戒律及新約的訓示所做的道德規範，例如：不能褻瀆上帝、定時上教堂、不能做偽證誣陷別人、不能毀謗別人、公眾場所不可講髒話、污水不得倒在水井附近及街上、不可搶奪前來做生意的印第安人、保持住家的整潔、不得進入別人農院偷採果物、麵包商不可偷斤減兩欺騙顧客……，違者立即開庭處分，甚至死罪。至今還可在維吉尼亞的仿古區見到這些刑具。

再回顧一下前述美國開國之父傑弗遜總統與富蘭克林的言行，都是明目排斥基督教的神跡迷信，卻身體力行基督教義中的道德訓示。從他們兩人的事蹟，就可知道當代盎格魯撒克遜的知識份子，脫離宗教迷信、重視律法道德的盛況。

英國實驗派大思想家洛克（John Locke，1632 ～ 1704），出自喀爾文派信仰的英國國教會。他雖有虔誠的基督教信仰，卻全然拋棄宗教迷信，

從人性及理性的角度，禪釋教義。從他所編寫的著作，The Reasonableness of Christianity（可譯為：基督教的理性，1695 年出版），就可看出他是一位棄絕迷信的基督徒。他主張的自由及人性思想，皆源於教義中，符合人性與理性的部分，再加以發揚光大。他最有名的理想：眾生平等，每人都有獨自的人格，人的生命、自由、健康、財產（life, liberty, health and Possessions）都不受別人侵犯。洛克的理想就是在追求一個公義社會，人人過著待人如己的道德生活。

另外值得一提的是他尚在三十五歲（1667）的青年時代，就寫出一篇著名的論文：An Essay on Religious Toleration（論宗教容忍）。洛克本身屬於英國正統國教會的家庭，他不但不去批評這些反對派，反而主張互相容忍。他這種遠大的眼界與格局，就讓他與眾不同。西方以外國家，當然也會有這種眼光與格局的學者，只是他們在其本國文化下，如：回教、東方正教，實在難以出頭。於是，天下英才自是盡歸盎格魯撒克遜人矣！

除了大名鼎鼎的洛克外，當代知識階層的基督徒，也多是排斥基督教義中的迷信神啟，發揚教義中的人性與道德觀。較著名者，例如在 1696 年出版 Christianity not mysterious（基督教並不神祕）的作者 John Toland（1670～1722，請注意他出書時的年齡），他就直言否定基督教的神跡天啟，告誡信徒只能相信教義中合理的部分。當代還有一位很有名氣的學者 Matthew Tindal（1567～1733），在 1730 年出版一本 Christianity as old as creation（長遠的基督教），更是直言不諱的宣稱，宗教的功能只在於教人過著道德的生活；基督教的主體就是在於倫理道德，卻不是迷信的神啟。

這種說法已完全否定宗教的神性，在當代已是革命性的思想。這一類注重人性及理性、拋棄宗教迷信的思想，後世稱之為 Deism（有譯為：自然神論）；這種思想在當代知識份子之間，非常盛行。歸於此類的知識份子，除上述學者外，還包括：牛頓、美國傑弗遜總統、法國文豪伏爾泰（有人甚至視他已近 Atheist，無神論者）。演進至此情況，無論如何都不是宗教改革之初，眾人所能意料之內。

英國人自十六世紀的宗教改革起，已培養出重視律法道德的特性。這為英國以後的民主法治，建立出堅實的基礎；亦由於這個良好的基礎，才能打造出日後溫和有禮的喬治典雅社會（Georgian society，約自 1740～1830），更為維多利亞女王時代（1837～1901），開創出英國自豪的維多利亞價值觀（Victorian Values）：重視社會道德、遵法守序、勤奮努力、自律上進、文明禮貌、和睦家庭。這些價值觀，其實都是源自律法道德（可參閱附錄一）。

3. 英國大憲章塵封四百年的浮沉實錄

** 英國大憲章（Magna Carta）浮沉簡錄

英國的約翰王（King John，1199～1216 在位），及其父、兄（即亨利二世及獅心王理查），原是法國 Angevin（即：Anjou）貴族，擁有法國西半部的大片領地，以及英格蘭，其範圍比法王的直轄領土還要大。這時，

法王菲利浦二世（Philip II）自然想要多方壓制這個尾大不掉的 Angevin 貴族。在約翰王當朝時，法王菲利浦二世奪得約翰王大部分的法國領地，迫使約翰王逃至英國。他為奪回法國老家的土地，只得向英國本地的貴族（Barons）橫徵暴斂，做為反攻的資金。

這些怒氣沖天的英國貴族，遂集結在肯特伯里大主教藍登（Archbishop of Canterbury, Stephen Langton）的四周，起而向約翰王抗爭。1215 年 6 月 15 日，這些貴族圍困約翰王，逼他簽下一份由藍登以拉丁文擬妥的文件，稱為「Articles of the Barons」（可稱之為：貴族請願事項；這名稱後來才改為 Magna Carta，即：大憲章）的文件，承認主教與貴族應有的權利，不得無理侵犯，其實就是限制國王的權力。在這份請願書中，最有名的條文就是第 39 條。原文是拉丁文，英譯如下：

第 39 條：

No free man shall be taken or imprisoned……except by……lawful judgment of his peers.

（**對任何自由人，除非經其同僚的審查同意，國王不得任意拘捕或監禁。**）

還有其他限制王權的重要條款如下：

第 12 條：

No scutage or aid is to be levied in our realm except by the common counsel of our realm.

（Scutage 及 aid 是英王巧立名目所的稅名；意即：**除非經過人民代表的同意，國王不得隨意征稅**）

第 40 條：

To no one will we sell, to no one will we deny or delay right or justice.

（我們的權利與正義絕不讓予任何人，也不放棄或耽擱我們的權利與正義。）

第 52 條：

If……without lawful judgment of his peers, we have deprived anyone of lands, castles, liberties or rights, we will restore them to him at once.……And if any disagreement arises on this, let it be settled by the judgment of the 25 barons.

（這一條還牽涉到以前十字軍時的糾紛，大意是說，任何非經法律程序而被徵收的土地、權利，都應退回給原主，如有問題，應由 25 名貴族評判，做出裁奪。簡言之就是：**不可再任意剝奪貴族的土地、財產、自由、權利。**）

約翰王自非省油的燈，他事後立即反悔，並宣布這份文件非法而作廢。又因大主教藍登是主導者（故大憲章第一條就是維護主教與教士的權利），約翰王迅速與教宗英諾森三世（Pope Innocent III）修好。教宗也認為這份犯上的文件為：可恥、不合法、不公正（shameful, illegal and unjust），隨即宣告這份文件無效，免除約翰王對這份文件的任何承諾與

義務。當然，那些貴族又群起而反抗。但約翰王至次年，1216年就逝世了。基本上，這不過是一場政教及金權惡鬥的歷史插曲，來得快、去得也快，全案因約翰王之死，暫告一個段落。這份被約翰王及羅馬教宗正式宣告作廢的「Articles of the Barons」，自然也暫時擱置在一旁。

約翰逝世後，其子亨利三世（Henry III，1216～72）即位。他一登上王位，立即面對一大堆反叛吵鬧的貴族。為了拉攏貴族，效忠王室的大臣在1216、1217年，勸幼主亨利三世恢復「Articles of the Baron」，即：大憲章，以示安撫。到亨利三世成年後，又在1225年，重申恢復大憲章，期望貴族別再爭吵。無論如何，亨利三世總算暫時保住王位，大家相安無事，天下尚稱太平。

這份文件的名稱及內容，經過多次修正，大致上在亨利三世時代，名稱訂為 Magna Carta Libertatum，簡稱 Magna Carta（英譯：The Great Charter；註：當時還沒有「英文」，一切正式官書都是拉丁文）。Carta 僅是一般「文件、紀錄」之意，為慎重表示這是特別的「文件、紀錄」，特加一個 Magna 即「great」，在前面，直譯就是：大文件，或大紀錄。

直到1255年，亨利三世為了讓其子當上西西里國王（King of Sicily），向教宗亞歷山大四世（Pope Alexander IV）捐出龐大賄金。這些賄賂的錢，從哪裡來？當然只得向國內貴族及民間搜括。民間不堪重稅之苦，手無寸鐵，只有逆來順受，還產生俠盜羅賓漢（Robin Hood）的故事，廣為流傳直迄今日。但貴族就沒這麼好欺負了，再度起而叛變，節節勝利，終在1258年，重演他父親的劇碼，包圍亨利三世，迫使接受另一份類似

大憲章的「同意書」，稱為：Provisions of Oxford。這次貴族提出更多的改革事項，還包含政治的改革，縮小國王權力（如設 15 人的 Council）。亨利三世只好表面簽字同意，但事後就像他老爸一樣，也請教宗正式作廢他自己所簽的「同意書」Provisions of Oxford。但不知是疏忽或是什麼原因，亨利三世並未將那份恢復重生的「大文件」（即：大憲章）給作廢。不管怎樣，貴族再度反叛開戰，並於 1264 年生俘亨利三世及其子，即後來的愛德華一世（King Edward I）。

這些貴族為了擴大他們的支持，在 1265 年，還從各縣城（Shire）「選出」兩名有地位的市民（Burgesses）以及兩位「騎士（Knights）」級的人，參加國會（Parliament），並趕至倫敦開會，商討有關收稅及國事相關事宜。這些來自民間資產階層的議員，就成為日後下議院（House of Commons）之始。但由於這些貴族內部發生爭論，王子趁隙脫逃，後來勝利反攻，貴族四散，又讓亨利三世恢復王位。

至此，反叛貴族強迫亨利三世簽下的「同意書」Provisions of Oxford，因為已被亨利三世及教宗宣告作廢而失效；更重要的是貴族勢力失敗，讓這個「同意書」更是廢紙一張。至於約翰王受迫而簽下的「Articles of the Barons」，即「Magna Carta」的大憲章，至少在理論上，仍然是有效的法律文件。

以上就是英國貴族為限制王權而產生「Articles of the Barons」及「Provisions of Oxford」兩個「憲章」的存亡實錄。然而這個僥倖存在、限制王權的大憲章，有沒有發生效用？容後再述。

值得一提的是那些反叛亨利三世的貴族，邀請各縣城選出的平民議員（Commoners），卻成為後來的下議院，在數百年後，竟然還能主導英國的政事，成為實質的「統治者」，實為始料所未及之事。

** 大憲章沉睡四百餘年，無人問津

這個「Articles of the Barons」及「Provisions of Oxford」之能夠出現，實為貴族勢力強大到足與國王抗衡，甚至超過王權，才能迫使國王低頭。一旦國王擁有強勢，立即廢棄任何承諾，大憲章就在此情況下，被打入冷宮。

亨利三世以後，國王都握有武力及實權，貴族的勢力大為縮小，難與王權分庭抗禮，這份大憲章也就一直處於有名無實，徒法不足以自行的地步，甚至被人遺忘，僅成一份歷史文件，或字紙而已。略看一下實況如下：

- 百年戰爭期間，理查二世（Richard II，1377～1999）強徵人頭稅（Poll Tax），壓迫貴族及百姓，是位十足暴君。最後還引發農民叛變（Peasant's Revolt），並以失敗收場。但當時就是沒有任何人勇於或想到，拿出大憲章向國王抗辯。

- 百年戰爭後，贏得王位的亨利七世（Henry VII，1489～1509），為防貴族反叛及快速處置謀反貴族，特訂 Acts of Attainder（這是英國版的合法抄家法）與 Court of Star Chamber（英國版的東廠；國王可不經法律程序，直接將嫌犯捕捉、審訊、入獄、處死），讓貴族官民畏懼不敢踰矩。在此背景下，也無一人舉出「大憲章」，討回臣民應有的

「權利與正義」。其實，這份大憲章在當時武力當道的時代，早被人所遺忘。

- 再以著名的亨利八世、瑪莉女王（血腥瑪莉）而言，他們父女任意屠殺臣民（都是「自由人」，甚至是貴族高官），罔顧臣民權利與正義，可曾有任何人拿出「大憲章」要求依法公正審判？一個人都沒有，也不敢！

- 新教女王伊莉莎白的新教大臣及國會，暗中多方迫害羅馬天主教徒，甚至將避難英國的蘇格蘭女王，信奉天主教的瑪莉女王（Mary, Queen of Scots），因涉嫌天主教派陰謀（Catholic Babington Plot），直接緝捕，送至 Star Chamber，私密審訊後，迅速斬首處死。也許瑪莉女王，以及那些天主教信徒，都是裡通國外的重犯，問題是，既然如此，為何不依「大憲章」的規定，承認他們的「權利與正義」，經過合法的審判程序，讓他們可以「面對指控他的人」，公開對質，再做判決？

　　至此，從歷史事實看來，這份限制王權的「大文件」，或「大憲章」，對限制王權顯然沒有絲毫作用，甚至不受人知，不過是一張存檔四百年、老舊不堪的羊皮廢紙而已。

** 民間資產與知識階層的勢力足與王權均等，大憲章隨之甦醒

　　那麼，這份稱為「大文件」的法律，何時才開始發生效用？這個問題必須先從新教女王，伊莉莎白時代說起：

第一階段：民間資產知識階層勢力逐漸掘起

當伊莉莎白登位後（1558 ～ 1603；在位 45 年），那些曾被瑪莉女王（血腥瑪莉）迫害而逃至國外的新教知識精英，悉數返國。國內的新教知識份子，尤其是劍橋大學的知識精英，如雨後春筍，紛紛崛起。連國會都成為新教國會。女王與國會正在協力打造一個新教社會。女王需要國會支持、國會議員也需要女王的支持，雙方唇齒相依，是互助互惠的關係。例如：議員對女王遇事拖延，感到無奈時，女王就在國會對諸議員說 I love you，總之，愛不離口，事情照拖。

這時的議員，已不再是亨利八世、血腥瑪莉時代的應聲蟲。尤其下議院（House of Commons）是新教改革派的大本營。很多議員，包括後面談到的柯克及克倫威爾，都是劍橋的知識資產階層出身。相對於以前的下議院，已非昔日吳下阿蒙，已培養成具有相當自主、具有個性的議會，成了氣候。

女王過世後，由蘇格蘭王詹姆士一世（James I，1603 ～ 1625）繼位。他自視甚高，認為君權神授（Devine right of kings）。他於 1603 年，當上英王時就曾說：我就是丈夫，而整個英倫島就是我的妻室（I am the husband and the whole isle is my lawful wife.）。他奢侈無度，又愛攀交西班牙王室。很多國會議員對詹姆士非常不滿，與國會關係自然也很緊張。

當時的大法官 Chief Justice of the Court of King's Bench（註：英國司法系統隨時間而演進，變化很大，無以名之，類似「最高刑事法院大法官」）柯克（Edward Coke，1552 ～ 1634），不同意詹姆士避法循私，勸告說，

即使國王也不宜違背「law」（law 中譯是「法律」，但請注意文化差異，這個「Law」，更指上帝的律法，以對照詹姆士說的「君權神授」）；他還表示，他是大法官，必須做一個法官該做的事。詹姆士聽完後大怒，立即把他撤職。柯克被罷官後，就受選為下議院的議員，開始另一生涯。

從上面故事就可知道，這時的王權已大不如亨利八世與血腥瑪莉女王時代，情況顯然大為改觀。在詹姆世一世的時代，連國王親自任命的King's Bench 大法官都「依法拒絕國王」，還可全身而退，未遭牢獄之災，更未遭殺身之禍。這表示英國的資產及知識階層已形成相當大的勢力。

第二階段：民間資產知識階層的勢力和王權均等，對抗而互戰，王權失勢

當詹姆士之子查理一世（Charles I，1625 ～ 1649）登位為英王後，不讚同喀爾文派的新教思想，反而傾向羅馬天主教會的官僚結構，以利於統治子民。他和父親一樣，也是強烈的君權神授主義者。

他娶了法王路易十三（King Louis XIII）的妹妹，信奉羅馬天主教的瑪莉亞（Henrietta Maria）為王后，這又犯了英國新教徒的大忌。他也是揮霍無度，召開國會的唯一目的就是要增稅。他又立下許多苛政陋規，包括軍隊有權佔用民房為軍營。

這時，以新教為主的國會自然集體反對英王。國會在柯克的主導下，在 1628 年，聯合向查理一世表達反對意見，呈遞著名的權利請願書（Petition of Right）。這份請願書無非是批評查理一世不應任意增稅、未

經正當程序（due process）就隨意判人入罪、任意捕人、未審而判、軍隊強佔民房（柯克為此說出一句名言：「英國人的家就是他的城堡」，意思是不許外人隨意闖入）。

但影響最深的還是柯克舉出封存四百年之久的大憲章，宣稱這份先王的法律仍然有效，並依據大憲章的條文，指責查理一世「違法」的事實。此舉不但打破詹姆士一世以來，宣稱君權神授，不受議會俗世法令的約束，同時也把封存四百年的大憲章，搬出檯面，藉以譴責國王。

這表示英國民間的資產知識階層勢力，已大到足以和王權抗衡後，才能讓民間勢力的代表柯克，拿出大憲章這部「法律」，依其條文譴責查理一世「違法」之處。顯然，大憲章只有在此王權與反王權的勢力形成均衡，或對等的時候，才有機會展現效力。

至此，國會終於和查理一世鬧翻，雙方於 1642 年開戰，查理一世戰敗，並於 1649 年遭新教徒（通稱為清教徒）處死。英國由清教徒領袖，克倫威爾（Oliver Cromwell），獨裁統治。

克倫威爾是以獨裁專制的方式統治英國，並以強勢壓迫異己份子，尤其愛以高壓迫害方式對付羅馬天主教徒。諷刺的是，這時候卻沒有任何人勇於高舉大憲章，向克倫威爾這位「護國主」要求合法的權利與審判程序。其實，箇中道理卻也簡單，因為克倫威爾的權力獨大，沒有相對等的勢力足與他抗衡。至此，以往備受壓迫的新教派領袖人物，柯克，高舉普世價值、維護正義所引用的法律，「大憲章」，看來又失去效力，落入冷宮。

#第三階段：民間（資產階層）勢力與王權平衡，勢力均等，法律出頭

1688 年，英國發生光榮革命（The Glorious Revolution），一批新教貴族不滿有意恢復羅馬天主教的詹姆士二世（James II，即查理二世之弟，約克公爵），私下邀請詹姆士二世之女瑪莉及其夫婿，荷蘭領主奧倫治（William Orange），率荷蘭兵進入英國，趕走詹姆士二世。此時，英國號稱威廉與瑪莉（William and Mary）共為英王，但實則為威廉（稱號為：威廉三世 — William III）主理國政。

由於威廉是外來的英王，沒有根基，這時的國會與威廉的王權，終可處於一種微妙的平衡狀態，雙方勢力均等。1689 年，國會為防止國王濫權，特訂權利法案（Bill of Rights），要求國王不得隨意徵稅、不能任意拘捕人民，議員在國會擁有言論自由，一切公眾事務及法律案件必須依照法定程序行事（due process）。這些主張都可見於柯克的權利請願書（the Petition of Right）及大憲章。兩年後，議會再頒訂王位繼承法（Act of Settlement），禁止天主教徒，或有天主教配偶的人，繼承王位。更重要的是王位繼承人，須經議會同意。從此英國的王權不再能集權獨治，必須與國會共治，還須受制於議會所頒訂的法律。

自此，王權與國會處於平等地位時，大憲章，以及國會訂的法律，才能發生效力，亦即，法律足以實行。英國自此成為依法治國的先驅。反過來說，任何國家沒有前述「均權、對等」的現象時，例如：克倫威爾掌權時代，「大憲章」就難發生效力，都是徒法難以自行。

從另一方面看來，約翰王簽下大憲章時，當時的貴族都是依附大主教藍登，向約翰王爭取公道。這份大憲章，宣言見證人之首就是藍登，第一項要求就是保障大主教、教士及教會的權利，貴族倒在其次。就理論而言，英國天主教會及其主教，以及國教會的主教，都可依大憲章第 1 條、39 條、40 條……等條文，向司法機關申訴應得的權利。但事實上沒人這麼做。究其原因，實因這些主教，無論是天主教會或國教會的勢力都早已沒落，遠不如那些新興的知識及資產階層的勢力，不但沒有對等的力量，權力還被資產階層的國會議員大幅削減，自然無法取得「法定」的權利。

那麼，這份「大憲章」為何如此廣受世界各地人士推崇？還被譽為英國立國的精神？這道理卻也簡單，因為十九世紀的維多利亞女王時代，英國是日不落帝國，國勢如日中天，盎格魯撒克遜人無論政治、經濟、軍力、文化，都是處於世界首屈一指的領袖地位，英語民族的自負已達頂點。當代英國擁有最好的法律體系，連歐陸的法、德都難以相比，更不必提那些落後的亞非國家了。在此背景下，英國人自會把 Magna Carta 大加宣揚，讚譽有加，並宣稱是英國以法立國的基石，雄視環宇。自此，Magna Carta，亦即原來稱為「Articles of the Barons」的文件，遂名滿天下。十九世紀後期，日本明治維新時期的「遣歐使」還將這份原意為「Great Document」或「Great Records」的 Magna Carta，特譯為「大憲章」，以示其崇高宏偉。

4. 英國社會出現平等現象，法律開始生效

** 從十二表法及律法書談起

讓我們先複習一下羅馬十二表法，第九表（Table IX）第一款

法律之前，不可因人的身分地位而擁有特權（privilegiane）

不只於此，舊約律法書中，也說得很清楚：

判案不可因人的身分而異，也無分貴賤，因為判案是代上帝行事（Deu.1:17）

顯然，法律之前，不應有特權、不可因人而異。換句話說，「地位平等」，是法律能夠發揮功用的基本因素。古羅馬人、古希伯來人早就有此觀念，只是無法實現而已。事實上，世界各地古國，都是帝王專制的社會，又有階級之分，毫無「法律之前、眾生平等」的觀念，一向是誰的權大，誰就有理。全體臣民自然無法依賴法律求得公平與正義。世界就在這種情況下，度過了數千年之久，世人也習以為常。

唯到了十七世紀之後，這情況在英國發生了變化。因為民間資產知識階層在國會的勢力日趨增強，足以和王權對立，甚至勝過王權，雙方立於均等，甚至平等地位，於是，法律開始展現生機。這從前面大憲章的浮沉故事，就可了解其真義。

** 在擁有「平等」的條件下，盎格魯撒克遜的法律足以自行實錄

現在讓我們再從歷史事實中，觀察一下英國的法律足以自行，能夠依法治國的實景：

(1) 十七世紀末，英荷聯合艦隊被法軍殲滅，英艦隊司令受審，宣判無罪

1690 年 7 月，法王路易十四為切斷英國與荷蘭的商業航路，派出七十餘艘戰艦進入英吉利海峽。英國威廉王則派海軍大將托林頓伯爵（Admiral Earl of Torrington）率英荷聯合艦隊迎戰。雙方艦隊在英吉利海峽相遇，正面對決。經過一天激戰，舷炮全開，英荷艦隊大潰，十二艘戰艦遭法艦擊沉，多艘重傷。托林頓見傷亡慘重，狼狽退回泰晤士河。英軍司令托林頓，自應承擔潰敗最大責任。在英國的法律體制下，就只他一人被解送至軍事法庭受審。唯審判團的法官顯然認為：勝敗乃兵家常事，除非有明顯疏失及錯誤，不以勝敗論罪。終做出無罪的判決。

托林頓大敗並讓威廉王的荷蘭戰艦多艘被擊沉。威廉王自然非常惱怒托林頓。若在其他國家，已有足夠理由殺之洩憤或轉移潰敗焦點。但在英國依法治國的體制下，縱使國王都難憑一己之意，隨意懲處官兵。從此事件即可見到英國法律已可自行的實景。

再對比中國在清末時期的甲午海戰。北洋艦隊被日本艦隊擊敗後，提督丁汝昌上書李鴻章，痛責兩名艦長臨陣脫逃，致「隊伍牽亂」（暗指因此而戰敗），指明應將濟遠艦艦長方伯謙「著即正法，以肅軍紀」，另一「脫逃」艦長吳敬榮，則「唯人尚明白可造，可否革職留營，以觀後效」（吳敬榮與丁汝昌、李鴻章都是安徽同鄉）。這時清廷突然能以超高效率，

在第二日就回電同意，第三天，丁汝昌即將方伯謙斬首處死。試看，這麼重大的案件，先皇康熙欽定的大清律（乾隆時，修訂後稱：大清律例），在整個判決過程中，絲毫不見身影。顯然，大清律在清朝的中國（與大明律在明朝時的中國）對國家、社會，都沒有「展現公義」的功效。

在此案中，只見控方丁汝昌的一面之詞，方伯謙毫無機會辯白，就在三天之內，迅速處死。丁汝昌及宰相李鴻章毫不責己，推說兩艦臨陣避逃，卻只挑濟遠艦長方伯謙斬首正法。若方伯謙是真的臨陣叛逃，鐵證如山，為何不依先皇所訂的大清律，開庭審判，以昭告公信？

若與英國托林頓戰敗受審案件相比，丁汝昌與李鴻章諉過小官、殺屬下以卸責，明顯不敢負責。若再對比倭兵軍酋，尚有切腹自殺以示負責，未聞諉過下屬者。丁汝昌、李鴻章位極士大夫之首，何其怯懦沒有擔當？但真正的核心問題卻不全在於丁汝昌、李鴻章，而是在於中國的法律（大清律）不彰，無法伸張公平與正義，讓丁汝昌可以靠上級關係而輕易躲開法網。但英國則是法網恢恢、疏而不漏，托林頓無處可躲，卻可從法律中獲得正義。

(2) 十八世紀，北美殖民地警官能依法押解皇軍，英國皇軍竟依法入監受審

1770 年，波士頓民眾，在英國駐軍營房門口，與哨兵發生口角衝突。一些大膽暴民竟要搶奪士兵的槍械。士兵在驚恐奪槍之際，不慎走火，四位民眾當場死亡，一人重傷。這就是著名的波士頓屠殺案（這算屠殺？）。

次日，波士頓治安警官單槍匹馬進入軍營，向連長、士官長及士兵詢問案情。他查出確是英軍開火，造成四人死亡的命案。於是他發出拘捕狀，收押英軍連長、士官長及士兵等九名嫌犯，起解押至波士頓監所候審。後來，波士頓法院開庭審訊，陪審團認為這些軍人是守營有責，不得已開火，終於無罪開釋。

令「外邦人」驚異的竟是一位殖民地的小小警官，竟可直闖母國「皇軍」軍營，依法押解在職軍人，包括連長級軍官，入監候審。而英國駐軍的長官，甚至英軍司令，也只能遵守法律，眼睜睜的讓殖民地警官將屬下軍官及士兵一起押出軍營，受殖民地法院審判。這種依法辦事的習俗與特性，絕非其他自稱民主國家所能望其項背。即使亞洲民主法治的模範生，日本，都難以辦到，遑論其他。這種法治的習性及文化，絕非只憑仿習，或從書本苦讀數年，即可辦到，而是經過數百年的歷練，辛苦而得。

這個案件雖然是依據法律程序，判定「皇軍官兵」的清白，但實為一種反英的羞辱戲碼。英國在憤怒之餘，對北美殖民地也訂出一些反制法案，其中之一為 Administration of JusticeAct（審訊管轄法），規定英國軍人及官員在殖民地涉及死罪案，一律移至英國受審。這就是當時世界超級強國 ─ 大英帝國，應付殖民地挑釁英國皇軍的方式。

(3) 十九世紀的英國：國王以至庶民，法律之前，人人平等

1837 年，維多利亞女王登基。她在位時，正是英旗不落日的盛世，大半個地球處於她的統治之下，自古以來，沒有任何帝王可堪與之比擬。

她登位後，連遭數次槍擊刺殺事件。意想不到的是刺殺女王的事件發生後，全案皆移至當地法院審理。玄妙的卻是法院視這位統治半個地球的女王，只是一位原告，依通行的法律審判。更令人（包括中國人）拍案驚奇的是刺客並未因謀刺女王而處以重刑，都是依據法律的習慣處分來結案。例如：1840 年，第一個刺客對女王開槍，未射中而被捕，送至法院。法院審視案情，並確認刺客為精神異常後，予以開釋，只要他肯被遣送澳州即可。1849 年，她又受到刺客的槍擊事件，幸未擊傷女王。警方查出這位刺客是個無業遊民。法院審理後，只判這位刺客流放澳紐邊區七年。

英國自亨利八世、血腥瑪莉時代，國王可以隨意燒殺臣民，到維多利亞女王時代，法律之前，人人平等。這個過程是經過三百年的歷練，才能造成這種結果。這個善果絕非朝夕可得。

至此，無論是貴為女王或是百姓，英國已打造出法律之前，人人平等的習性及文化。法律終於開始發生效用。像英國這樣從權威人治走向以法治國的方式，毫無疑問更可彰顯社會公義。英國能夠打造出英語不落日的盛況，並非偶然亦非運氣。

** 二十世紀，民權由資產及知識階層轉至全民，一個新故事的開始

英國自國會主掌政治權力，以法治國後，在 1918 年，通過民權改革法案（Reform Act）時，取消有財產者才有投票權的限制，亦即，只要是成年男子都有投票權。同時，改革法案亦擴及婦女，允許婦女也有投票權。至此，民權普及全民，終讓英國成為全民民主國家。

在 1918 年（以英國為準）之前，英國及西方的成就，都是資產及知識階層之中的精英人士所打造，亦即，國家主權在於民間的「知識及資產階層」。不可否認，這些人經常疏忽低階的普羅階層，造成貧富懸殊、社會不公的現象。經過無數的奮鬥，終於在 1918 年，英國的國家主權已擴及「全體人民」，不再僅限於民間的資產及知識階層。顯然，局面從此改觀，也是一個新故事的開始。自全民普選開始，至今（2018）也不過百年。在歷史的長流中，百年只是很短的一瞬間，這個新局面的後續發展，自非本文所能臆測。

至二次世界大戰結束以後，許多國家，從東方，直到亞非各國，都想仿習西方的民主，皆以全民選舉做為完成「民主」的終南捷徑，成為流行。很多人形容這種實行普選以達民主的趨勢，有如大江東流，擋不住。但是怎麼流？流到哪兒？迄今還流不到百年，在歷史的長流中，只是瞬間而已，流動的結果如何，只有拭目以待、樂觀其成了。

七
西方先有法律（The Law），然後才有自由與民主

1. 從 Locke 與 Hobbes 的學說，論西方的良藥，未必是外邦的良藥

** 洛克（John Locke，1632 ～ 1704）與哈布斯（Thomas Hobbes，1588-1679）不同的見解

實證（Empiricism）派大哲學家洛克的盛名滿天下，前面已曾略加介紹。我們在此只簡略知道一下他對政府與人民的觀念。他認為人有天生的才智及理性（Reason）。人靠上帝賜予的才智，足以完成自己的使命。他極力反對王權專制，並對擁護查理一世，君權神授的貴族 Robert Filmer（1588 ～ 1653），大加抨擊，不遺餘力。他認為政府應以制訂法律，藉法律管理政事。法律應公正而平等的對待人民，並以大多數人的幸福為目的，以確保人民的生命、自由、財產、健康等固有的權利。如果政府壓迫百姓，人民自有權利去換掉這個政府。從他認為：人都有其固有才智、可以做出正確的抉擇，就可以看出他的學說是基於人性本善為出發點。

洛克的理論在發表時，只是一種很好的理想。當時還沒有任何地方

曾經實現他的理想。但他的理想確實啟發西方的巨大改變，包括：美國獨立、法國大革命及德國 1848 年在法蘭克福聖保羅大教堂舉行的 German National Assembly（可譯為：德國全民大會）。這個德國全民大會是由德國的知識份子聚集在法蘭克福，召開制憲大會，準備為整個日耳曼人共同擬定一部憲法。這是一部典型的「書生憲法」，德國普魯士王威廉四世（Frederick William IV）看其內容後，認為這些書生不當家、不知柴米貴，空有理想、卻不顧現實而否決。但這部憲法草案後來卻成為第一次世界大戰後，德國威瑪憲法之源，對德國產生極大的影響。

到了二十世紀，西方人終於到達洛克的民主法治理想（德國在二戰後，才變成真正的民主法治國家）。但是也別忘記，這是西方人經過數百年政治、法律、社會方面的艱辛歷練，包括：文爭武鬥、流血犧牲，才能到達洛克所說的理想。總而言之，西方的民主法治絕非一朝一夕就圓滿完成的改革大業。

讓我們再看一下比洛克稍早的另一位英國思想家哈布斯（Thomas Hobbes，1588～1679）的觀念。他生於查理一世與清教徒革命的時代。他曾在 1651 年，出版一本著名的政治寓言書 Leviathan，而享有名聲。他認為人性原本就是自私、卑下、殘暴、沒有見識，又愛鬥好爭。簡言之就是人性本惡。既然大多數人民都缺乏道德的教化，不懂紀律，既沒有能力管理自己，更無法管理別人。因此，這樣水準的人民，最好把一部分權利交給一個可靠而具才智的統治者，如：國王，由這個統治者及其政府，訂法立規，引導百姓走向正途。人民則需信服統治者，遵行政府所訂的法規。

在此情況下，政府自應具有很大的權威，足以維持法律與秩序（law and order），以確保社會的安定、繁榮與發展，並促進人民的幸福。

就歷史事實而言，世界自古以來，無分古今中外，都是處於帝王專制之下。幾乎所有的帝王統治者，包括：亨利八世、路易十四、沙皇、哈里發、蘇丹，直到中國皇帝，絕少志在「確保社會的安定，保護百姓，促進人民的幸福」。相反的，絕多帝王只知為了一己之私，使用專制高壓手段，欺壓臣民，鞏固權力，享盡榮華富貴，棄人民於水火而不顧。不只於此，大多帝王不是昏庸，就是暴虐無道，真正才智過人的帝王並不多見。所以哈布斯說的理論，也只是一種理想，且是一個與事實不符，甚至與事實相反的理想。

** 外邦國家只依西方表面畫葫蘆，卻因體質不合，多未成功

若再進一步觀察，不難發現造成這兩位學者歧異的出發點，僅在於洛克認為人民具有才智與能力，足以自己管理自己。簡言之就是：性本善；而哈布斯則認為：性本惡，都是自私、粗暴、爭鬥不止，不可能管理好自己，只有靠統治者的權威，才會服從聽命，依統治者訂出的規矩行事。這兩家學說的目的，同樣都是想要造出一個安定和平的社會，但顯然採用兩種截然不同的方式。

至於誰是誰非？那只得看事實而判定。就以二十世紀，二次大戰以後的西方民主法治社會而言，顯然，洛克的理論佔了上風，自應是對而正確的一邊。既然洛克是對的，那麼哈布斯的理論，自然就變成錯的一邊了。

因此在二次大戰之後，世界各國在富強英美的影響下，紛紛競相仿效西方，急欲實行洛克所倡言的民主制度；哈布斯的學說自然就被打入冷宮，無人過問。不過，這些國家都是從選舉，做為進門階，一步就跨入所謂的「民主」。這些國家也仿照西方體制，設立議會、司法部門，打造出號稱三權分立、司法獨立、法官中立……，看來比西方還要可觀的體制。

但不知怎麼搞的，這些國家幾乎都淪入國政貪腐、社會不穩，甚至動亂的現象。不必講菲律賓、印度、津巴威、委內瑞拉，這些亞非拉美地區的落後國家，就連同是基督教信仰、讀同樣律法書（The Law）的東方國家，包括：希臘、俄羅斯及烏克蘭，都是貪腐與動亂齊飛、國家與社會同朽。真不知為何，洛克的理論竟然失靈了，造成「橘逾淮而為枳」的現象，令人費解。因此，讓我們進一步細心查驗一下，到底是哪根筋，或是什麼地方出了差錯。

從前面連篇累牘的說明看來，這些蠻邦西方人之能成功，自有其歷史背景及條件，加上奮鬥與革命，才能水到渠成，到達洛克所說的「自由、民主」社會。從西方的文化及歷史背景，我們不難看出蠻邦西方能夠成功，其主要條件大致可歸納如下：

- 西方特有的自治文化，培養出立法自治的特性。
- 西方的商業社會，具有開拓、進取的精神。
- 知識階層勃然興起，百家爭鳴，引領思想朝流，為外邦所無。
- 統治者尊重知識階層，並支持知識學術的發展，至少沒有鉗制。
- 從律法道德演進而出的法律體系。

這些條件會合在一起後，才在非常巧合的情況下，產生現代的西方。這裡用「巧合」的意思是說，只要任何一個環節發生變化，情況就會完全改觀，舉例來說：

- 英國的光榮革命，哪有讓女婿率「洋兵」入關篡位之事？若英國人民高舉民族大義，反對新教貴族「叛國」，引外國的荷蘭兵入境，擊潰本國「國軍」；若詹姆士二世能夠阻止「荷蘭兵」入境，免讓「洋女婿」成為英王，歷史將大幅改寫。

- 亨利三世及其子被反叛貴族生俘，若其子沒能僥倖趁隙逃出，後來又僥倖以少勝多，擊敗叛變貴族，歷史將大為改變，「大憲章」只會是個不起眼的歷史檔案，不過是一場大地主與小地主之間，爭權奪利的鬧劇。

- 再講早一些，若羅馬皇帝，基督教的背叛者尤利安（Julian The Apostate），在公元 363 年，沒有意想天開去征伐波斯，或沒被波斯兵的流矢射死，基督教恐不復存在，至少「三位一體」（Trinity）不復存在。

若依照西方基督教神學家的觀點，歷史是無法假設的，因為這一切都是上帝冥冥中預定的天意（Predestined），包括：上帝讓叛教者尤利安不得好死；上帝引導蠻邦西方走上對的路而成功，並負起「白種人的責任」，開化這個混沌的世界。反過來說，對非基督教地區的人而言，這當然不會是天意。那麼西方造出「自由、民主、法治」的過程，並非全部都是對而正確的路線，純屬巧合與機運，應是「偶然、而非必然」。這意思是說，

西方以外的外邦國家，若不分青紅皂白，只照西方表面成就，照抄仿習，不見得會有相同的結果。

但就是有許多政治家，以及民主鬥士，積極主張仿習西方體制，並以洛克的理念為依據，爭取「自由、民主」。他們的理想與志氣，無疑是崇高而偉大。但他們犯了一個很大的失誤：只仿習西方的表面，卻疏忽了西方的實質。首先，西方人是經過律法道德、理性啟蒙的調教後，官民的文化水準大為提升，已具有洛克學說的基礎；其次，這幾個西方國家的民間與王權統治者，都是經過文爭武鬥、奮力爭奪的艱辛過程，才能開創出「自由、民主」大業。而那些沒有前述同等歷練與文化基礎的國家，包括：東方俄羅斯、回教哈里發、蘇丹的國家、印度、中亞、東亞（日本除外）及東南亞國家（新加坡除外），若沒有經過適當的教化與磨練，就冒然仿習西方的「自由、民主」，其結果自然就會大不相同。

最恰當的比喻就是西施，她經過多年的教化，才培養出才貌雙全、言行高雅的仕女。但鄰村的東施，沒受過良好的教化、又缺乏見識，只見西施美麗大方，就仿其外表，濃妝豔抹、錦衣華服，自以為就可變成西施了。這就是所謂的：東施效顰，其結果自然就是畫虎不成反類犬。這樣說，一點都沒有輕視這些國家，也沒有否定他們仿習西方的誠意，只是說，這些國家在沒有事先修得西方基礎條件之前，亦即，本國官民的程度還不到洛克學說的水準之前，就冒然進行西方表面的自由、民主，當然會造成：東施效顰的窘境。再說得坦白一些，大家都想成為西施，但人貴自知，應先認識自己到底是西施的底子，或東施的料子，然後再因材施政，走最適合

自己的路線，才是正途。

　　最簡單而典型的樣板就是伊拉克與阿富汗，即使在美國與西方直接以財力、物力的大力支援下，整整度過了十七個年頭，除了有個「選舉」外，迄今仍是貪腐與炸彈齊飛，官員共土豪一色，絲毫不見西方的法治文明。那些原本落後的亞非國家，包括：非洲的津巴威與南亞的菲律賓，自稱民主之國，也都在私利薰心的民選總統主政下，民不聊生，甚至超過東施效顰，已到沐猴而冠的地步。相對於二戰後的西德與日本，人民原已具有良好的教化與文明，只花十餘年光陰，就分別成為僅次於美國的民主富強之國。

　　前面大費周章做出解說，首先就是為了避免誤會本書在反對「自由、民主」。事實上，本文是從欽佩西方正版的法治民主為出發點，卻不贊同那些只有民主表象，只重私利與權鬥，缺乏民主實質的假民主。這些速成的「民主國家」，包括擁有三權分立、司法獨立、議會民選、抗爭有理的印度；還包括一夕之間，從專制政權突然轉變為「民主選舉」的俄羅斯。俄羅斯資源雄厚，或恐勝於美國，卻在轉眼之間，迅速淪入今日境地，令人感嘆！

　　這些東方及亞非國家所行的「民主制度」，實在是對西方的「自由、民主」還沒有相當了解的情況下，匆忙上路所造成的悲劇。這些國家推動民主的人，他們大多對自由民主的景仰，並非建立在一個「認識西方文化、了解西方法治」的基礎上，而是建立在一個「未能知彼、亦不知己」的沙土之上。

這些國家在二次大戰前，都是處於帝王專制或西方殖民地的高壓統治之下。他們絕大多數人在獨立前，只見到西方現有的自由民主，卻沒有親身嘗試法律、自由、民主的實際歷練。他們多只是從書本上得來的民主知識，還有極多人只從報章雜誌上得來的片斷消息。這些國家的人民本來就毫無自由民主的習性與觀念，若任由這些領導人物去建造「民主國家」，猶如只從書本學習游泳，下水自然沉沒。若用西方古訓來解說的話，正是：瞎子給瞎子帶路，自是雙雙落入水溝（If the blind leads the blind, both shall fall into the ditch.）。

究其原因，實乃這些國家的百姓，早已習於聽命自己的統治者；一旦忽然變成民主體制，從僕役突然變成主人，一切自己當家做主，這時還真不知如何去當主人。在此背景下，這些國家的民選總統、高官，不是貪贓枉法，就是獨裁專橫。西方民主法治的思想及行事方式，對這些國家的政治人物及百姓，根本無法發生效用。這種自稱民主，其實只有選舉與抗爭的國家，在非洲、中亞、東南亞、拉丁美洲，已屢見不鮮。

當然，走筆至此，相信仍有很多人不願苟同本篇「違反世界潮流、偏離普世價值」的言論。不過這倒沒什麼關係，容我們在後面細查一下西方獨有的自由、民主特質，做個比較之後，再下斷語不遲。

2. 從馬丁路德的原版自由，看新興民主國人說：我有自由！

** 西方人初識自由：馬丁路德及其書《The Freedom of the Christian Man》

馬丁路德在 1517 年公開反對教宗利奧十世假借宗教之名，販賣赦罪券，卻行斂財之實。他是奧古斯丁修會的修士，本來就應該效忠教宗並服膺教會的指示。當他掀起宗教革命，反對教宗時，羅馬教會自然有很多人批評他：衣教會袍服、食教宗厚祿，既不能懷人之憂、又不能死人之事，還反叛教宗、背棄教會，不忠不義，不是個好基督徒。脾氣火爆的馬丁路德聽到之後，氣憤無比，立刻反擊，馬上寫了一本暢銷書《The Freedom of the Christian Man》（基督徒的自由），據理強力反駁。在書中，他爭辯的主旨如下：

「一個好基督徒只忠於基督及其信仰，不受制於其他任何人及其意見。只要忠於基督教義、不違背其信仰的基督徒，都有充分表達意見的自由；即使教宗、教會也不能違背基督教義，若有違背，任何基督徒都有表達反對意見的自由。」

相信這是最早、並最接近現代人所說的「自由」。這個說法已是相當完整的自由觀（**#註**）。讓我們再分析一下這位「自由」的先進，對「自由」的看法：

馬丁路德認為，任何基督徒，只要符合下列條件：

「忠於基督教義，不違背基督信仰」

就有充分的「自由」表達意見，而且不受制於任何人。

反過來說，任何人的言行，就基督教世界而言，都沒有「偏離基督教

義，違背基督信仰」的「自由」。即使教宗、教會違背基督教義及信仰，任何基督徒都有依據教義，表達反對的「自由」。

　　這是西方人五百年前發展出來的「自由」觀念，然後不斷演進發展，直至今日。中國直到二十世紀初，推翻滿清帝制後，才興起「自由」的名詞與觀念。很不幸，東方及亞非地區的人士，常對「自由」這個舶來品有不同的看法及解釋，甚至有負面的見解。且讓我們繼續觀察一下不同調的自由觀念，以了解這些不同的緣由。

　　＃註：公元 470 年，西方羅馬帝國覆亡後，基督教的聖人奧古斯丁就曾談論 Free Will；新教改革家喀爾文也論及 Free Will，但那是基督教的神學觀念，極具爭議性，甚至人頭落地，與今日說的自由、自由意識大異其趣。中國文化下的我輩，一來沒有必要去細研其 Free Will 之意（請他們爭辯出結論後，再來告訴我們），二來毫無必要花費自己的寶貴光陰涉入別人的口舌之爭。

＊＊ 東方及亞非新興「民主國家」説的「自由」：我有自由！

　　在東方及亞非許多新興民主政權，曾有人民代表勇於公開羞辱政府官員而自得，甚至踢破官員辦公室大門而安在，學生可公開羞辱大學校長而無愧；更別提學生竟能集體強佔政府機關而無畏。這些人的依據就是：我有自由！如用新潮時代腔來表達就是：俺愛做愛做的事；跟著感覺走；做得爽就好；只要我喜歡、有何不可？

難怪很多人見到這種這種連西方人都享受不到的「自由」時，常會嘆口氣說：看吧！西方的自由與民主，只會產生社會混亂，是西方刻意輸出的另類鴉片，真不足取！

果真是「自由」會造成「社會混亂」？那為何西方，尤其是北歐那些後進的民主國家，也有充分的自由、也有示威抗議，卻造成社會穩定、和平與繁榮，沒有混亂景象？是何道理？且讓我們從西方的歷史根源尋找解答。

** 西方人說的「自由」：我們都有同樣的自由．

今日大家說的自由，主要源自法國大革命的時代。當時有很多自由的口號，諸如：自由、平等、博愛；不自由毋寧死；人生而自由、平等；自由、自由，多少人假汝之名……，中國學生早就耳熟能詳。對「自由」最有影響力的解釋及說明，無疑是法國大革命時，反抗封建政權（ancien regime）的人民代表大會（National Assembly），在 1789 年 8 月 26 日所發佈的人權宣言（Declaration of the Rights of Manand Citizen）。這份宣言深受法國大思想家盧梭（Jean-Jacques Rousseau），及英國大思想家洛克（John Locke）的影響，同時也影響到全世界。這份宣言影響世人最大至深的就是宣言的第一條：「自由」，也是世界各國的人，無分男女老少，都能朗朗上口的：

第一條：人具有生而「**自由、平等**」的權利；

這句名言不但廣為人知，還經常被人引用，尤其是那些新興國家的

政客及民主鬥士，更是當成口號不離口。這些鬥士的理論基礎自然就是源自人權宣言第一條，生而有之的自由，只要我喜歡，做得爽就好！最典型的辯解就是：這些行動都是根據人權宣言所提倡的自由，具有「普世價值」（這句新潮流行腔不知仿自何方？料是十三世紀神學家愛用的名詞：omnis virtus）。

這些人顯然只是道聽塗說，從未親自細心研讀過人權宣言。他們就像瞎子摸到象鼻，立即告訴其他瞎子，象就像是一條大蛇！今且不輕信道聽塗說，繼續研讀人權宣言後面的條文：

第四條：自由是人人可做自己喜歡的事，但不能傷害別人。……自由之限度應由法律規定之。

第六條：法律是全民同意的行為規範，也是民意的展現。

由此看來，依據文明啟蒙先進者洛克、盧梭，及法國革命者的觀念，每人都有做我喜歡之事的自由，但以不傷害別人為界限。這個界限不是自己任性決定，應由法律來規定；而法律則由人民共同擬定，然後再由法律保障自由。從另一角度而言，若沒有法律規範自由，自由就會遭到濫用。若只有少數人有超過法律的自由，必定有人受到傷害而失去自由。例如：若獨裁統治者無視法律，（只要我喜歡）卻有抓人入牢的自由，人民就失去自由；若人民有向官員丟鞋的自由，卻免受法律制裁，官員就失去執行公務的自由。法律若不能發揮功效，自由就不能受到充分保障。亦即，自由的程度與法律的效能，互成正比，密切相連、不可分割。簡言之，就是：自由 也應有分寸；這個 「分寸」不僅在於法律（Laws），更仰賴人民的社

會教化，其重點在於：社會公德與道德良心（i.e. the Law ，容後再敘）。

即便是人權宣言第一條，除了「自由」之外，許多「自由鬥士」還疏漏了西方人所重視的「**平等**」一詞。也就是說：自由是在法律規範下，大家地位平等，都有同樣的自由。簡言之就是：我尊重您，您也尊重我；我不可去您家門前丟垃圾，您也別在我家門前丟垃圾。這也是人權宣言第一句中，加上「平等」的真義。很不幸，目前新興民主國家有很多「自由鬥士」，卻極少聽到有「平等鬥士」，難怪盡是聽到：「我有自由」。

事實上，「平等」也是法律能夠運行的基本條件，亦即，法律之前，應該人人平等。若有不平等的現象，法律不可能發揮功效。這在前面已曾詳加說明，包括英國維多利亞女王的槍擊事件，無需在此贅述。

在東方及亞非國家，大多人只看西方表面，卻不熟悉其內涵，致許多人見到人權宣言第一條的「自由」，沒有繼續詳讀後面的「平等」、「法律」，就斷章取義，以偏概全，造成似是而非的另類解釋。不幸的是由於文化的隔閡，人民大眾也隨之誤信偏見，甚至產生反進步的論調：「西方的自由，會造成社會動亂」。這句話實應修正為：「若法律不能發揮功能，就會造成社會動亂」。事實上，許多國家都是司法不彰，法律不能發揮功能，滋長「強凌弱、眾暴寡」，才讓自由受到扭曲。

正如人權宣言所傳達的訊息，自由需要法律來規範，因此，任何社會若想獲得充分的自由，唯一的終南捷徑就是發展出健全的法律體系，造成一個法治社會，讓法律足以自行。但這說起來容易，做起來並不容易。為了仿習西方，建立法律體系，許多國家都是召集國會，訂立憲法，再依

憲法建立一個三權分立的政府，看來都是司法大廈連雲起，立法條條不休止，……結果卻和西方的法治社會大異其趣，法律總是難以發揮功能。這些國家的「法律」，顯然和西方的法律有很大的差別。造成這些差別的原因是什麼？容在後面分解。

3. 西方的民主：從法治而出；東方及亞非式民主：只有選舉、不見法律

** 西方的「民主」與新興國家的「民主」，不一樣就是不一樣

從前西德御任總理施密特（Helmut Schmidt, Chancellor，1974～1982）曾在一次演講會中，評論一些自稱民主的新興國家，如：菲律賓，他說：這些新興國家自稱與我們一樣都是民主國家，但看他們所行的民主與我們的民主並不相同，至少，不是我們所說的民主。

相信大家都會同意施密特的話，至少，菲律賓的民主就不能與德國的民主相提並論。雙方差異之大，不亞於「獅子頭」與「獅子的頭」！讓我們從歷史事實中，比較一下「西方人說的民主」與那些「東方及亞非式的民主」有何不同？今就以西方民主先驅，英國的民主過程為準，做一個簡扼的觀查比較，以了解西方的民主是怎麼來的，以及怎麼回事。

** 英國從「帝王專制」轉為「人民當家做主」

現在讓我們再來觀察一下英國從最後一個專制的國王，走向「人民當

家做主」的過程，其演變略述如後：

(1) 1687 年，英國最後的一次，以專制王權所頒發的「法律」

1687 年，詹姆士二世（1685 ～ 1688 在位）未經國會，徑自頒發「宗教容忍令（Declaration of Indulgence）」，中止排斥天主教徒的法律。這是英國只憑王權獨斷，所頒下的最後一道「王法」或「法律」。

(2) 英國轉由資產及知識階層的國會制訂法律

英國在 1688 年，爆發「光榮革命」放逐詹姆士二世，並由其女婿及女兒 William and Mary 共為英王。國會還在當年十二月正式通過廢除詹姆士二世的王位。這是世界上首次「議會」高於「國王」的現象，代表民間的國會，還能夠罷廢國王。

威廉（William III，1689 ～ 1702 在位）成為英王後，任何法律皆由國會提案及通過，連國王都必須遵守。

(3) 1918 年，國會由資產階層的貴族鄉紳擴展至全民，造成今日的「民主」

1832 年，威廉四世（William IV，1830 ～ 1837 在位）在位時，國會通過第一次的國會改革法案 (Reform Act)。選區調整，許多新興工業城市增設議員席位，廢除古老無人選區。議員由地方「土豪鄉紳」、「善霸」寡佔時代結束，新世代人物開始進入國會，民意逐漸在國會展現。

1872 年，國會通過 Ballot Act（投票保密法），實行祕密投票，消除選舉經常發生的賄賂及威脅，讓選舉結果更為貼近民意。

1910 年，國會終於通過財政法案 (Finance Bill)，要求富有的地主階層

須付土地稅、所得稅，以求社會公平與均富。1911 年，革命性的國會法案 (Parliament Act) 獲得上下兩院通過，強迫沒有民意基礎的上議院必須無條件接受下議院通過的法案。這等於廢止上議院的立法權，同時也讓英國國會更能代表民意。

1918 年的民權改革法案（Reform Act），取消有財產者才有投票權的限制，亦即，只要是成年男子都有投票權。改革法案又擴及婦女，允許婦女也有投票權。至此，民權普及全民，終讓英國成為一個民主國家。

從上例英國民主進化過程看來，英國原來和中國一樣，都是由帝王隨興下令，他說的話就是法律。後來，英國民間的地主及貴族階層反抗王權，由民間資產知識階層爭取到立法權，由民間制訂法律。換句話說，「民主」不過是把「訂法」的權力從帝王手中，爭取而來，轉至民間的資產及知識階層。最後，這個「立法」的權力，又普及全民。

顯然，民主就是由人民當家做主，自己制訂法律，以法治國。從另一角度而言，西方的民主就是法治，民主與法治是不可分割的一體，若缺乏健全的法治，就不是真正的民主。

民主既與法治一體，就離不開法律。前面說過，自由也離不開法律，所以自由與民主僅能存在於健全的法律基礎之上。若用中國古書的說法，那就是：「自由、民主之於法律，猶如銳利之於刀；刀在，才有銳利，未聞無刀，而銳利存在」。換句話說，若沒有健全的法律、法律不能發揮功能，就不會有自由、民主。

這裡只是再次強調，法律才是檢驗自由、民主的唯一標準。問題的重

心應在於法律是否能行，卻不是誇誇高談：自由、民主。德國說的自由、民主，就是建立在紮實的法律基礎之上；菲律賓，或印度，說的自由、民主，實為法律不彰而造出的另類「自由、民主」。

4. 先有律法道德或倫理道德，然後才有法律之實

** 略為複習英國從人治轉為法治的過程

近二世紀，眼見西方的文明先進，東方及亞非國家都在仿效西方的政體組織，制訂法律，期能獲得相同的善果。這些國家所訂出的法律，寫的都不亞於西方國家，甚有過之。但這些國家的的特色就是司法不彰，絕多仍是徒法不足以自行。現在讓我們稍事探索一下其緣由。英國是最早、最先進的法治國家，可以做為法治過程的標竿。讓我們從英國開始探索。英國的法治簡史已曾在前面幾篇及附錄五中說明，不另贅述。為便於說明，大致可用下列簡單的過程來表示：

1. 興盛的商業社會

2. 自治

3. 律法道德的教化（培養出自律尊人、遵法守序的倫理道德）

4. 資產知識階層的國會，推翻專制王權，由國會立法治國，達成法治

5. 全民普選，一人一票，造成全民的民主法治

這是實際發生過的民主演進過程。英國從商業社會到全民民主，大致

是從十五世紀，直到二十世紀，歷時將近五百年的教化與歷練。

英國最特別之處就是早自亨利二世（1154～1189）起，就以訂出法律來治理國事。這種立法治國的方式到十七世紀時，已經相當具體而定型。當然，英國是不成文的習慣法，難從實際條文認識當時法律的內容。但在十七世紀時，英國殖民者在北美曾沿襲英國本土的 Common Law（習慣法），擬定出一些明文法律。我們可從這些條文中，大致認識一些當代英國習慣法的概要。

其中之一是 1611 年在維吉尼亞州頒訂的 Dale's Code，這部法典在前面曾經略為說明，大致上是新教徒嚴格的社會公德與生活規則，包括：不准偷取別人的東西及公物、廢水不能排入公共水源。

其次就是 1635 年，英國國教會牧師 Nathaniel Ward，基於英國的 Common Law，草擬一份明文法律，稱為：Massachusetts Body of Liberties，提供給麻薩諸塞州的政教合一殖民政體運用。這部「法津」實際上並沒有實施。但從其條文內容，即可大致了解當代英國習慣法的大概。今且列舉數項條文，簡譯如下：

- 本轄區任何人的生命、名譽、財物、房地產，除非經過全民大會（General Court）或法律的准許，不得任意剝奪；若法律不周，則以聖經裡的上帝之意為憑。
- 本轄區內的人民，皆享有同等的法律保障。
- 每個人都有權利到市民大會、行政單位，請願、提出意見及申訴不滿。
- 除非法院准許或現行犯，官府或權威當局不得任意拘捕、監禁人民。

- 除非法律規定，原告與被告可共同決定採用陪審團（jury）或是法官（bench）判決。

- 在暴力、恐嚇、強迫下所訂的合約、承諾、擔保，皆屬無效，不予承認。

- 任何人犯下一宗罪，不可判兩次罪，亦即一罪不可兩罰。

- 鞭刑不可超過 40 鞭，但只得對惡性暴力犯施行；紳士及正人君子不得使用鞭刑。

- 神職人員在非神性信仰的俗世事務方面，應受民間政府法律的管轄。

不管這些殖民地人有沒有實施這些法律，從這幾則法律條文看來，英國十七世紀的法律已相當成熟、進步，即使在宗教氣氛濃厚的波士頓清教徒社會，都主張政教分離，教士沒有特權。這部「法律」與近代的法律及其精神，看起來已相去不遠。

不過，重點在於：即使有再好的法律條文，或法律習慣，是一回事；但有沒有實行，或實行多少，又是另外一回事。只要看一下早期北美殖民地的歷史，很容易就發現，當時，有這麼好的英國習慣法，在北美殖民地並沒有展現法律的公義。最著名的事例就是：

- 十六世紀，首批移至波士頓的清教徒社會，就有許多人不滿當地政教合一的政府組織，教士不應擔任政府官員；還有更激烈的表示，反對訂法強迫人民上教堂、稅收不應供教會使用、教會及教士不應有特別的權利。這些人說的話，看來非常符合上述英國的習慣法，卻冒犯了政教當權者，自是不會有好下場。這兩批人都被迫離開波士頓，

另建康乃狄克州（Connecticut）與羅得島州（Rhode Island）。

- 這批清教徒中，有一位安女士（Mrs. Anne Hutchinson）。她原是牧師女兒，故對喀爾文的新教教義，非常熟悉，遠比那些擔任政教官職的教士，還要清楚。所以很多信徒都願聽她的解說，甚至據以反駁官方教士的說法。這時波士頓的政教當局指控她犯了十誡。在當時，這是很重的大罪。安女士被送至法庭。她據理力辯，審訊她的主審法官，波士頓政教領袖 John Winthrop，都無法辯贏她，甚至數度語塞。最後，Winthrop 宣判，安女士犯了十誡中的第五誡，沒有「尊敬父母」（Honor your Father and Mother），陪審者竟然一致同意這個判決，安女士遭流放出境，最後她死於原住民之手。這就是自視清高、上帝選民的清教徒及其著名的依法審判實例。

- 不只於此，當英國的教友派（Quakers）基督徒，移民至麻薩諸塞州時，那些自視上帝選民的清教徒還惡意迫害教友派的教徒。許多教友派信徒，未經審判就受監禁、毆打、罰款，甚至虐待至死、賣兒女以求生存。這些自視耶穌忠徒的清教徒不但沒有「愛鄰居」，還去迫害同是基督徒的自家兄弟。

- 更糟的還是十七世紀末期，這些清教徒誣指貧苦無辜的老婦為女巫，經過開庭審判後，居然能舉證歷歷，處以極刑。正是以合法程序，進行非法暴行。此時，無論再好的法律習慣，或寫得再好的法律條文，都是毫無維護正義的功效，甚至變成為虎作倀的工具。

上述事件，都是在沒有成文法律條文的美國。即使在當時西方的歐陸，也是一樣黑暗。讓我們再花些時間看看歐洲法律大國，德國，也在同期以法律之名，合法獵捕女巫的悲慘事實。

** 神聖羅馬帝國在今日德語地區頒行的：重刑犯處分法典（Constitutio Criminalis Carolina）

1530 年，神聖羅馬國皇帝查理五世在 Augsburg 召開諸侯大會（Diet of Augsburg）。新教諸侯，呈給皇帝一份新教徒的基督教信仰，共計 28 條信仰規定，通稱為 Augsburg Confession。從此展開羅馬教會與新教徒之間，轟轟烈烈的文爭武鬥。其實，這個諸侯大會原是例行的國家議事討論會而已，只是這個新教信仰，影響西方至深，打響了這次大會的名氣，卻把國家議事會（Diet）的政事給遮住了。

這次議會在政務方面，也有很重大的事蹟，就是提出一份審判重刑罪的法律，全名（拉丁文）為：Constitutio Criminalis Carolina（Carolina 就是「查理」拉丁名之變體；唯此法在兩年後的 Diet 中，才正式通過）。這部刑律雖是號稱對付惡性重刑犯，但後來實際上卻是用來捕捉女巫，並以酷刑處死之用。

今日世人都知道，根本就沒有女巫施展巫術這回事。這部法律的程序部分也明訂，必須有充分的證據及證人，才能逮捕（可參閱其 19，20，21 條）；在審判時，不但有法官，還有陪審法官（Judge-Richter；Jurors-Schoffen，見其 82，84 條）；尤其是法官都要宣誓，誓詞中就明言要忠實

無欺，憑福音書及上帝之名來判案（見第 3 條，法官宣誓）。即使在訂得如此「公正」的法律下，不知多少可憐的貧婦被指證歷歷，誣為女巫；在依法審判時，這麼多基督教信仰的法官及陪審法官卻異口同聲認定這些證據屬實，而「依法」加以迫害、處之以死。

　　這是西方最殘酷，最偏離基督教義的一段黑暗史實，還是用國家大法，迫害孤苦無依的貧窮老婦。還真不知道這些執法者以後有何面目面對耶穌的最後審判？顯然，當代無論新教或羅馬教會，其實都只是為自己的權益而互爭，並未真正想要實現耶穌基督愛人如己、救助貧弱的胸懷。這故事充分顯示，無分中外，古時的法律，若不是徒法不足以自行，就是變成網人入罪的工具而已（註：這部法律寫得確實很好，後來還被奉為德國法律的先驅）。

** 社會先有追求公義之心，法律才受重視與改進

　　前面不惜花費筆墨，引述史實介紹十七世紀前的法律，不管是英美的 Common Law，或是德國的重罪法，其目的就是用來說明古時的法律，無論寫得再好、再堂皇，都沒有發揮維護社會的公平與正義，更甚者，往往還變成合法的作惡工具。其實，不只上述的法律，從古時的羅馬十二表法、羅馬法，直到中國的大明律、大清律例，都有同樣現象，大家都是半斤八兩、無分軒輊。今若有人宣揚前述任何法律有多好，最多也只是說「寫得好」而已，都難以提出充分的實例，證明這些法律曾經有效維護社會的公平與正義。至少，從上面「依法作惡」的實例看來，這些法律都是徒法

不足以自行的字紙而已。

西方的法律，只有在十七世紀以後，在這些受過律法道德薰陶的西方社會，又深受理性啟蒙的影響下，日漸重視人的價值與權利。這時起，無論是官方、學者或社會賢達，為了維護社會公義，不斷改革司法，力圖保障人民的權益，法律才逐步走上正規。因此，必須是社會全體官民具有追求法律公義的共識，再不斷改革求進，法律才會顯出功效。無論如何，絕非統治者，或政府官方，編出一份法律、公布實施後，就可安邦定國。

** 西方能有法治，在於官民具有「自律守法、自重尊人」的道德信念

今日西方法律能夠暢行，發揮功效，造成健全的法治，並非僅在於三權分立、司法獨立、完善的法律條文，甚或滿朝盎格魯撒克遜名校出身的大學者（如：印度、埃及），而是在於西方官民的倫理道德水準，或可稱為道德良心、社會公德，經過數百年來律法道德、理性啟蒙的薰陶，早已到達相當文明的水準。人民大多早已習於律己守法、知所進退，法律已經融入社會大眾的日常生活之中。

這裡說的倫理道德，不是如何當上聖賢的崇高道德，而是一個社會，大家若能和平共處，一般官民應有的道德行為，也是大家共同的生活規矩。這些行為與規矩就是：「人人自動律己、遵守法紀；人人尊重自己、也平等尊重別人，誠意奉行大家共同制訂的法律」。也就是：自律守法、自重尊人，或簡稱之為：自律尊人。這些行為與規矩，若再講得明確一些，就是西方的律法道德（The Law），或中國古聖先賢，甚至朱子治家格言

之中，諄諄告誡世人的倫理道德，包括：誠信待人、講信修睦、謙沖自牧、不貪取別人的財物、不欺壓弱小、不驕傲不自大、尊重別人、注重文明禮貌、己所不欲勿施於人。

社會上，具有這種「自律守法、自重尊人」的道德信念與習性，才是今日西方法律能夠順利暢行的原動力，也是文明社會的特質。具有這種特質，才足以造成洛克學說中的社會。一個社會如果缺少這種原動力，任何法律，無論寫得再好，都不可能在社會生根，自是難以存在。至少，西方今日的法律（The Law）就是源自律法道德（The Law）──除了神性外，都是倫理道德。

西方以外地區，包括東方的希臘、俄羅斯，這些國家的官民，自古以來一直生活在高壓專制之下，一向以上意為尊，從來沒有遵奉法律的傳統與觀念，從無「自動律己、奉行大家共同制訂的法律；尊重自己、也平等尊重別人」的觀念與意願。這些國家的人民既未經過律法道德的教化，甚至習於違法抗令，以為能事。在此背景下，卻指望人民會遵守國家的法律與社會的紀律；甚至期望訂出周全的法律之後，人民就會拳拳服膺，達成法治。那只是不切實際的幻想。如果是的話，十二表法早就把羅馬造成太平世界，也不會有專制的羅馬帝國了；明太祖的大明律也早把中國變成王道樂土，更不會亡給滿清了。

德國與菲律賓都信奉相同的宗教。德國人早已從律法道德中，培養出「自律守法、自重尊人」的特質，他們的法律自會發生功效；菲律賓在西班牙的政教壓制下，只接受神性思想及儀式，卻未受到律法道德的歷練，

即使完全採用德國的法律及司法系統，亦不過是東施效顰，仍屬「第三世界國家」。從這兩國的實例即可看出：先有倫理道德（或律法道德），然後才有法律之實。法律各國都有，倫理道德卻不常有。

印度就是三權分立的民主國家，他們也是司法獨立，至少遠比其他的亞非國家更為健全，卻是貪腐叢生。印度的法律效能若與西方相比，其差異猶如天壤之別，沒人會把印度視同先進的西方。另外，埃及也是經過選舉程序選出總統，也有三權分立，還有一部憲法。但埃及的政變太多，新總統上台，就改寫憲法一次，視憲法為玩物，全靠強人治國、不見法治。

印度與埃及皆屬文明古國，又曾處於英國統治之下，牛津、劍橋出身的法學專家多如過江之鯽，又有三權分立，人民還能大規模抗爭，理應駕輕就熟，達成法治。但事與願違，法律在其國內就是難以發揮功效，為人詬病。連與英國關係如此密切的印度、埃及，都難以達成法治，遑論其他的亞非國家了。

西方的法律（The Law）是從律法道德（The Law）一點一滴累積改進，才能修得的成果。其他國家絕不可能只是仿照西方國家法治的表面現象，頒發一些呦口難懂的法律條文、建立司法組織，即可完成法治大業。若想成功，至少要像西方一樣，付出學習、奮鬥、不斷改進的代價才有希望，絕非垂手可得之事。

前面說過，自由、民主的根本在於法律是否能行。若法律不走西方的成功之路，以律法道德，或「倫理道德」為本，做為起步，卻只在絞盡腦汁，希求寫出一部完備的法律，或造出一個理想的司法結構，或……，實為捨本逐末、緣木而求魚，沒有成功的可能，至少沒有成功的先例。

仿習西方實質的蘇格蘭、日本、新加坡

1. 蘇格蘭－蠻邦中的蠻邦－快速文明，貢獻世界，還是中國的帝王師

** 蘇格蘭從蠻邦快速文明開化小史

讓我們先認清一個常受混淆的事實，蘇格蘭與英格蘭，兩者自始就是各自獨立、不相棣屬的兩個國家與民族，也是長年互相征戰的敵國宿仇。蘇格蘭人一直都是本土的原始居民；而英格蘭的主流人種則是外來入侵者，包括羅馬人、盎格魯撒克遜人、丹麥人、來自法國的諾曼人，所建立的王國。

相對於羅馬帝國，蘇格蘭人與前述的蠻邦西方：盎格魯撒克遜、日耳曼、法蘭克，都一樣是蠻邦人。英格蘭以其歷史背景及地利，與歐陸（法、德與義大利）的文明古文化，密切交流、同步發展，走向文明開化之境。但蘇格蘭，由於地理位置，又長期與英格蘭對立互戰的關係，在文化方面，較為孤立而封閉，難與英格蘭同步進化，可以說是蠻邦人裡，更晚開化的蠻邦人。從電影中就可知道古時抵抗英格蘭的蘇格蘭人，尚且都是鯨身紋

面的蠻族。

1566 年，俟英國的伊莉莎白女王過世，蘇格蘭王詹姆士六世（King James VI）入主英格蘭成為英王詹姆士一世（King James I，1603 ～ 1625）。這時兩國才開始走向合作之途，但仍是兩個不同的國家，分別有兩個議會，只是同一位國王，分別有兩個王號，即：詹姆士六世與詹姆士一世。1707 年，英格蘭的安女王（Queen Anne）為對付法王路易十四，團結對外，避免分裂，才將英格蘭與蘇格蘭的兩個國會合併為一個國會，成為 Great Britain（大不列顛國）。從這時起，兩「國」才在雙方自願之下，成為統一的國家。英格蘭在十六、十七世紀時，已建出優勢的政治及文化實力。今在同一國體下，蘇格蘭迅速大量吸收英格蘭現有的文化，完全融入英格蘭的文化體系。

即使到這時候，蘇格蘭的社會仍是落後的地方氏族（clan）勢力。這些氏族就是地方山頭諸侯，擁有政治權勢，猶如中國民初時期的軍閥割據。這種地方割據勢力，都是只知權勢、金錢與地盤的利益集團，對外互相爭戰，對內欺壓百姓，也是國家團結、文化進步的絆腳石。這些氏族自不例外。

1745 年，光榮革命被趕走的詹姆士二世之孫子 Charles Stuart（即 Young Pretender）潛回蘇格蘭，志在奪回王位。當時英王是喬治二世（George II，1727 ～ 1760），他是來自德國漢諾威的貴族，連講英文都帶有德語口音。這些氏族頭目幾乎悉數押寶於英國王室正統的詹姆士之孫，Stuart。這些氏族頭目在 Stuart 的指揮下，大舉南下，聲勢浩大。

1746 年 4 月 16 日，訓練有素、軍容壯盛的紅服英軍（即後來北美殖民地人譏評的 Red Coat）在昆伯崙公爵（Duke Cumberland，喬治二世之弟）的率領下，在 Culloden 一舉殲滅 Charles Stuart 及其烏合之眾的氏族部隊，然後迅速光復蘇格蘭。昆伯崙公爵深知這些氏族勢力就是英國一切動亂的禍源，決心斬草除根。他趁戰勝之餘威，四處搜捕氏族首領及其黨羽，毫不留情的大肆屠殺，悉數抄斬，不留活口。最後一個氏族首領 Simon Fraser，終在次年緝捕歸案，解送至倫敦，公開斬首於鬧市，以儆效尤。

　　若就純粹「民族主義」而言，這次戰事及屠殺，理應是深仇大恨，長埋於蘇格蘭「國族」的心中。但事實不然，因為這些遭捕受屠者，都是那些地方山頭勢力的氏族首腦及部眾，並非一般人民，更沒牽連任何知識階層。從另一個角度而言，蘇格蘭的山頭勢力及動亂之源消失，人民的言行，不受這些地方土豪霸主的影響。若用中文表達就是肅清割據的軍閥，各地人民、學者再也不受各地軍閥惡勢力的干擾。此後，蘇格蘭人就與英格蘭人一樣，直接受到「大不列顛國」的法律體系之保障，擁有充分的法定自由，包括：言論、人身自由、不受別人侵犯，當然也不能任意侵犯別人。這體制就成為蘇格蘭知識及學術的溫床。即使近年來蘇格蘭有人高唱獨立，也從來沒有任何人把屠殺蘇格蘭各地山頭首領的「悲壯事蹟」拿來藉機抄作。他們只提出獨立的優點為訴求，以爭取人心。雖然失敗，也坦然接受事實。這亦足以充分顯示蘇格蘭人文明理智的程度。

** 蘇格蘭的文明啟蒙（Scottish Enlightenment）

蘇格蘭即使在十七世紀初，詹姆士六世（James VI，即英格蘭的 James I）時代，蘇格蘭仍屬相當落後無知的地區，充滿迷信、無知、粗魯、暴戾。就以他本人身世為例，他的父王痛遭謀殺而死，兇手難明。但大家心知肚明，估測就是他的母后瑪莉女王（Mary Queen of Scots）下的毒手。後來，王后也因大臣反叛作亂而亡命英格蘭。詹姆士年幼登基，光是他的攝政王，就相繼死於暴力謀殺。由此可見當時的蘇格蘭，仍是十足的野蠻之地。

　　當詹姆士一世還只是蘇格蘭王時，就曾親自帶頭展開降伏女巫的行動，毫不留情的迫害無辜老婦，不知多少無辜婦女慘遭殺害。他又自視甚高，附庸文雅，堅信君權神授（Devine's Right），奉天承運為國王。但他只愛自己，從未顧及臣民的生活。他對待百姓非常粗野，包括任意將年青學生以褻瀆上帝之罪而處死。

　　當他到倫敦為英王時，他從蘇格蘭帶來的隨身貴族，在英格蘭人看來，簡直是一群「coarse and beggarly Scotsmen」（粗卑如乞丐的蘇格佬）。由此看來，若稱當代蘇格蘭尚是落後、迷信、粗魯、暴戾的社會，並不為過。

　　十七、十八世紀時，英國、法國的理性啟蒙運動（Enlightenment）正在風起雲湧。蘇格蘭與英格蘭合併後，乘地利、文化、政體之便，讓英格蘭的洛克（John Locke）、法國的笛卡兒（Rene Descartes）、盧梭（Jean-Jacques Rousseau）等，理性先進的思想，蜂擁傳入蘇格蘭，深深吸引蘇格蘭的知識階層，造成熱潮。蘇格蘭的愛丁堡（Edinburgh）及格拉斯哥

（Glasgow）兩地，已成學術及藝術的重鎮。眾多蘇格蘭學者及學子，熱衷於討論各家啟蒙思想，形成一股追求新知的熱絡風潮。由於旺盛的學術熱潮，愛丁堡還被稱為「現代雅典」。

蘇格蘭從迷信、粗陋、暴戾，轉向文明啟蒙，雖是全面性的蓬勃發展，但具有承先啟後的關鍵人物，公認是蘇格蘭的啟蒙學者及思想家 Francis Hutcheson（1694～1746）。他在格拉斯哥大學（Univ. of Glasgow）求學，研習神學、哲學、古希臘-羅馬文化。畢業後，他通過檢驗成為合格的牧師。他雖屬神學牧師，卻和當代西方神學知識份子一樣，著重於理性及道德的層次，不侈談宗教迷信。就這一點，也是東方正教會、回教，以及其他重視祈禱唸經、祭拜儀式為主業的宗教，所難及之處。顯然，蘇格蘭的宗教神學已偏離神跡迷信，走上人文、理性之路，並啟發更多以理論事的知識份子。

自 1729 年起，Hutcheson 在格拉斯哥大學任教，專門負責講授倫理道德（Moral Philosophy）。倫理道德是當代新教學者的顯學，也是源自基督教義中的律法道德，再加以演繹而出。他的著作也很多，都是以「講道德、說仁義」為主。他認為，社會應重視「倫理道德」，以讓大多數的人獲得最大的幸福，這才是人類最重要的事。他受人敬稱為 Father of Scottish Enlightenment。國富論的作者，亞當斯密（Adam Smith，1723～1790），就是他的學生，而且也是「倫理道德」的倡導者及教授。

在這些理性思想及倫理道德的快速傳播下，自然讓迷信、無知、粗魯、暴戾現象，迅速消失。蘇格蘭在這日趨文明的環境下，哲學家、科學

家、藝術家，相繼出現，也和英格蘭一樣，加入開創文明的先進行列，對世界文明做出貢獻。

** 開創世界文明的蘇格蘭人

讓我們列出幾位推動世界文明的蘇格蘭推手。他們都是十八世紀，蘇格蘭啟蒙時期以來，歷經文明開化的薰陶後，所產生的「偉人」：

- 哲學家及思想家：David Hume（休姆；1711 ～ 1776）
- 經濟及道德教育家：Adam Smith（亞當斯密；1723 ～ 1790）
- 發明蒸氣機的瓦特（James Watt；1736 ～ 1819），連小學生都知道他
- 發現「盤尼西林」的 Sir Alexander Fleming（弗萊明；1881 ～ 1955，不知多少人，包括中國人被他救活）
- 探險家及人道主義家，David Livingstone（李文斯頓；1813 ～ 1873）

在其他專業方面，包括：科學、工程、文史、藝術，展現才華，做出貢獻，以及榮獲諾貝爾獎的蘇格蘭名人，不計其數，無需在此細表。著名者例如：地質科學先驅 James Hutton（1726 ～ 1797）；大畫家 Allan Ramsay（1713 ～ 1784）；文學家 Walter Scott（1771 ～ 1832）；建築家更是出名，著名者如：Robert Adam（1728 ～ 1792），還有受聘於俄羅斯，為凱瑟琳女皇建造宮殿的蘇格蘭建築師 Charles Cameron（1745 ～ 1812）；另有舉世熱衷的 高爾夫。

還有一位蘇格蘭人，雖沒有上述名人的成就與供獻，卻為中國人所熟知。這位蘇格蘭人就是清朝末代皇帝溥儀的洋老師，莊士敦（Reginald F.

Johnston，1874 ～ 1938）。當時從文明先進的「日不落帝國」請來的莊士敦，擔任中國的帝王師，似乎聘之有理。唯此故事亦顯示，一個五千年文化的中國，尚需禮聘一位三百年文化的蘇格蘭人為帝王師，這聽來雖有些錯愕，卻充分說明：文化不分先後，只要力爭上游，人人都可出頭。

** 蘇格蘭與英國同步發展，成為文明先進

蘇格蘭也是在十六世紀，發生宗教改革，脫離羅馬教會，成立同屬喀爾文新教思想的長老教會（Presbyterian Church）。後來經過理性啟蒙時代的薰陶，知識階層排斥宗教迷信，專注於教義中的倫理道德、追尋理性新知。前述 Francis Hutcheson、休姆、亞當斯密就是典型。蘇格蘭與英國合併後，文化融合、同步發展。蘇格蘭的知識、學術、思想，就在一個充分開放、理性的溫床上，蓬勃發展。

蘇格蘭，這個後起的蠻邦，到十八、十九世紀，所產生影響世界的「偉人」，竟然遠比西方以外任何國家都要多。玄妙的是，今日不會有任何蘇格蘭人憑此事實而說：蘇格蘭人比中國人、日本人、韓國人……更有聰明才智。其中道理也很簡單，因為這並不表示蘇格蘭人比其他國家人更有才智；而是當代的蘇格蘭，與英國一樣，擁有一個充分開放、理性的知識溫床，人才得以發揮成長，所以才會勝過其他地區的人。

2. 日本與新加坡的成就簡述

** 日本

日本自明治維新後，才變成一個依法治國的國家。明治維新的歷史早已汗牛充棟，實在不必在此多費筆墨。這裡只提出幾個重點，略述如後：

- 首先要認清一個事實，明治維新之前，日本的實際當權統治者，並非虛位無權的天皇，而是德川幕府大將軍。1852 年，美國海軍提督培里率艦進入江戶，要求日本開放門戶。1854 年，日本被迫與美國簽訂不平等的神奈川條約，給予美國最惠國待遇。掌權的德川幕府，備受批責。許多志在改革的人士，諸如：大久保利通、西鄉隆盛，反對幕府的顢頇，要求改革，並形成倒幕風潮。

- 1867 年，幕府大將軍德川慶喜，為情勢所迫，將「大政奉還」給天皇。1868 年，天皇發佈「王政復古令」，令德川幕府「辭官納地」，廢除幕府。德川幕府反抗，天皇在改革派的支持下，一舉擊敗德川，統一全國。

因此，明治維新在實質上，同等於改革派志士，聯合虛位、從未享受「權力滋味」的天皇，以武力的革命方式，推翻日本的實質統治者，幕府大將軍，也瓦解其官僚統治體系。這時，既得利益的官僚派完全失勢、也失其位，於是改革派可藉天皇之威，大刀闊斧、毫無阻礙的推展其改革計畫，造成實質上汰舊換新的「革命」。

當代日本臣民久已習於服從上級官府，民風純樸猶如一張白紙，塗上什麼就是什麼，易於教化及塑造。在此背景下，日本積極仿習西方文化的實質及根本，從立國基礎的教育、法律、思想等方面，改造日

本社會，並打造出一個西方式的法治社會。在這一番新氣象的日本，才智之士，也像西方一樣，能在一個相當公正、開放的溫床上，易於脫穎而出。還讓日本從被壓迫者，一躍而為帝國主義者。

從明治維新的歷程看來，與中國的辛亥革命，在實質上，大不相同。辛亥革命，是滿清皇室，在隆裕太后主導下，宣布退位。因此，除少了一位「愛新覺羅」的皇帝坐鎮紫禁城發號施令外，無論是思想、官員，其實仍是承續前朝，甚至還是原班人馬，使用原來的頭腦 — 只是剪去了辮子而已。有關這一點，容在後面論及中國時，再加以討論。

• 日本的革新派認清自己的文化遠不如西方，願意虛心習人之長，在軍事、經濟、社會、教育、政治、法律各方面，從根本做出全面性的改革，甚至於人民的生活習慣、思想觀念也在維新志士力求改革求新的心態下，極力仿習西方。這就是當時暢行的「文明開化」運動。當代著名的革新者福澤諭吉，在 1870 年代出版《西洋事情》、《文明論概論》、《勸學篇》等書籍，鼓吹學習西方先進思想及行為，並倡言革除封建陋習，終於大致完成。這就是當時「脫亞入歐」的正面意義。

• 日本自維新改革後，仿效西方，依法律辦事、照規矩行事。最淺顯的實例就是中日甲午海戰，日本的聯合艦隊司令伊東佑亨，出自炮兵及海軍航海學校，紮下充實的學術基礎，又派至軍艦服役，從基層升至艦長，還曾負責建造軍艦。他因海上軍事歷練非常完整，才通過嚴格的遴選程序，獲任為日本聯合艦隊司令。反觀清朝的北洋艦隊提督，丁汝昌只有用刀箭與髮匪、捻匪之作戰經驗，未受任何海上訓練，卻

因和宰相李鴻章是同鄉密友關係，即可擔任北洋艦隊提督（中文的「提督」就是日文的「司令」）。只要比較一下兩人的專業背景與升遷程序，已可判斷雙開戰的勝負。從這個故事就清楚知道：依法規辦事與靠關係辦事的不同後果，也就是：法治與人治的差異。

** 新加坡

新加坡更不必在此多言了。去過新加坡的人，都非常驚異於其整潔、有序、守法、繁榮而富裕的現代社會。若觀察其政府的運作，的確是廉明、務實、高效率的政府。新加坡擁有一個安寧、和平的社會，即使不同種族、家鄉、宗親的人士，也能互相尊重、不逾分際。人民的教育程度高，生活水準也高，多知自律、守法，而且實際，不會為一些意識形態的觀念而激情。簡言之，就是人民：快樂、幸福及自由，比很多西方大城市還要好。

這些稱讚的詞句中，相信絕大多數人都會同意，但只有「自由」一詞，對西方人而言，或更精確的說，西方那些自由派人士，不肯同意。因為新加坡人民不能像他們一樣可以隨意公開反抗社會，如有暴力行為，還會受到鞭刑，簡真像是蠻荒叢林社會。加上沒有多黨競逐，反對派受到壓制，對那些自由派人士看來，也沒有「民主」。在這些人心目中，新加坡既缺「自由」，又不「民主」，實不足取。當然，人人各有意見，只要新加坡大多數人感到快樂、幸福而自由，就夠了，實在無須別人費心指點迷津。

新加坡的政治、經濟成就，可以說完全是在一位政治強人李光耀總理的主導下，從一個種族雜居的髒亂小島，變成一個繁榮的現代商業社會。

在新加坡這個小島上，不必說文化差異極大的中國人、印度人、馬來人，不易整合，即使同屬中國的潮汕、客家、福州、閩南……之間的地域、宗親關係，就很複雜。李光耀就是靠其鐵腕，一切依照他訂出的規矩，也就是他那嚴格的法律，才能到達今日成就。至少，若非李光耀的鐵腕運作，而是依照現代西方的自由、民主，並依賴多黨競選的話，以新加坡當年複雜的族群、民智未開的社會，以及混雜的意識型態，毫無疑問，新加坡不可能有今日的安定與繁榮，恐早已落入全民分裂、政爭不已的社會。

讓我們稍看一下李光耀的背景與作為。他屬第三代華人，在新加坡的英文學校畢業後，先進入英國著名的倫敦政經學院，再進入劍橋大學研習法律。從他求學階段看來，他不像一般留學英國的外國學生，受完本國教育，在未了解西方之前，就直入英美最高學府，苦讀數年，一旦返國就高談闊論當前盎格魯撒克遜的自由、民主。他在畢業再回到新加坡後，就成為工會的律師，不但為工人向資方爭取利益，也深悉工會的運作。在這一段期間，讓他了解當代勞工階層的苦楚，也見到人類惡質本性的滋長。他對社會人心善惡交錯的實際現象，亦有深切的認識。從他求學及成長的資歷，可以看出他雖是中國血統，但在思想、文化方面，卻具有濃厚的英式習性，注重現實與理性。

他非常了解英國自由民主的歷史及背景，也很清楚當時新加坡種族複雜、民智落後的現實，故他採用獨裁專制的手腕，嚴格主導一切政事，壓制反對派，同時，全力發展經濟。他會堅定採用這種方式，實因他充分認識西方文化，卻不冒然接受西方的一切。在這方面，他顯然不同於一般東

方及亞非政權的領導人，這些領導人多在還不充分了解西方的自由民主之前，也不細查一下本國人民的文化水準，就把西方那一套，照抄移入國內，其後果不問可知。

他廉潔公正，以建立一個繁榮新加坡為己任。這一點完全不同於其他東方及亞非獨裁領袖，以爭權奪勢、謀財營私為重。他的成功方法，在本質上，非常符合西方的成功之路。讓我們列出下列兩個主要特色如下：

- 強迫人民遵行維持社會秩序的法規。這套法規大致上就是適用於新加坡的英式法律與習慣。這些法律的基礎就是：倫理道德，或稱社會公德，包括：不偷不搶、自律尊人、誠信廉潔、和平共處。對於違法犯禁者，毫不留情的立即施予處罰者，尤其是暴力犯，還用體罰的方式處置。唯有在這種良性的社會規則下，社會獲得安全與安寧的保障，工商業才得以在此優良的環境下，健全發展。

- 公正而平等的對待人民。俗語說：「不平則鳴」，很多動亂之源就藏身於這句話中。所以他非常注意公共政策的公正與平等。他又反對把當地華人方言列入學校課程，堅持以英語為政府的通用語言。但又很務實的鼓勵人民學習中文，並以簡體字為學習對象。

很多西方人稱讚他是二十世紀最成功的獨裁者。他的成功，其實可做為那些東方及亞非新興政權的表率。不過這只是看似容易，其實很難辦到，因為那些領袖在知識、歷練、見識方面，都遠不如李光耀先生，即是治國有成所必需的清廉自持、公正無私，在那些東方及亞非新興領袖之

中，幾乎都無法辦到。這也是許多國家動亂不止，難以進行改革，無法走上正軌的根本原因。

李光耀的成功，若僅以政治文化的理論而言，可以說是沒有盲目追隨西方政治學者及專家所倡言的洛克（John Locke）之學說，卻是基於哈布斯（Thomas Hobbes）的模式來治理他的國家。其實，採用哪一種方式管理國家，並不重要，最重要的還是如何才能讓人民過著充分安定、進步、繁榮的幸福生活。

他有這種見識與膽識，不依附流行，堅定採用這種「違反世界潮流、偏離普世價值」的哈布斯模式治理國家，還能打造出一個國泰民安的社會，在今日世界裡，的確是一個異數。若究其原因，應在於他個人對英國的法律、政治、文化都有深刻的認識，又非常了解自己的人民與社會，在這知己知彼的背景下，讓他做出一個對而正確的選擇，並打造出新加坡的進步、繁榮，以及新加坡人的「自由」。

九

盲從西方表面的東方古國希臘、俄羅斯與烏克蘭

1. 希臘的東方式民主

** 希臘國債擴增，國家瀕臨倒閉

　　2009 年，希臘發生債務問題，國家瀕臨倒閉，最後還是靠歐盟勉為其難的貸借兆億資金給希臘，總算讓希臘喘口氣。希臘的特色就是：文化遺跡特別多、政府公務人員特別多、退休人員更多；貪腐漏稅也特別多。在政黨刻意籠絡選民，爭取支持下，不但工人、公務員有超好的保障及福利外，退休的條件也是極其優厚。大致上，工作二十年，或五十多歲，即可退休，由國家奉養至終。不只於此，甚至父親亡故後，其未婚女兒仍可續領其父親的退休金。因此，在公家機關做事、領公俸的人，急速膨脹，是人人喜歡的工作。據新聞報導，希臘國營鐵路公司的歲入才 100 億歐元，但光是其職員的薪津即高達 300 億歐元（單位或許有誤，但比例大致沒錯），難怪連年嚴重虧損。不過別替他們擔心，反正有個政府會想法子補這個缺口。

　　希臘政府為了獲得歐盟的金援，必須緊縮開支，例如將退休年齡延長

至 62 歲。這些撙節政策對其他國家人民而言，應屬正常，但對習於安逸的希臘人而言，卻造成極大的壓力與不滿，不斷引爆示威及抗議遊行，還要求西方國家多方設法解救希臘危機，真是匪夷所思。

歐盟總算同意借給希臘千億紓困資金。但明眼人都認為，以希臘那種理財心態與方式，這筆援金只能遮蓋一時，不出幾年，同樣問題仍會浮現。因為以往所有外國的財金援助，並非用在發展經濟與生財方面，幾乎所有的資金都用於「消費」方面，包括：付出優厚薪津給龐大的公務員、退休人員，以及無所不在的貪腐及浪費之中。很多希臘的明智人士心中有數，只要政治現狀不改，希臘的經濟不會好。希臘的政治特色就是政黨與政治人物拼命討好選民，還真的在做：民之所好，好之。

希臘有數不清的公務族及養老族，甚至東正教會的教士都和公務員一樣，享有優厚的月俸及退休待遇。希臘雖被一般人視為「西方民主國家」，卻沒做到西方的政教分離。東正教會及其教士在希臘社會仍有很大的影響力。希臘基督教著名聖地 Athos，其主持人還捲入官商改變土地謀利案，事態擴大，甚至迫使總理下台。

歐盟金援的條件之一就是要政府縮緊開支，不能任意增加公務員。但這個政府就會巧立名目，使用變通方法，散發錢財。這種上下其手，集體作偽的方式，真不愧是千年文明古國才能打造出的智慧結晶。例如：希臘政府用金援設立一個全國農地攝影規劃與測量的組織，一口氣就僱用將近三百員工。問題是這些員工中，懂得攝影丈量的專家卻不多，備受社會批評。不過批評歸批評，最後照樣沒事，不了了之。軍人更是標準公務員，

服務二十年即可享受優厚的退休待遇。他們之中，很少人想到保家衛國才去參軍，只是想找個優渥的工作，最關心升級，其目的在於加薪，退休之後就可在海濱沙灘或高爾夫球場，過著舒適的日子。這樣的軍人，如再遇上一個類似「希土戰爭」，那絕不可能像上次一樣，官兵「士氣如虹、視死如歸」的開上前線，幾乎沒有任何勝算。

但這並不表示所有的希臘人都是那麼的好命。很多與福利沾不上邊，克勤克勤、努力工作，又向希臘政府繳稅的中小企業商家，及其工作人員，就遠不如那些公務員、退休人員的待遇及安逸。這些努力賺錢的業者，只能規矩賺錢才能生存，更比不過那些貪腐官員與富商巨賈的聯手豪取，又能躲過高額所得稅。很多辛勤工作才能生活的業者沉痛的說，這個國家已沒救藥。政府及政黨為爭取選民支持，都愛以社會主義為號召，拼命增加福利，養出一大堆只求安適、卻懶於工作的人，以及從中貪腐獲利的官員。

古希臘人積極進取、開拓市場，用盡智慧、創建文明的精神，完全不復見於現在的希臘。或者該用公正的說法：那些勤勉積極的人，早被享慣安逸貪腐的社會潮流給淹沒了。甚至一些有心人士沉痛的表示：西方的民主政治不適合東方人的希臘；選舉、政黨這些西方玩意兒正在毀滅希臘。

西方人都說，西方的文明及民主，都是源自希臘文化。為何這位西方公認的文化始祖，會落入這步田地？讓我們從頭做個深入的了解。

** 德國的社會主義民主學者與希臘的巴本德里歐總理

十九世紀中期以後，英國、法國，大致已有民主政治的雛形。唯有

德國的各邦，仍在國王、貴族的專制統治之下。唯一可喜之處是當時德國的學術，已擁有相當的自由。在此特別環境下，很多學者倡言「社會主義民主（Social Democracy）」，以別於專制。他們期望一個統一的德國，在民主政體下，實行溫和的社會主義，以求社會的公平與均富。他們的理論及理想非常崇高，只是沒有參政的實際經驗。遠在 1848 年的革命暴亂後，這一些志在德國統一的知識份子，聚集在法蘭克福的 St. Paul 大教堂舉行德國制憲會議 (German National Assembly)，還真的擬定出一部「憲法」，並送呈給當時普魯士國王威廉四世（Frederick William IV，1840 ～ 1861 在位）。威廉四世看了他們寫的憲法之後，禁不住搖頭，認為純是書生論政，不顧現實也不切實際而一口拒絕。

到了 1918 年，一次世界大戰後，一位積極的社會主義民主思想家 Friedrich Ebert（1871 ～ 1925），組成社會民主黨。1919 年，他們聚集學者，在 Thuringia 邦的小鎮威瑪（Weimar）又舉行一次制憲會議，再編出一部憲法。這次憲法編寫得倒是非常好，只是書生編法，有些地方難免不甚周全，也不十分適合當時的現實社會，最終還發生納粹獨裁。

在這些充滿理想及熱情、但從來沒有掌握參政機會的知識份子當中，唯一的例外就是一位到德國的希臘留學生巴本德里歐 (Georgios Papandreou，1888 ～ 1968)，只有他有機會掌握政治權力，依照「社會民主」的理想治國。

** 巴本德里歐父子總理，終在希臘實現社會主義的前半段

巴本德里歐生於 1888 年，是希臘東正教會，一位大主教之子。這表示他家庭富有又擁有權勢，故能在二十世紀初，遍地貧困的時刻，就可前往德國留學。在一次世界大戰前，社會主義民主，在德國已是顯學，巴本德里歐深受其薰陶，非常認同這種學說。在他返國後，積極從事政治活動。自 1920 年起，分別擔任內政、財政、教育等部長職。1935 年，他成立社會民主黨，並於 1944 年贏得大選，當上總理。

自他當部長起，他就把德國學來的「社會主義民主」之理想付諸實行，例如：支持工人、工會及普羅大眾。1963 年，他又以改善社會福利為號召而大勝，因此，自可積極實施社會福利政策，增加工人及公務員薪資，也讓他贏得大量民心。他主張民主，自然不贊同國王；他倡言社會主義，自然不容於保守的右派。即使頗得民心，他還是在 1965 年被國王、軍人等右派保守勢力趕下台，並於三年後過世。人民當然會追念他，還敬稱他為民主老爹。

他有個兒子 Andreas Papandreou（1919～1996），自幼在美國接受教育，取得哈佛大學的經濟博士學位，還曾在哈佛、史坦福等名校任教，是位典型常春藤名校出身的學者，充滿盎格魯撒克遜式的自信、自負，與慣有的禮貌。他更是一位社會福利制度的堅定支持者。他回國後，就隨著父親的餘蔭從政。他在 1975 年組成泛希臘社會主義行動黨。見其黨名就知道他比父親還要激進於社會主義理想。他終在 1981 年獲得選民的支持，贏得壓倒性的大勝，把他送上總理寶座。他主政後，夾其雄厚民意之餘威，全

面推行社會主義改革政策，制訂許多社會福利法案，以期將希臘蛻變成一個社會福利國家。加上政黨在競選時，對選民的過多承諾及價碼哄抬，致使工人的工資工時、公務員薪資、退休養老、健康保險都不斷增加。於是乎，政府就全面向社會主義福利國的偉大理想大步前進！前進！這就是希臘令人羨慕的福利之始。至此，西方文明的始祖，希臘，在推行社會主義均富政策的過程中，前半段的「分發財富」目標，顯然已是輕鬆而快速的到達，至為可喜可賀。

不過話又說回來，在 1980 年代，亞洲有四條小龍，都是胼手胝足、日夜匪懈的力爭上游，努力發展工商業，拓展外銷，賺取寶貴的「美金」，充為國家建設、發展之用。當時走到任何歐美大城的市場，或工廠，都可見到附有四小龍商標的產品或零配件。但玄妙的是到西方國家任何地方，就是見不到有什麼產品來自希臘，充其量也只有在超級市場見到一些希臘 Yugurt、Feta Cheese，即使是橄欖油，也多是來自義大利、西班牙，少見希臘品牌。

現在，難以理解的問題來了，這個地方不過數百里的希臘，靠什麼賺錢？既不產石油、又無金礦，如何生財？如何賺取「美金」外匯？以支付如此龐大的福利與薪資？莫非巴本德里歐父子有點石成金的法力？難解！

** 希臘實為典型的東方國家，難成北歐式民主法治的福利國家

希臘政府為應付龐大的薪資、退休、福利，自然也得像北歐福利國家一樣，大幅提高所得稅，才能應付開支，故最高稅率可達 40%。理論上，

這種經過財稅專家精算後的稅率，應可滿足社會福利所需的財源。但事實上，希臘政府的歲入，自始就遠低於政府支出，造成龐大的赤字及債務。為何後進的蠻邦，北歐就行；西方文化之源的文明古國希臘卻不行？讓我們追根究底看一下。

那兩位倡行社會主義的巴本德里歐父子總理，自幼就在德國、美國求學成長，都是生活在具有法律與秩序的先進國家。當他們有幸當權主政後，自然會期望他們的母國也能進入社會主義均富社會，最好能在有生之年，一步到位，達到大同的理想。父子兩人的誠心與善意，無人置疑。只是巴本德里歐父子在西方住慣了，誤以為祖國的希臘人與他們日常接觸的西方人具同樣的水準，更忘了希臘人在本質上仍是東方人，在習性及素質上，尚不是實行西方民主的料。

希臘雖是西方文明及民主的始祖，但經過一千多年的政教極權專制，加上近五百年回教蘇丹的高壓統治，希臘早已不是公元前四百多年前，思想自由、智慧充塞的希臘，反而是一個久處政教高壓的東方國家，只畏權威，權力永遠凌駕於法律之上，毫無西方法律、秩序的民主的觀念與經驗。希臘的民主，其實只有選舉與吵鬧不休的政黨，再有的話，那就是：示威與抗議。

即使希臘在二十世紀，在西方國家的鼎力支持下，快速變成「民主國家」後，由於司法不彰，造成貪腐橫行、官商勾結、五鬼搬運的溫床。因此，高收入者，無論公司、個人，都明目張膽逃稅，習以為常，甚至引以為樂；又在紅頂官商的合縱連橫下，國家財富大量流失，稅源自然減少。

尤其每逢選舉，政客為求選票，拼命以社會主義均富之名，不顧財政負擔，大做善士，成為散財童子。因此，在食之者眾、生之者寡的情況下，希臘不破產也困難。

別人是賺了錢之後，再吵著分錢；希臘卻是錢還沒賺，先借錢分了再說。希臘政府及政客只專心於福利與選舉，沒有加強吸引外資、改善投資環境，致大舉外債的資金，未能投入本國的經濟建設，卻大量流往優厚的薪資、福利，以及貪腐浪費。不談別的，光是支付退休福利，就足以讓希臘坐食山空、債留子孫。但在西方賜來的民主政治下，享慣福利厚祿的希臘人並沒有束緊腰帶、振衰起蔽的打算，受寵的人民仍然走上街頭，要挾政府、痛責西方國家的欺壓，期望繼續享有福利。這些人就是不肯想一想，錢從哪裡來？中國古書說：「逸居而無教，則近於禽獸」，寧不信乎？！

** 西方贈送給希臘的民主制度

讓我們再簡明回顧一下，一個歷經千年高壓專制的希臘，怎樣變成「民主」國家。

公元 1453 年，奧圖曼土耳其的蘇丹莫哈美二世（Ottoman sultan, Mehmed II，1444 ～ 1446；1451 ～ 1481，兩次在位）攻克君士坦丁堡，羅馬帝國至此覆亡（註：事實上，沒有「東」羅馬帝國，那是後世學者或課本為便於識別而作）。在土耳其蘇丹的高壓統治下，希臘日漸衰退，雅典已退化成一個偏遠的老城，連希臘語言都退化到只剩各地的方言。

希臘到底還是西方文明之源。加上俄羅斯的宗教、文化，甚至王后，

都是來自希臘（指康士坦丁堡的羅馬帝國，不是雅典的古希臘），又自視為東正教的傳人，一直敵視土耳其，故西方與東方俄羅斯都極願幫助同為基督徒兄弟的希臘，脫離回教蘇丹的高壓統治。

西方力助希臘脫離土耳其，最有名的故事就是英國英雄詩人拜倫（George Byron，1788～1824）的事蹟了。當拜倫在 1809 年去希臘旅行時，見到希臘在土耳其蘇丹的統治下，到處落後殘破的景象，忍不住大聲疾呼，號召英國人出錢出力、拯救希臘於水火之中。當希臘在 1821 年爆發反抗土耳其的革命時，拜倫就跑至希臘，親自組織民間武力，對抗土耳其。但他同時也發現，這些希臘人愛好內鬥、互爭、奪權。這種內鬥、反叛之事件，自然挫敗他的壯志與反抗大業，也讓他感到非常挫折，並經常困擾著他。他終在 1824 年，染上熱病而逝。

直到公元 1827 年，英、法、俄聯手對付土耳其，這時才讓希臘脫離回教蘇丹的控制，並於 1830 年正式宣告獨立。由此可見，希臘的獨立與民主，可說是全由西方代打、相贈而來。希臘人完全沒有「民主」的經驗，突然間當家變成主人，其衝擊與混亂可想而知。剛獨立時，尚以共和立國，但東方人那種善於權爭、內鬥的劣俗陋習，表露無遺，並未因共和而消滅。新國家剛剛成立，馬上就發生激烈政爭及內戰，國政從未安穩。總理在獨立後次年即遭暗殺。

這時，列強認為，恐怕是久經專制、不能習於民主政治，也許還是君主政體比較適合希獵，於是找了一位德國王子擔任希臘國王。但社會仍然持續動亂，政情不穩。1862 年，國王受迫退位。西方列強只好再找一位

丹麥王子為國王。但是政局仍然混亂，連語文的選用，都會產生極大的紛爭。東方式愛鬥好爭的特性，充分暴露。此外，希臘還與土耳其因領土、種族問題發生戰爭。內憂外患持續困擾新生的希臘王國。

二次世界大戰後，美國的大力援助及馬歇爾計畫，讓希臘經濟日漸成長，旅遊及航運成為經濟主流。更因希臘是西方文明的發源地，西方極其慷慨的支援希臘。即使在這種多金的情況下，巴本德里歐總理（兒，Andreas）並未像亞洲大龍、小龍一樣，極力發展工商、拓展出口，以振興經濟，卻將這些外來資金用於希臘的福利，包括：許多西方富裕國家才會有的福利、退休、工會以及那些外人聽都聽不懂的美式 collective bargaining 制度。有些福利條件還優於西方國家。

東正教會的勢力，在希臘社會仍然龐大。孫輩的巴本德里歐總理在2004 年宣誓就職時，並不是向代表希臘的總統宣誓，竟是向希臘正教會的大主教宣誓就職。以西方政教分離、教士嚴守政教分際的標準看來，著實令人驚異。顯然，希臘在實質上，還不能算是一個現代的西方社會。充其量只能說是西方文化之源而已。

像希臘這種民主速成方式，不但沒有造成實質的民主，反而造成不公與動亂。不幸的是世界持續重演這種一步到位的快速民主化，樂此不疲，直迄今日。

** 文明的導師，亞里斯多德，我們為您哭泣！

希臘古哲亞里斯多德不但集希臘哲學思想之大成，更是西方文明的

啟發者。理論上，希臘若能以亞里斯多德這些古聖先賢的思想做為立國基礎，再加以發揚光大，總會有些成就，或恐不亞於西方。可惜在羅馬帝國與土耳其蘇丹的高壓統制下，希臘固有的崇高思想、自由學風與百花齊放的榮景，早已完全消失。

希臘具有兩千年根深蒂固的基督教信仰。回顧使徒保羅來到希臘，告戒帖撒羅尼迦人（Thessalonians）說：別想白吃別人的飯，你們要勤奮工作，以賺取食物；若不肯工作就沒飯吃（見 2Thess. 3:8, 10））。律法書中也明言：人必須工作汗流滿面，方得溫飽。理論上，希臘人應比德國、英國那些蠻邦人更為遵奉律法、勤奮工作。但實際上並非如此，因為東方希臘人並未像西方人一樣，把基督教義中的道德觀，做為宗教信仰的主軸；卻仍是注重儀式祈禱，而且有些地方還偏離基督教義，包括：神密崇拜。就以孫輩的巴本德里歐總理來說，在他 2004 年的就職典禮中，還要向希臘大主教宣誓。儀式中，只見身穿錦衣華袍的大主教，在十字架前口唸真言。若將大主教與釘在十字架上，僅有破布纏身、骨瘦如柴、一無所有，卻樂於助貧濟世的耶穌，兩相對照，還真是絕頂的諷刺。不知他們如何能通過耶穌的「最後審判」？只能祝他們好運。

希臘自早就捨棄亞里斯多德及固有學術。但西方人卻從亞里斯多德開拓出嶄新的文明，還讓世人分享文明。亞里斯多德正像一座丈高的燈台，光明照亮別人，就是照不到自己底下的燈台；啟發了別人，就是啟發不了自己的希臘後代。今日希臘陷入困境，真替這位希臘的古聖先哲，亞里斯多德，感到難過，只能為他哭泣！

2. 蘇聯解體與盲從西方的悲情

** 蘇聯解體，俄羅斯未蒙其利、僅得其弊

1911 年，蘇聯的總書記戈巴契夫期望將蘇聯各加盟共和國，包括他自己的俄羅斯，變成像西方一樣：開放、多元化的民主政體，迅速將這個世界上最獨裁專制的蘇聯解體。他期望蘇聯的共和國，都成為「民主」國家，共同訂立協議，組成聯盟。「民主」共知國之間，皆應以平等互助、互尊主權、追求和平的宗旨下，誠意履行協議。

戈巴契夫的誠意與他的民主大業，看來崇高堂皇，令人佩服。蘇聯解體後的下場，有目共睹，政爭、貪腐、互戰，除了少數人獲得暴利外，受苦的仍是百姓，見不到前景。就以俄羅斯為例，經過歷代沙皇的擴張，趁奧圖曼蘇丹與滿清皇朝的昏庸，奪佔龐大土地與資源，還勝於美國。俄羅斯以其僅次於西方的知識技術水準，將其鄰國，不是滅亡（如中亞國家）、就是掠奪土地（包括：土耳其與中國）。二次大戰後，蘇聯在冷戰期間，尚與美國並列為超級強國。但人算不如天算，就在一夕之間，俄羅斯衰落至谷底，民生經濟倒退，至少目前看來，與原來民主化的期望，背道而馳。蘇聯所期望的「民主化」，只是在尚未熟悉西方實質民主之前，就在不切實際的幻想下，造出來的一場悲劇。

** 習於千年專制的東方人，就是東方，不可能一夕變成西方

俄羅斯自有史以來就一直存在於封閉的政教極權高壓之下。即使到

1991 年，蘇聯解體之際，幾乎所有的俄羅斯人（以及其他東方人），都不知西方的民主為何物。尤其在傳統上就仇視西方的背景下，不是痛責西方的民主是資本主義的糖衣毒藥（大多數人），就是幻想西方的民主制度就是富國裕民的不二法門（少數略通西方文物者）。在蘇聯的鐵腕統治下，人民充其量只在報章，或少許地下刊物中，對西方民主的來龍去脈略知一二。即使略知一二，也多與事實相違。俄羅斯人民（及蘇聯人民）千年來只習於聽命於官府指示；為官者則視官階，服從上級命令，向來沒有西方的法律觀念。一旦突然轉向為「民主」，仿習「世仇天敵」西方的制度，全國人民及官府，完全沒有應變及調適的能力，除了有個「選舉」之外，完全沒有西方的法治習性與制度。

至此，為認識一下俄羅斯的政教高壓狀況，特在附錄六，附上俄羅斯千年專制簡史，並可與附錄五的英國法治簡史做一對比。

解體時，戈巴契夫及蘇聯仿照西方所標榜的：民主、開放、多元、平等、互相尊重，在俄羅斯以及蘇聯各共和國，都是向來不曾存在的東西。用一句不太中聽、卻很中肯的老話來形容就是：當慣奴僕的人，無法去當主人。這句話並不表示當奴僕的人就不能當上主人，而是需要經過一段時間的訓練，或稱之為「教化」，改變思想、心態及氣質，才能勝任。如果未經訓練或教化，不可能成功。中國人常說：玉不琢、不成器，就是一語道破的真言。

**「如果俄羅斯也有一位 " 李光耀 " 的強人，俄羅斯應會成功」？

上面這句話看似沒錯，但實際上卻全不是那回事。首先，李光耀雖表面上是黃臉孔的亞洲人，但從教育、思想上，也就是說腦子裡，全是盎格魯撒克遜知識階層的思維與務實主義，而且不含任何教條思維。當時，蘇聯權貴階層，從未經歷西方的民主法治的思想與歷練，都是出身於僵硬教條下的政治人物，包括戈巴契夫，甚至全蘇聯，沒有人在知識、法律、思想、經驗各方面，能與李光耀相比擬。中國的鄧小平還知道要「摸石頭過河」，蘇聯掌權者則不分青紅皂白，冒然跳入水中，結果自是悲劇一場。

還有一個最大的不同：李光耀清廉自恃、處世公正，嚴格防範貪腐循私。因為他深知，任何政府的貪腐循私就是一個國家的癌症，一旦成型，快速蔓延、難以收拾。但在俄羅斯，以及蘇聯的權勢階層，自古以來一向家國不分，國庫通家庫，貪腐循私早已相沿成習，氾濫成災。在此文化背景下，根本不可能有「李光耀」這種不識時物的「正派人」存在；即使有清廉正派的人，他也不可能通過層層貪腐官僚，直上當權階層。這就是東方國家根深蒂固的積習，不只俄羅斯，希臘也一樣，皆難以蛻變成西方的關鍵所在。

表面上看來，東方人（包括：希臘、俄羅斯、烏克蘭）和西方人都信奉基督教，其文化都是源自基督教義，理論上應比其他文化地區的人，易於習得西方的民主。其實，全不是那回事。讓我們在後面觀察一下從蘇聯獨立而出的烏克蘭，他們快速民主化的結果。

3. 烏克蘭難從「選舉民主」蛻變為西方的「法治民主」

** 烏克蘭人傾向民主，其心可嘉、其情可憫、其事難成

近年來，烏克蘭人高唱民主，傾向西方，力主加入歐盟，卻與俄羅斯交惡。雙方兵戎相見，連年互爭相戰，問題仍然難以解決。回想 1991 年，蘇聯解體時，各共和國改組為聯盟，倡言兄弟之邦應「誠意履行協議，互相尊重主權、平等相待、和平共處」。今日若與現實對比，真是絕頂的諷刺。

當烏克蘭與俄羅斯鬧翻，高唱民主並要與西方結盟、請求西方鼎力相助時，西方電視曾訪問一位政府退休的示威者，他清楚的說：我們要加入歐盟，享受西方的民主自由、經濟繁榮；我們「烏克蘭人」也要像西方人一樣，追求理想的前途！我雖退休，希望年輕一代能達到此目標，希望西方能大力支持。

相信聽到這些感人肺腑的西方人士，莫不動容，贏得舉世同情！唯在聽完這些動聽又動容的光鮮話之後，猛然回首就會發覺，加入歐盟需有政治清廉、財務透明等條件。以烏克蘭的官商貪腐橫行的現況，明眼人一看就知難以通過。那些反政府示威者，很多還是專門剝削別人、又是既得利益的大頭目，他們只是不在示威前線丟火把而已。以這樣的民主鬥士引領烏克蘭的民主，其結果自是堪憂。讓我們從烏克蘭的歷史、文化，深入觀察一下，試看以烏克蘭的現況，是否容易進入西方「民主」懷抱。

** 歷史上的「烏克蘭人」與政治地理上的「烏克蘭國」

　　讓我們先從歷史認識一下「烏克蘭人」與「烏克蘭國」。九世紀時，俄羅斯族的一支，從北方 Novgorod 地區，南下至基輔建堡聚居。公元 988 年，其酋長 Vladimir（後為俄羅斯人常用的名字）仰慕南方「希臘」上國天朝文化（指東羅馬帝國，不是雅典的希臘），率臣民皈依基督教。自此，基督教成為俄羅斯人的生活及文化主軸。十三世紀初，蒙古鐵騎擊潰俄羅斯部族聯軍。俄羅斯大小部族悉數臣服於蒙古大汗。至此，「俄羅斯人」在基輔立國的歷史，至此告一段落。這時代的「俄羅斯」，後世通稱為基輔俄羅斯（Kievan Rus）。

　　蒙古人實際上並沒有入境「統治」俄羅斯，蒙古大汗只要求各部族定期納貢即可。蒙古大汗最喜歡 Novgorod 部族的領袖亞歷山大。他於 1242 年，徹底殲滅經常欺凌俄羅斯人的西方條頓武士團，成為俄羅斯反抗西方的英雄人物。後來他把國土依序分給幾個兒子，最小的兒子只能分到偏遠莫斯科河旁一個貿易站。這小兒子的兒子伊凡一世，對蒙古大汗忠誠無比，贏得大汗的信賴，並代大汗向各部族收取貢款。因此，仗蒙古大汗之勢，他不但中飽而富有，亦因他有錢有勢而能夠興建克里姆林宮。就在這無形之中，讓莫斯科的地位高於其他部族。在如此風光得勢的情況下，連基輔的大主教彼得，也為依附金權而在 1327 年移尊至莫斯科。自此，莫斯科遂成為俄羅斯各部族的政教中心，再也不是基輔。

　　此時基輔地區，相對於新興的莫斯科，已淪為偏遠邊區，通稱為「烏克蘭」（意為「偏遠區」）。這情形很像古中國的中心是陝西的西安，但

後世遷都至遼金之地，北京，並成為中心。民國初年尚稱陝西為「陝甘寧邊區」，情況有些相似。

在 1325 年，立陶宛及波蘭聯盟的領袖趁基輔的俄羅斯衰弱而入侵。後來的立陶宛及波蘭王 Waldyslaw 及其子 Casimir 不斷拓展，控制整個基輔地區。

1480 年，莫斯科族長伊凡三世（即「恐怖伊凡」的父王），羽翼豐滿，公然表明不再向蒙古大汗進貢。自此，莫斯科帶頭率領俄羅斯諸侯脫離蒙古大汗的宗主關係。莫斯科已成實質上的俄羅斯領袖。

1610 年，波蘭入侵俄羅斯，攻入莫斯科。兩年後，俄羅斯人趕走波蘭人，並與哥薩克人（意為烏克蘭的民兵、盜匪）聯手南下驅逐波蘭勢力，控制所謂「烏克蘭」Dnieper 河的右岸地區。但左岸仍在波蘭的控制之下。直到 1654 年起，沙皇 Alexis（彼得大帝的父親）登位後，再利用哥薩克人攻擊烏克蘭的波蘭統治者。至 1667 年，終於收回古都基輔及大部分烏克蘭。唯在現在「烏克蘭國」西邊，人種混居的地方，雖「烏克蘭人」較多，卻仍在波蘭貴族統治之下。

今日「烏克蘭國」的東南方，面臨黑海的大片土地，在十四世紀左右起，是韃靼人之地，屬克里米亞汗國（Crimea Khanate），後歸順奧圖曼土耳其人。當俄羅斯的凱薩琳女皇當權後，積極擴疆闢土，衰落的土耳其正好是掠奪對象。她在 1768 年下令攻擊土耳其，大敗其黑海艦隊，奪取大批黑海以北的土地（即今日「烏克蘭國」東南方土地，其實也不是土耳其的土地，原屬「韃靼人」）。

1853 年，沙皇尼古拉一世派軍南下，大敗土耳其，令俄羅斯勢力直入地中海。英、法見勢不妙，也顧不得拯救「飽受回教蘇丹壓榨的基督徒兄弟」，支持土耳其，引起克里米亞戰爭（Crimean War），總算讓克里米亞的主權，仍在蘇丹手中。

1877 年，沙皇尼古拉一世之子亞歷山大二世（就是不費一兵一卒，只操演火炮給滿清鎮國大將軍奕山觀賞，就從昏庸的滿清皇朝索得黑龍江以北、烏蘇里江以東大片土地的那位沙皇）再度南下，再敗土耳其，盡取黑海以北的土地，包括克里米亞。反正這也不是土耳其蘇丹的土地，強盜搶土匪，得之無愧。又因克里米亞地勢險要，也是沙皇兩百多年來，不斷以戰爭及俄羅斯人血肉之軀換來的戰略出海口，自然倍加珍視，不但成為俄羅斯黑海艦隊的總督府，還移入大量「俄羅斯人」，苦心經營。

二次世界大戰之初，德、俄瓜分波蘭，史達林就把分到的新「領土」，波蘭南方「俄羅斯裔」（更明確的說就是「烏克蘭人」的地方），用鋼筆一揮就劃歸給兄弟之邦「烏克蘭」。二次大戰後，史達林堅持蘇聯在聯合國有四張「國家」票，用鋼筆劃定的「烏克蘭國」就是其中之一。不只於此，1954 年，蘇共總書記赫魯雪夫也用鋼筆一揮，就把克里米亞劃歸給「烏克蘭國」管轄。反正是自己的東西，從左口袋放到右口袋，沒有問題。只是沒料到，世局莫測，皇帝到底不是上帝，皇帝的妙計經常造成後代官民的絆腳石！

從前述歷史淵源可看出「烏克蘭國」的組成，雖然有些複雜，但與南斯拉夫、保加利亞之類多民族、異文化的國家相比，還是比較單純的「種

族」國家。烏克蘭與俄羅斯都是同族，且有一脈相承的「俄羅斯」共生史，其中的歷史關係頗像：「陝西／西安 vs. 河北／北京」的關係。就歷史文化而言，這兩「國」共同擁有難以分割的關係，至少比英格蘭－蘇格蘭人，或瑞士的德－法－意人，甚至法國北部，亞爾薩斯－南部普羅旺斯，更為緊密。這兩國會變成「敵國」，實為政客爭逐權利的副產品，讓人民不但享受不到民主，反而深受其害，無語問蒼天。

**「烏克蘭國」獨立，各派人馬爭金奪權，問題浮現

　　既然曾是同國同族同史的共生關係，為何會發生問題？問題來源之一是納粹德軍攻入蘇聯，在史達林暴政統一下的烏克蘭黑土區農民，即「烏克蘭國」西部農業區的人民，首當其衝。這地方的人民唾棄「祖國母親」的高壓，視德軍為救星，簞食壺漿以迎王師。在當時「烏克蘭國」普受壓榨而投靠納粹德國的人民，也包括德裔農民、克里米亞的韃靼原居民。唯結果是德國戰敗，俄軍光復「烏克蘭國」，子民回歸「兇惡母親」的懷抱。此時，那些「投德份子」的悲慘下場，已無需在此細表。光是克里米亞的韃靼人，就有 20 萬人被迫遷至中亞。這個種族清洗政策在某方面而言，倒算是相當成功，讓克里米亞、「烏克蘭國」西南區，也就是俄羅斯黑海沿岸，完全變成「俄羅斯人」的地盤。同時，這種清算政策也讓邊區「烏克蘭人」與廣大「俄羅斯人」之間，多少發生一些間隙。

　　另外的問題是在史達林時代的計畫經濟。當權者愛用鋼筆規劃各地為：鋼鐵生產區、石油區、化工區、軍工區、農業區⋯⋯。這種由上級官

府規劃的方式，讓各區定型，並難以獨自存在。這與西方國家，工商業的自然結合，如：曼徹斯特工業區、魯爾工業區、底特律工業區、京濱工業區、阪神工業區的形成，截然不同。烏克蘭西部是肥沃黑土區，當然是農業區，東部大多是俄羅斯南下的路逕，為了實邊，也成為新的中心地帶。蘇聯的重工業，科技工業紛紛落地於此，克里米亞還有黑海艦隊，也是軍事要地，俄羅斯各地的精英份子不斷湧入。於是農業的西部與工業的東部，產生落差。其實，若無爭議，反正都是奉長官指示、替官家辦事，大家卻也相安無事。

不過，真是人算不如天算，當蘇聯解體，這個以鋼筆規劃出來的「烏克蘭國」雖獲獨立新生，卻是新問題的開始。這個國家仿效西方，設立議會、組織政黨、進行選舉。「烏克蘭國」勝選的當政者一旦握有權柄，就以奪取個人利益為能事。烏克蘭西部、東部及克里米亞的問題及矛盾，在政黨、官商、暴利的爭奪下一一浮現。只要看一下流亡總統、天然氣公主的龐大財富，就可知道「烏克蘭國」貪腐橫行、亂象叢生的程度。國內外專家對烏克蘭提出很多妙方，卻沒有一個具有可行性。其原因也簡單，在金錢權力的爭逐中，各派沒人願意讓步，讓出一步即退無死所。即使讓各區塊的人民愛獨立就獨立，以這些人的水準，不過是製造更多的政府、官僚與貪腐，問題更大。

「烏克蘭國」既沒有公正、廉明的「李光耀」，也沒有服從政令、勤奮工作的「新加坡人民」，舉國官民都在指望西方，盼早日伸出援手，幫他們變成幸福的民主國，卻很少人想到自立自救，研究如何走出自己該走

的路。在此背景下，各項棘手問題，在短期內，都是無解！其實，這也是西方以外國家仿習民主的通病，並不稀奇。

其實，烏克蘭困境之源，並不只於上述政治歷史所造成的表面因素；還有自古以來東方政教高壓下的文化積習與封閉思想。

** 剛剛脫離千年政教高壓的烏克蘭，實難產生西方的民主

烏克蘭曾經歷千年政教高壓鉗制。他們與西方人從表面看來，都一樣是歐洲「白人」，信奉基督，文化也同樣源自基督教及羅馬帝國，但雙方內在的思想及習性卻因不同的成長過程而大異其趣。

即使在蘇聯解體之前，烏克蘭官民還在痛責西方的民主自由是罪惡資本主義的糖衣毒藥。突然間，烏克蘭獨立，並要把西方經過五百年歷練才獲得的民主，立即用在這個新而獨立的國家。這個新國家在此之前，從來沒人曾在民主自由的體制下生活，「法律」遠不如權貴的權力，也沒有人經歷平等、守法、自由、自律、尊人……等民主環境，甚至沒有具體的民主自由思想。他們所知道的民主自由，甚至多從政客如簧之舌、道聽塗說而來。他們所行的民主，也只有選舉，若還有的話，就是上街抗爭。競選獲勝者，都是結黨營私，攬權貪腐，無所不取，無所不為，並視之為當然。「烏克蘭國」表面是號稱民主，但無論是起反的人或被反的人，骨子裡仍是習於專制文化的子民。東方人那種權力、陰謀、暗算、作偽、結派謀私、言行不一等原始特性，全部暴露無遺。若說他們是緊鄰西方的「白人」應會易於實行民主，那才真是現代種族主義笑話，日本與新加坡都是「遠東」

的「黃種亞洲人」，照樣可以擁有民主、自由、法治。

目前的烏克蘭，無論採用再好的選舉方式，不論政府是三權、四權甚或五權分立，也不論政府採用什麼總統制、內閣制、混合制，兩院制⋯⋯或再好的制度，到了烏克蘭都會造成橘逾淮而為枳，結果都會失效。這就像一隻拉磨的騾子，二十年後，還是個拉磨的騾子，絕無可能當作嘶風的戰馬。

這個用鋼筆劃出來的「烏克蘭國」，從其經濟結構、公民組成、思想文化等方面看來，實在沒有的獨立的基礎，也沒有變成西方民主國家的條件，還不如小國新加坡。即使讓西部（即 Kievan Rus，古俄羅斯）獨立，仍會受到金權政客的操弄。若讓這個國家加入歐盟，不過是另一個希臘。那位退休老人傾向西方的心願，在短期內料恐難圓。

4. 記取西方古寓言：只能依靠自己找出路，卻非指望西方

** 路加的寓言

希臘、烏克蘭及俄羅斯的速成式民主，結果都遭政治不穩及動亂的現象。這三個東方古國和蠻邦西方一樣，都是基督教國家，唸同樣的經書、讀同樣的律法，而且希臘還是西方文化之源，為何會有如此大的差異？為何西方能？東方不能？

我們不妨先認識一下雙方文化根源的基督教義中，是如何教導他們的。讓我們看路加福音（Luk. 16:22～31）中的一個寓言故事，簡譯為中文如下：

有一個富人死後，由於為富不仁而落入地獄受苦。在地獄裡，他看到一個名為 Lazarus 的窮人卻能升上天堂，浸潤在祖先亞伯拉罕的幸福懷抱裡。於是他向祖先亞伯拉罕祈禱說，他在地獄吃盡苦頭，也想升入天堂。但亞伯拉罕直截了當回答，說他生前沒依上帝訓示做善事，也不肯仿習祖先的教誨幫助窮人，既然生前享盡富貴，死了只能在地獄受罪，永世別想翻身。

這個富人聽了之後，再向老祖宗亞伯拉罕說，原來如此，但他家還有五個兄弟，都和他一樣的享受富貴。現在他只想向亞伯拉罕老祖先懇求一件事，請老祖先派 Lazarus 到他老家警告他的五個兄弟，要他們改正歸善，以免死後下地獄受苦。

亞伯拉罕斷然拒絕說：摩西及古聖先賢所傳下的訓誡，在世間到處可見，你的兄弟很容易就可看到聖賢所說的道理，然後就可照著做些好事。這富人說：不行啊！老祖宗，你不知道，他們從來不去看這些大道理，只有讓死了的人親口警告他們，他們才會知道悔改。

亞伯拉罕就坦率相告：摩西及古聖先賢的訓示都明擺在那兒，你家兄弟只顧享樂，自己活著都不肯仿行古聖先賢所教的道理，如今找個死掉的人，回去警告你家兄弟，他們照樣不會悔悟。你還是乖乖的留在地獄吧！

** 希臘、烏克蘭以及俄羅斯，只有靠自己、走自己的路

這個寓言故事明白的說出一個真理：任何事情都得靠自己去尋求解決之道；責任全在於自己，不可能依賴別人，也別怪別人。西方人有句名言：天助自助者，就是這個意思。

那麼同為基督子民、使用同樣經書的希臘、烏克蘭以及俄羅斯，理應亦可造出相近的結果，至少應比外邦異教的日本、新加坡要來得好一些才對。但事實不然，其中道理就不必在此多言，至少，這三個基督兄弟之邦，應該知道自己該怎麼做。他們的上帝賜給這三個兄弟之邦的條件，遠比日本、新加坡更優越，如果自己都不能搞清楚該怎麼做，政治權貴只在於追逐金權，西方人怎有可能挺身義助？也難相助！就算請到亞伯拉罕下凡，仍是無能為力。

再以美國的民主建國過程對比，雖然在以前蘇聯時代，有人批評美國獨立建國之父都是一批走私客、高高在上的奴隸主。但這些開國者至少都是同心協力、為建造一個新國家而奮鬥。他們之中，包括大家所熟知的華盛頓、傑弗遜、富蘭克林，都是正直無私，從來沒有營私謀利，更無巧奪豪取之舉。就憑這一點，這些想要「民主」的東方國家就辦不到，所以他們的民主化，自是遙遙無期！反過來說，這些國家的民主，什麼時候才會成功？這個答案卻很簡單，只要這些國家能出現：華盛頓、傑弗遜、富蘭克林這種當權人物，就會成功了。

希臘、烏克蘭以及俄羅斯這三國都是沒有體察自己人民的體質與習性是否適合，就以速成的方式，盲目追隨西方的民主，其下場正好應驗中國

古書的話：「以不教之民戰謂之棄」，變成悲劇。

　　西方人是經過五百多年的調教與歷練，才能造出今日的民主法治社會。希臘、俄羅斯、烏克蘭這三個東方古國的人民，在高壓專制下生活千餘年，忽然間，未經任何教化，驟然當上主人，自是難以成功。這些國家目前情況正是：人民不知民主，官員不像公僕；專制的優點全無，民主的缺點都有。

　　這些處於西方民主法治牆外的國家，本身沒有民主法治的條件，外人也難提供實質的幫助，到最後仍需依靠自己設法解決，至少要走出適合自己的路線。或許，這些國家得等到一位「李光耀」，甚或「鄧小平」式的當權者，才有希望。

十

西方民主的隱憂與新興民主國家的困境

1. 西方民主的隱憂─選舉、民粹、金主

** 西方的民主政治

　　時至今日，「民主」已是一股強大的世界潮流。西方的民主政治體制，久為其他國家效法的榜樣。連一向實行專制的國家，包括：埃及、敘利亞，都有「選舉」，以示順乎民意。

　　實際上，西方進入現在的「民主時代」，是在二次世界大戰結束之後，英美徹底擊潰德國納粹為首的軸心集團後，才開始出現。亦即自 1945 年以後，德國、奧地利、義大利、日本，才真正展開盎格魯撒克遜式的「民主政治」。後來，其他國家也逐漸進入所謂「民主國家」之林。

　　這些民主國家最大的基本特色，毫無疑問，就是全民普選。因為唯有如此才足以表示：人民做主，政權民授。但不可否認，西方，以及新興的民主國家，亦因選舉而遭遇許多困境。

　　在此還要對「民主」這個中文名詞，略加解說。英文的 Democracy 源自希臘文的 Demos，意為 People（人民），與 Kratos，意為：Power，Rule（權

力、管轄、操縱）。這是相對於 Autocracy，專制（Autos - Kratos；Autos 意為：自己、獨屬自己一人）的名詞。所以 Demos + Kratos（即 Democracy）在西方原意是：人民有權力，或：權力在人民。因此，若把 Democracy（Demos + Kratos）譯成「民權」一詞，更符合原意；或是相對於 Autocracy（Autos - Kratos）的中譯：「獨裁」、「專制」，稱 Democracy 為：「民裁」、「民制」，亦無不可，都含原文的本義。

但無論如何，Democracy 這個名詞並沒有表示：Demos + Archontas（lord, magistrate），Demos + Kyrios（master, lord），Demos + Archigos（chief, commander），亦即，並非 People－master、People - chief（人民＋主人，或「人民是主人」）之意。「民主」與「民權」雖然意義相近，但「做主人」與「有權力」，兩者仍有距離。換句話說，若認為 Democracy 就是：人民當「主人」，卻不視為：人民有「權力」，或「管轄權力」在於人民，至少與原來的字義不盡相符。

** 新興國家、蘇聯及回教世界驟然跳入「民主」，悲劇之始

二次世界大戰後，西方帝國主義者，讓被其統治的殖民地或佔領地，紛紛獨立，並在西方殖民主子的授意下，悉數採用西方的「民主政治」，使用「選舉」方式選出民選政府。這方式的立意甚佳，卻沒料到成為一場悲劇的開始。若以事後之明看來，實可算是一種不負責任，但求早日甩棄包袱的做法。這些西方帝國主義者自早就只顧掠奪資源，絲毫無意費心教化這些「落後人民」；然後忽然之間，就讓這些新國家的人民就直接去當

主人，再加上當時蘇聯為對抗西方，從中插手，造成內戰不止，遍地烽火，直迄今日。

這時，只見西方人喟然長嘆，都是這些「落後民族」的文化水準不足，以致於斯也。但是這些西方人完全忘了，他們自己本來也是蠻邦，他們是經過五百年的教化與歷練，才有今日的成就。連虎豹豺狼這些野獸，都知調教其子如何捕食，但西方人讓其殖民地獨立時，沒有訓練子民立國生存之道，只給他們一個選舉，就任令他們直接當家做主。這種作風，等於在殖民地賺了錢之後，一走了之，對當地子民沒負起道義責任，結果遺禍當地，人民遭殃。就情景正如中國古書所說：「不教民而用之，謂之殃民」。

接下來的戲碼就是蘇聯及其附庸國，包括：俄羅斯、烏克蘭、南斯拉夫。在二十世紀末，自 1991 年起，突然之間，自行分裂，改行西方的「民主政治」。其實他們的民主，只有選舉，卻是沒有「以法治為本」的表面民主，結果自是一場悲劇。詳情已不必在此多言。

若再論及回教世界的「民主」，包括：伊位克、利比亞、阿富汗，他們從專制轉型為「民主」的過程中，已對其百姓造成極大的傷害。對於這些飽受戰火蹂躪、流離顛沛、親友亡故的苦難人民而言，還遠不如生活在從前獨裁強人時代，至少還有安定與和平的保障。在此情景下，旁人已不能用「從專制轉為民主的陣痛期，是必要階段，只要忍耐，過了寒冬，春天就會來臨」，來安慰這些受苦受難者。因為在可預見的將來，這些混亂局勢，毫無解決之道，見不到明天。

** 西方自二十世紀起的全民民主

在進入二十世紀之前，西方社會都是受專制王權、教會、資產及知識階層的影響。但社會的中低階層，普遍不受上層社會的重視，尤其是社會的低層，幾乎是化外之民，自生自滅與草木同朽，得不到上層社會任何的關懷。只要看一下從前英國名畫家 William Hogarth（1697 ～ 1764）對當代社會低層的描繪（著名者如 1751 年畫的 Gin Lane 版畫，陋巷女子酗酒不顧嬰兒）；著名大作家狄更斯（Charles Dickens，1812 ～ 1870）小說中，對低層社會生動的描述；或再看中國古詩中的貧家女織工，「年年積壓金線，為他人做嫁衣裳」，就可知道低層社會貧苦無依的悲情。其實，無分中外，古時社會低層貧苦大眾都是受不到社會的注意，也幾乎永無翻身之日。因此，人民當家做主，謀求社會公平與正義，自有其必要。

英國自 1918 年起，進入全民普選時代。由此算來，專制的王權及教會，自二十世紀起，都退出西方社會主流。自此，西方，以及仿習西方民主的國家，權力普及全民，造成「一人一票、人民當家、全民做主」的社會。此時，社會低層大眾，包括勞工及低收入階層都受到執政者的關懷，讓社會更具公平與正義。這不但是一大進步，也顯示社會型態的轉變。換句話說：西方在二十世紀之前的進化過程，國家社會主要是受資產及知識階層的影響；但自二十世紀開始，社會中、低層大眾對社會的影響，明顯增加，甚至有舉足輕重的影響。這個巨大的改變，實為人類發展歷史中，一個新的里程碑。

這個新型態的「民權普及」，自然並非十全十美，也有其先天性的缺

點。若「一人一票、人民當家、全民做主」，能產生正面功效，理論上，那是站在一個「至少有 50.1 ％ 以上的選民能夠以理論事，具有能力判斷是非，不會盲從他人的意見」的基礎上。如果一國人民的才智、理性及判斷能力到達這個水準，社會的公平與正義自會展現於世；一個安定、和諧、繁榮的社會，自是可以期待。在此背景下，全民民主，毫無疑問，自應是最好的體制。

若選民的程度參差不齊，離此目標很遠的話，很容易造成只憑意氣及直覺行事，不顧實情與公理，變成「民粹」。這種民粹現象在民主先進的美國已經常發生，而且有增無減，遑論那些東方及亞非新興「民主國家」了。即使不談選舉的賄賂及黑幕，在這些新興民主國家的民粹，很多已到失去理性的地步，例如：委內瑞拉，從一個資源豐富的石油出口國，陷入只有口號、選舉、示威遊行的困境。

現在的民主國家，尤其是那些新興民主國家，訂法者與執政者為遷就民粹風潮，不得不調整決策，造成遲疑不決、缺乏魄力，甚至不得不視選票而做出偏離正軌與良心的政策。更甚者，選舉原來只是用來選出適當的政治人物，再由這些政治領導人物多費心思，解決政事，這才是正途。但事實並非如此，政黨及各方豪傑都把選舉視為主業，是一件關係到自己前途的存亡大事。贏得選舉的重要性，對一位政治人物而言，遠比實現利國裕民的政策，更為重要。其實這種現實的想法，在邏輯上還說得過去，因為沒有贏得選舉，自己的良策美意，悉數化為烏有，一切免談，故勝選自然成為絕對優先的首項要務。簡言之，就是一切為選舉。這現象已成為今

日「民主政治」的缺點之一。

在西方的民主社會，政治人物的選用，都是採用「投票選舉」的方式。但採用「投票選舉」方式選出政治人物，並不代表就是「民主國家」。但是很不幸，特別是那些東方及亞非國家，就把投票選舉視為民主。甚至許多西方政治人物也把投票選舉當作促成別國民主化的捷徑。這就是造成許多動亂之始。從菲律賓，非洲新興國家，直到伊拉克……以及許多未來的「伊拉克」。

這個始自二十世紀，由全民決定政事的「民主」新局面，發展至今尚不及百年。世界從此之後的演變及結果，恐須百年之後，才能看出大勢，目前也只能靜觀其變。不過在此時刻，我們可以認識一下民主的變體，「民粹」。

** 從古希臘的「民主」，看選舉、投票造成的「民粹」

西方人都說，西方的民主源自希臘的雅典。但這並不表示古雅典的政體就是今日西方所行的民主政體。事實上，兩者相去甚遠。現在讓我們簡略看一下雅典的民主：

依據新約的記載，當使徒保羅在一世紀時，初來雅典。他發現雅典人都愛聚集閒坐、自由高談闊論。保羅也見到各派思想家、哲學家公開辯論的場景。他也就趁此機會向各派哲學家宣揚基督之事。雖然許多哲學家不同意這位外邦人士的說法，卻仍願邀請這位外邦人到雅典戰神山（Mars Hill）的最高審判所（Areopagus）發表意見（見 Acts 17:18, 21）。雅典人

雖同意他發表高論，也願聆聽，但在當時顯然並未信服，結果不了了之。唯從此故事即可看出雅典的學術風氣，和四百年前的學術黃金時代，相去不遠；同時他充分顯示雅典學術自由與機會均等的特質，為其他文明古國所無者。

希臘在公元前 600 年至 300 年之間，在雅典產生學術、思想、藝術蓬勃發展的黃金時代。雅典在公元五百年前，其實也是獨裁專制，所以有勢力的地主、貴族常與獨裁者互相爭權。公元前 508 年，一位著名的領袖 Cleisthemes 上台。他積極改革，志在分散權力。最著名的改革就是制訂「瓦片放逐令 (ostracism)」，人民可在瓦片（ ostrakon，當時沒有紙，只能用破瓦片 ）寫上他所厭惡的濫權者，如達規定數量，立即放逐出境。但這並不是司法上的判決，自然沒有原告與被告。至於這個「受人厭惡者」是否放逐，並非看他是否做了壞事，而是人民自由認定。這個「受人厭惡者」連自我辯白的機會都沒有。這的確是「民意」，但顯然「理智」的成份不是很多。且看一下實例如後：

公元前 493 年，當波斯人入侵希臘時，一位極有才幹的人 Themistocles，獲選為雅典領袖。他加強艦隊以對抗波斯大軍，其結果造成希臘聯軍的勝利。這個勝利，多靠雅典，而雅典的成功幾乎全靠 Themistocles 的才幹與遠見。但在戰後，那些習於放任、自我的雅典人，非常厭惡他的專斷。他的政敵更是極欲除之而後快。反正波斯威脅已除，正好兔死狗烹。公元前 470 年，雅典人民就以最直接的「瓦片放逐令」，將這位救國英雄驅逐出境。政敵還宣判他死刑。這就是雅典最現實的：人

民當家做主、展現民意的方式。這位救國英雄只好逃至波斯的小亞細亞，諷刺的是居然去擔任波斯的官員，沒沒以終。

讓我們再看一幅法國啟蒙大畫家 Nicolas Poussin（1594～1665）的名畫 The Funeral of Phocion。這幅名畫的故事為：公元前 320 年左右，雅典雖被馬其頓征服，但許多貴族常思藉機反叛獨立。唯有雅典的將軍領袖 Phocion，自知不敵馬其頓，且深知馬其頓習於屠殺叛變城市，故他經常委曲求全。他這樣的做法，招致很多人認為他「懦弱、無膽」而不滿。他的政敵更藉此機會，用雅典的「民主」方式，經全民同意，判他死罪而處決。這幅名畫就是兩個奴隸將 Phocion 屍體送葬的悲戚景象。

從上面兩則故事就可知道，西方人所歌頌的雅典式民主，以現代的眼光看來，完全就是「民粹」，並非今日西方的法治民主。但是很不幸，這種雅典式的「民粹」現象在今日西方亦常見其身影，至於在那些東方及亞非國家，更是屢見不鮮。

英國著名畫家 William Hogarth 就曾繪出英國選舉時，經常發生的暴力實景。美國首任總統華盛頓，尚在年輕時代的 1755 年，想要競選維吉尼亞議會（House of Burgesses）的代表時，他本人，以及很多人，都認為以他的名望，應可當選。唯在他 Williamsburg 選區的三百多名選舉人中，只有 40 人選華盛頓而落選。落差如此之大的唯一原因，是對手在選前免費提供啤酒、威士忌給選舉人隨意飲用而大勝。華盛頓後來在 1758 年終於以高票當選為代表，但據一些地方史家查證，他經過上次慘敗的經驗，也學會隨俗供應大量啤酒而獲大勝。

美國南北戰爭時，南北雙方為爭取新州，選舉更是紊亂，甚至發生投票數多於選舉人的現象。林肯在一些南方州內，居然一張票都沒有，令人難以置信。這些就是從前盎格魯撒克遜的選舉實況，與他們今日的公正選舉，相去甚遠，並不美好。

　　以上只是介紹「選舉」在西方歷史中的動亂背景。連民主先進的英、美都會發生，更不必說那些新興「民主國家」了。從上述事實，不難看出全民選舉所包含的民粹特性。那些新興「民主國家」，只注重選舉，疏忽法治，甚至沒有誠意改革國家的政經大事。這種做法，純屬本末倒置，並不表示人民當家作主。

** 民主選舉的幕後金主遊說勢力（Lobby）

　　目前流行的全民普選，就理論而言，廣大中低階層及普羅大眾（Proletariat）的意願，受到重視，也應是決定政策的主流，至少也有舉足輕重的影響。唯全民普選（以 1918 年為準）行之百年後的今日，從實際而言，雖比從前「資產階層專政」的情況要好太多了，但並不完美。因為實際影響國家、社會政策的人，並非那些佔極大多數選票的中低階層，而是對參加選戰者，提供大量金援及遊說的少數幕後金主。這些金主代表特定利益集團，為自己集團的利益，藉著支持某個政黨或候選人，以得到適當的回報。

　　既是全民普選，就需要大量金錢去做競選的宣傳工作。若是落後地區，還需巧立名目、運用同等於買票的手法去競選。所以幾乎所有競選公

職者，都不能沒有這些幕後金主的鼎力支持，也就是說，必須先經過幕後金主的口袋，然後才能取得大眾的選票。這是個非常冷酷的現實，若再簡捷的說，就是：先有金主，然後才有選票。這現象充分顯示，影響政策的主要角色，其實仍在於資產階層，卻非握有廣大選票的中低階層。這現象是好或是不好？並非本文的討論範圍。這裡只是說，就邏輯而言，這和全民普選的原旨初衷 — 脫離資產階層勢力的影響 — 顯然偏離原始目標，若說背道而馳，亦不為過。

當然，資產階層也是社會中的一份子。在民主時代，自然也應享有同樣的權利與義務。但問題是在今日「全民普選、金錢掛帥」的現實背景下，代表利益集團的幕後金主，他們對左右政府及政策的操縱能力，遠大於那些代表大量選票的平民大眾。

再說得更周全一些，不只是資產階層的金主，更應說是有勢力的少數利益集團，包括：工會，甚至一些第三世界的宗教團體，對政府政策的影響力，遠大於多數人的利益。這反而造成：為了少數特定人士的權益，犧牲多數人應有的權益。這種現象，在一個號稱平等，又有公平與正義的民主社會，是否得宜？這與全民普選的目標，或少數服從多數的「民主制度」，顯然並不相符。這種現象，至少在可預見的將來，尚無任何改善跡象。

且讓我們以實例，見識一下幕後金主的操控功力。2018 年 2 月 14 日，美國佛羅里達州的 Parkland 鎮，有一位十九歲的青少年，到槍店購買火力強大的軍用輕機槍（包括 AR-15），然後回到母校高中，隨興槍殺師生 17

人。由於這類校園槍殺事件層出不窮，舉國譁然。在美國，二十一歲以下的人，依法律規定，不得買酒，但只要十八歲以上，即可公然進入槍械商店，購買來福槍，甚至機關槍。這種不合情理的法規，久為大眾詬病。所以限制槍枝的呼聲四起。

美國地產大亨出身的總統，Trump，也在電視上數度表明支持管制槍枝。他在二月底，特意邀請受害師生家屬至白宮，面對電視當眾表示槍枝需要管制；他又與兩黨重要人物討論槍枝管制，還在電視播放。在這兩次宣示性電視公開傳播中，只見他意氣飛揚、斬釘截鐵的說，要將購槍年齡提高至二十一歲，攻擊性槍枝（如 AR 15、機關槍）增加限制、並對購槍者的身分一律需要調查清楚。特別是在 2 月 26 日，他在白宮國宴廳，還當面向許多州長說：這是你們和反對槍枝管制的人，奮戰的時刻到了。他更在電視、記者之前責備這些州長：「你們有一半以上的人都那麼怕槍枝協會，但沒啥好怕的」。

這些管制行動，對美國槍枝產業自會造成不小的損害。槍枝協會應不會就此輕易罷手。不過以他總統身份說話的語氣與魄力，令人另眼相看。當然，大家也心知肚明，很多成份也是為了自己的聲望及日後的選票。但無論如何，很多人對他尚抱著期望與嘉許。

他公開說出大話之後，在數天之後的 3 月 1 日，美國槍枝協會的代表到白宮與總統會面餐敘。意料不到的是在次日，即 3 月 2 日，總統親自提示反悔前日槍枝管制的諾言。白宮的女發言人在例行的記者會中，公開表示總統要「Retreat」（收回）所做的承諾，並美其名表示，這是重大事件，

尚需全面重新考量各方意見，再做對策。最令電視觀眾吃驚的是這位總統先生，竟在電視訪問時，當眾改口說：There is no bigger fan of the Second Amendment than me，意為：沒有人比我更重視憲法第二修訂案（即人民有擁武器的權利，也是 NRA 經常掛在嘴上的口頭禪）。這時的總統顯然已迅速改變立場，並與 NRA 合唱。

是否擁槍，非本文討論範圍，這裡要說的是：以美國總統地位之尊，他本人又是獨霸一方的地產鉅子，只消一天、一餐交際飯的時間，一個槍枝遊說團的人就能逼他收回他的公開承諾。從此故事就可見到幕後金主的龐大勢力與影響力，不可等閒視之。

這件公開反悔諾言的故事，只能怪這位新上任不久的總統，當慣了大老闆，養成習慣愛怎麼說就怎麼說。但在民主政壇，情形就不一樣了，在還沒深切體會幕後金主的厲害之前，他的大話講得太快，才造成這樣尷尬的情景。不過從他這次不小心而發生的意外事件，就可看出現行民主制度下，這些金主遊說集團的無形勢力與龐大影響力，恐不是那些高喊爭取民主、手握大量選票的中低階層百姓所能料想得到之事。

這裡並不是批評民主制度，而是說，佔國家人口非常少數的幕後金主，或各種利益遊說團體的勢力，對國家的影響力，竟遠大於佔大多數人口的中低層人民。這種情況是否也可算是民主？如果不是的話，有無解決之道？是否可以不用票選，仍有其他替代方式，同樣可以達成「以民為主」、「民之所好，好之」的目的？不過，在新方式演變出現之前，目前仍是：民主尚未成功，百姓仍需努力。

** 今日西方文化的警訊

今以西方先進的盎格魯撒克遜人為例，他們在海外殖民拓展，獲得巨大成功，造成英語不落日強國，含有下列兩項重要因素：

· 人民具有開拓創新、勤奮工作的精神

· 重視基督教義中的道德觀，自律、守法。

這兩種特性自殖民北美起，一直延續直迄今日，並成為美國繁榮昌盛的兩大因素。在開拓創新方面，只要見到 Micro Soft、Apple、Google、Amazon 能從平地飛躍而起，就可知其特色。而且很多創業者，尚是外來移民，造成「枳逾洋而為橘」的特殊現象。美國人的勤奮，在很多競爭行業，仍然到處可見，若相對於今日的西歐，美國更是一個非常勤奮的國家。

在整體的社會道德方面，從十六世紀末，英國新教徒殖民維吉尼亞、麻薩諸塞起，人民就受約束於律法道德。從一些法律，包括維吉尼亞第一部法律 Dale's Code，即可看出殖民地人注重社會公德的景象。即使今日，美國人民自律自重、守法守序的行為，與政府的清廉、公正程度，仍然相當高，不只高於那些亞非及拉丁美洲國家，甚至遠高於志在埋葬美國罪惡資本主義的前蘇聯各共和國。

唯在這此光明面之後，不難發現很多隱憂，正在逐步侵蝕這個社會。若要探尋這些隱憂的根源，不難發現多是源於過度的自由與濫用自由；由於缺乏節制的力量，任其泛濫。特將這種現象列舉一二如後：

自二次大戰後，工會勢力抬頭。本來，美國就是個資本主義國家，為了獲取利益，無所不用其極。最簡單的方法就是壓榨工資、增加工時。唯

自不斷的勞資衝突後，在政府及人道主義者的支援下，各地工廠紛紛設立工會，為工人謀取福利。這本來是非常有意義的制度。只是工會的勢力過於強大，造成反客為主的現象：工會對資方不斷施壓，要求增加工資與福利、減少工時。這不但讓生產成本增加，產品競爭力衰退，還導致進口貨品大量湧入美國市場。更不幸的是工人久處於工會過度的保護下，生產力與勤奮度已大不如以往，甚至造成一些懶惰有理、散慢無罪的現象。美國的伯利恆鋼鐵廠及通用汽車倒閉事件，就是典型實例。

美國自二次大戰前，羅斯福總統（Pres. Franklin D. Roosevelt，1932～1944 在職）與 1960 年代的詹森總統（Pres. Lyndon Johnson，1963～1969 在職）都為了消滅貧窮，分別實施新政（New Deal）及大社會（Great Society）計畫，期讓貧窮者亦可獲得基本收入、醫療與福利。這些政策志在掃除貧窮，立意極佳。但由於法律訂得過於寬鬆，以及管理不夠嚴謹，申領福利者不斷增加，且視之當然。常見單親母親有四、五個以上小孩，未曾工作，卻能住政府住宅、開好車、醫療保險（Medicaid），還可用食物券買牛排、龍蝦，生活安逸。唯若規矩找份工作，不但要辛苦上班，還得靠自己的薪津支付一切費用。這情況反而造成另類的不公平，形成一種反淘汰現象。更糟的是造出很多不知努力上進的人；而其下一代因缺乏教育，也多是靠福利維生。這些反常現象，已成為美國與西方國家的通病，日益泛濫、卻無解！

美國演變出這種情況，不但失去從前為生活及前景而勇於開拓前途的衝勁，亦由於過多的保護，造成工作勤奮程度，大不如從前，還培養出更

多的懶人。這真是應驗中國古書中的警語：逸居而無教，則近於禽獸。令人感嘆的是在今日美國，無論官方、社會，都沒有任何單位或人士，出面積極匡正風氣。若究其原因，政客對選票的考量，正是主因之一。

至於人民的道德觀念，在許多激進自由派激進人士的鼓吹下，美國以及西方，社會上的道德意識已日趨寬鬆與低落，大不如前。甚至許多法官在解釋法律時，疏忽了坐鎮「摩西大位」、代理「上帝」主持人間公義的重任，鄉愿的向寬鬆方面解讀，致道德標準及社會風氣降低。在這方面，大家早已耳熟能詳，無需在此細表。

至於美國社會為何無人出面匡正風氣，任令道德意識寬鬆與鄉愿？事實上，這種宣導行動在美國已難以為繼，而且不符今日的「自由風潮」。其原因之一恐怕就是過多與過於放任的「自由派」人士。

2. 打破傳統的「自由派」，水能載舟，亦能覆舟

** 西方早期「自由派」小史

美國，以及西方，能夠快速進步的原因，就是能突破傳統的巢臼，提出更好的創新方法。這些突破傳統的人，西方人通稱之為：Liberal（當作名詞，指：Person in favor of progress and reform），對激進者則有一個不甚恭維的稱呼：Libertarian。但在中文則統稱「自由派」。若光從字面來讀，恐不易了解其真意，故先略為簡介一下「自由派」的緣由。

德國（當時尚無「德國」，指德語境內）是宗教改革的發源地，自然容易發展出一些新潮思想。十九世紀初期，德國從新教思想發展出兩個引人注目的新思潮：一是浪漫主義（Christian Romanticism），其大意為：一個好基督徒實無需日夜苦思煉獄、救贖、懺悔等，嚴肅的生死問題，也應重視上帝所創造的大自然世界，基督徒也需用自己的天賦感觀去認識這個渾然天成的自然世界。因此，基督徒應將其信仰、感觸融入文學、藝術創作之中。這思潮的代表人物之一就是著名的德國大畫家 Caspar David Friedrich（1774～1840）。

另外一個新思潮就是：自由派神學（Liberal theology），其理論與浪漫主義相似，但最特殊的部分就是主張基督徒不宜盲目服從教會的權威，應運用上帝賜給人的理性及良知，發展出新的思想與知識才是正途。

自由派神學者的始作俑者為德國神學及哲學家 Friedrich Schleiermacher（1768~1834）。他受浪漫主義的影響，創出獨特的神學思想。他重視個人的才智，但認為個人的思想只能依據理性而行事。因此，他視基督教義中的神跡，諸如：肉身成道（Incarnation）、三位一體（Trinity）等，皆不符合理性，不值得相信。而且宗教及教會不應管制個人的思想，應讓每個人都有發揮理性思想的空間。他又相信人的才智與良知是上帝所賦予，故仍需上帝的恩典與天啟。這種不受傳統教條約束，自由發展而出的觀點，即使在當代的新教社會，已具有相當大的革命性。這一類人物通稱為「自由派」。其實，照此說法，馬丁路德才應是首位「自由派」。

Schleiermacher 的宗教思想對當代新教徒造成很大的影響，還讓日後

有知識的基督徒否定教義中玄祕的神跡，並促使很多新教徒將注意力轉注於教義中的道德、人性層次。這種思想很快發酵，迅速傳播至各地。例如 1835 年，德國一位自由派神學者史特勞思（David F. Strauss，1808～1874）出版耶穌傳（Life of Jesus），書中將耶穌寫成一位悔人不倦的道德家。後來信奉天主教的法國也有人把耶穌寫成宣揚道德的人。這種注重宗教道德的思想，不斷擴升，還發展為社會改革活動，影響後世至深。這就是早期「自由派」的來由，以及對人文思想、社會方面的影響。上述這些「自由派」，至少皆屬正面的革新派人物，勸導世人「重視道德、拒絕迷信」的方向前進。

** 激進「自由派」之始

　　法國自大革命後，社會、人心的變動非常激烈。尤其自 1848 年，歐洲各地暴發革命風潮後，各種新潮思想充斥西方社會。十九世紀中期，有一位反對政府及宗教管制人民的法國人 Joseph Dejacque（1821～1864），因不容於法國而遁跡美國。他於 1858 年在紐約出版 Le Libertaire 的期刊，內容不外是：人有完全的自由意識與能力，喜歡做什麼就做什麼，不需要政府、宗教等機構的管制。在當時的歐洲，這一類的思想，就是受各地官府、教會所厭惡譴責的無政府主義（Anarchism）。通常，Liberal 份子是指一般溫和的改革者，尚屬善意；而激進的自由派革命者，就被歸類為無政府主義者，這兩者在當代是同義字。這些激進的自由派，很多人就用 Dejacque 所創的新名詞「libertaire」來表示，其英譯則為「libertarian」，屬

負面意義。

　　二十世紀的起始年代，知識快速擴展。當時許多有知識的教士及教徒常運用當代學術思想解釋基督教義。這些自由解說的神學思想，就是前面說的：自由派神學（Liberal Theology）。但在羅馬教會，這種新思想多稱為天主教現代派（Catholic Modernists）。這些人認為基督教以前就靠柏拉圖、亞里斯多德的學說，把一個猶太宗教，發展成一套極富哲理及學術性的神學思想。古時既能把當代學術思想融入教義，今日自可將現代學術思想融入教義。這才是百川匯海，讓基督教更為：有容乃大。

　　唯羅馬教會對這種看似有理的推論，毫不苟同。教宗庇烏十世（Pope Pius X，1903 ～ 1914）對這些新潮思想極其不滿。他以及教會都認為：若任令這些新潮思想自由發展，傳統的基督教信仰很快就會受到腐蝕，並會讓無神論者大行其道。教會的保守派譴責那些激進的現代派份子是無政府主義者（Anarchist），或 Libertarian（即法文的「libertaire」）。1907 年，那些現代派的教士受到教宗的譴責。很多積極份子，多遭逐出教會的嚴厲處分。

　　當代西方倡導無政府主義的激進自由派份子（Libertarian）都遭緝捕入獄。例如：1916 年，芝加哥市長在當地 University Club 宴請該州政要名流，一名廚師，也是無政府主義者的激進份子，就在食物中下毒，致全體賓客入院，轟動社會。1920 年，又有一位極端自由派的無政府主義者，Mario Buda，在紐約市的時代廣場（Time Square）安置一車的炸藥，炸死 30 多人。這些無政府主義的激進自由派份子，在當代幾乎就是恐怖份子的同義字。

由此可見這一類人物在當代西方社會的形象，皆被視為洪水猛獸。只是當時中國剛剛改朝換代，也對西方社會的動態，還不熟悉，對這些人及名詞相當陌生，沒有特別的感覺，故在此特先加以解說。

** 偏好以鄰為壑的「自由派」大善人

至此，無論改革思想是溫和或是激進，並不是本文重點。這裡要評論的是當今有一些「自由派」，不論是 Liberals 或 Libertarians，皆愛以大善人的姿態出現。他們假借堂皇的理由，急欲打破傳統或法規限制，以解決一件與公共大眾相關的事。這些行動看似偉大，但其結果則是以犧牲一部分人的權益，或社會長遠的的利益，去滿足一小部分人物的利益，甚至是為了他自己的名利。這一類的自由派還不如「鄉愿」，至少鄉愿還只是昏庸的好人。

這種「以鄰為壑」、從中取利的「自由派」，在美國、西方，甚至於新興的「民主國家」，比比皆是。反正事成之後，只對別人造成損害，自己可以名利雙收，又不負任何責任，所以這些「以鄰為壑」的自由派，廣為許多國家的政客所運用。而在美國及西方，這一類的自由派也是造成很多人，尤其是工人及社會低層人物只會鑽營福利，懶於工作，甚至造成社會道德低落的根本原因。這些偏離正軌的現象，已成為「民主政治」的缺點，也造成揮不去的隱憂。至於只有選舉的「民主」，由於欠缺文化的根底，亦造出許多愛說大話空話的現代自由派，不斷譜出荒謬的「民主現形記」戲碼。這類戲碼已超越東施效顰，多已落入沐猴而冠的地步。委內瑞

拉就是典型。

** 西方富有之後，才有「自由派」；其他國家仍需先有務實的「勤奮派」，才是正途

就以「英語不落日」的盎格魯撒克遜的國家來說，儘管受人批責為強奪豪取的帝國主義，但不可否認，他們早期能夠發跡，擊敗另一個「富強」的西班牙帝國主義者，還是靠著人民探險開拓以及勤奮努力的工作精神。早期維吉尼亞、麻薩諸塞或賓夕凡尼亞殖民地的殖民者，都是靠這種工作精神才能打造北美十三州，卻不是靠著現代自由派的激情而發跡。例如：

- 美國著名的海軍提督，培里（Commandant Oliver Perry，1785 ～ 1819），受命攜帶鉅額資金前往伊利湖區（Erie），建造軍艦以對抗英國海軍。他終能擊敗世界超強的英國海軍，首先就是靠廉潔，不貪挪公款為私用（為當代世界少有），然後就是他那冒險犯難、勤奮工作、發揮個人才智的結果。

- 1858 年，英國人 Henry Bessemer（1813 ～ 98）發明新式迴轉爐煉鋼法（Bessemer Process - Converter），為鋼鐵工業開創出革命的新時代，並讓英國的鋼鐵年產量從 1850 年的 6 萬噸（60,000 tons）躍增至 1900 年的五百萬噸（5 million tons）。他的成就完全基於勤奮工作、不斷開發創新的精神，才能有如此善果。

- 維多利亞時代，一位靠自己奮鬥而成功著名的企業家 Samuel Smiles（1812 ～ 1904），在 1859 年把自己勤奮努力的成功史，加上當代依

靠自己努力奮鬥的成功者（如：瓷器家，Josiah Wedgewood），編出一本當代著名的暢銷書，Self-Help（自助），勉勵大家勤儉務實、努力向上。這本書的內容也代表當代所謂維多利亞時代的價值觀，勤奮自立、誠信負責、家庭和睦、禮貌公德。

無論如何，實地打造「英語不落日」的人，正是許許多多的培里、Henry Bessemer，Samuel Smiles，卻不是那些到處爭取民權的激進自由派。因此，那些東方及亞非國家，包括：希臘，最需要的是仿習西方人成功、富有的骨幹因素：勤奮努力、開拓創新、誠信負責、清廉自持的精神，不應好的沒學成，卻競先仿習西方激進的自由派。至少，前者才應是社會的主流、國家才有希望進步富足。至於激進的自由派，何妨等到國家進步到富足安康的社會之後，再來不遲。

3. 新興民主國家的困境

** 難題之一，肯虛心學習西方之長者，不多

西方社會的富裕繁榮，不斷吸引東方、回教國家、亞洲及中南美洲的人民，並造成大量移民蜂擁而至。在這種情況下，難免發生一個疑問，為何這些國家不仿習西方的優點，進行改革，讓自己國家也變得富裕？事實上，北歐國家就是跟隨西方，有樣學樣，仿習而有成。或許有人會說，北歐國家和西方都屬同種白人，自然容易。這句話顯然不正確。果真如此，

那麼為何亞洲的日本、新加坡能夠成功？又為何同為白人，又同為基督教的俄羅斯、羅馬尼亞就不行？

目前世界上的難題是：為何西方以外的國家，多不肯改革現狀，仿習西方的優點，經濟民生？結果就是「富國恆富、窮國恆窮」的窘境。這些國家多是落後、專制的國家，他們沒有見賢思齊，學習西方，其原因固然很多，但多是下列原因，略述如下：

(1) 這些國家大多是既得利益所籠斷的專制政權。若真的去仿效西方、依法治國，他們的特權與利益，立即消失，所以根本沒有誠意去學習西方，更無意進行改革。

這種情況最明顯的實例，就是今日敘利亞的阿塞德（Assad）總統。敘利亞大多都是遜尼派回教徒，阿塞德屬 Alwaite（與什葉派相近）的少數派。在本世紀初，英法從奧圖曼蘇丹手中，取得中東地區的控制權。黎巴嫩及敘利亞屬於法國的勢力範圍。法國為易於控制敘利亞，扶植 Alwaite 派，進入軍中。後來在軍、政界的勢力日益擴大，終成控制敘利亞的少數族群，佔大多數人口的遜尼派，反而屈居被統治的處境。後來阿塞德的父親，獨裁統治敘利亞，當然，雞犬也隨之升天，不但 Alwaite 派續享優勢地位，他的家人親友也都位居要津。在此背景下，試問，阿塞德如何「民主化」？即使他本人有意，他的家人、親信、友人、同族，都萬萬不肯同意。因為一旦退讓，只消一次民主投票，一切既有的權與利，馬上消失，甚至退無死所。這就是為何敘利亞的阿塞德總統拼命握緊權柄，就是不肯鬆手，也不能

鬆手。而什葉派的伊朗，也極力支持阿塞德，不能讓他倒台。因此，敘利亞的困境，在可預見的未來，無解！

(2) 還有些國家在歷史文化及社會習性上，從來沒有西方人的教化與歷練，包括：最根本的律法道德、自治等文化背景，人民一向缺乏自律守法、自重尊人、誠信守序的習性。因此，這些國家自然不會變成洛克所說的民主社會。

這樣的說法，並不過份。今以美國各州與波多黎各做個比較。美國自十三州起，都是人民訂法自治，然後開拓出美國的五十州。波多黎各自始就處於西班牙總督的官僚高壓統治之下，人民只能做為順民，奉令行事。當美西戰爭之後，波多黎各歸屬美國。美國大致上以美國的民主方式，讓波多黎各人管理波多黎各。但由於缺乏民主、法治的文化與歷練，波多黎各的政經情況，即使在美國大力扶植之下，仍遠不如美國本土各州。

早在 1976 年，美國國會就贈予波多黎各極好的優惠政策，包括美國公司到波多黎各投資，可享受二十年的免稅優待。二十年後，國會才逐步減少此項優惠。若與亞洲的新加坡對比，新加坡的民主程度遠不如波多黎各，可是在獨立二十年後，在官民努力下，已成為亞洲的政治及經濟小龍。波多黎各在這二十年中，全體官民只知盡情享受優惠，沒想到如何自立，也沒學會美國人守法、勤奮的優點，卻學會很多缺點。即使優惠結束，波多黎各政府仍然花錢如流水，又因執法及監督難上軌道，很多錢被中飽私囊，結果自然導致財政收入嚴重不

足。當地政府的解決辦法就是發行政府公債，彌補缺口，然後繼續努力花錢。波多黎各政府採取這種便宜方式解決問題，到了 2016 年，終造成七百億美元（$70 billion）的政府債務，以及高比例的窮人及失業率。

波多黎各的「民主政府」在美國的強力支援下，其政經情勢都搞得一團糟，那些無法得到富國大力支援的國家，更難期望他們能靠自己的能力，改進革新，進入民主、富裕之境。中國古書說，干越夷貉之子，生而同聲，長而異俗，「教」使之然也。今日這些未經「教化」的國家，又不願自我磨練，實難脫離困境！

** 難題之二，能夠知己，走適合自己的道路者，絕少

西方是從商業社會起家。在人民日漸富足後，社會上的資產及知識階層，大幅增加。那些知識階層，擁有自主判斷的智慧與能力，不斷發展出嶄新的知識，包括：科學及民主思想。西方就靠這個階層，推翻專制王權，並從知識發展出民主法治的社會。換句話說，西方演進至民主法治，已不是僅在於改朝換代，推翻舊政權、換上新政權，而是依靠知識打造出一個全新的社會結構。

由此看來，西方的民主源自知識，知識來自知識階層，而知識階層則出自富足的商業社會。若更精簡的表示，即為：先有富足的商業社會，才有知識，然後才有民主。但無論如何，西方絕不是從農業社會，一步躍至民主，然後才變成富裕的商業社會。中國古書說：衣食足然後知榮辱、倉

廩實然後知禮義，就是這個道理。

　　但自二十世紀以來，尤其是二次大戰後，許多貧困落後的國家，無論是從西方殖民地獨立而出的新興國家，或久已陷入貧困落後的國家，都有一個通病，就是急著想跟上潮流，競相仿習西方的「民主」，期以早日跨入富強的民主仙境。在這些國家鼓吹「民主」思潮的政治家及學者自然很多。他們的誠意與熱忱，令人感佩，毋庸置疑。唯很遺憾的是這些國家，從印度、菲律賓，直到蘇聯解體後的各共和國，幾乎沒有一個轉型成功，始終無法變成與西方一樣的民主法治社會。

　　若將這些國家與西方成功的路線圖，即：「先有富足的商業社會，才有知識，然後才有民主」，做個對比之後，若用非常實際、卻不太中聽的話來解說，就是：民主是商業社會，具有充分知識與經濟能力的人，所進行的社會改造活動。在落後貧困的國家，商業不興，人民窮困，多以農業勉強過活，知識水準低落，還有高比例的窮人與文盲，只知順從權勢，向來不知法律的作用。以這樣素質的人民，實在難以立即當上主人，也不知如何當主人。「民主」對這類型的國家而言，實在屬於一種奢侈品。這正像孟子一書所說的道理：

　　「若民無恆產，因無恆心，苟無恆心，放避邪侈，無不為己；今也，制民之產，仰不足以事父母、俯不足以畜妻子，樂歲終身苦、凶年不免於死亡；此唯救死而恐不贍，奚暇治禮義哉？」

　　孟軻說出了實情，雖然冷酷，卻很實際。因為在任何一個落後貧困的

社會，大多數人的知識與見識都嚴重不足，更缺乏理解及判斷能力。以這樣程度的官民，卻指望「德先生」與「賽先生」入境，實施民主選舉、編訂法律、設立西方式的官府組織，再由學者高官大聲疾呼民主興國，期望如此就能達戚「民主」。這無非是緣木求魚，只是一廂情願的幻想。事實上，這種方式本身就已違反西方的成功之道，也沒有任何成功的先例，「德先生」在這樣的社會中，可以說毫無容身之地，終以失敗收場，自是當然。

這些國家在想要進行民主化之前，至少要讓人民先能足食足衣，然後再論其餘。這些落後國家實應先行發展工商、拓展經濟，包括：提升教育水準、獎勵投資、引進外資。俟民生到達小康之後，再談「民主」不遲。這才接近西方的成功路線。這樣的說法，一點都沒有偏見，重點應該在於「因材施教」，正像醫生對病人要「視病情而下藥」，卻不是天真的以為每個社會，都可用同樣的模子鑄出同樣的結果。

若從西方的民主理論而言，這些落後國家實在沒有本錢走洛克的路線，但哈布斯的學說卻相當實用。至少，新加坡就是很好的樣板。唯一的困難之處，就是在這些國家，清廉、公正、勇於任事的領導人物，鳳毛麟角，極難出現。

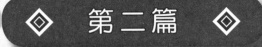

第二篇

面對西方強勢
文化的中國

十一

中國現代化的基石：師夷之長與知識份子

1. 琉球、台灣 vs. 直布羅陀、蘇伊士運河：中國應以世界眼光，面對世界

** 明清民國的帝王領袖，無視琉球、台灣地理的優越性，平白拱手讓人

　　近世經常看到海峽兩岸的人民，運用各種手段，拼命示威爭取台灣東方海上兩小時左右車程的無人小島釣魚台。這些人衷心守護中國祖產的情操，令人感動。若再回顧歷史，更會令人感慨不已。因為這一大片海面地區，包括琉球、台灣，正是中國出海大門口的兩扇正門，也是咽喉之地，本來應是歸屬中國的勢力範圍。不知怎麼搞的，二次大戰後，無條件投降戰敗國，日本領土的南端，竟然可延伸至戰勝五強國之一，「中華民國在台灣」的近海岸邊!? 這到底是無條件投降戰敗國，日本的神通廣大？或是戰勝五強國之一，中國的失策？如是中國的失策，又是如何造成失策？平白讓出了中國出海大門的咽喉?! 讓我們回顧一下緣由：

- **明朝時期的琉球、台灣**

明太祖自開國起，就厲行封關自守政策，嚴禁百姓出海，甚至連一片木板都不准出海！這就是中國大明開國皇帝認為最好的保國護民方法。以今日世界格局看來，會選用這種方法，就可看出當時中國皇帝的眼光及眼界，竟是如許偏狹短視。

當朱元璋之子明成祖當朝時，毫不理睬先皇的海禁詔令，下令建造巨艦下西洋。這正好顯示中國皇帝隨興而為的極端權力，連父皇的禁令都毫無約束力，遑論臣民，更不敢表達任何反對意見。這也是中國知識份子受制於皇權，難以盡情發揮的實情。到了明宣宗之後，認為造船出海是擾民苛政，又開始嚴行海禁。反正百姓只能順從上意，任受折騰。

太祖時，琉球王見明朝強大、值得依賴，上表進貢，以示隆情厚誼。明朝中期，日本薩摩藩進佔琉球，琉球遣使求助，大明朝廷未能相助，任令日本實質佔領琉球。顯然，昔時成祖建造的艦隊，沒有發生海防功效。人家英荷造船出海是擴張國力、發財富國之事，明朝連近鄰盟友，琉球，都保不住，結果自是白費工夫，令人扼腕。

明朝由於海禁封關，只有海盜以及謀生流民，不斷偷渡前往台灣。十七世紀時，荷屬東印度公司的船隊，能夠繞過半個地球，到達中國的大門口台灣，並以家鄉名建熱蘭遮及普羅民遮兩城。台灣就這樣成為荷屬東印度公司的殖民地。再次反觀成祖所建造的艦隊，不知功用為何？被視為擾民苛政，自是當然。

明朝君臣缺乏眼光，連大門口的台灣都無視其存在，平白讓給半個地球外的「日德蘭東印度公司」（還不是今日「荷蘭國」）。難怪封閉自大，

又缺見識、更無眼光的明朝終會亡國！

1644 年，滿清大軍進入北京，成為中國主人。民族英雄延平郡王鄭成功為長期反清，聽取台灣豪傑的建議，於 1661 年，率兵攻佔台灣，驅走東印度公司的殖民者。其實，這才是當時世界通行、合「法」的「弱肉強食、野獸叢林法」。

當時，世界各地，包括：英國、荷蘭、俄羅斯，都是服膺這部「弱肉強食、野獸叢林國際法」，合乎此「法」者生、逆此「法」者亡。只是中國皇帝久處深宮，受盡群臣奉承，目光短淺，只知權勢、不知境外的天下軍國大事。

• 滿清統治中國時的琉球及台灣

1683 年，施浪引領清兵跨海攻台，鄭克塽降清。此時，中國已被滿清連根拔起。當時的滿清皇帝康熙見後患已除，目標既已完成，就想放棄這個遍遠荒島，還要把居民遷回原地。幸而施浪尚有「國際觀」，力主保有台灣。還好，康熙好學又有見識，至少比朱元璋好多了，願意察納雅言，總算保住了這扇中國出海的大門 - 台灣。

因此，若非：

(1) 施琅的國際格局及遠見。

(2) 康熙帝不頑固己見、願察納雅言。

中國的出海大門，台灣，就不會屬於中國！從明清歷史觀之，台灣是否能在中國之手，而不是叫什麼「新西蘭」，全繫於皇帝及其親信大臣有沒有足夠的見識及眼界，而其餘官民全然無緣置喙，也不敢有意見。

琉球在清朝仍然心向中國，上表進貢，以表達長久的情誼。但滿清朝廷視琉球為偏遠海中之小島，從未加以重視。當日本自明治維新，成為新興帝國主義後，明目張膽併滅琉球，改稱沖繩縣。琉球愛國志士，一面奮起抗日（從琉球旗幟即知其堅貞情操）、一面向清朝求助。這時滿清國勢已衰，自顧不暇，何言相助？據說，琉球特使見攀交百年的上國，竟無能相助，憤懣撞柱，流血而死！

　　我們可以大膽的假設，這位特使在撞柱死前曾說：「中國負我！」今日我輩只能沉痛的安慰他的英靈：「非也、乃中國皇帝負汝也！吾等小民只能衷心祈願爾等子孫平安而有後福！」

　　台灣在甲午戰爭之後，又割讓給日本。自此，中國出海兩扇大門，琉球及台灣，全被日本所奪，中國船艦貨物進出海洋，完全掌握於日本手中，就像一串鐵鏈，牢牢的鎖住中國。

● 　二次大戰後的琉球、台灣

　　二次世界大戰，日本首相東條英機，決心偷襲珍珠港，引起美國參戰，最後日本戰敗無條件投降（還真感謝東條樣）。在華日軍全體向當時國民政府的蔣委員長無條件投降。依正常戰略思維，中國此時不但要索回台灣，至少應促成琉球人民自主，以補償中國明、清兩朝廷（這裡可沒說「中國人」）虧欠琉球人民的忠誠友誼。更實際的說法就是取得琉球的優越戰略地理位置。豈能輕易將自己的咽喉大門平白放棄？料想一般小老百姓都會知道這個觀念。

　　很不幸（卻是日本的何其有幸），中國當時主政者，在日本無條件投

降後，正如教科書中所說，引用儒家「以德報怨」的精神（註：孔丘可沒這麼說！論語中只說：「何以報德？以直報怨，以德報德」），不但沒有要求日本補償中國損失，甚至也沒有發言幫助琉球人的自主自決。當時，世界各地民族自決的意識濃厚，西方都讓殖民地自決、獨立。唯獨中國的領袖，不但輕易放棄咽喉大門，竟然還不顧百年盟友－琉球－的忠誠友誼及亡國之慟，連支持他們自決的聲音都沒有，一句都沒有，任由外強操縱琉球人的歸屬。最令人驚異的現象，還是戰勝國的英美都讓從前被征服的殖民地獨立自主，包括：印度、菲律賓；但一個戰敗國的日本，竟能繼續保有從前征服的「國家」— 琉球。當時中國主政者居然如此背離常理行事，已不只於維護日本領土主權的完整，甚至還在幫助日本繼續佔有殖民地，令人感慨！

　　以當時中國主政者這樣的見識及眼光，想要在關係曲折複雜的國際社會中出頭，甚或生存，顯然並非易事。首先，日本也從未表示任何感謝之意。再者，開此背棄琉球盟友的惡例，日後哪個國家敢依賴中國？如果琉球國早知會受忽視與背棄，自始就不必向明朝結交，不如早向日本輸誠，豈不省事？

　　時至今日，過去的也只有讓它過去。這一代的中國人應該知道必須擁有充分的見識及國際視野，才能立足於國際社會，不宜天真與短視。現在讓我們見識一下英國的眼光如後，可與中國皇帝領袖的眼光做個對比。

** 大英帝國願放棄所有殖民地，卻堅不退讓直布羅陀與蘇伊士運河

公元 1700 年，法王路易十四為讓他的孫子繼承西班牙王位，就和神聖羅馬帝國皇帝 Leopold 兵戎相見。新教徒的英國，為防阻法國霸權及天主教勢力，出兵協助神聖羅馬帝國。1713 年，英國大勝，並與法國簽訂 Treaty of Utrecht 條約。英國倒很大方，別的土地都沒要，只要求西班牙最南端，地中海入口，被英軍攻佔的一個小漁村直布羅陀。路易十四吃了大敗仗，反正又不是法國土地，英國又沒獅子大開口，路易十四就爽快同意。

　　後來的西班牙國王、群臣及百姓，心中自然不甘，自己也曾榮為老牌「帝國主義」的歐洲「白人」，怎能容英國在自己境內有個「殖民地」？故自 1713 年起，西班牙用盡手段，包括文攻武嚇，向英國交涉，極欲索回直布羅陀。英國卻是客氣有餘、禮貌周到，一切都好商量，就是不肯歸還直布羅陀半寸土地！更甚者，即使二次世界大戰結束，英國很大方的放棄印度、非洲、亞洲的大片殖民地，但對蛋丸之地的直不羅陀，仍是寸步不讓。

　　英國自早就經非官方管道表明，直布羅陀是用武力取得，還有條約為憑。您若有辦法，可用實力收回，不必白費唇舌。再對照中國的香港、阿根廷外海的福克蘭，對有實力者，英國自會讓步；沒實力者，英國能吃就吃，要談則可慢慢再談。事實上，這才是真實世界中，最實際的「國際法」，不是法學院課堂裡的國際法。那是西方人要求外邦人遵守的規矩，他們自己之間卻是擇其利者而用之。

　　蘇伊士運河，也是同樣情況。當英法幫土耳其蘇丹在克里米亞戰勝俄羅斯後，蘇丹王無力控制北非，就於 1882、1883 年，默許法國及英國

分別控制突尼西亞及埃及。英法又合作開鑿蘇伊士運河。至此，地中海東端及西端的交通咽喉都落在英國手中。二次大戰後，英國讓大片殖民地獨立，也很大方的讓埃及獨立，但仍堅持保有蘇伊士運河。1956年，埃及與美國交惡，美國中止援助埃及建造 Aswan 水壩。埃及總統納瑟，為了籌錢，立即於當年7月向「西方帝國主義」同夥的英國強行索回運河，收歸國營。英國願放棄印度、埃及，但對蘇伊士就是不肯讓步，先據國際法力爭。至少，英國是從「奧圖曼土耳其帝國」的合法統治者手中，和平受贈的產業。但納瑟才不管那一套，以沉船等自力救濟奇招封鎖運河。英國也毫不客氣，聯合法國在當年10月，從空中及海上，以武力強行收回蘇伊士運河。這就西方「國際法」之運作實錄。

直布羅陀與蘇伊士運河是地中海兩端的進出門戶，雖是立錐之地，對英國而言，具有咽喉生命線的地位，只要有一分餘力，無論是正理歪理，文攻武嚇，加上各種心機與手段與對手周旋，力爭死守，絕不輕言退讓半步，以免日後讓敵方鉗住自己的咽喉。以今日的地理知識，料想每人都會知道這個明顯的道理，不足為奇。

英國就是在於具有這種國際的視野與眼光，所以會成為日不落帝國。反觀中國明清以來的皇帝領袖就缺乏同樣的見識與眼光，難怪會讓中國從「中土」直直落入「遠東」。

** 從俄羅斯的擴張，看中國官民應擴大眼界，擁有世界眼光

十四世紀，中國在明朝朱元璋開國的時期，俄羅斯尚是臣屬於蒙古大

汗、只有莫斯科附近地區的一個小部族。但到明朝末年時，俄羅斯探險隊及其勢力已擴張到西伯利亞；到清朝末期時，俄羅斯已擴展成為橫垮歐、亞、北美的巨無霸。

1846 年，墨西哥至少還是經過美墨戰爭，戰敗後，才不得已割讓德克薩斯，新墨西哥的大片土地給美國；但在同時代的 1858 年，俄羅斯的遠東軍，只操演一下炮火，就讓清朝鎮國大將軍奕山，同意割讓烏蘇里江以東的大片土地給俄羅斯。當時的中國，就像墨西哥之於美國，任令俄羅斯的宰割。從地圖上即可看出，俄羅斯的勢力正用一把鎌刀，牢牢的掐住中國。在這塊原可屬於中國的一大片土地，竟然封死中國的東北，居然沒有一個出海口！

最令中國情何以堪的事，應是當代（十九世紀下半期）官民，即使知道割讓大片土地之事，絕多視之邊荒地區而無動於衷。特別是當時知識階層的讀書人或為官者，他們對苦讀經書、通過科考，或順從上意、以保官祿的關心，遠遠大於那片邊荒的土地。這個現象才是中國真正的悲情。同時也可顯示，當時中國官方及知識階層的見識與眼界，嚴重不足。

生活在二十一世紀的中國官民，在國際交流頻繁、競爭激烈的世局下，實應抱著「前事不忘，後世之師」的心態，從遠大的國際角度，面對世界新局。時至今日，西方文化久已籠罩世界，若想具有世界眼光、國際視野，首先就是要從認識西方著手。唯有如此才能知己知彼、事半功倍。無論如何都不應緊抱著自視為好山好水的家鄉後院，自我陶醉。因為另一個「小日本」或「俄羅斯」或「後金汗」，正在不知不覺中，醞釀成形！

2. 認識西方，知己知彼，才能擇人之優、趕上西方

＊＊中國第一次嚐到「師夷之長、反敗為勝」的勝利滋味

公元前 200 年，匈奴在平城擊敗劉邦。匈奴鐵騎，以白、青、黑、紅四色馬隊，四面包圍漢軍於白登山七日。幸得陳平想出妙計才得以脫圍。劉邦還得將自己女兒奉送匈奴謝罪。那些力主攻擊匈奴的大臣，認為勇猛無比的楚霸王都能打倒，那些蠻夷之邦的匈奴何足畏乎？顯然這些大臣實在是不知己又不知彼，只知好大喜功，終至喪師辱國，獲死罪自是罪有應得，但女兒何辜，平白送給匈奴人為妾室？後來才改以宗室女子和親，真是國恥之極！

楚漢相爭，不管楚霸王或韓信多麼勇謀雙全，皆以徒步作戰為主。當時漢軍的觀念與眼界，自然也僅限徒步對戰。當匈奴以四色鐵騎一舉擊潰劉邦、震懾漢軍，卻也讓漢軍開了眼界，原來這個樣子才叫做「打仗」。

到了漢武帝時，志在雪恥，仿習匈奴的優勢騎兵，還到大宛國獲取汗血馬，以備反擊。在不斷厲兵秣馬後，武帝終在公元 129 年，派衛青出龍城，擊敗匈奴。至公元 91 年（東漢），大將軍竇憲又大破匈奴。匈奴連夜遁逃，大漠南北不見敵蹤。漢朝能夠反思自省，願意師夷之長，精兵練旅，一雪前恥，實為知恥近乎勇的典範，值得後代中國人引以自豪，甚至驕傲。

很不幸，從此以後中國歷朝再度面臨胡人騎兵優勢時，已失去反思自

省、師夷之長的動力，致屢遭敗陣。尤其在宋、明兩朝，胡騎躍馬中原，如入無人之境，終至亡國。最令人不可思議的還是明朝已有宋朝亡於蒙古、金國的前車之鑑，但朱明皇朝再度面臨蒙古、後金汗的威脅時，卻不知記取前朝亡國鑑，精兵練旅以抗宿敵。最後再度亡國，百姓受害，夫復何言？！

** 原來實行古訓：「習人之長、見賢思齊」就可崛起！

中國自十九世紀的鴉片戰爭以來，在西方帝國主義的侵略下，飽受屈辱。自此，中國官民，無分上下，經常痛責西方帝國主義，直迄近日。

再回顧一下日本。日本在十九世紀時，也同樣遭受西方帝國主義的侵凌與屈辱。但日本受到美國海軍提督培里（Mathew Perry）一次屈辱之後，在愛國的先進知識份子主導下，促成「明治維新」，進行全面的改革。結果日本改革成功，還快速「升格」為新興帝國主義，擊敗中國、俄羅斯，甚至還有擊敗大英帝國的歷史紀錄。

顯然，以上這些故事在在說明，打敗仗並不可恥，只要肯知過而改進，終可再起並贏回勝利。至少，世界上沒有打不倒的拳王。中國古書多處曾說：過則勿憚改；習人之長、補己之短；見賢思齊、見不賢而內自省；知己知彼、百戰百勝；謙恭自牧；不恥下問；知恥近乎勇；三人行必有我師；……。這些話並不是什麼深奧的大學問，而是通俗淺顯的小道理，告誡後人要力行「有過則改、習人之長」，才會有翻身成功的機會。很不幸，中國歷代皇帝就是沒有用心思考古訓，自然也不會去實行這些小道理。既

然這些小道理都無法辦到，結果就是讓中國百姓飽受戰亂之苦達數百年之久！

** 若想趕上西方，始於認識西方

從中國古訓就可知道，今日與其花費時間、精力怒責西方，不如虛心學習西方之長，融為己用，俟自己的知識及文化羽翼豐滿之後，才能在世界舞台上與西方競爭。就怕藉由敵視心態，不肯學習西方之長，結果造成一知半解，或完全「不知彼」。在一場不知對手底細的競賽中，想要獲勝，絕非易事。

我們可以假設在漢朝盛世的時代，古時齊魯之地的山東人，他們自豪為齊、魯之後，有桓公、管仲，還出現孔孟二聖，人傑地靈，遠比陝西咸陽或江蘇沛縣那些邊區荒地的暴發戶，更要有文化多了。還有些山東人沉緬於昔日光彩，並感嘆今日身在漢朝的天下，齊魯聖地已被擠至東邊遠方，心中至為不爽。

但當時「天下」歷經秦漢數百年的演進，無論是典章制度，或習俗文化，早已進化為漢朝盛世，遠非昔日古齊魯之地的文物所能比擬。這時的山東人若想在當時的「天下」，闖出一片天地，讓天下人，包活那些咸陽人、沛縣人，能夠敬佩「山東人」，最好的辦法是讓山東子弟積極學習漢朝文物，以利爭雄天下。簡言之，就是「師漢以制漢」，方為上策。絕非困居山東，閉門痛責秦國暴政亡齊魯、身在漢室無出路，鎮日陶醉於祖傳的齊魯文物，卻任由他人橫行天下。

更甚者，若持仇外心態，要求子弟只習齊魯文物，拒習漢朝文物，那才是典型的封關自閉政策，侷限自家子弟於井中，卻盡讓別人家子弟飛黃騰達，傲視那些山東自滿佬。從這個假設的故事即可推論，認識及學習西方文化，是追趕西方的最佳捷徑，卻非閉門造車、自得意滿。

唯一應該注意的是西方文化並非十全十美，西方籃子裡的東西並非都是仙丹靈藥。即使是仙丹，也得查驗是否適合中國的體質，不可照單全收、囫圇吞棗。因此，還是先要深入了解西方文化，然後才能去蕪存菁、擇其優者而用之。無論如何都不是讀一些西方皮毛知識，只見到西方文化閃亮的表面，就倡言西方的普世價值，冒然仿習、全盤移入，後果自是堪憂。

以中國今日現況，面對明日世界，中國實可不必帶著過去受氣的包袱，盡以痛責西方帝國主義來安撫自己。相反的，中國實應虛心學習西方文物，認識他們的的成功之道及失策之處，對自己才會有實質的功效。

** 學經商，應看王永慶的成功史；強國夢，自應認識西方的發達史

就現實而言，今日世界在學術、思想、制度、文化等各方面，仍是由西方，尤其是盎格魯撒克遜的英美文化所籠罩。任何國家，包括中國，若想只靠本國歷史文化的背景，就想去應付今日複雜的國際社會，實嫌不足。因此，中國若想要參與國際事務與競爭，實應充分認識西方的歷史文化，才能知己知彼，「師夷以制夷」，讓自己立於不敗之地，甚至站在上風。為達此目的，最好的方式，應是在學校的教育課程中，加強介紹西方歷史與文化的份量，才是正途。總不能光靠請客吃飯、打幾場高爾夫，就

足以知己知彼，縱橫國際社會吧！

西方歷史在中國學校的歷史課程中，份量並不多，而且許多事件的解說不夠詳盡。當學生畢業，從事國際、政事、改革業務時，若僅依靠學校課本的知識，不但知識有限，且會因文化差異而在認知上，造成偏差與不明。若以這種資訊做出的判斷，很容易引起誤判，甚至遭外人冷眼以對。

今日世界絕多人視美國為首的西方，為富裕、民主、法治、平等的國家。其實，若細讀其歷史，認識其社會變動後，就不會繼續抱持這種觀念了。別忘記西方人是靠商業社會起家，因資產階層及資本主義的發達而興盛。這些資產階層，包括：佛羅倫斯麥迪西家族、德國富哥家族、美國南方棉花業主、鋼鐵大王卡內基、石油大亨洛克菲勒，還有那些煤礦業主，並非靠童叟無欺、善待員工而致富，多屬壓迫勞工、巧奪豪取的方式而發跡。外人只見這些業主、大王的風光，看不到在煉鋼爐旁與礦坑底下那些工人無依無助的苦況。這就造成社會的不公與不義，並盛行於從前的美國及西方社會。這些資產業主本身並不會突然之間「愛鄰居」，待勞工如己，而是經過許多人道主義者、社會公平思想者的奮力爭取，才達到近世所謂法治、平等、富裕的社會（尚不夠好，但比東方俄羅斯那些國家要好多了）。美國（及西方）社會能從壓迫勞工轉變至近日社會的過程，還有經濟、政治、文化各方面的變遷，都值得中國學子有個正確的認識。這樣才是最好的知己知彼之道。

今日中國校園非常的重視「英語」，還為加強學習這個洋文，特來一些鑑定、檢測、演溝比賽⋯⋯。其實，與其費盡移山力氣，只顧追求一

些盎格魯撒克遜的皮毛，何不教導學生進一步認識英美及西方社會追求平等、法治、公義、民權的奮鬥史？至少可以將這些資料做為學生選修，或補充教材，甚至當作課外教材。這對期望進入現代化的中國，無疑是最好的識前訓練，還可凝聚最大的共識，極有益於改革的推行。

英語教學在中國，多成考試得分的工具。既不能幫助學生聽、讀、寫之能力，亦不能讓學生從教學中認識英美文化特色。若學校能增加上述有關英美西方的文史課程，除能提高學生對英美文化的認識，更可提高學生學習英語的興趣，一舉兩得，何樂不為？

3. 辛亥革命：一個不同於西方、沒有知識份子介入的「光榮革命」

** 西方的「革命」

西方能從王權至上轉變成民主、法治，若用最簡潔的話來說明，那就都是靠知識份子發展而出的新思想，加上民權革命而完成。

無論是十七世紀英國的清教徒革命，十八世紀的美國革命，十九世紀的法國大革命，甚至列寧領導的十月革命，都是革命者以武力擊敗王室，甚至誅殺帝王後，才將政權從帝王手中轉至民間。但在這些革命之前，早有知識份子紛紛發表重視民權及人性的思想學說，並在社會廣為流傳，造成改革及革命的思潮，最後才由革命家率兵起義，推翻帝制。這些革命家

本身，就是具有新思想的知識份子。

例如，美國及法國大革命之前，英、法的大思想家，包括：盧梭、洛克、孟德斯鳩，早就把民權思想散播於知識階層，並在社會上形成巨大的潮流與共識。再如美國獨立革命前，Thomas Paine 寫出一本《常識，Common Sense 》的小書，廣受殖民百姓歡迎，銷路暢旺，改變人民盲忠英王的迷思，還凝聚抗英共識，直接促成美國的革命。

十六世紀的宗教革命，新教貴族能反叛羅馬教會及神聖羅馬帝國成功，也是靠馬丁路德、易拉摩斯這些知識份子的新思想，四處散播，形成思潮、造成相當的共識而獲得成功。即使東方俄羅斯的十月革命，也是靠西方思想家馬克斯的學說，以及俄羅斯歷代知識份子傳播沙皇及東正教會的腐敗，才會發生革命。

英國著名的光榮革命，實因英國的新教知識份子，對詹姆士二世恢復天主教的行為，非常不滿。在推翻國王的共同思潮下，英國新教貴族密通荷蘭領主威廉王，率荷蘭兵入境，擊敗並放逐詹姆士二世之後，打造出新教徒的威廉 - 瑪莉王朝（William III & Mary II）。因詹姆士二世一戰即潰，只有雙方軍人傷亡，百姓未受波及，亦無死傷流血，故特稱這次革命為「光榮革命」。

由此看來，若沒有前述西方知識份子及他們的民權學說，西方就不會發生爭取民權的革命。最多只會造成國亂民困，產生以暴易暴、換湯不換藥的朝代更換。易言之，西方的民權革命，實為：先有知識份子的思想及學說，造成社會共識，才讓武裝革命水到渠成。

** 辛亥革命，滿清隆裕太后賜給中國百姓的另類「光榮革命」

1912 辛亥年，武昌起義，是為中國推翻千年帝制之始。在起義之時，滿清皇室手邊還有滿腦袋效忠皇上的新軍。這批新軍對付洋兵或恐不足，但對付「叛軍」卻遊刃有餘。

對當時的滿清皇室而言，只要想到英、法的革命，國王都是死於革命軍之手，加上滿清自始就以劫掠明邊為主業，入主中國又把朱明皇室，悉數抄殺。若讓革命成功，下場自是不堪設想。因此，對當時的滿清皇室而言，平定「叛軍」才是最好的選項。反正都是中國軍兵及百姓傷亡，無傷滿清皇族一人，背水一戰、理所當然。即使無法一口氣平定「叛軍」，至少可以討價還價，爭得優厚籌碼。

這時只有三歲的皇帝傅儀，由隆裕太后攝致。隆裕太后是位婦道人家，雖沒讀很多的書，卻也知書達禮，痛責自己同族親貴賣官鬻爵、敗壞國事。至此，隆裕太后決心退位，並力拒滿族親貴反對讓位。她在退位詔書明言（改寫為近似白話文）：

「不忍為一姓之尊榮，啟動戰禍，荼毒百姓；為保全百姓生靈，願讓出權力」

但她退位並不是沒有條件的，她唯一預設的條件就是詔書中所說的：

「將統治權公諸全國人民，成為共和立憲國體，達成天下為公，愛護庶民之誠意」

難怪中國偉大的革命家，也主張「天下為公」的孫文，對太后愛撫

百姓而讓出政權之舉，大加讚揚。因此，在武昌起義後，只憑隆裕太后讓位之決心，就在短短三個月內，沒有任何軍事對抗就迅速完成「推翻」中國數千年帝制的不流血革命，過程迅速而和平，甚至遠勝於英國的光榮革命。

** 清末知識份子無人也無法倡導民權，自難發生民權革命，

　　從上述事實看來，辛亥革命顯然與西方的革命，包括：英國的光榮革命、美國與法國的革命，甚至於俄羅斯的二月及十月革命，大不相同。若不是隆裕太后自動讓位，而是下令新軍南下「平亂」，只憑辛亥革命軍的武力，不太可能夠擊潰清政府的新軍，然後一路北上，各地官民四處響應，讓革命軍直攻北京，俘獲傅儀及太后……這種結果在當代滿清皇室統治下的中國，是不可能的事。

　　在此提出辛亥革命不同於西方革命的重點，並不在於是否以武力推翻皇室，而是說，辛亥革命並沒有像西方一樣，在革命之前，由先進的知識份子把民權思想灌輸給社會大眾，在社會中釀成共識，導至革命、推翻王室。就是因為這個差異，致中國官民的思想觀念，並未因辛亥革命而產生大幅的變化。更糟的反而是和平讓位，卻讓滿清朝庭的原班人馬，幾乎沒有什麼改變就轉至民國新政府，或續存於社會。唯一不同的，只是頭外的辮子給剪掉了，但頭裡的思維，幾乎仍然照舊，並沒有因革命而改變。

　　這一點就和英國的光榮革命，趕走詹姆士二世及其親信大臣，代之以荷蘭來的威廉三世，並由新教份子掌權，並不相同；而且和明治維新也大

不相同，那是維新志士與明治天皇，聯合以武力的「革命」方式，推翻掌握政治實權的德川幕府，然後改由維新志士當權，全面推動改革（可參考第八篇，第 2 節，日本與新加坡的成就簡述）。兩者都是在革命、維新之後，官府、人心全面改觀。

讓我們例舉下列明顯實例，說明即使辛亥革命後，中國官民的思想觀念，仍然照舊並無改變：

相對於隆裕太后「讓位共和、保全民命，達成天下為公」的胸襟，民國第一位大總統袁世凱，居然奪位稱帝，其投機竊國之行逕，直令後人恥之。後來的北洋政府，軍閥、獨裁領袖，都在爭權擴勢，欺壓百姓。這些革命後的當權新貴，顯然沒有任何民權思想，才會如此猖狂。他們甚至更無一人符合隆裕太后退位的唯一條件與美意：「將統治權公諸全國人民」；也就是說，這次革命並未達到西方民權革命的結果。

不只於此，民國以後，居然還有張勳復辟，留起辮子，極思恢復滿清帝制的統治。這還真讓後金汗父子，努爾哈赤與皇太極樂不可支，盛讚這些朱明皇朝調教而出的「奴才」，果然忠於事君。

更明顯的實例，就是辛亥革命，推翻千年帝制達半個世紀之後，國民政府竟能寫出標語，公開把「領袖」放在「國家」之前，卻讓「榮譽」殿後。這並不在於批責，而是表示當時社會的思想觀念，顯然仍是毫無民權思想，更無民主的跡象。

這些事件充分顯示，西方的民權思想並未因辛亥革命而流行於中國。當代中國的知識份子當中，知道民權思想的人，其實寥寥無幾（可能只有

孫文及一些極其少數的人）。當權的政治人物更不會有民權觀念。造成這個現象的原因，無非是數百年來，明清兩朝的封關自閉政策，讓中國沒有機會與西方交流，西方盛行的民權思想也未能引進國內。直到清末，中國的讀書人仍以考試作官、入仕忠君為人生的主要目標，從來沒有、也不敢有民權的思想，因為那是大逆不道之事。「忠君效命」、「效忠領袖」，才是當代社會的常態思想，也是中國官民至高的「道德」標準。「張勳復辟」正是從這個「道德」標準而產生。

以清末時期的皇權專制與高壓，中國境內根本不可能有任何人宣揚人民的權利。只要看一下，清末六君子在 1898 年，還只是談論「君主立憲」，即遭處死，遑論宣揚「民權、民主、革命」？所以歸根結底的說，辛亥革命之前，並無民權、民主的思想，流行於中國社會；清末更非靠民權風潮讓全國義士奮然而起，軍民同心、推翻帝制。既然無因、當然不會有果，故民權、民主思想在辛亥革命之後，自然不可能流行於社會。這就是說，辛亥革命雖是一場不流血的「光榮革命」，卻不同於英國的「光榮革命」，也不同於西方的民權革命。

** 中國的知識份子與西方的知識份子

有些人曾說，都是因為民國初期的獨裁奪權者，如袁世凱，才讓中國不能進入西方的民主殿堂、民權樂土。這一類評語聽來似乎沒錯，但並不正確，實為倒果為因的說法。事實告訴我們，民初以來所有的當權者與軍閥，都同樣是專權謀私，罔顧百姓，毫無重視民權、以民為主的跡象。這

顯然並非只壞在某一位專制的當權者，而是在於中國千年帝王專制的傳統及觀念，並未因辛亥革命而減少，仍然盛行而健在，亦即：

因為：民權思想並未流行中國，

致使：專制傳統與觀念，仍然健在，

所以：才會有這麼多的軍閥與獨裁者。

但絕非因為：出現「袁世凱」這個軍閥或任何一個獨裁者，所以：阻礙了中國的民主道路。即使換個當權者，或再換一個，他們的觀念與思維仍然一樣，照樣獨裁專制，照樣阻礙中國進步發展之路。

要證明這一點，非常容易。只要回顧一下英國的光榮革命，當代的英國知識階層的官民，經克倫威爾的革命，以及許多新教思想家（包括：洛克）的思想洗禮後，都已擁有充分的自主及權利思想，沒有盲目效忠一個主子的義務。當詹姆士二世（1685～1688 在位）登上王位，不但想擴張王權，還想恢復天主教的地位。這時，幾乎所有的知識階層，包括國會對立的兩黨，一致起而反對國王詹姆士二世，還引荷蘭兵入境，聯合趕走國王。如果辛亥革命時，中國知識階層的官民，也有像 1688 年，英國官民同樣的自主與權利觀念，不但袁世凱不會有稱帝的念頭，軍閥也難以出頭，連蔣介石都不可能獨攬大權。

說到這裡，可能還有些讀者不敢苟同。沒關係，讓我們再繼續看一下光榮革命後，荷蘭領袖威廉三世入主為英王。他率領荷蘭兵，大舉入境，擊潰英王詹姆士二世的英軍，已實質佔領英國，倫敦到處都是講荷語的荷

蘭兵。即使如此優勢情況，威廉三世不但不能「征服」英國，還受國會那些手無寸鐵的議員之氣，多方限制國王威廉三世的權力，甚至連國王的收入、王位繼承都要受到這些議員的擺佈。顯然，這位「荷蘭王」率領眾多荷蘭子弟兵，能一舉擊潰英國正規軍，卻難以應付這些代表英國知識及資產階層的議員。這些議員本身，並無實力也不可怕，可怕的還是那些議員身後的支持者——英國的知識及資產階層。

且讓我們再看一下大約同期，明朝的亡國故事。公元 1644 年，吳三桂引清兵入關，在一片石擊潰李闖王，滿清辮子大軍揮兵進入北京。大家都知道，一旦進門就不肯走，還要當中國的皇帝。當時「滿清國」的人口，相對於中國，遠小於荷蘭人與英國人的比例。即使這麼少數的滿清兵進入中國，卻能牢牢的控制中國；但英國即使滿街荷蘭兵，卻絲毫不受荷蘭的左右。

當清兵進入北京，依清史記載，「百姓焚香跪迎」，多爾袞（才三十多歲）進朝陽門，「故明眾官，俱拜伏呼萬歲」。雖然這也許有些誇大，卻也顯示許多實情。同在十七世紀，英國能利用外兵入境，幫助自己除害而興國；明朝的中國卻被外兵輕易控制而亡國！若用簡明中肯的話來說明，就是當代英國知識階層的官民，都有自主意識，不會輕易受外人左右；而當代明朝知識階層的官民，早自朱元璋開國起，就被訓練成為：以順為正、卑服上意的順民。故當滿清大軍入境，強行當上皇帝，臣民也照樣馴服上意「俱拜伏呼萬歲」，失去了自我。試問，哪一種人民對國家有利？答案已很清楚，反正是：後福後禍自取之也！

從這些因果事實看來，我們可以肯定的說，國家社會的安危與進步，並不在於是否有天縱英明的偉人，而是繫於一國的知識份子，是否能發揮才智，貢獻社會。若用適切的中文來表達，就是明朝大儒顧炎武所說的：天下興亡，匹夫有責。他說的「匹夫」，就是指像他這樣的「知識份子」，關係到國家的興盛與滅亡。

在明朝時代的西方，正是依靠知識份子的才智，突飛猛進，快速超超中國及其他文明古國。朱明皇朝則視讀書人-知識份子-如犬馬。甚至連備受後世敬重的大學問家王陽明，在朝廷百官前，都遭廷杖處分（棒打屁股）。由此可見當代知識份子在皇權天威下的份量，何其卑微，遠不如伺候皇帝起居的宦官。西方依靠知識份子而興，明朝壓迫知識份子而沒落，令人感嘆。既然知識份子有如此巨大的影響力，讓我們在後面繼續觀察一下中西雙方的知識階層。

4. 西方由知識份子所打造，知識份子才是國家進步的原動力

** 西方知識份子的特色

蠻邦西方就是靠著先進的知識，開創現代文明。西方的知識成就，絕非依賴教會的神啟，更不是靠著帝王領袖的英明指導，全是由西方知識份子所打造，包括：阿奎那、但丁、達文西、哥白尼、牛頓、馬丁路德、喀

爾文、笛卡兒、洛克、盧梭、康德、富蘭克林、亞當斯密、達爾文。事實上，西方人的進步，不只光靠一些啟蒙大師來指點迷津，而是靠著社會上各行業及各階層的知識份子，互相啟發、志業相承，做出全面性、各方位的均衡發展。各色各樣的知識份子都會對社會產生同樣、卻不同程度的貢獻。除了上述幾位著名的啟蒙大師，讓我們隨手看一下普通的知識份子，只基於其本份的專業，照樣能對國家社會做出很大的貢獻：

(1) 1854 年的克里米亞戰爭（Crimean War）時，英國 London Times 報社的記者 William H.Russell，至戰地採訪時發現：軍官都不珍惜士兵的生命；軍官職位多由貴族價購而來；官大特權就多。例如當時英國駐土耳其大使，就有二十七個僕人照料起居，但大使館旁的傷兵場，佈滿哀號的傷兵，乏人照料。Russell 是第一位戰地記者，他把親眼見到的事實不斷轉回報社，報社將戰地實情經過報紙發佈後，社會震驚、民情激憤。連身為國家元首的維多利亞女王都深深不以為然。這時英國內閣的戰爭部長 Edward Cardwell，運用民氣，敦請女王出面，廢除貴族可以買官的特權，同時把軍方直接歸屬戰爭部管轄，完全處於政府的監督及管理之下，再也不是無人監管、權官為所欲為的天堂。此舉大幅消除軍方的封閉、僵硬與自滿。軍方經過這次改革後，一舉一動皆暴露在部會首長及議會的視線下，接受軍規及法律的約束，不敢逾越。軍方雖受戰爭部及國會的監管，但在英國分工及分層負責的習性下，軍方的軍令指揮系統並不受影響，照常運作，而軍方的封閉與腐化，卻因開放透明而得以不斷改進革新，促成軍事體制的

效率與現代化。

不只於此，前往克里米亞救助傷兵的護士南丁格爾，對英軍以及世界的貢獻，已不必在此贅言。她非學識淵博的大師，至多只算社會中普通的知識份子，但她的成就與影響，遠超過許多國家的大人物。

(2)　鴉片戰爭後，英國在 1861 年，派其廈門領事館的的官員 Robert Swinhoe（1836～1877）到台灣高雄擔任領事館的館長（當時尚稱「打狗」，這個英國領事館至今仍然健在，建築別具風格，供人參觀）。他受達爾文及當代研究生物風潮的影響，自小就對生物極有興趣。他到中國後，趁公餘時間，細心研究廈門一帶的生物；到高雄後，更是熱衷於研究台灣的生物。他在台灣四處旅行，考察動物及鳥類的生態，做出詳細紀錄，送交大英博物館、英國鳥類學會等，學術及雜誌發表他的專業論文。他還在 1871 年發表中國鳥類目錄，做出完整而有系統的科學分類，是一份重要的學術著作。他還因此而成為英國鳥類學會的榮譽會員。

現在要說的，不只在於說明英國擁有如此熱心研究學術的官員，更重要的是由此可知當代英國已有非常健全的知識研究機構與強大的支援體系，這個巨大的知識追求網路都是由眾多的 Robert Swinhoe、達爾文等人，一點一滴打造，互相支援、啟發，然後產生更多的成就。

以上簡明實例足以說明，知識階層中的各類人物，只要肯用心於自己的專業，發揮才智，都可對社會的進步做出很大的貢獻。也就是說，無論

是牛頓、William H. Russell、南丁格爾，或官員，如 Robert Swinhoe 者，都可做出各種不同的貢獻。其實，牛頓、達爾文、洛克、亞當斯密這些醒世大師也不過都是從 William H. Russell、南丁格爾、Robert Swinhoe 這些知識份子中出身，人人都在盡其專業的本份，只是他們的成就與影響力較為廣大深遠，普受人知而已。若用馬丁路德的名言來說明，就是：一棵樹禮敬上帝最好的方式，就是好好的做一棵樹。有的樹長得美麗優雅，可供觀賞，有的高大可供遮陽，有的粗壯可做家具，所以，樹只要做棵好樹，自會有其貢獻。

** 西方靠知識而興，中國也要靠知識份子開創將來

　　西方以外國家，包括中國，則因知識份子受困於體制，難以出頭，知識自然落後。鴉片戰爭其實就是一個雙方知識份子的對決。當英軍由英國知識份子創造出來的蒸汽機、船艦及槍砲，跨海而來進攻廣州時，清朝的軍隊仍以遠祖所用的刀箭為武器。鎮國將軍奕山，為防禦英軍炮火，據說將糞尿撒在城區街道，認為這樣就足以克制藩夷的火砲。由此可知當時中、英兩國知識水準的差距。顯然，中國明清時期的知識份子，其聰明才智都沒有妥善用於國家發展的正道。

　　在今日西方文化籠罩下的世界裡，中國若想脫穎而出，與西方並列，自然也要靠知識份子為後世開拓新局。這說法自是毋庸置疑，但中國的知識份子仍然遭遇到許多障礙，難如西方知識份子揮灑自如。讓我們在此特別列舉一個明顯的實況如後。

** 很多知識份子仍習於追隨權力，缺乏就事論事、坦然而言的風格

無論是前面說過的西方啟蒙大師，或一般知識份子，諸如 William H. Russell 及南丁格爾，都是存在於民間，不屬於王權統治體系之權貴，也不是羅馬教會的當權教士。這些民間知識份子沒有受到統治權勢的壓力、亦不受其影響，故可憑自己的知識良心，就事論事做出結論，打造出西方文明的盛況。

但在東方的俄羅斯、回教的土耳其，還有中國，這些帝王專制下的知識份子，就沒有這麼幸運了。就以中國為例，無論漢唐、宋明，那些打造中華文明的先賢，包括：蘇秦、叔孫通、董仲舒、歐陽修、蘇東坡、王陽明、湯顯祖、紀曉嵐、曾國藩，幾乎全部都是在朝做官的知識份子。知識份子一旦在朝為官，領取公糧，成為統治網的一份子時，自然就要服從政令，不可偏離上意。若不滿官場及政令，只有辭官歸故里。依此背景看來，中國的知識份子，其發展及成就自然受限。不過，這尚不是最糟的事，還有一種更不好的現象，特說明如後：

中國的知識份子自古以來，尤其是歷經明清兩朝的文字獄，不但早已習於盲目追隨自己的主子，還把「忠君」視為道德的最高表現。最明顯的實例就是中國推翻滿清帝制後，仍有許多前清的高官知識份子，繼續追奉滿清皇室，以示忠心。這些人只記得孔孟說的「忠於事君」，卻疏忽了孔孟所告誡的事君之道，包括：「大臣者，以道事君」；「忠焉，能無誨乎」；「行己有恥」。

從明清文字獄，或明成祖誅方孝儒九族的故事，我們可以了解中國的

知識份子，只有順從當權者不得已的苦衷。在此背景下，雖說不可冒犯主子，但知識份子也不宜為了權位而一味逢迎主子，甚至追逐權勢，還引用論語，「學而優則仕」的古訓為自己做官謀權的辯護之詞（可參閱第十二章，中國的知識份子－讀書人；第5節，從郢書燕說看「學而優則仕」）。至少仍應站在專業知識及學術立場，就事論事，才是正途。很不幸，這說起來容易，做起來卻不容易。讓我們避開中國的例子，使用俄羅斯及美國舉出實例做為榜樣，以利說明：

1930年代，蘇聯在史達林當權時，全面打壓基督教東正教會。位於莫斯科紅場，有一座壯麗的 Basil's 大教堂，舉世聞名。史達林決定將此代表俄羅斯文化的教堂拆除，夷為平地，以便新型武器坦克車，能夠直入紅場，參加閱兵。在史達林的恐怖統治時代，沒人敢表達任何不同意見，以免冒犯史達林。這時，只有一位莫斯科的建築藝術家 Pyotr Bananovsky，不顧遭受處死的危險，直接向克里姆林宮的史達林發出一份電報，力陳應該保留這座教堂，不但具有藝術及歷史意義，且與消滅教會餘毒的政策並不相斥。史達林知道這份陳情電文後，幾經考量，終於回心轉意，不再拆除這座教堂。Bananovsky 冒瀆天威，仍被極端派的嘍囉捕捉，入獄五年之久，卻為莫斯科保留了文化古蹟與美麗。Bananovsky 就是前面說的，無需反對當權者，卻能本著藝術文化的良心，坦誠表達其專業意見。他的良知與勇氣，實可做為知識份子的典範。

至於違背專業知識的良心，刻意逢迎主子的知識份子，無分古今中外，多如牛毛，不勝枚舉。明末的阮大鋮（1587～1646，還是進士的劇

作家）就是典型，尚不值得在此白費筆墨。就以文明先進的美國來說，最近當選的第 46 任總統 Donald Trump（2016 年獲選），就職後，不同意地球暖化的事實，還退出巴黎世界氣候聯盟會議。他是一切為選票及名利考量的政客，放言高論，漫無標準，更無需原則。但就是有些知識份子為獲得閣員官位，曲從附和他的意見，卻不是從專業的學術知識，提出證據來支持他的意見。這一類知識份子如果太多，拉幫結派，形成氣候，對國家的文化及知識發展，自會造成損害。

十二
中國的知識份子：讀書人

1. 中國讀書人─成也蕭何，敗也蕭何

** 讀書人：中國文化的中流砥柱（成也蕭何！）

　　早在漢、唐時代，中國已發展出非常優異的文化，成為世界僅有的幾個文明古國之一。這些耀眼的文明，絕多是由中國的知識份子 ─ 讀書人，也是在朝廷任官的「士大夫階層」所發展而出的文化。

　　中國自古以來，社會就分成士農工商四個階層。知識階層就是士大夫階層，都是出自「讀書人」。自隋朝開始，都是經過科舉考試，再進入皇帝龐大的官網體系擔任官職，包括：巡撫、總督，直到縣令，以協助皇上管理全國政事與人民。自此，中國的知識階層開始皓首窮經、全心專注科舉考試，但求中舉為官，效忠皇上，當然也包括：安邦治國平天下。在古時中國的農業社會，科考為官也是中國知識份子唯一的出路。

　　這種「科考為官」的現象，中國的學者常愛引用「論語」中的話：「學而優則仕」，做為依據。看來符合聖訓，有根有據，故廣為讀書人所服膺。這在中國社會也早已視之當然，形成社會正軌，毋庸置疑。

　　中國的科舉制度，始於六世紀末的隋朝。說來也很奇特，隋朝開國

皇帝隋文帝，就是避免朝廷官員全都是來自權貴世家，所以為了讓一般人民也有機會進入統治階層，才設計出科考取士的方法，廣招天下賢士。這對中國文化的發展，自然產生極大的影響。這種擴大人才來源、機會均等的觀念，毫無疑問的是一項了不起的革新創舉。不過，凡事有利必有弊，科舉的弊端就是侷限中國知識份子的思想力，僅在於四書五經的範圍，無法、也無意去拓展其他方面的知識。

世界上沒有一次改革就可永垂不朽，而是需要不斷的後續改革，才能應付變化多端的世局。但不幸的是在中國龐大的皇權官網統治體系之內，包含各種利益團體及沉重的官僚積習，任何改革措施都會受到嚴重的阻礙，不是議而不決、胎死腹中，就是虎頭蛇尾、不了了之。科舉制度就是在沒有後續的改革動力下，一直延續直到二十世紀的清末，才告中止。

** 從西方快速進步，對照明清讀書人（敗也蕭何？）

明朝在 1368 年開國，是為洪武元年。這時正值義大利的文藝復興初期。英國正是英王愛德華三世（Edward III，1327 ～ 1377）當權時的百年戰爭時代，接下來就是玫瑰戰爭。

直到 1485 年，亨利七世（Henry VII，1485 ～ 1509）結束玫瑰戰爭後，英國才有和平，並從穩定中開始發展。約在同時代的 1450 年代，德國金匠谷騰堡，發明活字印刷機，從此加速西方文化及知識的傳播及進步。

這時的中國，正值明憲宗（成化，1465 ～ 1487）在位。當代明朝經其昏庸父王明英宗（正統，1436 ～ 1449；天順，1457 ～ 1464）的土木堡

之變，被蒙古鐵騎一戰而潰，坐地受俘後（1449，正統十四年，約在谷騰堡發明活字印刷機之時），國勢已不如從前，加上憲宗迷信僧道，又寵信宦官汪直，朝廷中的官員皆須聽命汪直，朝政敗壞，正義官員大批受捕入獄，甚於英宗。明朝也日漸衰落。明朝時的知識份子，既是讀書人，也是朝廷官員，在朱明皇朝的奇形高壓統治下，受到無情的壓迫與摧折。做官的知識份子還敵不過皇帝身邊的宦官。因此，保全性命的生存方式就是沉默而隨波逐流。這就造成明朝官場不是逢迎權宦，就是暮氣沉沉。像王陽明、顧炎武這樣能專心展現自己思想及志節的讀書人，在明朝這種環境，非常不容易。

　　十六世紀起，英國以及蠻邦西方的文化水準，在各國知識份子不斷的探索下，飛速進步；而明朝的讀書人，只能在高壓腐敗的政局中，如履薄冰的過日子。再經過三百餘年後，當年的英格蘭蠻邦人已成為世界文明的先進領導，還造成：英語不落日、大家說英語。而中國的明朝則因持續腐化，終在 1644 年（正通英王 Charles I，1625 ～ 1649 在位），亡於滿清。滿清後來也是因為腐敗落入衰退的宿命。眼見西興中落，思今撫昔，著實令人感慨。

　　造成中西方差異的根本原因是：西方的知識份子有一個良好的發展環境與機會；而中國明清兩朝的知識份子 ─ 讀書人 ─ 不但受限於科舉考試，甚至還得面臨文字獄的皇權壓迫，發展自然受限。這是中國知識份子的無奈，也是中國的悲情。讓我們在後面觀察一下中西知識份子不同的際遇。

2. 清朝神童陳寶琛及鄭孝胥 —— 位極人臣、又是 帝王師：中國讀書人的目標

現在讓我們列舉幾位明清時期，具有相當成就的讀書人，以實例將中、西同類知識份子做一比較，並可做為殷鑑。

即使西方後進的蠻邦蘇格蘭，在中國的康乾盛世的前後時代，亦曾出現一些影響世界的知識份子，包括：哲學家休姆、經濟學家亞當斯密及發明蒸汽機的瓦特。讓我們也找幾位中國的頂尖知識份子來做個觀察。瓦特是工程學家，在古時中國屬於次等的「工匠」階層，不屬於知識階層 —— 士大夫的讀書人，所以只有哲學家休姆、經濟學家亞當斯密兩位學者尚可攀上從前中國的「知識階層」。因此，我們也挑出兩位高階的清朝讀書人做為討論的對象：一是陳寶深（1848～1935），另一位是同時代後輩的鄭孝胥（1860～1938）。這兩位都是福建人，也是典型的中國讀書人。他們讀書極多，才智出眾，不但中舉，都曾擔任高官，位極人臣，還是滿清皇帝身邊的左右手，皆屬中國帝王官僚統治結構中的頂端重臣。他們兩人也正是中國讀書人十年寒窗、苦讀經書的終極目標，令人羨慕。在中國歷史上，除了蘇秦以外，沒有比他兩人還有更好際遇的讀書人。讓我們略看一下這兩位典型讀書人的經歷與成就。

先談鄭孝胥，他生於書香世家，二十二歲就考上舉人，稱得上神童。以其背景，他順理成章進入滿清龐大的官僚體系當官。他還曾受派日本，擔任過大阪總領事。他的詩文、書法俱佳，尤其是書法，蒼勁有力、獨樹

一格，非常有名（註：「交通銀行」四個大字，就是他的手筆）。

他和許多書生一樣，少懷大志，極思發揮才智，安邦治國平天下。如觀其勇於任事、振興中國的言論，他應屬慷慨激昂的愛國書生（只要從溥儀寫的傳記中，即可窺知一二）。但他是以「效忠皇上」為第一優先，卻不計較他效忠的滿清皇帝正是明朝時代的「小日本」，是當時兩大外患「北虜南倭」的後金汗。即使辛亥革命後，他對改朝換代一事，並不認同，並以清朝遺老閒居上海。至此，對他這樣背景的讀書人，實在不忍苛責，因為那到底是時代的誤謬、觀念的混淆，不必以今人之明、論古人之非。

唯他自 1925 年起，不甘寂寞，協助溥儀逃至滿州，在日本主子的指點下，成立滿州國。他還以其文思，起草建國宣言，後來還擔任滿州國的總理。若說他的貢獻，那只有盲目效忠滿清皇帝，以及充當日本的馬前卒，卻背棄了中國全民的權益。像他這樣的人，讀聖賢書，所為何事？不過是為了通過科考，獵取官祿富貴而已！因此，實難拿他來與休姆、亞當斯密這些正人學者並列對比，也不值得在此多費筆墨。

再談陳寶琛，他極具天份，十三歲就通過秀才科考、十八歲考中舉人、二十一歲就登科進士（試比曾國潘，還只是賜進士及第）。對中國而言，應屬超級的天才神童。從此，仕途一路高升，當過內閣學士、巡撫之類的高官。不只於此，他家兄弟六人，皆經科考，登科為舉人、進士，成為六子登科，都是中國人讀書為官的極致成就。

他為官時，相當恪遵古訓，是位好官，尤以直言敢諫聞名。最著名之事就是慈禧的太監，仗勢與守城護衛爭執。慈禧袒護太監，欲處分護衛。

陳寶琛仗義上奏力諫不可，終使慈禧讓步。他的忠心及正直，深獲皇帝的寵信。

唯自中法戰爭失利後，他受莫名牽累（顯受慈禧及其親信藉機排斥），迫返福州老家閒居二十五年之久。他雖閒居在家，仍熱心家鄉教育事業，設立很多小學，志在教育子弟。他極愛讀書，常把重要章節寫在紙本上，在坐轎、休閒時，隨時取出閱讀。他的藏書據稱高達十萬冊，還捐書成立圖書館，鼓勵後進讀書。以他這樣的志節，實屬中國讀書人的典型榜樣，可做為百世師而無愧，令人敬佩。

辛亥革命後，他受聘為溥儀的老師，深受溥儀敬重。當溥儀受日本誘惑，前往東北圖建「滿州國」時，他極力反對，力諫不可。此時，溥儀與鄭孝胥早已利令智昏，終與陳寶琛分道揚鑣。他於 1935 年病逝，歸葬福州。他好學、耿直、忠於事君、教育後進，從各方面看來，都是一位值得敬重的讀書人。

當我們再檢視這位讀書人的貢獻時，不難發現他最主要的成就仍在於「苦讀有成、官高德重、盡忠保皇」而已（幸好沒有落入「盲目保皇、出賣國家」的地步）；然後就是罷官回鄉後，捐書興學、教育鄉里。事實上，以當時中國的背景，他最多也只能做這麼多而已，實不宜苛求。唯若針對世界文明所做的貢獻時，將他與蘇格蘭的休姆、亞當斯密，甚至「工匠」出身的瓦特相比，實難望其項背。即使不與西方學者相比，只談對中國人的貢獻而言，他不但比不上被滿清官府通緝的欽令重犯孫文，也比不過提倡白話文的胡適。時至今日，很多現代讀書人 - 大學生 - 還沒有聽過「陳

寶琛」這位人物，也毫無興趣知道。一位中國的天才神童，也是讀書人的終極榜樣，就此默默落幕。他讀了這麼多的書，結果不過如此，寧非徒然？

＊＊ 從中國神童陳寶琛，對照西方神童的成就

請讓我們再看幾個對英國文化有所貢獻的著名神童，列之如後：

- Christopher Marlowe（1564～1593；**英國劇作家始祖**）：他**二十三歲時**（1587，伊莉莎白女王時代）就以編出「帖木兒（Tamburlaine）」劇本而出名（比第一部義大利歌劇，1598 年的 La Dafne 還要早十年）。不久又編寫「郎中浮士德」（Doctor of Faustus）。這個劇本讓他大為出名，還享譽歐洲。他的創作及才華，深切影響另一位更偉大的劇作家**莎士比亞**。

- George Byron（拜倫，1788～1824；**英國文學家**）：在他**二十四歲時**（1793）就出版讓他成名的巨著 Childe Harold's Pilgrim。

- Perry B. Shelley（雪萊，1792～1822；**英國文學家**）：他**十八歲**（1810）在基督教重心學府牛津大學念書時，就發表無神論「The Necessity of Atheism」，編冊分發，自遭退學處分。**二十歲**時就出版自己的文集 Queen Mob。

- Mary Shelley（雪萊的太太，1797～1851；**英國文學家**）：她**二十三歲**（1818）就出版著名的科幻小說 Frankenstein。

- John Everett Millais（1829～1896，**英國名畫家**）：他自幼就愛畫圖，**十一歲**（1840）時就被選入英國皇家藝術學院（Royal Academy of Arts），成為史上最年輕的學員。他在**二十歲**（1849）及**二十二歲**（1851）就創作出著名的 Isabella 及 Ophelia 名畫。1848 年，他不滿藝術學院的傳統教學法，與同好另組繪畫社團，稱為 Pre-Raphaelite Brotherhood，廣受歡迎。玄妙的是他成大名後，藝術學院居然還聘他為院長。

- **Augustus Pugin（1812 ～ 1852，英國建築藝術家）**：在**二十四歲**（1836）時就與名建築師 Charles Barry(1795 ～ 1860) 共同設計英國國會大廈。這個舉世熟悉的國會大廈，其內外藝術設計，包括上議院的王座（Royal Throne）皆由他獨力完成。

再回頭看看中國的神童才子陳寶琛，及其同樣才氣的六兄弟，還有特善書法詩文的另一位鄭孝胥，都不亞於前述西方才子。他們若能專心發展自己的天份，理應成為其中之一，極有可能創出中國版的「郎中浮士德」，或中國風的「國會大廈」。可惜所有的中國才子及知識份子，都只能走上陳寶琛的老路—「苦讀為官」，卻沒有第二條路可走。事實上，任何「陳寶琛」無論怎麼樣，最多也只能做個陳寶琛；一旦拿捏不準，還會變成「鄭孝胥」。所以，無論是陳寶琛及其兄弟，或鄭孝胥，或其他中國的神童，都難以成為英國前述神童，或「亞當斯密」、「但丁」。這些話聽起來也許不很順耳，卻是冷酷的現實。

造成中國才子發展受限的根源，固然很多，但不難發現主因之一就是：只有單線發展的「士農工商社會」，知識份子致力苦讀，只望通過科

考為官。光是這個社會背景就非常不同於西方多元化的「商業社會」。這個「苦讀科考為官」的單線道，迄今雖大獲改善，但仍有一些殘餘的陰影存在於中國社會，那就是：苦讀以考大學、考公務員。

中、西才子，生而同聲、長而異俗、成就大異。這是中國知識份子的悲情，也是中國文化的悲情。

3. 明朝大儒歸有光，成就難以持續

** 明朝文學的復古風潮

明朝中期（孝宗／弘治、武宗／正德，1488～1521）由李夢陽、何景明文壇大老為首的「前七子」積極主張復古，「文必秦漢、詩必盛唐」。到了明世宗（嘉靖，1521～1567），又出現李攀龍、王世貞為首的文壇宗師「後七子」更是迷於仿古，積極推動「文必秦漢、詩必盛唐」，其復古之勁道甚於以往，到達高潮，成為一時風尚。

時至今日，即使很多小學生，都會背誦幾首唐詩，但很少人會記得明朝有什麼的詩、詞，留傳於民間。其實這並不奇怪，既然「文必秦漢、詩必盛唐」，一味模仿古人，甘為古人的文僕，不但失去了創新的風格，亦缺乏自己的特色，自然難有醒世的詩文，留傳於後世。

不只於此，明朝是以科舉取士所建立起來的龐大官僚體系。讀書人都要經過科舉考試，以進入這個碩大無比的官網為官。在當時的農業社會，

這也是知識階層具有前景、一展抱負的唯一出路。唯一旦為官之後，必須依賴上級官僚的賞識與提攜，才會有良好的仕途，因此，各級官員自然會逢迎上級高官的嗜好，至少不能與上官的興趣相左。依此背景，造成官大學問大，學術思想普遍歸宗於一些高官、宗師，卻見不到群龍並起、百花爭艷的榮景。在這種掩飾自己特質，盲目依附，甚至阿諛名家大師的現象下，文壇瀰漫一股虛浮華飾的文體，作品都是似曾相識，外表讀來華麗莊嚴，內容卻空泛無實，甚至詰屈聱牙、賣弄文句，難以引起共鳴。

這就是為何今日很少人能順口溜出明朝的詩文，遠不如老嫗都懂的唐詩，更不如當代官網體系之外，屬於平民大眾的章回小說，包括：吳承恩的西遊記、羅貫中的三國演義、施耐庵的水滸傳。這些口語化的小說，自然不受那些統領文壇的一代宗師所青睞，卻對中國文化的榮耀與凝聚力，做出不可磨滅的貢獻，還讓極多人以中國為榮。至少，今日連小學生都知道孫悟空、桃園結義、武松打虎，卻沒有幾個人曾聽過「藝苑卮言」這檔子事。這本書就是明朝鼎鼎大名的後七子，也是一代宗師王化貞的巨著。它對中國的文學、文化，可以說沒有貢獻，連影響都沒有。今日沒人會對此書發生任何興趣，遠不如三國、水滸、西遊記，膾炙人口、名留千古。

** 不依附風潮，專於自己特色的震川先生歸有光

在明朝文壇盛行依附摹仿的強大風潮下，就是有一位讀書人歸有光（1507～1571），別號震川，硬是不肯隨波逐流，一直堅守自己的文學特色。

歸有光生於江蘇太倉府的昆山縣，自幼聰敏過人、飽讀經史，早有文名。二十歲時，到南京參加科考，意外落地，即使後來的十五年間，也連續落第。到了三十五歲在南京應試時，主考官賞識他的學問，視為國士，把他列為舉人。然後就靜待下一步的進士科考。但他的考運實在不好，在進士科考中，照樣屢考不中，三年一次的進士科考，一連八次，次次落第。

　　在準備應考的期間，他在嘉定的安亭江上開始講學論道。由於他的學識淵博，加上誠懇治學、言之有物，盛名四播，各地士子學者接踵而至，聆聽他的講學。歸有光並非出自世家大族，家庭並不富裕，全靠妻室治田種糧，維持生計，好讓他專心授徒講學。他暢談經史，自成風格，吸引極多文人學士，大家尊稱他為「震川先生」。歸有光的名聲，顯然不是依靠官高權重，而是靠紮實的學術與知識，贏得當代士林的敬重，實至名歸。甚至連恃才傲物的當代名士徐文長，聽他講學後，都對他禮敬有加。

　　在歸有光的時代，經過前、後七子的復古運動，士人學子爭相附和，排擠非我族類，文壇已落入盲目的仿古境界。這些文士自稱復古，實則抄襲模仿，注重章句的雕琢與華麗的文詞，習於泥古不化。但歸有光的散文，極具個人的特色，文筆自然，敘事生動，不重矯飾，讀來真切感人，充分展現樸實純真的風格。他認為，心中必須先有意境，然後才能誠於中而形於外，寫出真情的作品；卻不是心中無意景，只求湊出華麗文句，無病呻吟。以他的風格，自然反對當代盛行的盲目復古，於是他挺身而出，疾聲批評當代只重虛飾、缺乏實質的文風。他認為這種虛有其表的復古方式，完全走入歧途，絕非正道。

他甚至對他的太倉同鄉，又是後七子的領袖宗師王世貞，直言不諱的批判。要知道，王世貞二十二歲就考取進士，官運亨通，在朝廷一路竄升，曾任巡撫、兵部侍郎、刑部尚書等高官。而歸有光只是一個連年落榜、僅能講學於荒江老屋之中的書生。歸有光從未想運用同鄉關係，攀龍附鳳以入仕升官，卻勇於橫逆潮流，以理痛責當代文壇的一代宗師及高官。他那種讀書人的志節與勇氣，雖不符「時代潮流」，卻著實令後人欽仰。即使王世貞到了晚年，也不得不承認自己的文章過於矯飾，不如歸有光的樸實自然。總算為歸有光找回一些遲來的正義。

** 歸有光仍是難躲「讀書、做官」的潮流……志業難以發生持續效應

歸有光四十四歲時，妻子過世，讓這位大學問家，更體驗到生計的艱難。但是這些挫折並不能讓他屈服，反而讓他一面堅強的致力於讀書及講學，一面繼續參加科舉會考。他在六十歲、參加第九次會考時，終於考上了進士。因受一些限制，他只能到偏僻的長興縣當個知縣。唯歸有光並不氣餒，一心想做一個清廉正直的縣官。他體恤百姓，審案公正，平反冤獄，不屈從上意，故受百姓愛戴，雖有政績，卻也得罪地方勢力與上級官僚，致使他當官三年後，被迫調至河北的順德府當通判。對他這樣勤政愛民、一介不取的清官，卻遭到明升暗貶，心中自然不滿而要求辭官。但認識他的上級高官，不准他辭官。到他六十五歲時，時來運轉，受命為南京太僕寺丞。後來又受提拔，編修《世宗實錄》（世宗就是迷信誤國的嘉靖帝），成為文學侍從的高位。歸有光在晚年終獲官運，自是高興，也期望更有成

就。但不幸任職一年後，就因重病而去世（穆宗 / 隆慶五年，1571），享年六十六歲。

　　像歸有光這樣堅持自己特色，不屈從流風也不阿諛權貴，腳踏實地做學問的讀書人，在明朝阿諛成風的時代，實在難得，也是讀書人的典範。不過像他這樣堅毅而有文名的讀書人，最後仍不能跳脫中國的千年傳統「讀書、考試、做官」的巢臼，實在令人遺憾，卻不意外。若站在個人立場而言，人各有志，他已夠好了，實不宜苛求。

** 從中國讀書人的典範歸有光，略窺同代的西方知識份子

　　歸有光生於 1507 年，卒於 1571 年。這期間正值西方的宗教改革時代，知識階層（都是基督教學者）紛紛起而反抗羅馬教會的宗教鉗制，不斷發表異於羅馬教會的新學說及新思想。更重要的是新人輩出，持續發展出嶄新的意見，致使西方的學術思想得以薪火相傳，步步高升。

　　以英國為例，在歸有光的時代，正逢：亨利八世（Henry IIIV，1509 ～ 1547 在位）、血腥瑪莉女王（Mary I，1553 ～ 1558）、伊莉莎白女王（Elizabeth I，1558 ～ 1603）。亨利八世及血腥瑪莉無情燒殺臣民，造成恐怖世界，只有到伊莉莎白女王就位後（除早期迫害天主教徒外），才算有了和平安定。當代的法國與德國地區（當時尚無「德國」）都還發生宗教動亂，甚至血腥大戰。相對而言，在當代的明朝，都較那些蠻邦國家來得安定與和平。

　　歸有光幼時，西方仍處於神權迷信、社會動亂的時代。俟他長大成

人之際，經過馬丁路德的宗教改革，這幾個蠻邦國家才開始逐步脫離宗教迷信，轉而注重人性相關的思想及學術，這種風潮後世學者通稱之為：Humanism，中譯為：人文思潮或人文主義。就中國而言，即使早在秦漢唐宋，雖也是迷信流行，但在學術思想，或國典朝章方面，並沒有以神諭來論及政事，絕多都是從人性或俗世方面論事。中國雖有很多皇帝非常迷信，但國政從來沒有神權介入，也沒有神意當家的風潮。西方直到十五世紀，才從「神意、迷信」逐漸歸向「人文」。而中國文化自始就是不以神跡論事的「人文」，歸有光更是一位崇尚自然的「人文主義」文學家。

如此看來，歸有光在世的時代，也就是十六世紀前期，中國社會的安定狀況與文化水準，遠比那些神權正道、迷信當道的西方要先進多了。問題是到了十九世紀（就以鴉片戰爭為基準），那些西方人所發展出來的人文思想及學術，卻已遠遠的超過中國。那麼從歸有光到鴉片戰爭的三百年間，那些蠻邦西方人如何快速超越中國？還讓文明先進的中國從「中土」落入「遠東」？或許我們可以從歸有光的身上找出一些蛛絲馬跡。

與歸有光同時在世的西方醒世傑出人物，就是喀爾文（John Calvin，1509～1564）了。他比歸有光小兩歲，卻早七年過世。但他對世界所造成的正面影響力，卻無與倫比，至少由於他才有美國與移民美國之事。他的學說還造成英國推翻王室的清教徒革命，再演進成為英國的君主立憲。但是喀爾文並不是突然平地而起、指點眾生。他前面有許多先行者，不斷發展出異於傳統的革新見解與思維，到了他而集其大成，才造就出他的「喀爾文新教思想」；他之後，又有許多承繼其志者，不斷改進修整其學

說，終成一整套有系統的學說，深切影響後世。我們可以把他學說的源流，擇其重點簡列如下：

- **易拉斯摩**（Erasmus，1466 ～ 1536）：荷蘭神學家，倡人文主義，影響宗教改革。

- 馬丁路德（Martin Luther，1483 ～ 1546）：發動宗教改革。

- Philipp Melanchthon（1497 ～ 1560）：馬丁路德同校的神學教授，在 1530 年編訂 28 條新教信仰（即 Augsburg Confession）呈送皇帝查理五世過目並昭示天下。

- 最終促成喀爾文的新教思想：Institutesofthe Christian Religion，1536。

讓我再以西方的繪畫傑出人物米開朗基羅（Michelangelo Buonarroti，1475 ～ 1564）為例，把影響他的重要前輩畫家，簡列如下：

- **久多**（Giottodi Bondone，1270 ～ 1337）：文藝復興前期，首先脫離古板僵固的宗教畫風，展現實際、自然而生動的圖畫。是文藝復興時代新畫風的創始者。他的成就深切影響後世。但丁（Dante）、佩脫拉克（Petrarch）都非常推崇他的創新畫風。

- Masaccio（1410 ～ 1428，外號：Sloppy Tom）：他深受久多的影響，並開拓出更新的畫風，注重光線的運用，善用明暗陰影以及遠近透視，造出立體實景感。可惜英年早逝。

- Leon Battista Alberti（1404 ～ 1472）：是位偉大的藝術天才，不但是建築家、畫家，還是文史方面的作家。他在 1435 年寫的《On

Painting》書中，首次對透視法（perspective）有詳細的解說。他的透視法對西方繪畫藝術產生革命性的影響。

- 在畫壇不斷的創新求變下，最終造出米開朗基羅及達文西、拉斐爾這些偉大的藝術家。

我們還可再看一下脫離教會的傳統觀念，創出地球繞日學說的哥白尼（Nicolas Copernicus，1473 ～ 1543），他啟發了德國天文學家開卜勒（Johannes Kepler，1571 ～ 1630），開卜勒的行星運動定律又啟發牛頓（Isaac Newton，1643 ～ 1727），發展出萬有引力定律，然後造成物理及相關科學的飛躍成長。

西方能全面快速進步，都是首先出現諸如易拉斯摩、久多、哥白尼這些脫離傳統、開闢新學說的創新者，然後再靠很多後繼者，不斷改進求新，才能造出喀爾文、米開朗基羅、牛頓這樣震古鑠今的人物，這還不夠，還要有更多的後人，持續投入，繼往開來，新知識才會像滾雪球一樣的快速成長，終將西方迅速蛻變成為文明先進，造成今日西方的盛景。

再回頭觀看明朝，當代的主流知識份子，無論前七子或後七子，不但沒有開創新局，反而倡言復古仿古，造成文化倒退的現象。在這種名為復古、實則抄襲虛浮的強大橫流中，難得出現一位勇於反抗橫流的剛直文學家歸有光，他獨樹一幟，崇尚自然文風，力抗虛浮無實的潮流。

歸有光也許有機會能像易拉斯摩、久多、哥白尼一樣，從他開始引發一連串的文學新潮，開創出嶄新的文學風貌。但是非常不幸，連歸有光這

樣有特色的文學家，終免不了還是落入中國「考試、做官」的千年傳統。在這種風氣下，實在很難指望任何讀書人會去繼承他的志業，並發揚光大。到底，當時流行的社會風潮，「做大官」還是比「成大事」更要來得實際，學術終會變成「人亡政息」。就在這種缺乏繼志述事者的情況下，自然讓中國難以產生類似喀爾文、米開朗基羅、牛頓這樣的醒世人才，以及後續的發展。

我等後人只得一面恭賀歸有光終於達成「考試、做官」的畢生志願，一面惋惜歸有光未能像易拉斯摩、久多、哥白尼等西方啟蒙先進，開創新局，樹立一家之言。在此背景下，中國只有無奈的靜看西方人獨領風騷矣！

** 西方科學從天文起家，中國讀書人不重天文，還誤入迷信之途

不只歸有光在文學方面的後繼乏人，就以啟發西方科學進步的天文學而言，中國早在公元前 364 年，戰國時代的齊國，就有一位著名的天文學家甘德，已發現木星（Jupiter，中文稱之歲星）有一顆衛星（即四顆衛星中最大的 Ganymede），他稱之為小赤星。他能走到觀測這顆衛星的地步，表示他已有相當輝煌的研究成果。這在西方則是直到 1610 年，大科學家迦利略用望遠鏡才發現這個天文現象，比中國晚了兩千多年。這事件，一則可喜、一則可悲，喜的是中國這麼早就有如此成就，連今世的天文學家都在稱讚；悲的是甘德和歸有光一樣，都是單獨的成就，就此曇花一現，後繼無人。這現象與西方不同，當哥白尼之後，還有迦利略、開卜勒、牛

頓……繼續接力發展，終打造出現代科學。

　　大英博物館收藏一份來自敦煌莫高窟，一幅公元 650 年，唐朝時代所繪製的星座圖。這是世界現存最古老的原版星座圖。中國在當代認出的星星，要比古希臘人所認出來的，還要多出上百顆。可惜這些成就向來不受傳統讀書人的青睞，視為雕蟲小技，自是難以持續發展。這幅星座圖只有淪入敦煌山洞之中，乏人問津。最後還落入西方人手中，卻受到重視，成為大英博物館的珍藏。

　　公元 150 年，埃及亞歷山大城一位希臘天文學家 Ptolemy，編製出一份含有 48 個星座的著名星座圖，稱為 Almagest，廣為流傳，甚至傳入回教世界。今日說的大熊座、獵戶座、仙后座，都是由此圖而來。

　　中國的天文及星象知識，自春秋戰國時代的甘德，直到唐朝，在當時世界均屬領先地位。事實上，回教世界也有很好的天文知識，例如公元 964 年，波斯就有一位著名的天文學家 Azophi，依據 Almagest 星座圖，加以改進、補充，繪製出阿拉伯文新版的星座圖。今日所知的星座圖中，有很大一部分的星名，都是源自阿拉伯文，例如冬天最明顯的獵戶座，其中最亮的一顆星 Rigel，就是阿拉伯文的「腳」之意。在十三世紀之前，就以天文學而言，中國與回教世界都是先進的文明古國。西方，尤其是 DEFG 蠻邦西方，尚屬黑暗時代。

　　十六世紀初期，西方人多認為星象與人的身體健康、疾病有些關係。所以一位波蘭習醫的教士哥白尼，自然也熱衷於研究天文、星象。他在 1630 年代，就已發現地球繞日運行，而非太陽繞地球。但由於宗教信仰

關係而未能發表。直到他於 1543 年過世時，才公開發表出書。他的革命觀點自然在西方世界引起波瀾。十六世紀末，神聖羅馬帝國皇帝 Rudolf II，在布拉格設立天文台，聘請丹麥天文學家 Tycho Brahe 負責研究天文。他在 1598 年，把 Ptolemy 的星座圖加以改良，並發展出更為精確的星座圖。Tycho 過世後，再由一位更偉大的天文學家開卜勒（Johannes Kepler）繼續研究。他還發表著名的行星運動定律。此後，DEFG 西方人（包括：牛頓）熱衷研究天文，造成近代科學之始。天文學本身也不斷前進發展，直到 1930 年，世界天文學會（International Astronomical Union，IAU）共訂出 88 個星座，並精確的訂出各星的位置及亮度的分類，成為今日太空科學、探險的基礎。西方從哥白尼夜觀星象起，直到今日，僅四百年來的科學成就，進步神速，絕非始料所及。至此，實在不忍回想公元前 364 年，山東齊國的甘德就已發現 木星的衛星。

　　中國與回教世界，原來皆屬天文知識的先進。但天文學並非中國讀書人的主力學術，一向也不受重視。漢朝時，天文學還落入迷信的境地（參閱第十四章，第 3 節，中國自古以來盛行的迷信文化）。唯當 DEFG 西方知識份子開始研究天文後，迅速超越中國與回教世界。一興一落，何以致之？不勝唏噓！

** 明朝前後七子的「復古」，與文藝復興時期的「復古」，大不相同

　　明朝前後七子所倡行的「復古」風潮，即使不是文化倒退，至少也是停滯守舊，沒有長進。更甚者，許多文人只重文句雕琢，缺乏實質內容，

無論在文學或學術方面，已到腐化的地步，難怪歸有光屬言直批王世貞這些宗師為「妄庸巨子」。明朝七子的「復古」運動，與西方文藝復興說的「復古」，兩者大不相同，不可混為一談。

文藝復興的「復古」是指：文學、藝術脫離當代羅馬教會僵硬的宗教鉗制，改而仿習基督教成為國教之前，原來古希臘、羅馬那種自由奔放，充滿人類情感及慾望（包括：包裝美化之後的色情與暴力）的文學與藝術，並從這些熱情奔放的古文物中，重新開創出嶄新的局面。

古希臘、羅馬都是百家爭鳴，創作自由；社會生活也是注重享樂、歌舞達旦、飲酒作樂。但自羅馬皇帝狄奧多西，在公元 391 年訂基督教為國教後，羅馬帝國就成為一個政教合一的封閉高壓社會，同時把古希臘、羅馬的一切文藝作品，視為異端陋俗，嚴厲禁止。不但柏拉圖、亞里斯多德都是異端邪說，連希臘的奧林匹克運動會都被視為異教崇拜而遭禁。在此背景下，知識僅限於基督教義，基督教義也是唯一知識。中古時代，在羅馬教會神權管制下的西方，包括義大利地區，整個社會都是處於神權迷信之中，人人都在：日夜頌基督、言必稱上帝。

至十四世紀左右，北義大利，包括：佛羅倫斯、威尼斯，因商業而致富。這些見多識廣的富貴人士，自然不會只以頌經禱告而滿足，他們需要更富於人性的文物，以滿足其胃口。雖然古希臘、羅馬文化受教會禁止，卻有無數遺跡及文物，包括：建築、雕像及圖畫，到處可見。這些現成的文物古蹟吸引很多知識及資產階層人士，讓他們積極尋訪追查，摹仿學習。他們對這些古文物的興趣，遠大於教會的清規與教條，還從這些古文

物中，啟發出新的文藝作品。文藝復興就因此而誕生。因此，文藝復興所稱的「復古」，其實是在「脫離現狀、創新求進」。這顯然與明朝前後七子所倡導的「復古」運動，卻實為「文化倒退、追仿虛華」，截然不同。兩者名稱看來雖是相似，實則背道而馳，不可混為一談。

4. 明朝劇作家湯顯祖，對照莎士比亞，成就受限

十六世紀末期，在新教女王伊莉莎白在位的後期，英國出現一位舉世聞名的劇作家莎士比亞（William Shakespeare，1564 ～ 1616）。他的戲曲豐富多樣，劇情動人，吸引無數觀眾成為他的戲迷。加上後來英語不落日的強勢文化，更讓他的盛名遠播，享譽世界，連很多小學生都知道他。

就在莎士比亞在世的時候，中國也出現了一位劇作家湯顯祖。他在1550 年（明世宗，嘉靖 29 年）生於江西的臨川，比莎士比亞大十四歲，卻很巧的都在 1616 年（萬曆 44 年）過世。他和一般中國讀書人具有共同的生涯歷程，通過科考做官。他顯然比前期大文學家歸有光要來得幸運，他在三十四歲時，就考上進士（歸有光六十歲才中進士）。這也表示他的學問相當深厚。在他中進士時，明朝文學「復古」之風極其興盛，實則抄襲模仿，內容貧乏。當時後七子的宗師王世貞，雄佔文壇領袖，足以呼風喚雨。湯顯祖進入官場後，仍具讀書人的正氣與骨氣。不但不去巴結王世貞這些文壇權貴，反而公開批評當時復古風潮的偏頗失策。這充分表示他

堅守自己的文學風格，不願隨波逐流。唯在當時的明朝官場，像他這些剛正的特色卻是他仕途的障礙。

在他四十二歲時，因彈劾政事，得罪既得利益的權貴，自己反被貶至遠地廣東。可是他並未因此而改變自己的耿直個性。他既然不識時務，官運自然多舛。在他四十九歲，尚在做地方父母官時，也像歸有光一樣，省刑罰、薄稅斂，改良獄政，判案及刑罰公正，施行經濟民生的善政，卻也得罪上級而獲糾舉。因此他索性辭官返鄉，過著讀書寫作的生涯。他雖辭官，但敵視他的官僚，仍不願輕易放過他，繼續對他追殺。即使辭官返鄉三年之後，在他五十二歲時，朝廷還以「浮躁」罪名，追加到他的身上，正式對他處以免職的懲罰。由此可以見到明朝官僚吏政的腐化與黨同伐異的實況。在他親歷朝政腐敗與宦海浮沉後，歸隱在家，以編寫戲曲詩文消遣餘生，直到他六十七歲時過世。

他的經歷也是一個正直讀書人的典型故事。唯他有一點和其他做官的讀書人不盡相同，那就是他對戲曲的熱衷，以及對中國戲曲的貢獻。他在未中進士之時，就與善於戲曲的文學才子結交，對戲曲抱有濃厚興趣。當他二十八歲時，曾試做戲曲，將唐朝傳奇故事霍小玉傳改編成戲曲：紫簫記。他中進士後，到南京任官，當時南京的文風鼎盛，詩文戲曲，人才濟濟。這時，他和戲曲同好經常交流互動。在他三十八歲時（1587）將他以前寫的紫簫記改編為紫釵記，內容略敘如下：

- **紫釵記**：敘述趕考書生李益，在長安燈節，拾到霍小玉的紫玉釵而相識，進而成婚。後來，李益考上狀元，卻因回絕當朝盧太尉招為女婿

之美意，觸怒太尉而被派至玉門關為參軍。太尉又編造謠言，聲稱李益另娶新婦霍小玉難守空閨而改嫁。分別在兩地的夫妻，誤信謠言，痛不欲生。幸而有位俠士黃衫客，義助這對夫妻去查明真相。終讓兩人誤會冰釋而重合，這時李益把紫玉釵再度叉上霍小玉的髮髻，終以團圓結局。

在他四十九歲（1598）辭官歸故里之後，居家安養的三年當中，以一年編出一部戲曲的速度，寫出三部著名戲劇如下：

- **牡丹亭（又稱：還魂記）**：江西南安女子杜麗娘夢見一個書生，與她在牡丹亭相會。杜女醒後，苦苦相思，終成重病而亡。其父為南安太守，剛剛受命至外地剿匪，只好將杜女匆匆葬在牡丹亭旁梅樹下之後出征。這時廣州有位秀才柳春卿，夢見一株梅樹下有位女子相告，兩人有夫妻姻緣。醒後，柳生改其名為夢梅。後來柳生前往趕考，卻因病在南安暫停，並在睡夢中見到杜麗娘的身影。柳生醒後，在冥冥指引下，在太湖獲得杜麗娘的圖像，並至牡丹亭旁的梅樹下，掘開墓棺，杜麗娘迅即復甦，二人實境相見，互許終身，終結為夫妻。

- **南柯記**：這從唐朝傳奇「南柯太守傳」改編而來。敘述唐朝人淳于棼來到槐安國，幸運能與公主成親，並受命為南柯太守。不久，鄰國犯境，雙方不斷交兵，淳于棼雖然勝戰，公主卻不幸病逝。國王又輕信奸人讒言，放逐淳于棼。這時淳于棼才從夢中驚醒，原來是「南柯一夢」！醒後，他到後院挖掘一棵槐樹下的蟻穴，其形狀正是槐安國的樣式。他在哀慟下，請法師作法為蟻民超渡，並受到點化，見到夢

中與公主定情的金釵，原來只是一根樹枝而已。當時頓然悟出人生，終於成仙。

- **邯鄲記**：這是改編自唐朝傳奇「枕中記」。述說唐朝一位落榜的書生盧生，到邯鄲投宿旅店，遇上八仙之一的呂洞賓，並獲贈一個枕頭。盧生依枕而睡、進入夢鄉。他夢見自己娶了富貴人家女子為妻，依妻家勢力加官進爵，還中得狀元。在擔任權官期間，他曾受誣陷，導至家破人散。後來歷盡滄桑，冤情大白而復原官職。從此盧生一帆風順，享盡榮華富貴。最後終因過度貪圖名利而亡。他受驚而醒，醒後發現他那宦海浮沉、榮華富貴，不過是一場大夢。這時他又發現，作完整個美夢，旅店中的黃粱還沒煮熟。至此，他終於悟出道理，跟隨呂洞賓入山修道。這故事也是成語，「黃粱一夢」的典故。

他這幾部戲曲見世後，讓他的聲名大噪，尤其是牡丹亭，更是出名，聲勢直逼蒙元時代，王實甫所創作的西廂記。以上就是明朝才子湯顯祖的小傳及其著名的四部戲曲簡介。

** 莎士比亞簡介

在十六世紀初，英國玫瑰戰爭結束，從法國返英奪得大位的亨利七世登位起（1485～1509 在位），義大利的文藝復興就對英國開始產生顯著的影響。亨利七世及其同僚，還在法國流亡時，就受到文藝復興的感染，他的母親就是一位熱愛文藝復興風潮的女士。

後自新教女王伊莉莎白於 1558 年登位以來，社會逐漸穩定，商業日益興盛。倫敦自早就是個國際商業大港，貿易發達，遠自威尼斯，或漢撒同盟的商船，絡繹於途，造成經濟快速成長。伊莉莎白本人就是深受文藝復興影響的女王，自己又特別喜好文藝。在此背景下，自然造成英國的文藝復興時代。

　　在這個經濟榮、民生充裕、藝文興旺的社會裡，大家對戲劇的興趣，自是非常強烈。大小戲班在各地應運而生，四處表演，廣受社會歡迎。1576 年，倫敦出現第一家固定的大眾劇場，可容納千餘人入場看戲。自此，劇場如雨後春筍，不斷建造。於是戲劇表演，或觀劇、看戲，成為社會大眾，無論是貴族、商人、學者，以及平民百姓所熱愛的文藝活動。

　　莎士比亞是來自 Straford-upon-Avon 鎮，一個家道中落的家庭。他早期資料不詳，估測只上過當地的初級學校（Grammar School），顯然並未進入高一級的學校上學。這表示他並未受過良好的教育。只知道他在1582 年，十八歲時結婚；到 1585 年，有了雙胞胎之後，他的行蹤成謎。直到他於 1592 年，在倫敦戲劇界嶄露頭角之後，他的事蹟才受人注意。

　　在當時伊利沙女王時代的英國，已有很多小型劇團（Troupes）在各地巡迴演出。推測他離開學校後，就可能經常與這些劇團接觸往來。在小孩出生後不久，大約 1586 年之後，他離開家鄉前往倫敦，在泰晤士河南岸的劇場打天下。在 1590 年左右，他可能已開始編寫劇本，因為在 1592年，另一位著名的劇作家 Robert Greene，曾在報刊上批評莎士比亞及其劇作過於炫華，是位自大而招搖的暴發戶。這個資深劇作家對莎士比亞冷嘲

熱諷的評語，也說明莎士比亞在倫敦戲劇界快速崛起，已到樹大招風，引起同行嫉妒的地步。

因為莎士比亞所受的教育不高，所以有些人懷疑其作品由他人代筆，才能寫出超水準的作品。很多人猜測可能的代筆人物，一是編寫「郎中浮士德」的 Christopher Marlowe（在前面陳寶琛的文中曾介紹），另一位就是 Robert Greene。唯 Marlowe 在 1593 年就英年早逝，所以不可能是他；而 Greene 早在 1592 年就寫文章直言痛批莎士比亞，可見這兩位都不是捉刀的「嫌疑人」。莎士比亞的戲曲由他人代筆之說，實難置信。

莎士比亞在 1590 年初期就與友人合夥擁有一個戲班（當詹姆士於 1603 年為英王時，戲班名字改為「King's Men」）。可能在 1590～1591 年左右，他第一部歷史劇 Henry VI（著名英王，亨利五世之子，父子兩人都是實際的「英格蘭及法蘭西國王」）就已上演。既然有了 Henry VI，他就在 1592 年，再編出理查三世（The life and Death of King Richard III，他屬約克家族，殘酷陰狠奪位，他在 1485 年被亨利七世擊敗，結束玫瑰戰爭，英國進入 House of Tudor，中文有譯為：都鐸王朝）。從此展開他著名的戲曲生涯。

因為戲劇的觀眾快速擴增，市場不斷膨脹，因此對新劇本的需求，無論在質、量方面，都不斷增加。致莎士比亞必須推陳出新，不斷編寫高水準的戲劇以應付市場的需要與競爭。在這種良性循環下，莎士比亞劇團的生意興隆，財源廣進，聲名大噪。他亦因編劇而名利雙收，到了 1599 年，他在倫敦自建劇院，取名：Global theatre。直到 1610 年，他返回 Straford

老家，逐步退隱，並於 1616 年五十歲時過世。

他編的戲曲有共有 37 部戲劇，可分為：喜劇（包括：威尼斯商人、馴悍記）、悲劇（包括：哈姆雷特、羅密歐與朱麗葉）、歷史劇（包括上述亨利六世、理查三世），以及詩曲（Poetry，包括 Sonnets，中譯：十四行詩）。他的作品在數量、劇情、種類及範圍等各方面，自古至今還沒有比他更了不起的劇作家。

** 湯顯祖 vs. 莎士比亞

湯顯祖與莎士比亞的戲曲，其內容表現各有千秋。這方面之評比，既非本書範圍、更非本書所能論及。但我們可從兩人客觀的背景，做些觀察與比較。從這兩人的觀察比較中，不但可收知己知彼的效果，還可尋得自己可以改進的弱點，以及未來發展的空間。

若從雙方的簡歷看來，很容易就可發現，兩者之間的差異甚大。僅分述如下：

(1) 湯顯祖的教育、學識、文學歷練，遠勝於莎士比亞，雙方難以相比

湯顯祖是良家子弟，受過非常良好的家教，歷經層層科考，得到進士，又熟詩文，可說是位典型飽讀詩書、學識淵博、才華橫溢的才子。莎士比亞只受過低階教育，學識不高。他自組戲班，能在倫敦南區的舞榭歌台發跡，自是機伶智巧之士，在當代社會應屬三教九流人物。在學識及社會地位方面，莎士比亞無論怎樣都難與湯顯祖相提並論。

(2) 莎劇以市場為導向，劇本多產；湯劇由生產者決定，數量受限，雙方難以相比

莎士比亞自 1590 至 1610 年之間，以每年將近兩部戲的速度，總共編出 37 部戲劇；湯顯祖在三十八歲編出首部戲劇，四十九至五十二歲，三年之間每年編一部戲，總加起來只編出 4 部戲。莎士比亞的作品在數量上，遠多於湯顯祖的作品。其主要原因，大致可歸類如下：

在莎士比亞時代，正值英國的經濟起飛及文藝復興時期，英國人無分貴族、富戶、百姓，對戲劇文化都有高度的興趣與熱愛，蜂擁進入戲院看戲，蔚為風潮，形成一個龐大的市場。在如此巨大而競爭激烈的市場，莎士比亞必須適時編出更多、更有吸引力的新劇，才能確保市場，不受淘汰。

從前面所說的另一知名劇作家 Robert Greene，就對後起之秀莎士比亞，做出直言不諱的批判，由此可知當時競爭激烈的市場。同時也可看出西方藝文界，早就具這種藝文批評的特色，為其他文化地區所無。事實上，這種「藝評」的特質，對西方藝術文化的進步及良性競爭，做出很大的貢獻。唯這種特色，在中國講究人情、面子、關係的社會中，並不容易存在。

反之，湯顯祖的戲曲，全在於自己愛寫幾部戲，就寫幾部；愛怎麼寫，就怎麼寫，沒有市場及競爭方面的問題。因此，湯顯祖所編的戲劇，在各方面自會少於莎士比亞。唯其關鍵原因不在於個人的才華，而是當代英國有一個龐大而興旺的戲劇市場，還有戲劇評論家從旁點評，戲劇文化在此競爭環境下，自會不斷進步，快速成長。中國的戲劇文化，相對而言，缺乏市場競爭亦無評論，自然不如英國的昌盛。造成這個結果的原因之一，

顯然在於當代中國的知識份子都全神專注於科考，甚至視戲曲為玩物喪志之舉。

(3)莎劇取材範圍甚廣，湯劇的取材範圍有限；關鍵在於「市場開放、文化交流暢通」

我們不難發現，莎劇取材範圍極廣，以劇情而言，大致可分：歷史劇、喜劇、悲劇，即使以悲劇來說，劇情也各具特色，如四大悲劇，高潮迭起，脈絡不同，此外還有悲喜劇，不一而足；若就地理、文化而言，包括：威尼斯、丹麥、希臘等地。這主要原因自是倫敦為國際貿易的商業都市，市場全面開放，文化交流暢旺，對外國早有充分的認識。就以另一位著名的當代劇作家 Christopher Marlowe 而言，他只有兩部大作就英年早逝，一是講述中亞的大征服者帖木兒；另一部則是德國的傳奇故事郎中浮士德，都是以不同文化、又是遙遠的外國做為背景。由此可見當代西方與外地文化交流、暢通無阻的盛況。

再看湯顯祖著名的四部戲中，很多場景近似，諸如：夢中幻境、科考高中狀元、奇情姻緣。這些場景在中國歷代戲曲中，更是屢屢多見。這種囿於傳統現象，與劇作家的才華並沒有直接關係，而是當代明朝「市場封閉、文化孤立」的必然結果，無法受到外來文化的激勵。人民不知人外有人，天外有天。各種思想、觀念、文化，只得停滯於現有的傳統範圍，難以突破藩籬，也缺乏激盪，自難大幅進步。這也是從明朝中期開始，西興中落的主要原因。

** 對照湯顯祖與莎士比亞的小結

從前面簡略的對比中，就可看出兩人之間的差異甚大。尤其湯顯祖是才學俱優的進士，莎士比亞只受過初級教育，卻能在二十六、七歲左右，就能寫出亨利六世這種的歷史劇，令人驚異。在這年紀時的湯顯祖，尚在挑燈苦讀、準備進京趕考。

湯顯祖三十八歲時，編寫出第一部「紫釵記」。而莎士比亞在三十八歲（1602）時，就已完成 22 部戲劇，包括：9 部歷史劇（包括：亨利六世、理查三世）、10 部喜劇（包括：威尼斯商人）、3 部悲劇（包括：羅蜜歐與朱麗葉、哈姆雷特）。

事實上，湯顯祖與莎士比亞分別出自兩個極端不同的文化背景之中，若光在學歷、數量這些表面上做比較，並無意義。遠不如去研究一下，為何明朝一位才華橫溢、進士級的戲劇藝術家，只能做個 4 部戲的「湯顯祖」，卻不能做到 37 部戲的「莎士比亞」？

造成湯顯祖的成就不如莎士比亞的關鍵，並不在於湯顯祖本人，而是中國的背景，諸如：科舉做官、封閉守成、缺乏商業市場、「戲子」及戲劇在社會不受重視，都成為湯顯祖，以及戲劇文化的發展阻礙。若湯顯祖時代的明朝，具有當時英國商業社會的條件與背景，或是讓湯顯祖生存於英國社會，以湯顯祖的學識與才華，其成就應不亞於莎士比亞。反過來說，若讓莎士比亞生活於中國社會，以他所受的教育，能到官府當個聽差、皂隸，已屬幸運。

5. 從郤書燕說看「學而優則仕」，再論：西方對耶穌 vs. 中國對孔孟

** 子夏曰：仕而優則學，學而優則仕（論語，子張篇）

　　以前中國讀書人的生涯，簡而言之就是：「讀書、考試、做官」。中國人對這種現象常愛引用論語：「學而優則仕」，為學者進入官場，找到了很好的理論基礎，有憑有據，所以廣為中國知識份子所接受，視之當然。那麼，這說法對不對呢？是否就是論語的原意？最好的辦法就是去看《論語》怎麼說：

　　請參閱論語的子張篇，整段原文是：**子夏曰：仕而優則學，學而優則仕。**

* 　　請注意，全段的第一句，也是開宗明義、最首要的訓示為：「仕而優則學」，其宗旨在於告誡後生：「官升高了，更要上進學習新知」，才足以應付新局面、做好新工作。

* 　　然後，再講次重要的句子：「學而優則仕」，意思應是：（因為當官之前，應先備有充足的知識）「當學得充分知識之後，才去做官」。

　　所以從全段文句看來，應是鼓勵：「官位升高後，仍要不斷學習新知；做官前，先要學好充分的知識」，這樣才能做個稱職的好官。

　　上述解釋應是正確的解釋。至少，在講「學而優則仕」的時候，不應

遺漏重要的第一句：「仕而優則學」。換句話說：「學而優則仕」，不應單獨存在。若單獨講「學而優則仕」並藉論語之盛名來強調：「俺學有所成，有了好學位，就可當官」，這樣解說《論語》，明顯是在斷章取義，也不符合論語的原意。不過，這句斷章取義的話，反而流行，為大眾所熟知，常受人引用。但是似乎很少有人倡言：「仕而優則學」 ── 官位愈高、愈勤讀書。向來沒聽人說過！

這種以偏概全的解說方式，顯然是在利用古聖先賢一句不完整的話，對一個偏頗的行為做出似是而非的辯解。另外還有一個明顯的實例，就是宣稱「以德報怨」是儒家的思想，同樣都是斷章取義，好為偏頗言行做出自圓其說的解釋。令人拍案驚奇的是，從來沒人對這些白紙黑字、卻受曲解的古訓，勇於提出辯解！試問：苦讀聖賢書，所為何事？至此，還真為古聖先賢孔丘及子夏先生感到委屈與無奈。這些故事正是一種反面的「郢書燕說」。

** 郢書燕說：小故事、大道理

古時楚國京城（郢）有人寫信給燕國宰相。這位郢人口授內容，請其書吏代寫。因為天色已晚，看不清楚，這位郢人就對拿火燭的佣人說：「舉燭」。書吏聽到後，順手就把「舉燭」兩字寫入信中。

燕相讀信時，對「舉燭」兩字有些迷惑，思之再三，認為是：「崇尚光明」之意，也就是要「舉用賢明之士」。燕相非常佩服這句忠言，並向燕王報告。燕王聽後大悅，下令舉用賢良，國家因而大治。

我們也可以把這個故事修改一下：燕相把「舉燭」解釋成：「抓緊大權、我為中心、人人聽我」，於是燕相大悅，開始「結派斂財、爭權佔位」，上下交征利，寡廉鮮恥，造成天下大亂。

從此故事看來，大治與大亂的一線之差，僅在於重視別人忠言的那一個部分，以及做出怎麼樣的解釋。前面故事就是實例：若斷章選取：**學而優則仕**，就可用來促使知識份子努力讀書，以便當官、獵取高位；若選用：**仕而優則學**，就可用來鼓勵官員升官後，還要繼續上進求知。這兩類的解釋，差異甚大，會產生兩種不同的人生價值觀。

上述故事還算簡單的實例，這故事還有一個影響非常巨大的實例，那就是西方重視基督教義中的道德觀，而中國卻排斥孔孟，斥之為孔家店。

** 西方重視基督教義中的道德觀；中國不重視孔孟學說，還斥為「孔家店」

自六世紀起，羅馬教會以基督教開化北方的蠻邦人。故基督教義就成為蠻邦西方人的文化根源。唯在宗教改革時，蠻邦西方脫離羅馬教會的神權壓制後，重新解釋基督教義，排斥教會的迷信神啟、宗教儀式，並重視耶穌言行，力行其道德信念。事實說明，蠻邦西方人選取教義中耶穌的道德訓示，實屬做出對的選擇與對的解釋，終至脫穎而出，成為領導世界的文明先進。

辛亥革命、推翻千年帝制，進入民國後，由於飽受帝國主義侵凌，中國有很多激進的知識份子竟將禍害中國、造成中國落後腐敗的根源，全歸

罪於孔孟學說，甚至斥之為「孔家店」。這些人痛責孔孟思想是吃人的禮教，教導臣民盲目忠君，危害中國，所以高唱打倒「孔家店」，蔚為風潮。於是，孔孟就變成倡導忠君、幫助皇權統治者的幫兇。既然帝制已被推翻，那麼，皇權的支持者、又是危害中國的「孔家店」，自然也應一起丟進歷史的垃圾堆裡。

西方人在宗教改革時，用武力革命的方式，剷除羅馬教會的宗教高壓，卻重視基督教義中的耶穌言行。中國在辛亥革命時，剷除千年的皇權專制，卻視孔孟為皇權的同路人而一起丟棄。這與西方人的反應，大異其趣。當代知識份子所做的選擇是否正確？是否曾把孔孟言論拿來詳細檢視，然再做結論？若是未審而判，其結論的可靠性，實難信賴。

即使在「郢書」裡的一則短句「舉燭」，受到楚人重視，再做出正面的解釋，就能造成國家大治。而孔孟言論中，有很多實用的忠言，為何不能取而用之？基督教的舊約及新約中，敘述儀式、唸經祈禱以及迷信之處，比比皆是（恐超過 80 % 之上），但西方人卻重視經書中耶穌的言行，願選擇其道德信念而行之。西方的蠻邦人都能這麼做，中國的知識份子在倒背四書如流之餘，為何不能選用孔孟言行的精華，做出鼓勵人心之義舉？

中國的文化根源就是孔孟之道，但在中國的皇權專制統治下，孔孟學說受到曲解，形成「忠君」思想，並被曲解成一個崇高的道德目標。這和前面說的「學而優則仕」，都同樣是為了某個目的而做出牽強附會的解釋。在一些有心讀書人的鼓吹之下，忠君還高於「孝親」與「家人」。這可從常用的成語，如：大義滅親，還有習稱「忠孝」，都把忠字放在首位。再

看抗日戰爭後，中國損失慘重，政府不要日本賠償；不要賠償可找一個說的過去的理由，卻偏偏宣稱源自儒家「以德報怨」的思想?! 這些現象充分顯示中國在皇權專制下，孔孟之道早已被選擇性的取用，只為皇權說話及解脫。即使明顯偏離孔孟之言，中國的知識份子，也無人敢於出面辯正。這才是中國知識份子的悲情。

民國初年，許多激進的知識份子大肆批評孔家店的「忠君」思想。現在讓我們從四書中，查驗孔孟是否真在倡導盲目忠君？本文尚無能耐為孔孟辯證，只在驗證當時那些激進知識份子的觀點，是否真實、正確而已。

** 從四書中，查驗孔孟是否有「無條件忠君」的觀念

* 先從論語查看孔丘對「忠君」的說詞：
  - 君使臣以禮，臣事君以忠 { 注意：「君使臣以禮」在先，然後才「事君以忠」}
  - 大臣者，以道事君
  - 行己有恥，不辱君命
  - 忠焉，能無誨乎
  - 子路問事君，子曰：勿欺也，而犯之
  - 君子之仕也，行其義也

* 再看幾則孟軻的思想：
  - 大有為之君，必有所不召之臣，欲有謀焉則就之；故桓公之於管仲，學焉然後臣之

- 教人以善謂之忠

- 君不行仁政而富之，皆棄於孔子者也

- 為人臣者，懷利以事君，然而不亡者，未之有也；為人臣者，懷義以
  事君，然而不王者，未之有也

- 逢君之惡，其罪大，今之大夫皆逢君之惡，今之罪人也

- 君子之事君也，務引其君以當道，志於仁而已

- 今之所謂良臣，古之民賊也……君不鄉道，不志於仁，而求富之，是
  富桀也

　　從這些如何「事君」的言論中，明顯看出孔孟不但沒有教人盲目忠
君，而且要求為臣者，應該：犯之、誨之，且不可：逢君之惡，助桀為虐。

- 　至多，孔丘曾教人：「事君敬其事而後其食」。這句話才有些偏向「君
  王」，但仍要求大臣「敬其事」，沒說「順其君、逢其意」。

  - 他甚至要求為君者，要像大禹王一樣：「菲飲食、惡衣服、卑宮室，
    而盡力乎溝洫」

  - 不可：君不君、臣不臣

  - 他還強調，君臣為政都應：因民之所利而利之。

- 　至於孟軻，他把君、臣放在對等的位置。他對人君的要求比孔丘還要
  高，甚至認為人民比君王更重要，已有充分民主的觀念。讓我們看一
  下他的說法：

- 君視臣如手足，則臣視君如腹心；君視臣如土芥，則臣視君如寇讎，寇讎，何服之有？

- 齊宣王問：德何如則可以王矣？孟子曰：保民而王；王之不王，不為也，非不能也！

- 君正，莫不正，一正君而國定矣！

- 與民同樂，則王矣；與百姓同之，於王何有（為王還有什麼困難？）

- 民為貴，社稷次之，君為輕

- 更甚者，孟軻還讚揚湯武革命，明言支持：推翻惡君的革命，是世界上第一位敢公然提出這種革命性主張的知識份子！他比喀爾文還要直言不諱，一點也不扭捏。

  - 齊宣王（為湯武革命而問孟子）曰：臣弒其君，可乎？孟子曰：賊仁者，謂之賊，賊義者，謂之殘，殘賊之人，謂之一夫，聞誅一夫紂矣，未聞弒君也！

  - 孟子答齊宣王（關於皇親貴族的為臣之道）：君有大過則諫，反覆之而不聽，則易位（易君之位，罷廢王位、換新君）。王勃然變色。孟子曰：王勿異（見怪）也，王問臣，**臣不敢不以正對**（據實以告）。

＊＊ 非為孔孟辯解，只遺憾中國知識份子「不敢不以正對」！

　　前面以白紙黑字列出孔孟對君臣之道的理念，其目的並非挺身為孔孟辯白，只是很遺憾的表示，千餘年來，中國知識份子之中，竟沒有人基於

孔孟之言，表達孔孟真實思想。當然，我們深切了解中國知識份子深受皇權天威以及文字獄的威脅，將心比心，實不願苛評。

唯在民國初年，一些激進的知識份子，痛批孔孟思想提倡忠君，危害中國。於是一人吠影，眾人吠聲，造成打倒「孔家店」的熱潮。但從上列選句中，就可見到孔孟保民、輕君，甚至存有罷廢君王的革命思想。顯然，這只表示兩件事：

(1)　這些知識份子沒有細讀孔孟四書，只有半通不通就大放厥詞，信口橫批。這樣程度的反對者，就像西方那些不肯多讀書，卻愛大言不慚、語不驚人死不休的「自由派」，實為無知，卻偏執於反對有理；

(2)　問題是當代中國，熟讀孔孟四書、倒背如流的知識份子，多如過江之鯽。但就是沒有一位知識份子，用孔孟學說的內容，對這些似是而非的流言，勇於挺身而出加以駁斥。當代知識份子手中，明明握有堅實的證據與籌碼（包括上列文句），卻寧願選擇沉默以對，也不願出面舉證、對質而抗辯。相對於西方的知識份子，從最早為悍衛基督教義（無論是天主教徒或新教徒），直到近世為學術而展開的爭辯，都是義無反顧、舉證力辯。反觀當代中國的讀書人 ― 知識份子，不論其原因，就是無法仿效其先師，孟軻：「不敢不以正對」，挺身抗辯。令人遺憾。

十三

千里之行，始於足下；以法治國，始於社會公德或道德良心

1. 「The Law」最貼切的中文名詞：禮義；更具體的真義：禮義廉恥

** The Law，律法道德，最簡明而貼切的中文翻譯：禮義

六世紀時，羅馬教會把基督教傳至帝國北方的蠻邦人 - 盎格魯撒克遜人、法蘭克人、日耳曼人，期望開化那些蠻邦人。基督教義中的律法（The Law），亦即舊約的律法書，要求子民一面要敬畏上帝，一面遵奉上帝所訓示的道德戒律，包括：不可殺人、不可貪取別人的財物。羅馬教會的傳教士就用律法所說的神威與神的戒律，來約束那些野蠻人。因此，這些蠻邦人最早認識的「Law」，不是羅馬十二表法，更不會是查士丁尼的羅馬法，而是基督教神性的 The Law（律法）。

就西方而言，無論是神性的律法書，俗世的十二表法，都是同樣的「Law」，就是拉丁文的「lex」，都是同樣的字，都有其歷史淵源。西方人開始接受教會的開化起，就知道 The Law，除了敬奉上帝之外，就是道德訓示（Morals）。但對那些文化相異、沒有歷史淵源的外邦地區，The

Law 與 Morals，則是兩個不同的東西。就以中文為例，若說到：「教律」、「道德」、「法律」，這明明是不同的概念，各不相同，實難混為一談。這就是因為中西歷史文化的差異所造成的困擾而已。前篇已討論過西方的律法，現在讓我們從中國的角度，看一下律法，The Law，在中國文化裡，相對等的名詞。

西方文化的根源，基督教的「律法」（lex，Law，etc）是藉著神意教導子民為人處世的道德規矩。中國文化根源之中，也有豐富的道德訓示，其內容與「律法」相通，都是大同小異（可參考：附錄一，新約、舊約訓宗簡錄，以及附錄二，四書簡錄）。讓我們先花些時間、略微回顧一下 The Law 的本義如後。

「律法（The Law）」源自猶太人的希伯來經書，摩西將上帝所訓示的道德規矩，編寫在該書的前五部書中。希伯來文稱這五部書為 Torah（以英文字母代替希伯來文）。「Torah」在希伯來文是「教悔、訓示」之意，藉以代表這五部書及上帝所訓示的道德規矩。這五部書及其訓示就是後世所說的「The Law」，亦即中文說的「律法書」，或「律法」。

一世紀時的希臘人（泛指接受希臘文化的人，不只是住在希臘半島上的「希臘種族人」）開始信奉猶太教中，追隨耶穌一派的信仰，就是後來的「基督教」。他們對這五書及道德規矩的名稱，不用希臘文的「教悔、訓示」來表示，卻選用另外一個希臘字 nomos 來代表「The Law」。「nomos」在古希臘文原指「量尺、量規」之意，但還有一些較為深層的含意，略敘如下：

在古希臘神話中，命運是被三位女神所主宰。在西方的藝術品中，就可見到這三位女神在一起的圖像（最著名的就是十六世紀法國雕像家 Germain Pilon 所創作的 The Three Moirae 雕像），其中一位就是拿著量尺，分配出每人應得的命運（用另一女神所紡的紗線來代表）。所以「nomos」不僅表示一支「尺」、「量規」而已，還表示「分配」給每個人的命運，因此是決定命運的重要工具。所以希臘人用 nomos：分配命運的量尺，來代表「律法 -The Law」，別具意義。

自羅馬的拉丁人接受希臘人的基督教之後，信徒迅速成長。到第五世紀，在教宗的指示下，編出拉丁文的舊約。這時，他們對「律法，The Law」的名稱，既不用拉丁文的「教悔、訓示」，也不用拉丁文的「量尺」，而是選擇拉丁人所習知的十二表法（leges duodecim tabularum）之「法」，lex(單數詞) 或 leges（複數詞）來表示這五書的「道德規矩」。

為何羅馬人選用：lex（或 leges）？據羅馬教會神學權威在其巨著神學總覽中，曾解釋 lex（可參考第五篇，西方法律的根源）是源自另一個古拉丁字 ligando，其意為「綁住、束縛」之意，轉成 lex（或 leges）而為「約束人的規矩」，並被轉借為羅馬十二表法的「法」字，以表示：十二條約束人的規矩。羅馬人用 lex 來表示：「律法」、「法律」等，有關「約束人的規矩」，這種轉借的用法，也非常恰當。

十九世紀末，日本明治維新，積極仿習西方，學習西方的「Law」。中日文化同源，日本學者將 The Law 譯成「法律」，中國仿而用之。這個譯法，含有古人常說的「法」，又含唐「律」、明清「律」，應屬上好的

翻譯。但也不能否認，從「法律」的字面讀來，只是「行事規則及條文」；卻與古時西方人三句不離口的「The Law」，亦即神性「律法」的「道德規矩」，看來沒有關聯。顯然，光是用漢字「法律」這個外來的東洋名詞，無法彰顯「The Law」的原始真義，也難以表達其整體的含意。

現在讓我們看看，中文還有什麼名詞能充分代表「The Law」的實質含意。首先，「The Law」無論在律法書之中，或後世學者，包括：艾奎那，都直截了當的說，就是「道德」，是上帝對人所立下的道德規矩。這些律法，或規矩，都是上帝所期望的公義之舉，也就是律法書常常提示的 Righteousness，亦即要做「對」的事。

現在再看一下中國的說法。中國古書中到處都談到「禮」，而且還有《禮記》，多是指朝廷行事、祭祀的規矩，亦可延伸並轉借到各種行事的規矩，包括：為人處世及治國的規矩。這個延伸及轉借的敘述，在中庸裡，就有清楚的說明：明乎郊社（敬上帝）之禮、禘嘗（祭祖先）之義，治國其如示諸掌乎？

行事規矩，有好、有壞，所以古中國還特別強調，要有「對而義」的規矩才可以。中庸裡，對「義」有更簡潔的解說：義者，宜也；也就是：合宜的行為，或：對的行為。孟軻也特別強調「義」，就是：正路、正道，也就是「對」的行為。他甚至說：非其義也，祿之以天下，弗顧也。

由此看來，能充分表達「The Law」內涵的中文名詞，自應是古書中常見到的「禮義」一詞，囊括「The Law」中，「對而義」的規矩與道德（regulations and morals of the righteousness）。用「禮義」來表達 The Law，

應比：「教誨」（Torah）、「量尺」（nomos）、「約束人的規矩」（lex or leges），或是日本學者所譯的漢字：「法律」，更能表達其內涵真義。因此，若說：The Law 的實質，就是「禮義」，自屬恰當，而且也沒有比它更好的同義字；至少要比「法律」這個西洋玩意兒、又是東洋譯名，來得傳神而入木三分。

　　古時猶太人自視上帝的選民，還有上帝親賜的律法（The Law）。故一些猶太人，例如使徒保羅，難免帶有自負的態度說道：外地人沒有「律法」，或說：不知「上帝的律法」。這樣的句型同等於中國古時，喜歡評論外人：不知「禮義」。從這個句型就可看出，「律法」（The Law）和「禮義」，兩者相通、異曲同工。

** 禮義廉恥：更能充分表達 The Law 之真義；正是：國之四維，四維不張，國乃滅亡

　　舊約律法書最重要的十誡當中，有一條很重要的戒律，那就是：不可貪取鄰人的財物，也就是不可貪取非份之財。這就是中文的「廉」字之意。律法書還強調：即使你撿到敵人走失的牛，也要牽還給原主（見 Exo. 23:4)。更不必說：不可貪取公家及人民的財物了。

　　在福音書中，亦即艾奎那特別重視的新法（New Law），耶穌自始就告誡徒眾，必須經常「悔改」（Repent）。這和中國古書所說：一日三省吾身；過則勿憚改，意思一樣。人總會犯錯有過，如有羞恥之心，肯認錯悔過，並誠心改過者，在中文就是「知恥」的意思，也是「知恥近乎勇」

的真義。

因此，若要深入解釋：「The Law」，顯然除了「禮義」之外，還含有很兩個極其重要的核心價值，那就是：「廉」、「恥」。易言之，「The Law」若用中國古聖先賢常說的「禮義廉恥」來表達，更為完整而貼切。

基督教義中，經常告誡子民，違犯律法（The Law）的人，將受上帝的懲處；不肯悔改的人，必遭滅亡（如：Deu. 27:26；Luk.13:3：ye shall all likewise perish）。中國的古書中也說：「禮義廉恥，國之四維，四維不張，國乃滅亡」。所以無論是「The Law（律法）」或是「禮義廉恥」，在實質上，兩者意義相通。不同的只是古中國用「禮義」，或用更清楚的「禮義廉恥」，而希伯來、希臘、羅馬、英吉利人分別用暗諭的轉借字 Torah、nomos、lex、The Law 來表示同一件事而已。

至於「不肯悔改」或「四維不張」會不會滅亡呢？只要看看明朝，很多皇帝及皇親都以殘暴荒淫而出名；國政多為宦官小人把持，貪腐橫行，陷害忠良，罔顧民生，更糟的是毫無悔過改革、振作圖強之心（試看：英宗-正統／天順；世宗-嘉靖）。朱明皇室背離古書說的「禮義廉恥」，也就是違犯了天條：「律法－The Law」，又不能悔悟，自是終遭滿清滅亡。

易言之，無論「The Law」或「禮義廉恥」，實際上都是指同樣的道德規矩，關係到社會、國家的存亡，故應加以重視；卻不宜把 The Law 視之如大明律、大清律，只是條文的彙輯而已。更不應像二十世紀初，西方激進「自由派」一樣，志在掃除一切社會規矩，亦即打倒吃人的「The Law」或「禮義廉恥」，可以不顧別人，自由任性、背禮忘義、愛怎麼做就怎麼做。

2. 土耳其國父凱末爾的改革；不能空有：三權分立、司法獨立、法官中立

** 凱末爾仿習西方的三權分立、司法獨立、法官中立……

讓我們看一下土耳其國父凱末爾 (Mustafa Kemal Ataturk，1881～1938) 的改革事蹟。他生於當時尚屬奧圖曼帝國的希臘古城 Tessaloniki（即新約 Thessalonians 之地），在軍校畢業後，任奧圖曼軍官。當時奧圖曼帝國與滿清皇朝一樣腐敗衰弱，飽受西方侵凌與瓜分。凱末爾是一位極有先進思想又具勇謀的軍官。他在 1915 年第一次世界大戰，英國進攻韃靼尼爾海峽時（此為邱吉爾草率的「妙策」），凱末爾在加里波里（Tripoli）擊敗世界超強的英軍，聲名大噪。1921 年，又以少勝多，擊潰希臘入侵軍，成為土耳其的救星，聲望漲至最高點。1923 年，凱末爾與國會推翻奧圖曼蘇丹，成立土耳其共和國，仿照西方三權分立，改組政府。凱末爾以其聲望及軍權，成為第一任總統。他最偉大的特色，並與其他國家獨裁者最大的不同，就是沒有利己的私心，只期望土耳其，及其人民，也能像西方人一樣的文明進步，包括西方的以法治國，而不是困居在封閉的回教律法（Sharia）之下。

凱末爾深知，土耳其的回教社會就是他現代化的最大障礙，所以絕不能保留伊斯蘭的宗教法律體系。他就任後，以他至高的威望與權力，極力削除伊斯蘭的宗教勢力，屬行政教分離政策，廢除伊斯蘭的繼承傳統，哈里發（Caliph）制度，又取消伊斯蘭大教長的名號。他還做出最根本的

改革，廢除古老的伊斯蘭法及伊斯蘭法庭（Sharia Courts），並採用西方的法律及制度。光就這一點而言，這是其他任何宗教立國的政治領袖不敢做、也做不到的事。他又為保障婦女權利，特訂出法律，不准婦女戴面紗；廢除一夫多妻制，允許婦女擁有離婚、教育、財產，甚至選舉的權利。他還認為，難懂的阿位伯字母是學習西方文化的絆腳石，故在 1928 年，下令改以拉丁字母書寫土耳其文。他不但廢除傳統的阿拉伯字母，甚至禁止使用。

凱末爾能在一個古老的回教社會，做出如此大刀闊斧的驚人改革，非常不容易。古往今來能像他這樣，做出如此徹底的改革，可以說除了他之外，沒有第二人。他能做出這些驚天動地的改革、卻沒有招致回教保守勢力的反撲，讓他能夠順利的放手一搏，自然是靠其無上的威望與權力，還有一顆「見賢思齊、無私保國」的雄心壯志。從各方看來，他都的確足以稱得上偉大。

雖然是大刀闊斧的改革，廢除回教法律體系；並以權威的強勢，改採西方的三權分立、司法獨立的政府形態，但凱末爾在主政 15 年，並於 1938 年逝世後，土耳其不但沒有變成西方的法治國家，還發生多起軍事政變及軍人獨裁。凱末爾仿效西方，一手促編而出的堂皇法律，一直難以發生長遠的效用，也就是說，難以落實。最近一次，2016 年末成功的政變之後，當權總統還可趁機把許多記者、反對派政府官員，甚至法官，集體拘捕，不經審判即予監禁，甚至酷刑。看來，凱末爾強力的司法改革，並未造成與時俱進，反而倒退。真不知其三權分立及法律的效果與功用何

在？至少，在土耳其就沒能成功的做到制衡（Check and balance）。

　　造出這種結果的原因，自然就是凱末爾早逝，繼任者的威望遠不如凱末爾，改革的衝力與氣勢減弱，難以做出持續的改革。唯事實上，還另有更重要的原因，那就是凱末爾只把西方外在的政治結構、法律、服裝、字母引入國內，但傳統的積習與人心，並未因改革而消失，只是暫時掩蓋。這種新瓶裝舊酒的改革方式，實難蛻變為西方式的法治社會。西方的制衡功能，到了土耳其自然就是無用武之地。

　　土耳其至今未能如凱末爾之願望，變成西方式的民主法治國家，甚至比不上北歐，連後進的芬蘭都比不上。凱末爾的壯志與苦心，未能充分實現，深深為他感到惋惜與遺憾。

　　不必說土耳其了，即使印度與菲律賓，還是從英、美殖民者親手扶植而出、號稱三權分立的國家，美國還曾驕傲的向其他落後亞洲國家介紹菲律賓是「亞洲民主櫥窗」，但數十年過去之後，這些國家的法律與法治情況，大家心知肚明，仍是金權橫行、缺乏法律的公義。法律形同具文，對社會沒有發揮應有的功能。

** 沒有以道德為基礎的法律體系，難以有成

　　從土耳其，以及印度與菲律賓的現實故事中，明顯可知，若有人認為仿習西方，頒訂法律，再建出一個「三權分立、司法獨立、法官中立」的政府，就可成為法治的現代國家，那無非是一種不切實際的幻想。若再說得明確一些，只去仿習西方法律體系的外在結構，卻不學習西方法律的根

本要素，就難有成功希望。箇中道理也非常簡單，若想要像西施一樣高雅動人，受人欣賞，絕非抹上同樣高價胭脂、穿上同樣名牌衣服，就可賽西施了。換句話說，如果認為只要頒訂法律，建立「三權分立、司法獨立、法官中立」的政府，就會變成法治國家的話，那麼世界上所有的女人都可在一夕之間，通通變成西施了。一言以蔽之，含有鐵質的礦沙，才能煉出鋼鐵；不含鐵質的沙土，不可能煉出鋼鐵。

前篇已曾詳加說明，西方的法律能發揮功能，達成法治，實因西方始自商業自治的社會，再歷經數百年律法道德的教化，人民普遍培養出自律守法、自重尊人的習性，官民行事都已存有「社會公德或道德良心」的意識，或說是倫理道德（＃註），法律才能健全運行。換句話說，若想要採用洛克的學理來治國，人民必須具有洛克學說中的水準，才能順利行事，圓滿成功；否則，若人民無此水準，貿然採明，註定失敗。至於這樣說對或不對，只要去西方及北歐各國之後，再去印度、菲律賓、土耳其走一趟，立見分曉。

土耳其雖然大肆改革，卻沒有對全國官民從社會公德、道德良心方面，做出適當的教化。廣大的人心並未因一時的改革而到達進步的水準。這個「進步的水準」就是：全國官民會自動實行社會公德的規範，將法律融入生活之中，成為社會生活的習性。這個「社會公德、道德良心」才是法律的基礎；這個基礎若以西方文化而言，就是：律法道德；用中文來說，就是：禮義廉恥。

＃註：本應是「倫理道德」，但這四個中文字，稍嫌嚴肅，似乎是在

談什麼三綱五常、聖賢之道；其實，本書說的「道德」，只是社會中平實的生活規矩而已，例如：待人誠信、和睦有禮、不欺人、不壓弱小；為避免將本文視為玄奧莫測的「道德經」，特改用較為平常的社會公德、道德良心等詞句。

** 比較英國與土耳其的民主過程

土耳其難以蛻變為西方式的民主國家，還有一個很重要、卻易於疏忽的特點。唯在說明之前，尚須對照一下土耳其的樣版導師 — 英國。

英國是在 1648 年，克倫威爾的清教徒擊敗英王查理一世之後，國家大權才從專制的王權轉到民間的「資產及知識階層」之手中。即使在 1660 至 1688 年，王權復辟期間（查理二世及其弟，詹姆士二世），這個階層已被培養成一個龐大無比的勢力。這階層包括：鄉紳地主所組成的國會、洛克、哈布斯、牛頓等知識階層，成為社會主流。他們具有相當多的知識與自主意識，不易受專制王權所左右，還能在 1688 年造出光榮革命，把國王詹姆士二世給趕走。

自 1688 年光榮革命之後，雖仍有國王，但至 1918 年，全民普選之前的 310 年之間，英國的國政大權完全操在國會那些「資產及知識階層」人士手中。傲人的英旗不落日帝國，以及英國文藝學術成就，都是這三百年間，由這些「資產及知識階層」所打造。但是那些佔人口大多數，卻無資產的人，在當時，對國家社會沒有什麼影響力。他們也是受盡上層社會欺壓、卻是無聲的一群勞苦大眾。只有到了 1918 年之後，英國全民有同樣

的參政權之後，他們的意見才開始受到重視，還能夠形成政策。

　　土耳其的「民主」始於凱末爾，當他在 1923 年仿效西方的民主制度時，立即實行全民普選，一次就達到全民民主。故從表面看來，土耳其與英國都是在二十世紀初，分別在 1923 年及 1918 年，幾乎同時進入「全民民主」。但實質上，兩者卻大異其趣，不可同日而語。現在僅略述兩個重點如下：

- 英國在進入二十世紀時，已是英旗不落日的超級富強之國。他們無論是從海外商業投資，或從印度、中國搜括而來的龐大財富，絕多落入這些「資產及知識階層」的手中。當在 1918 年，英國實行全民民主之後，為照顧或安撫這些低層勞工，政府有極其充裕的「金庫」，可供實行全民政策時所運用，很容易就可進行民主理想的財富共享，均富之用。

- 前面曾說，西方有律法道德的教化，其實大多僅存在於這些「資產及知識階層」。他們無論是在家中、教會、學校，都接受過相當良好的教育及為人處世的律法道德，很容易養出自律守法的習性，並且造成一股良性的社會風氣。這些「資產及知識階層」人士，以及他們打造而出的社會風氣，對那些身無恆產的人，自是有很大的引導作用。到了 1918 年，全民普選、工人翻身之後，這些勞力階層的人，也自然而然隨著社會風氣，培養出自律尊人、守法守序的社會公德。

　　土耳其，以及其他新興國家，就沒有這麼好命了。首先，土耳其根本就沒有英國同樣知識、歷練及龐大的社會主幹：「資產及知識階層」。

這是英國起家之「本」，本立而道生；當時的土耳其（當代中國亦然）普遍貧窮無知，卻仿習英國外表的制度，這樣完全是在做無「本」生意，何能成「道」？在 1923 年，當土耳其改行「民主政治」時，他們和中國一樣，都是國窮財盡、民不聊生的時候，哪會有充裕的資金去支持基本建設與社會政策，更無餘力去關照全體「主人」。其次，土耳其蘇丹自始就是個壓榨百姓的專制皇權，從未想到教育子民。回教社會也是以封閉壓制而出名，注重唸經、祈禱，對社會的道德人心，沒有充分的教化，再加上社會普遍貧窮無知，自然造成「唯救死而恐不贍，奚暇治禮義哉？」因此，若與英國的民主過程相比，土耳其全民普選、一步到位式的民主過程，是在尚未準備妥當的情況下，冒然跳入水中，操之過急，後果自是堪憂。

前面曾說，東方及亞非國家，難以實行民主法治。這種說法絲毫不帶歧視，而是說，官民都沒有經過充分的教化，更沒有依據自己的條件而採用適當的對策。亦即，以土耳其的背景，與凱末爾絕高的威望，若依照哈布斯的學說去管理、訓導、教育人民，也許比較容易有些成就。換句話說，若凱末爾 當時能以 「李光耀」的方式及手段來治國，應有很大的成功希望。再簡單的說，就是：應該對症下藥。

為免於引起不必要的誤解，特別再次強調：任何國家都有可能成為民主法治國家；唯若想要變成民主法治，必須下工夫從基礎全面仿習，才有可能。若以為只要舉行選舉，再仿效西方的政體組織，就自視足以成為民主國家，那是幻想。土耳其，以及印度、菲律賓，都是現成實例。可有人再敢挺身冒險一試？

3. 中國擁有優良的道德教育傳統，這才是法律的根本、法治的基礎，無他

＊＊中國古書講的道德、良心，正是西方 The Law 的根本，也是法治的堅實基礎

前篇說明西方法律（The Law）的基石 ── 基督教的律法（The Law）時，已詳細說明律法除了敬奉神意之外，就是人在一個社會中，為人處世所應有的道德。更在自然律法（Natural Law）說明 The Law 存於人的良心，亦即知道：什麼事該做，什麼事不該做。把這個有良知的良心寫出來，要大家共同遵守，就是自然律法所說的 Law 了。讓我們不嫌麻煩，再複習一下前面使徒保羅與艾奎那對 the Law 與道德良心的關係（全文源自新約的羅馬書，Rom. 2:14,15；亦可參閱附錄一，在此只述大意）：

外邦人雖沒有明文寫出的律法，但他們的行事卻能自然而然符合律法的規則，這是因為他們的人依據良心行事，知道什麼是好事、什麼事為壞事，該做或是不該做。這就是自然律法。

事實上，這個自然律法在中國古書中，也有非常相近的解說。請看孟子公孫丑篇：

「謂人皆有不忍人之心者，今人乍見孺子將入於井，皆有怵惕惻隱之心，非所以內交於孺子之父母也，非所以要譽於鄉黨朋友也，⋯⋯。」

「惻隱之心，仁之端也，羞惡之心，義之端也，辭讓之心，禮之端也，

是非之心，智之端也。」

這些「惻隱之心、羞惡之心、辭讓之心、是非之心」的「心」，就是保羅與艾奎那在自然律法中，所說的「良心」。

孟軻又說道：「心之所同然者，何也？謂理也、義也」。此句中「心之所同然」，是指：人心中共有的同理心；而這個「同理心」就是源自：理（有道理的事）與義（對的事），也就是「道德良心」。

因此，若用通俗的話來解釋這個道德的「良心」，就是：人人心中有一把尺。這把尺就是「測知是非的準則」（a rule and measure），這就是「自然律法」的基礎。

在實際生活中，依據「道德良心」來判斷「什麼事可做、什麼事不可做」的準則，亦即「心中的那把尺」，就是：別人這樣對待你，你願不願意？若用古訓來表達就是：「己所不欲、勿施於人」，或「不以鄰為壑」。這些話，在中西文化根源，孔孟四書與律法書中都可見到。

孟軻再說明：

- 「聖人與我同類」：他認為，「聖人」和我們一樣，沒什麼不同（沒啥了不起）；

- 「聖人先得我心之所同然耳」，意即：所謂「聖人」，只不過是比我們早一點認清人的「同理心」而已。這也可以說成：「聖人」只是比我們一般人更早就懂得「法乎天、應乎人」的「自然律法」而已（故沒啥了不起，別把「聖人」當超人）。

孟軻進一步又說：

「凡有四端於我者，知皆擴而充之矣，若火之始燃，泉之始達；苟能充之，足以保四海。」

西方人珍視教義中，律法所說的道理。許多西方知識份子，包括艾奎那，把律法「知皆擴而充之矣」，拓展出浩如煙海的知識，包括哲學、法律。相對而言，中國的儒生並未把孔孟說的道理持續發展演進，既無「若火之始燃，泉之始達」，亦未「苟能充之」。相反的，漢儒卻將陰陽五行的迷信，混入孔孟思想（請參閱第十四章、中國前進中的困擾，第3節、中國自古以來盛行的迷信文化）。到了近世，甚至明言打倒孔家店。

中國在清末，仿習西方，引進西方的「法律」。其實，那只是引進西方法律的外殼，連「法律」這個名詞，以及「憲法」、「政府」、「司令」，甚至「名詞」本身，都是從日本傳入，然後由政府編訂「法律」，頒賜給「主人」— 全國人民。當時全國官民對「法律」這個洋玩意兒，並無歷史淵源、亦無「重法、遵法、憑法行事」的習性。當時的中國社會，即使辛亥革命後，全體官民並未經過西方民權思想的調教，亦無法律必須有的平等概念，因此，「法律」在中國自然難以落實。至多只視之為一大堆詰屈聱牙的規定與條文而已。反正只要行禮如儀、能躲就躲、不能躲就藏，總有對策。

明太祖及滿清康熙皇帝皆曾以皇令分別訂下大明律、大清律。但中國向來沒有讀書人去研究及苦讀這兩部皇律，連其皇子、皇孫都不重視。所

以，這兩部皇律在中國社會並沒有產生顯著的功能及影響。百姓寧畏懼縣令之威，也沒有人奉大明、大清皇律為尊。在此背景下，辛亥革命後的中國百姓以及大小官員，怎有可能一夕之間，無懼上級官威，獨尊那個新鮮的東洋名詞，叫做「法律」的洋玩意兒？當代法律遠不如軍閥高官的臉色。法律缺乏權威與效果，自是當然之事。

「依法行事」已成為西方人在社會生活之中的一種習性。中國人民向來無此觀念，更無經驗。因此，若想在中國造出「依法行事」的法治社會，絕非短短數年即可改變全民的習性，更別指望僅靠幾個大師的說教，或高官的英明指點，就可大幅改變全民的習性。

今日若想革除千年人治舊習，進入以法治國的境界，不宜只看西方現行制度的表面，卻疏忽中西文化背景的差異，特別是中國官民從來沒有經過自治與法治的歷練，就照西方模樣、依樣畫葫蘆，以速成方式一步到位，恐難如意成功。至少，土耳其就是一個典型的負面樣板。所以最可靠也最實際的方式，還是仿行西方人的成功路徑，從培養「道德良心、社會公德」做為開始，沿著「禮義廉恥」的方向，讓官、民養成自律守法、自重尊人的生活習性。只有如此，才是腳踏實地、盈科而後進，走向以法治國的終南捷徑。至少，這是別人成功的路線圖。這樣的說法，一點都不是講道德、說仁義的「勸善文」，而是非常實際、依據歷史事實所做的結論。

**「律法道德」只是日常生活應有的「社會公德」而已

一說到「道德」，中國人多易聯想到做為聖賢的崇高德行，巍巍乎、

洋洋乎、蕩蕩乎，嚇死人，多認為那是聖賢偉人的事，平常人難以做到。其實並不是那回事，那是中國的學究，甚或迂儒，閉門所創的玄奧大德，亦非本文所能論及。

中國文化之源，不論你喜不喜歡，就是孔孟學說。現在讓我們把孔孟說的話，精簡的查看一下。孔孟講的道德精華，就是「仁、義」而已。依照孔孟四書所說，「仁、義」不過就是：仁者人也；義者宜也，非常簡潔中肯，並不複雜玄奧，略加說明如下：

- 「仁」者人也，就是把所有的人，包括：自己，都當作「人」來對待而已。所以若想達到「仁」的境界，就是要：待人如己。如這還辦不到，沒關係，至少要做到：己所不欲、勿施於人，或者說：不要以鄰為壑，也就很好了。再簡明的講，就是：尊重自己、也尊重別人。這些話同樣也是基督教義的道德觀 ─ 愛人如己。

- 「義」者宜也，不過就是去做合宜、「對」（righteousness）的事而已。對與不對的分辨基準，僅在於：「別人這樣對待你」，你願不願意？若願意，大致上就是「對」的了；若不願意，那就是「不對」了，自然不應施於別人。但這只最基本的原則，如要做出更「對」的事，那就是：待人如己。孟軻勸告齊宣王：舉斯心加諸彼，就是這個意思。

由此看來，仁、義的基礎，就存在於：「己所不欲、勿施於人」與「待人如己」。這兩句話就足以代表仁、義；卻不是什麼「三綱五常、天地合德」那些聽都聽不懂的玄奧解說。

自古以來，直至今日，不知多少名人學者，或是宗教的大師真人，不斷發表有關為人處世、修身修行的大道理，造出無數的名人語錄、大師嘉言，有些還對仗工整、押韻動聽，但內容實則大同小異、互相雷同。但社會真正需要的，不是這些嘉言金句，而是在於一個「行」或「做」而已。在這數不清的嘉言金句裡，只要大部分的人能做到：「己所不欲、勿施於人」，這個世界就會出現和平與安定了。如果大多數人能做到：「待人如己」（此即基督教說的：愛），則天下太平矣！尤其是那些身為帝王領袖者，若都能基於「待人如己」的信念，肯去「做」到孟軻所說：「推恩足以保四海、與百姓同之、與民同樂」，世界大同就在眼前了。再看西方文化根源，福音書的說法：一位掌法教士故意質問耶穌，如何才能永生？耶穌 請他讀 律法書（the Law)，教士唸到 各種誡律：…不貪取別人財物、己不欲勿施人、待人如己，等訓示；這時，耶穌就說：你說對了，只要肯照著「做」，就可獲得永生！因此，實在不需要再去製造一些警世真言，只要一個「肯做」，就行了，不難！

　　因此，「道德」並不是什麼崇高偉大而難行之事，更不複雜，只是古今許多道學先生把簡單的事講得深奧莫測，造成高不可攀的聖德化、複雜化了。其實，「道德」只是為了讓社會中的大眾能夠和睦共處，過著安定和諧的生活，每個人在社會的日常的活中，應有的規矩而已。這些行事的基本規則，包括：自律、守紀、講信修睦、待人有禮、不貪取別人財物、不欺壓弱小、做生意童叟無欺。任何社會的規矩，或法律，都是從這些小道理做為出發點。這些小道理就是「社會公德」，出自每人自願去做的誠

心，也是自然法所說的良心。因此，若說：想要以法治國，始於「社會公德」或「道德良心」，並不為過。

律法中的道德信念，亦即：道德良心，才是審判（Judgment）的基石，中流砥柱

京戲的名劇玉堂春，只見縣官收賄後，就隨意判定蘇三死罪，然後蘇三起解，等候處刑。她的戀人王景隆，後來以巡按之名，把全案移至太原，請其部屬代審，結果冤情招雪。這雖是戲曲，卻能相當反映當代的審判概況。戲中，無論是死罪、活罪，在定奪生死的過程中，判官，即戲中的縣官，並沒有引用大明律、大清律來判案，都是自行考量案情而斷案。在沒有依律而審的情況下，審判不公與冤獄自然很多。難怪蘇三會無助的唱出：人言洛陽花似錦，偏奴行來不是春。她一語道破受冤入罪的悲痛與無助。這個案件不公不義，問題就在於那個收賄後，只憑自己之意，就判蘇三死罪的縣官。

當然，這故事及判案到底還是戲曲，不能當真，至多只能反映部分現況。唯從歷史事實而言，以前的地方首長，如縣官、知府，判案也並不見得依據明清大律。只要看一下前面的中國讀書人歸有光與湯顯祖，他們都是正直的清官，上任後，判案公正，也平反很多冤案，受人民愛戴。但歸有光與湯顯祖卻並非憑著大明律的程序與條文來斷案，卻只是憑著自己的道德良心，以及自己的判斷力來斷案。因比，如果判官的道德良心或判斷力不足，就會像審判蘇三的縣官，發生問題，造成很多冤獄。

中國在古時，刑案的審判多是由縣官，或地方首長，負責審判。明清時期，雖有大明律、大清律，但審判並非像今日司法程序，完全依照大明或大清律例的程序及條文來判案。明清時代，可以說沒有讀書人捧著大明律或大清律來苦讀；也沒有人把明清律及判例拿來研究。因為那不是科考的「學術」。若讀書人通過科考，派任為地方首長，面對刑案升堂時，大多只是憑著自己的道德良心，以及自己的判斷力去判案。這對一個苦讀四書五經的讀書人，實在是相當困擾、吃力的事。只要看宋朝蘇東坡寫的「超然台記」之中，他說調到膠西（密州）為知州，忍不住抱怨說：「盜賊滿野、獄訟充斥」。這表示當地治安不好，刑案很多，讓他辛苦於應付判案。宋朝以詞文出名，沒聽說有研究獄訟出名的大學問家。所以蘇東坡處理獄訟的方式，自然也是憑著自己的道德良心與判斷力。

　　由此看來，在辛亥革命、推翻滿清帝制之前，中國的審判文化，仍是在於判官的「道德良心與判斷力」，卻不是什麼大明律、大清律。至少，明朝殺忠臣熊廷弼、袁崇煥，清朝北洋艦隊提督丁汝昌殺艦長方伯謙、卻放生艦長吳敬榮，都沒有使用大明律、大清律，全憑當權者一己之私念。只有辛亥革命後，中國仿效西方及日本，制訂法律，建立司法體系。從此之後，中國的法官才開始依照明文的法律條文及程序，依法審判，迄今，也只有一百餘年的歷史。

　　只要是「人訂的律法」（lex humana；human Law），總有不及之處。也就是說，明文的法律無論寫得再詳細，也不可能包含世間所有情況。若案情並不全然符合法律條文，那該怎麼辦？是否又要運用法官的判斷力？

而其判斷力的依憑又是什麼？是否道德良心？其分寸又如何掌握？

　　西方在法律方面，擁有優厚的歷史與經歷。尤其是盎格魯撒克遜人，他們訂法治理國政的歷史，若從亨利二世（1154～1189在位）算起，迄今已有千年歷史（可參閱附錄五，英國從人治到法治簡史）。所以有關法律、審判方面的問題，最好從西方法律根源中，找出線索，了解其原始真義，然後蔚為己用，方是上策。

　　首先，我們可以從西方法律的根源，基督教的律法，認識審判者或法官（Judge）的重要地位。法官就像摩西，代表上帝，坐在摩西的大位，依據律法，斷是非，決生死，讓犯法者受到處分，受誣者獲得清白，位尊而權重。英王亨利二世，就自視法官中的法官，地位至尊。至於其他有關審判的原始觀念，可參閱附錄一，基督教的律法分類。

　　其次，基督教神學大師艾奎那，在其神學總覽中，對律法及審判都有詳盡的解說。在前篇第五章、西方法律根源，第3節艾奎那對Law的禪釋，已有簡明介紹。現在針對審判方面的重點，特再列之如下：

- 如有明文寫出的法律，法官要依此法律所寫的條文來審判，不可依自己的想法或是其他文件做為判決的依據；如果法律條文寫得不夠周全，或違背常理，不適用於案情，此時，法官不宜拘泥於條文的字句，應根據立法者的立法原意與精神，做出傾向公義（toward equity）的判決。

- 法官判決時，是有一些可以自由心證之處（left to judge's discretion），對犯小錯、誤觸法網的好人，施以慈悲，讓他們有悔過自新的機會。但對惡性的壞人，不可輕易放縱輕判，因這樣做會危害好人及社會。

審判時，無可避免需要依賴法官的自行判斷、裁量能力，也就是中文說的自由心證。上面兩項原則就是自由心證，「法官自行判斷」（judge's discretion）的準則。這個準則中說：

「根據立法者的立法原意與精神，做出傾向公義（toward equity）的判決」。

若要做到「傾向公義（toward equity）的判決」，其唯一的依據，就是：道德良心。因為「立法者的立法原意與精神」，依照基督教義的觀點，是上帝訂的律法，律法本身就是「道德良心」，只有沿著「道德良心」行事，才能到達上帝頒訂律法的終極目標：公義。

艾奎那到底只是神學家，並沒做過任何法官，也沒判過任何案件。他的觀點，依道德良心，做出傾向公義的判決，在後世西方有沒有追隨這個精神呢？讓我們進一步觀察一下：

請參考第七章西方先有法律，然後才有自由、民主，第 4 節先有律法道德，然後才有法律之實。其中，依據英國習慣法所編著的波士頓明文法（1635，Massachusetts Body of Liberties），對判案方法有下列說明：

• 本轄區任何人的生命、名譽、財物、房地產，除非經過全民大會（General Court）或法律的准許，不得任意剝奪；若「法律不周，則以聖經裡的上帝之意」為憑。

在同一節，德國法律之源，十六世紀的重刑罪法，Constitutio Criminalis Carolina，法官都要宣誓，誓詞中就明言要忠實無欺，「憑福音

書及上帝之名來判案」（見第 3 條，法官宣誓）。

上述兩類法律，都不約而同的說：「法律不周，則以聖經裡的上帝之意」、「憑福音書及上帝之名來判案」，這個「上帝之意、福音書之名」，就是律法道德，也是人的道德良心。換句話說，法官自應依據法律的條文判案；如果法律條文不夠周全，判官可以自行判斷，而其唯一的依據，就是：道德良心，並以公義為依歸。

這裡說的「法官」，當然是指：法官及大法官（justice），但也泛指其他執法的人，包括：檢查官與警察，做為行事的準則。無論如何，法官不能光是拘泥於條文的字句，偏離道德良心，做出表面合乎條文，卻違背公平與正義的判決。這最貼切的實例，就是耶穌在安息日（Sabbath）醫治病患，當權的法利賽人卻指控耶穌違犯上帝的律法。耶穌反責這些掌法權貴，不重律法慈恕的精神與原意，只會斤斤計較字面的措辭，隨興指控，把律法造成重擔，強壓在人民的肩上，使得人民享受不到律法的公義，卻受盡律法的壓迫。很不幸，這類型的執法者，無分古今中外，已是屢見不鮮。例如古希臘的執政官 Draco，就是過分嚴苛的立法及執法者。中國自然也有，古時多稱之為酷吏，近世較為神似者，有稱之為恐龍法官。

以上花了不少篇幅，不厭其煩的引證歷歷，說明審判的淵源與依據，其目的就是要辯明：律法中的道德信念，也就是道德良心，才是判案（Judgment，無論是：法官的判決、大法官的釋法、檢查官的起訴）的基石，也是人間公義的中流砥柱。

十四
中國前進中的困擾

1. 中國缺少的自治文化

** 盎格魯撒克遜人拓殖北美、俄亥俄的方式

　　英國自十六世紀末，伊莉莎白女王起，經詹姆士、查理一世、二世等國王，拓殖北美的方式，都是由女王或國王對拓殖者發出特許令，再由拓殖者率領移民渡海前往墾殖。這些殖民地人自行設立議會組織，稱為「House of Burgesses」，都是自己管理自己、養活自己的自治形態。北美殖民地的人就靠這種自治方式，不但佔據北美，還造出繁榮、富強的美國。

　　至 1787 年，美國為了開發西北，即今日俄亥俄州（Ohio）及北部的地區，國會訂立西北開發法案，劃分土地、鼓勵人民前住屯殖。美國政府只派一個總督（Governor）、一位行政官（secretary）及三位法官（Judges）以處理屯殖民眾之間的問題。美國政府就靠這麼簡單的管理結構，吸引大量移民潮，佔據這片廣大的土地，成為美國的俄亥俄、印第安那、密西根、伊利諾及威斯康辛五州。

　　有趣的是這法案中，明白訂出：不可侵佔印第安原住民的土地、財物。看來自是公義有餘，但不到百年，印第安原住民已被消滅。

以上就是盎格魯撒克遜人拓疆闢土、殖民北美，成為富強大國簡明的歷史演義。

** 明朝的中國人拓殖建州、台灣、東南亞

明朝朱元璋開國後，積極經營北方的建州（今日東北），並建立衛、所的軍事屯殖組織。一個衛約有五千六百人，下含千戶所、百戶所。衛所的官兵與眷屬全是軍籍，世代相傳，與百姓的民籍分開。衛所官兵平時在各區以屯田方式駐守，有事奉召作戰，戰後，官兵返回衛所。易言之，明朝是用一個龐大的軍事官僚屯殖組織，以武力屯殖建州，控制當地原住民 — 女真族的滿清人。但明朝屯駐地區的原住民女真族人，叛明自立，還滅亡明朝，成為中國的主子。

明朝早有人民大量移居台灣。但在十七世紀，荷屬東印度公司的商船，繞了半個地球，來到南台灣，卻能控制台灣，主宰先到的中國殖民者。不只於此，自明朝起，中國人就開始移居東南亞。迄今即使有了經濟地位，卻仍然受盡人欺。

如果，明朝時的中國人也像盎格魯撒克遜人一樣，具有自治能力，自組政府，形成有組織的力量，中國人恐怕早就……

** 西方人擁有數百年自治的歷練

西方的自治文化是不需上級指導，人民可依習慣，或自訂法規，依法規管理眾人之事。這種自我管理的運作方式，是經過數百年的歷練與演

進，才凝聚出來的一種習性，並成為社會生活中的一部分。

西方人無論是在政治或商業方面的自治習性，如自治市、商業公會（Guilds），在前篇已做出很多說明，已無需在此贅述。這種自治的管理方式，就是權力分散、分層負責，讓民間的力量得以充分發揮而出，一面可替政府分憂分勞，也可讓政府集中心力，處理更重要的事。至少還可以減少政府的人員與部門。唯這種分權式的自治特性，猶如國中有國、大權下放，在帝王專制地區，幾乎是不可能的事。無可諱言，這也是沒有自治習性的國家，仿習西方民主政體，卻難以成功的根本原因與弱點。

以盎格魯撒克遜人為例，他們的自治特性影響所及，不只在政治管理方面（如北美殖民地的自治），也廣泛存在於商業、學術、體育等各類的文化活動，都由社團成員全面參與，自主其事。政府不但沒有出面指導，民間的意向還能影響政府、形成政策。例如，美國國會在 1982 年，通過綜合法案 (OMB Circular A 119)，要求聯邦政府機構，採用民間團體所訂立的技術規範做為政府的標準。這不但可以分擔政府的工作，還可讓技術深植民間。像美國的電工法規與鍋爐及壓力容器的規範，並非由美國的政府機構來制訂，而是由美國電器工程協會、機械工程協會分別與電工、機械業者共同制訂。然後，各州政府願意採用這些規範。這項特色在其他文化地區，是完全難以想像之事。

再如擁有紐約世貿中心（即 911 被炸毀的兩棟高樓）的紐約 - 紐澤西港務局（Port Authority of NT & NJ），並非由聯邦或州政府出面營運管理，而是由國會同意（只因涉及兩州）由紐約及紐澤西兩州共同組成一個非官

方的管理機構，自己發行債券，以法人資格獨立營運。亦即，除了理事會由州長任命外，皆與政府無關，既無上級下屬關係，亦非公營事業。這機構完全是依據法律的規定而成立，全由自己管理自己的法定業務，包括：建造及營運世貿中心。美國還有其他的著名港務局，包括：洛杉磯、舊金山，都是當地的市政府（還不是州政府）依法設立管理委員會（註：在一個州內，無需國會允許），以法人組織型態，自立營運、自負虧盈。不可否認，盎格魯撒克遜人的自治歷練與能力，不是其他國家所能比擬，也非常值得外人虛心仿習。

唯需在此特別說明的是，無論是美國或西方的自治，都是在權限之內，「自立營運、自負虧盈」。簡言之就是：自治含有權利、也有義務。若人民缺乏足夠能力，難以自己依法管理自己，自己生產養活自己，尚需別人或上級的財力、人力的大力支持才能生存，那就不是西方人所行的「自治」。這種另類的「自治」，還會成為政府及其他人民的負擔及累贅，與西方所說的自治，名同意不同，不宜混為一談。

**自治除法律之外，還需誠信的道德默契，才能發展出民主政體

西方的自治原是那些群龍無首、又缺乏官僚統治網（如：東方、羅馬教會、中國千年累積下來的統治官網）的蠻邦封建國家，歷經數代時間才發展出來的一種自我管理方式。

既是自治，行事當然就得依賴規則、習俗成規，或現代用語：法律，以維持社會的運作。但法律，不管是明文或是習慣，不可能完全包含社會

各種情況，尤其是在自治的初期，幾乎沒有定形的「規則」、「法律」，所以自治團體的成員百姓，必須要有誠信的默契，也就是說要有「忠誠行事、信用可靠」的道德良心，融入於社會生活當中。例如：即使無人監管，仍然守序守規，即使夜間無人也不闖紅燈、不發噪音；四周無人也不貪取別人的財物、不欺壓弱小；治安官準時巡邏，而不溜走玩樂；維護公共安全、清潔，垃圾丟入指地點，卻不是丟在路邊或公共場所。如果缺乏這些誠信的道德信念，自治只會變成有權的人玩法；沒權的人被法玩。

唯在社會上，這種講究誠信的處世態度，說起來容易，卻不容易做到，一定要有長期的教化，才會改變人的習性。而這個教化並非只是文字宣傳，更重要的還是社會上有地位人士的「身教」。如果這些國家顯貴、社會名士說的都是義正辭嚴，行事卻是豪奪巧取、為富不仁，那無異於鼓勵人民及下一代，如何依靠欺上瞞下、取巧作惡，即可輕易獲利。這樣的話，社會充滿偽善、欺瞞，還培養出說大話、說假話、說空話的惡習。古羅馬時代，由地主貴族所把持的所謂「自治城市」，就是如此。

西方人，尤其是盎格魯撒克遜人，都是基於本身已有的自治的習性，加上宗教改革後，社會重視律法道德，才逐步走到現行的「民主制度」。因此，在那些未曾有自治習性的集權專制國家，實在難從集權專制，順利轉變為民主國家。最好的實例就是政教專制、從來沒有自治經驗的土耳其與俄羅斯，前已說明，無需在此贅述。

＊＊ 沒有自治的習性的中國，是否足以直接躍入西方的民主？

就以美國各地港務局的管理方式為標竿，再看中國的任何海港，是否有可能像美國一樣，由各海港的市政府，自行依法設立港口管理的法人組織，然後全權全責管理整個海港？相信沒人認為有此可能。這並不是說，中國人不如美國人。而是中國官民數千年以來，從來沒有依法行事的習性，更無自行訂法管理的經驗。因此，在沒有獲得充分的教導與培育之前，自然不能冒然抄習美國的方法，將諾大的海港營運，交由地方政府，負責一切營運事宜。至於像美國一樣，由工商團體訂立技術規範，交由政府接受而通行全國，這已是天方夜譚，無此可能，至少在這一代是不可能的事。

美國，以及西方，自古以來的自治、法治特色，早已形成分權、分層負責的習性。但中國數千年來的帝王專制，一直依賴一個碩大無比的官網結構，管理大小不同的政事。在這個龐大的官網體系中，還有很多疊床架屋、權責不明的現象。在此官網下，愈是上層官員，愈有權力，下級事事聽命於上級。最明顯的實例，就是政府機關的公文簽呈系統，由承辦員一直簽至首長，到底由何人負責？其實就是無人負責；只有在出事後，才多由承辦員負責而已。這現象充分說明，中國自古以來，只有聽命上級，奉命行事，向來沒有：依法行事、分權與分層負責的習性，甚至觀念都沒有。在中、西文化差異如此巨大的背景下，中國傳統文化下的社會，是否可以驟然改行西方的「民主政治，依法治國」？

且不空談高尚理想，只就現實角度而言，光是西方這種自治、分權的基本管理功能，中國就缺乏實務經驗，如何能冒然進入西方的民主政體？卻不落入東方及亞非國家只有選舉與惡鬥的後塵？

中國的確應向民主（如前述，譯文應是：民權或民裁、民制；真平等的社會不應有"主、僕"觀念）、法治之路前進，卻須依照自身條件，參考西方實例，摸索前行，盈科而後進。但絕非聽從那些民主專家的錦囊妙計，只需全民普選，仿建西方的政府結構，馬上就可到達民主仙境，安邦治國。

事實上，以中國數千年來帝王專制與文化背景，不宜盲從西方的民主歷程，直接進入洛克（Locke）學說的民主制度；實宜先行充分了解自己的文化體質與特性，然後慎重思考到底較為適合洛克（Locke）或哈布斯（Hobbes）的學理，做為開始？三思而後行，總比冒然跳水要好。

2. 西方有辯論文化，中國缺少辯論文化

為何古文明的中國未能產生啟世的思想家及科學家？

學校課本都說，中國有五千年錦繡文化。為何課本裡啟世的大科學家、大思想家，沒有一個中國人？而且幾乎都是西方帝國主義國家的人？

這答案自然有很多原因，亦非本文的範圍。唯西方學術、思想能夠大幅進步的一項重要因素，是西方獨盛、而中國所欠缺者，那就是學術的辯論文化了。

這裡說的「辯論」的意思是指：任何學術、思想方面的知識，都是經過同行學者的檢視、質疑、辯解、驗證等過程，然後才足以尋得正確的真

理。卻不是一言堂，視作者身分名望而拍板定案，無人質疑。用中國古書來解說就是：審問、慎思、明辨。如用英文的名詞來說，就是 Dialectics, Polemics 之意，卻不只於 debate，更非 sophism。較理想的中譯應是「辯證」，但這個中文名詞容易聯想到黑格爾的辯證法，本文沒那麼高深玄奧，所以盡量不用，而選用「辯論」一詞代表其意。

** 西方的辯論文化

西方文化的根源來自基督教文化與古希臘文化。大家都知道，古希臘的學者最愛辯論，有些人甚至專長於詭辯（sophism）。古希臘哲人，如：亞里斯多德，傳諸後世的著作，也多是以「質疑‐答辯」的辯解式體材。

基督教基本上是希臘人（廣意的希臘人）的宗教，自然含有好辯、善辯的基因。羅馬帝國初期的基督教教父時代，不論是護教者或柏拉圖學者的基督徒，都不斷與異教徒，或是「異端」展開激烈的辯論攻防戰。所以，辯論是西方歷史悠久、根深蒂固的特色文化。

在黑暗時代的中世紀，西方只有教會的教士才是知識階層，而知識也只有基督教義。教會為培養教士，在各教區設立學校，其課程分為初級語文（Grammar，中文多譯為「文法」）、修辭（Rhetoric）及邏輯（Logic）三個階段。在最高一級的 Logic 課程裡，教師常挑選教義中的語句，做為議題（thesis），讓一些學生提出否定意見，再由老師據「理」（自然是教會的神學理論）互辯而駁斥。教會期望藉這種正反互辯的教育，堅定學生的信仰及辯證技巧，並可用以說服或駁斥異教徒。這些做為反方的人就

是所謂的 Devil's advocate（妖魔辯士）。馬丁路德的 95 條議題，就是想要藉著辯論會（他居正方），否定教宗的權力與赦罪券。

十三世紀時，羅馬教會的神學理論大師艾奎那，在他所編著的神學總覽（Summa Theologica）中，對任何議題都是先以質疑問句為始，再提出「證據」予以駁斥，然後再提出具體解說（請參閱附錄四，自然法的體材，即可知其概要）。暫且不論其證據及解說是否合理，僅就其辯解方式而言，正是西方辯論文化的典型。他的著作及理論，一直是羅馬教會教士的必修科目，其影響自是深遠。

至宗教改革之後，新教徒與羅馬教會的神學辯論，更是激烈。從 1530 年，神聖羅馬帝國（其實就是德語區）在 Augsburg 召開諸侯大會（Diet）時，新教諸侯提出 28 條新的教義解釋（即造成新舊信仰分裂、影響後世至巨的：Augsburg Confession），羅馬教會立刻提出反擊的辯解。自此，雙方的爭辯及武鬥一直持續數百年之久，從未停止。教宗保羅三世在 1540 年所支持的耶穌會（Jesuit），更是來勢洶洶的辯論鬥士。雙方為爭取辯論的優勢，紛紛設立學校，培養自己的人才，還有專門研習辯論技巧的課程，以便駁斥對手。就西方而言，辯論已成學術研究過程中的必經之路，也是家常便飯。十八世紀來華的耶穌會修士利瑪竇，就以善辯著稱。這位耶穌會修士的唯一目標、也是終極目的，就是期望中國信徒能歸屬於教宗恩威之下的基督教，受命於教宗，卻不是新教徒的基督教（如果有人對利瑪竇說，願誠心皈依基督，他會樂昏；然後說，已在路德會受洗，他會活活氣死）。他特愛拉攏儒士，辯稱基督教與儒家思想不謀而合，還引

用中國古書說的「上帝」就是基督教的 God；對佛道僧人，則用其辯證技巧與淵博知識，極力駁斥、貶損。

　　利瑪竇向中國士大夫宣教時，特別強調說，基督教中的唯一真神 The God，就是中國古書中所說，至高無上的神：「上帝」（可參閱：大學：克配上帝；孟子轉述書經：作之君、作之師，惟曰，其助上帝）。所以這位見多識廣、知己又知彼的西洋書生就向中國儒生下結論說，基督教的教義與中國古文化相通，信基督教與讀古書正好相輔相成。

　　唯事實上，這位中國的至尊大神，對基督教而言，實屬異教大神，應在消除之列（可參閱 Exo. 23:24，Thou shalt not bow down to their gods, nor serve them, nor do their works, but thou shalt utterly overthrow them.）。耶穌會修士果然名不虛傳，不愧是教宗的大內辯證高手，為了宣教於中國，居然肯用「異教大神」之名，做為他信仰中的唯一真主。由此可見耶穌會修士的辯解策略與功力，何其精練（註：請查牛津字典有關耶穌會的解釋）。明朝的學者、書生，絕多是苦讀經書、困於八股，服膺傳統，不會是他的對手。利瑪竇還能說服飽讀孔孟四書的儒生徐光啟，歸宗基督教，真不愧是教宗親信的悍衛戰士！令人折服。他的知識學問、辯證功力與縱橫策略及手段，不管其動機如何，都值得中國書生做為參考學習的榜樣。

　　自十七世紀之後的啟蒙時期，各家學者之間的辯論，更是興盛。英國的洛克（John Locke）與 Sir. Robert Filmer 之間，關於民權天賦或王權天賦的辯論（用事實與今日眼光，兩者皆非），以及達爾文進化論的激辯，都是現成的著名實例，無需在此細表。

** 西方辯論文化的特色

西方的辯論文化自有其獨特性，也是其他文化地區所缺少者。在此特歸列出三大特色如後：

(1) **雙方只針對爭議題目，各提證據駁斥對方，卻不是向對手做人身攻擊。易言之，大多都是對事不對人，據理互爭（主要因為有一個極大的爭議主題，如：新教與羅馬教會的神學觀，只有對事而爭才會有效）。**

(2) **在雙方爭辯過程中，吸引社會及學術界對辯論主題的重視，造成知識學術的興趣與高溯。不但發展出新思想，也提高社會大眾的知識水準。**

(3) **許多辯論不見得馬上顯出勝負；唯經一段時日後，常會演進出嶄新的思想。**

例如：新教與羅馬教會之激辯，沒有結果亦無勝負，但百年後，卻發展出許多新的神學思想，包括：自然神論（Deism），甚至無神論（Atheism），遠非原始爭辯雙方所能意料。再以繪畫藝術而言，十七世紀的巴洛克畫風後期，法國繪畫界分為注重圖像的 Poussin 派，與注重色彩的 Ruben 派，雙方經常爭辯不已。至十八世紀初，畫風全部改向為 Rococo 畫風（中譯：洛可可，由 Jean-Antoine Watteau 引頭轉向）；約五十年後，畫風又演變為 Neoclassicism，再至 Romanticism。畫風不斷脫穎換新、多元繁榮。後世繁盛的成就，絕非當時這兩家畫派所能意料。

** 中國有「拍板定案」，卻無西方的辯論文化，學術難以紮實發展

　　前述的辯論形態，是西方源於歷史的因緣際會而產生的特殊文化。只要略看一下中國近代的歷史，辯論常會變質為口舌之爭，狡辯，甚至化為人身攻擊、惡言相向。還有些人自稱在中學的辯論競賽中，竟能把對方女生批責得哭了出來，以此為榮，且視之為辯論高手。從這些「言詞爭鋒」的現象看來，顯然與西方的辯論文化，大不相同。

　　中國古時最出名的辯論家，應是孟軻。他最有名的話應是：吾豈好辯哉？吾不得已也。但從孟子一書中看來，無法知道雙方爭辯的全貌。在書中，只見孟軻單方批評楊墨的學說，再責之為邪說而結束。後人沒有機會見到楊墨或其弟子所做的抗辯。或如：孟軻痛批神農之言者許行，滔滔雄辯。可惜沒能見到許行及陳相所做的辯解。至於孟軻與沈同論及「燕可伐與？」，還頗有詭辯之疑。

　　若要從中國找出另一個較為出名的辯論，應該就是「王安石舌辯群儒」了。這雖是「兩造互辯」，卻不是為學術上的真理而辯，只在爭論「新法」好不好。其實這只能算是朝廷的「政策之爭」，並不等於學術思想上的「辯論」。更重要的是：西方所說的「辯論」，是兩造互不相隸屬、地位大致對等的對手，為自己的學說據理爭辯。經此過程，新的學說或真理才會逐步展現，終為社會及學術界所承認及接受。但在古時中國的辯論，例如：王安石與其他大臣的「政策辯論」，或清末在慈禧太后前，諸大臣討論是否借用義和團與西方帝國主義者宣戰的辯論，其是非，或輸贏，通常皆在「皇上」一人的喜怒哀樂一念之間來決定，卻不在於這個政策本身

的好壞，更不在於直接受其影響的百姓或百官來決定。

中國過去在科舉體制下，讀書人絕多只重苦讀死記，但求通過考試為官。尤其是中國自古以來，君權至上，尊卑分明，上位者，一言九鼎，就是正理；下位者，以順為正、言聽計從，講究「非先王之道不敢道」。任何欽定的學說，毫無質疑、辯論的餘地。在此背景下，中國的學術及思想，自然難以突飛猛進。

尤其在中國特有的「門派、師承」觀念下，知識階層的士大夫，都將「忠」字解釋為忠於師承、效忠主子，卻不是忠於「學術知識」。於是乎，傳統的知識份子，一旦通過科考為官，或跨入門派，就難以提出創新，卻異於朝廷、上級、師承的學術思想。若提出異於朝廷、師承的不同思想，就屬於「不忠」，還成為「不道德」的行為。既然沒有不同的思想及意見，當然不會有辯論這回事，於是中國在學術思想方面，自然停滯不動，只有讓西方的學術思想蓬勃發展。這是中國文化莫可奈何的悲情，也是中國文化發展的瓶頸之一。

3. 中國自古以來盛行的迷信文化

** 捐給寺廟神佛的獻金，遠大於捐給學校的助學金

中國自古以來，直迄今日，人民捐給寺廟神佛的錢，一向遠大於捐給培養下一代人才的學校。尤其在目前經濟繁榮的時代裡，各地寺廟的香火

鼎盛，信徒踴躍捐獻，不落人後。獻金收入雖無正式統計，但眾所周知，金額龐大無比。若將中國社會對各級學校的捐款，再與美國相比，可以說少得可憐，實難相提並論。

捐錢給寺廟，其目的也很簡單，就是請神佛保佑自己，或家人，平安得福，有的還直截了當的祈求升官發財。顯然，中國信徒都是為了自己的福祿而捐，卻沒想到為了教育下一代，讓社會更好而捐給學校。

這些信徒當然是確信捐錢後，神佛見到這些錢及供品，就會感受其誠意而保佑他們。他們當然認為捐得愈多，福報愈大。否則大家都會向那貧窮的寡婦一樣，只要捐一塊錢就好了。問題是神佛應在天上飄渺之間，怎會需要塵世的金錢、供品？而且捐得多、拜得多，福就多，這豈不正是賄賂？他敬拜的大神，竟然還如此勢利眼？

還有，那尊法力無邊的神像是人去打造的。原來還是根木頭，有人先鋸下了一段當作椅子給人坐著，再鋸下一段丟進火爐燒飯，剩下一段就雕了幾座似人的形象，卻敬稱之為法力無邊的大神，能救人於壓迫、水火之中，廣為宣揚，供人敬拜，捐金獻銀。

即使明知如比，信徒照樣對那塊木雕的神像捐金獻銀，而且捐獻的金額還遠大於教育後生、厚植社會的獻金。從這個奇特的現象，大致可以看出中國社會的價值觀，也可以顯示人民的知識水準，或迷信程度。這裡說的「知識」，並不是指學歷，而是說一個人經過學校或社會的歷練，能以理論事，具有判斷是非的能力，不會輕易淪入盲信、盲從的地步。再簡明的講就是：懂道理的程度。

我們可以這麼說，在任何國家，社會大眾捐給寺廟神佛的獻金，與捐給學校及學子的教育捐款，兩者的比例，可視為一國人民的迷信程度。同時，也可視為人民具有短見或遠見；社會注重私利或眾利的指標。很不幸，就中國社會而言，這個比例相當高，亦即迷信的程度非常高。

** 歷史學家批評基督教為害羅馬帝國 vs. 胡適批評佛教有害中國

十八世紀末，一位英國著名歷史學家為羅馬帝國立傳。他最後列出羅馬帝國滅亡的幾個重要原因，其中一個就是基督教。既然是著名的學者如此說，那就該是沒錯，最好別去爭辯。不過照他這個說法，如果羅馬不信奉基督教，仍信奉原來的處女神，或是敘利亞來的無敵太陽神，埃及來的 Isis 生命女神，波斯來的 Mithras 勇敢光明神，那麼，羅馬帝國就不會亡國了嗎？或者其歷史至少會超過 1453 年？相信不會有人同意這一點，甚至有人會認為，更早亡國。

就宗教信仰而言，羅馬帝國滅亡的重點並不在於基督教，應是羅馬人的深度迷信。就以迷信來說，羅馬竟然把那些被羅馬滅亡國家的神，拿來敬拜。這些大神連自己的子民都無法保護，遭羅馬人滅亡，而勝利的羅馬人還要去敬拜亡國的神，祈求祂們保護，這豈不是自討滅亡？因此，讓羅馬帝國滅亡的原因之一，至少不應歸罪於基督教，而是在於羅馬人的迷信。反正羅馬帝國早已亡國，也不值得多費唇舌了。

再回顧一下中國。胡適曾直言不諱的表示（見：胡適口述自傳、唐德剛譯註；第 332 頁）：佛教在全中國的千年傳播，對中國的國民生活有害

無益。

這句話可從很多方面討論。首先，胡適這句話也可應用到基督教、回教等任何宗教。就以東方正教會地區為例，東方國家的大學者也可以這麼說：東方正教在東方羅馬帝國的千年傳播，對東方羅馬帝國的國民生活有害無益。

胡適說佛教有害中國，這句話更明確的說法，應是普遍深植於中國社會的迷信，卻不全是在於一個「佛教」本身。大家都知道，基督教和回教都有一位法力無邊的神，唯「佛教」本身並沒有超能力的「神」。但中國人自古以來就把這個沒有神性的宗教，轉化成法力無邊的神，而且造出很多種神，讓大批信徒頂禮膜拜、誦經唸咒，還上供、獻金，祈求賜福。

中國人把「佛」當「神」並不稀奇，還把主張：「不語怪力亂神、未知生焉知死」的孔丘，拿來當「神」敬拜，居然還造出一個「儒教」。不只於此，還能把小說三國演義中的關羽，拿來當神拜。迄今，尚無人敢舉出正史三國誌裡的關羽，既無青龍偃月刀、亦未說他有醒目的紅臉、更無長壽的赤兔馬，若真的有人這樣舉證，那他是明擺著要和大部分的中國人對立。不只「宗教」，若再論及算命、風水、占卜，中國的迷信程度，實在已經非常深入而普及，早已滲入國民的日常生活之中。這也說明為何中國偉大的革命先驅，來自廣東省香山縣，行不改名、坐不改姓，又受後人尊為國父的孫文，回到家鄉見到家鄉人在北帝廟（不知又是何方神聖？）敬拜那塊泥塑木雕的「神仙」。他實在看不慣這種愚昧的迷信，再也忍不住而打壞這尊大神。但是孫文這樣勇於革除迷信的行為，並未受到後人的

讚揚。即使辛亥革命後，中國的迷信，並未因革命而減少。顯然，中國人對迷信的執著，還勝於對皇帝的忠心。

因此，胡適說：「佛教」對中國有害無益，這句話並不完全正確。假設「佛教」在古時沒有傳入中國，而是傳入另一種外來的宗教，例如：若是唐朝從波斯傳入的「景教」（就是基督教，敘利亞教派為躲避迫害，遷逃至波斯；「光明前景教」是也），那麼景教就會像佛教一樣，照樣在中國盛行。這時，胡適就會說成：「景教」對中國有害無益。一言以蔽之，問題不在於是什麼宗教，而是普存於中國社會的迷信。別忘記，蠻邦西方是在 脫離宗教迷信之後，才會有今日的成就！

更糟的是信徒對敬拜行禮、唸咒誦經、求福得祿所下的工夫，遠大於力行其訓言。就以所謂的「儒教」來說好了，那些徒眾寧願去注意祭孔的儀式，爭相拔取牛毛，卻疏忽實行「孔教」的訓示，例如：「審問、慎思、明辨、篤行」。

若要國民重視理性、減少迷信，社會就需要有「審問、慎思、明辨、篤行」的精神與風氣。事實上，孔丘與孟軻就是這種反對迷信的領頭者。先略看一下孔丘說的話：

- 子不語怪力亂神

- 未能事人，焉能事鬼；未知生，焉知死

- 獲罪於天，無所禱也

再看一下孟軻精彩的主張：

一　　犧牲既成，粢盛既潔，祭祝以時，然則旱乾水溢，則變置社稷

　　對孟軻而言，這些社稷神明都是為人民服務而設。若這些神明無法解決乾旱水災，就可把這些神給丟棄，再換個更有法力的神來服務百姓。孟軻這種觀念，即使今日，仍屬先進。

　　既然中國文化根源的孔孟都反對迷信；中國的知識份子又都在讀孔孟之道，理論上，迷信總會被拆穿，那些神明終會遭到「變置社稷」，受到淘汰的結局，中國社會的迷信，早應消失於無形。但為何迷信在中國仍然如此昌盛？且看下述分解：

**漢儒董仲舒偏離孔孟，淪入占星迷信，卻得皇帝寵信，孔孟變質矣！

　　大家都知道，秦始皇也是求神問卜，祈求長生不老之仙丹。其實，這在古時，是人之常情。無論各種文化、各地國家，都有這些現象，大家都是半斤八兩，雖屬迷信，卻也無須苛責，尚可算是正常的範圍之內。只是中國到了漢朝，一切改觀了。

　　漢朝到了武帝時，有位大儒董仲舒（公元前 179 ～ 104）深獲皇帝信賴。他獨尊儒家，排斥其他各家學術。因他得到皇帝的鼎力支持，致使儒家思想從此主導中國兩年千而不衰。到此為止，還沒什麼大的錯誤，因為只要眾多儒生真的做到：博學、慎思、明辨、篤行，遲早都會淘汰異端迷思，發展出新的思想學說。

　　但問題是董仲舒把當時一些儒生流行的陰陽五行迷信，加上他自己編造出來的星象災異學說，還有天人感應理論，把神權與皇權結合在一起。

若用現代術語來表達就是：皇權天賦、萬民聽命。他用這一套星象災異的迷信學說來證明皇權受命於天，自然深獲皇帝的支持。因此，在皇權的大力支持下，講究陰陽五行、占星迷信的那一派的「儒家」，快速堀起，成為主流。

那些不肯陷入迷信的真儒家，他們自是心存孔孟的教誨，如：「民之所好，好之」、「保民而王」、「不嗜殺人」。唯抱持這種真正的孔孟思想的儒生，本來就不會受統治者所喜歡，現在當然更被邊緣化了，終至銷聲匿跡。但後人仍可從這一派殘餘的儒家之中，找到一些反對陷入迷信深淵的真儒家。在這些被邊緣化的真儒中，最出名的人物就是王充（公元27～100年）。他對漢朝董仲舒這些偏執於迷信的假儒，直言批判，斥之為「浮妄虛偽」。像他這樣勇於挺身而出，斥邪說、正學術的真偽之辯，足可與孟軻媲美。他還以其星象知識，驗證星象與災變無關，也沒有鬼這回事。用現代的說法，就是以科學方法去辯駁董仲舒說的星象災變是錯誤的理論。像他這樣據理而言、又有「安能不言」的大勇，原可為孔孟真儒保持一片淨土，但在皇權至上及迷信當道的狂大風潮之下，他這一類的真儒不過是洪流中的水波，一下就被淹沒了，還絲毫不留痕跡。自此，中國的學術就侷限在皇帝所樂於接受的那一部分儒家思想，甚至以偏概全、曲解孔孟思想。這種學術侷限的現象，歷經兩千餘年，一直難以突破。

** 漢武帝之後，漢成帝迷信誤國，造成皇帝、宰相、漢朝同亡

武帝在董仲舒這類陰陽迷信假儒的鼓吹之下，信賴帝位天賜，自然造

成占星迷信盛行、陰陽五行當道。簡言之，已經偏離孔孟思想的真義，只是掛著孔孟的招牌、大賣陰陽迷信之實。最後終讓王莽篡漢而滅亡。在說明這個迷信亡國的故事前，先介紹一下簡單的天文小知識：

大家都曾聽說位於黃道（地球繞太陽轉、在天體形成的大圈）上的天蠍座（Scorpius）。此星座的尾端，有個帶有紅色最亮的一顆星，英文稱為 Antares。在中國稱之為「心宿二」，因為很明亮，自古以來被視為代表皇帝的帝星。

再談西方視為戰神的火星（Mars）。火星在地球之外側繞太陽公轉，自然走得比地球慢（大約兩年半一圈）。從地球向夜空看，一年中約有半數時間「看起來」是「順著」太陽起落方向轉，另一半時間「看起來」是「逆著」轉。唯在「看起來」是在「反轉」（即從順轉逆、或逆轉順）的一段期間，大約共有兩個多月的時間，火星「看起來」移動得非常緩慢，直到幾乎不動的地步。

火星靠近地球，看來閃閃發光、白中帶紅暈，頗具神祕感，古中國認為是不吉祥的惡星，古人稱之為「熒惑」。當火星在「反轉」、幾乎停止的那一段時間，總有幾次看來是停留在帝星「心宿二」附近（約在一甲子或至百年不等），並慢慢靠近。

講到這裡，只表明這情景只是天體運動的自然現象。今日，對任何有個天體望遠鏡的觀星者來說，不過是個常識而已，就像人見到：月有虧盈、水往低流、風吹樹倒、水凍變冰一樣的平常，實不足為奇。

但古人就不一樣了。古希臘人望見火星（Mars）接近「心宿二」，認為這兩星想要打架，所以就把「心宿二」，以戰神 Mars 的敵手「Antares」（即 Anti-Mars 的變形）來命名。古時中國人則解釋為：惡星「熒惑」要侵害「帝星」，是皇帝最不吉利的凶兆。

到了漢武帝的後代漢成帝（公元前 51 ～ 7），在位最後一年時，正好踫上火星「熒惑」最接近「帝星」的一次。成帝極為恐懼，想找個辦法破解惡運，身邊親信就建議找個替身代為受禍。成帝就看上丞相，對他賜死，逼他自殺。成帝以為這樣就破除自己的惡運，高興的返回後宮大肆慶祝。奇怪的是幾天後，不到一個月內，他也突然重病而死。他死後，兒子哀帝繼位，在位七年而死。成帝的舅舅王莽，篡位稱帝，改國號為「新」，漢朝至此滅亡。

從這個歷史故事中看來，成帝是過於迷信占星而導至早死，並讓漢朝滅亡。但實際上卻是漢武帝大力支持董仲舒偏離孔孟，編造星象迷信，自欺欺人，結果把自己的皇朝給搞滅亡了。從此以後，由皇帝帶頭的迷信，在陰陽五行的假儒倡導之下，在中國大行其道，視為正常。由於董仲舒罷黜百家，獨尊儒家，自然也成為後世儒家讀書人的始祖，受後世敬重，不但沒人敢批評（除了一個王充），還照他的榜樣，把孔孟學說導向盲目忠君（不過也沒第二條路可走），視為正常，只談「忠於事君」，不敢言「君視臣如土芥，則臣視君如寇讎」，更別提「君有大過則諫，反覆而不聽則易位」。這種背離孔孟的君臣思想，自是無人敢置疑分毫。無論如何，中國讀書人從此都知道目不窺園的董仲舒，也是讀書人的表率。

後世因皇帝迷信，疏於務實治國而亡的實例，屢見不鮮。最令人嘆息的莫過於宋朝的徽宗。他疏於國事，卻把很多注意力放在道教上面，還自奉為道教的「教主道君皇帝」。可惜的是金兵攻宋，俘虜徽宗北上，他日夜敬奉的道教天師一點都幫不上忙。早知如此，還不如信奉金國蠻夷的薩滿教，依靠那些巫術怪神，也許還能幫他保住身家性命。

宋徽宗迷信的悲慘故事，其實還不算是最大的悲情，更大的悲哀還是後世皇帝，以及後世國人，完全忘了徽宗的教訓，仍然迷信不已，連知識份子的讀書人都在皇權高壓下，無人敢痛責迷信之害。同時，也極少人敢以徽宗之國恥，向皇帝直言。例如後世的明英宗被蒙古瓦剌人軍俘虜放回後，不但沒有悔過，還與宦官勾結，爭奪帝位（即：奪門之變）。宋徽宗與明英宗，都是中國歷史上的國恥。但這裡說的「恥」，並不是說戰敗被俘之恥；真正的「恥」，在於朝廷並沒有知其過而痛改前非，都是繼續得過且過。這種不知其恥之恥，才是國恥。在這種消極的背景下，迷信禍國的事，繼續在中國上演。到明朝，還高潮迭起。

** 朱明皇朝迷信昏君實錄，不能知恥悔過，亡國而後已

- ### 明憲宗在位（1464 ～ 1487 年，成化）

憲宗非常迷信，沉溺於神仙、真人，還以公帑盡讓僧道、禪師、番僧、國師充斥京城。他又獨寵萬貴妃，不理國政，致小人、宦官競媚萬貴妃，朝政紊亂。除了已有的錦衣衛、東廠，憲宗再增設西廠，由親信太監主持，以特務治國，大興冤獄。

- 明世宗（1521～1567，嘉靖），專注於神仙、迷信之事，還在宮中大建神壇作法，終服丹藥而死……迷信文化盛行，終成迷信大國。

世宗在位期間，全神貫注於迷信修玄。登位次年就在宮中建齋醮（立神壇做法事），日夜禱告上祀，祈求長生，還要朝臣前來觀禮，不理國政，四十年如一日，絲毫不改其迷信之堅志，蔚為奇觀。他任術士邵元節為禮部尚書，這位邵仙人竟於三年後就死了（？），又拜一位陶仲文為神仙高士（神由人造，果然！）二十年後，陶仙人竟然也先他而死（？！）。世宗極為哀慟，仍不覺悟，還派御史、大臣等多人，棄國政不顧，前往各地尋訪仙術、符籙及真人。一如貫例，進諫的大臣多遭罷職、降級、廷杖，甚至於死罪。

嘉靖四十五年，有個不怕死的戶部官吏海瑞，見國君竟然如比執迷昏昧，備好棺材，再上奏規勸皇帝。讓我們簡略看一下這個不畏死的海瑞是怎麼說：

「陛下即位初年……天下欣然望治，未久而妄念牽之……一意修真，竭民脂膏，濫興土木，二十餘年不視朝，法紀弛矣……名器濫矣。……陛下之誤多矣，其大端在於齋醮（立神壇行法事），齋醮以求長生也，自古聖賢垂訓……未聞有長生之說。……陛下誠知齋醮無益，一旦幡然悔悟……天下何憂不治？……**盡在陛下一振作間而已！**」

明朝的下場，一如宋朝，再度被北方蠻邦，後金滿清所滅亡。顯然，歷史證明，不管是姓什麼的皇帝，只要大權在握、奉承擁簇下，都不會知

恥悔改，終至滅亡。只是拖累了無辜又無奈的百姓，被綁在一起而慘遭淪亡之痛。

朱元璋在反抗蒙古統治而起兵時，就以彌勒佛為號召、紅巾為幟，起反成功。他到底還有自知之明，那是聚眾鼓噪的騙人把戲，所以在成功之後，立即很聰明的改變立場，尊崇儒家學術，禁上「左道邪術」，甚至把與他共抗蒙古外來皇權的戰友白蓮教，下詔給禁了。但這些密教並未消失，轉入地下。唯在迷信皇帝憲宗及世宗的獎勵贊助下，上行下效，玄術迷信成為國朝正統，明暗合流，日趨根深壯大，成為難以切除的毒瘤。自此，迷信文化盛行於中國，形成迷信大國。即使明朝再亡於滿清，根深蒂固的迷信及密教邪派，仍潛存於社會，繼續為害中國。

** 滿清的密教邪派與義和團

明朝亡於滿清，許多反清復明的志士，轉入地下活動。自然有很多人利用宗教之名，結成密教團體，潛伏於社會。清朝嘉慶年間的白蓮教，就是藉宗教號召農民反抗，大規模起義的主角。後來的捻匪，也是以宗教迷信為起始，造成聲勢浩大的動亂。兩千年來，迷信危害中國，歷歷在目，玄妙的卻是沒有任何知識份子，也就是讀書人，據實以告、研討這個問題。箇中道理，卻也簡單，因為中國的迷信，自始都是皇帝帶頭，甚至引火燒身也不知悔悟。在此環境下，有何人敢反對？

更嚴重，甚至動搖國本的迷信就是清末的義和團了。他們宣稱可以刀槍不入，但就是有很多人寧願相信，包括慈禧太后。她竟想靠這些刀槍不

入的天兵，向西方帝國主義的船堅炮利宣戰。就是這個迷信，引入八國聯軍，害慘中國。慈禧及支持義和團的滿清皇族，其見識遠不如其老祖宗努爾哈赤、皇太極父子，利用喇嘛教的迷信，麻痺敵手蒙古；自己卻絲毫不信這個「喇嘛教」、更不迷信！如此實際，難怪能夠征服蒙古，然後滅亡中國。

** 滿清的後金汗父子，自己不願迷信，卻誘蒙古人對喇嘛教的迷信

建州女真族長努爾哈赤於 1616 年（明萬曆 44 年）建後金汗國，自號天命汗，並開始劫掠明朝邊地，無往不利。此時後金汗的近鄰內蒙古的林丹汗深感其壓力，遂與明朝結盟以求自保。天命汗不怕明朝官兵，就是擔心善於騎射、能征善戰的蒙古。所以他就先降服林丹汗的盟友部族，喀爾喀部族。1627 年，天命汗之子皇太極繼位，是為天聰汗，決心消除林丹汗這個心腹大患，終在 1635 年，滅亡林丹汗。至此，大致上已征服蒙古。1644 年，李自成攻陷北京，崇禎帝自盡。然後吳三桂引清兵入關，成為中國皇帝。

後金努爾哈赤（天命汗）、皇太極（天聰汗）父子大汗，以及後代滿清皇帝，用兩種方式以削弱能征善戰的蒙古：一是擊敗後大肆屠殺，例如後來滿清皇帝為對付準噶爾部族，幾乎以種族清洗方式消滅；其二就是用喇嘛教來麻痺蒙古人的戰鬥力。努爾哈赤力助喇嘛教傳入蒙古部族，還為他們建廟供奉喇嘛，讓蒙古人自小就樂於入廟當喇嘛，以獲神佛的保佑。不過，他雖鼓勵蒙古人信奉喇嘛教，他自己不但不信奉喇嘛，還諄諄告誡

族人子弟，不要像蒙古人那樣迷信喇嘛教。

當皇太極擊敗林丹汗後，更是加強獎勵蒙古人信奉喇嘛教。他曾邀請喇嘛教主達賴喇嘛，至盛京（今瀋陽）訪問。他這麼做無非表示他就是喇嘛教的護教皇帝，以威服蒙古民族。這從他自己說的話就可知其玄機了，他（即後世敬稱為清太宗）明言訓示滿族親貴說：「蓋黃教，總司以此二人（指達賴及班禪），各部蒙古一心歸之；興黃教，即所以曳蒙古，所繫非小，故不可不保護之……非曲庇番僧也」。他雖力促蒙古人信奉喇嘛，卻像他父王一樣，不允許自己滿族人信奉這些「番僧」。

蒙古人自從迷信喇嘛教之後，年輕人多去當喇嘛，鎮日頌經，不但戰鬥力盡失，人口也快速減少，終對滿清無法構成任何威脅。後金汗王努爾哈赤與皇太極父子以喇嘛教的迷信來臣服蒙古，削弱蒙古人，雖然沒有人道，但在策略上確實極為成功，盡讓蒙古人民深受宗教迷信之害達三百年之久。

直到俄羅斯十月革命成功，在蘇維埃政權的促愿下，蒙古在 1928 年組建蒙古人民共和國。當其總理喬巴山（1895～1952）掌實權後，立即仿效蘇維埃政權剷除東正教會之路線，大舉剷除迷惑蒙古人民三百年之久的喇嘛教。至此，總算讓蒙古人民可從啦嘛教封閉的迷信壓榨中，解放而出。

另外值得一提的是總理喬巴山原是內蒙喀爾喀部族一個貧苦牧民之子。他母親因貧窮又希望兒子有些前程，就送他去喇嘛廟裡學當喇嘛。但他在啦嘛廟裡，根本就被當作奴工。他無法忍受而逃出，然後遇上革命思

潮濃厚的俄羅斯人，就走上他的革命以及清除喇嘛教迷信之路。諷刺的是三百年前，後金天命汗努爾哈赤首次擊敗並降服的蒙古部族就是喀爾喀部，而努爾哈赤就是從喀爾喀部開始推銷連自己都不肯相信的喇嘛教。三百年後，再由一個喀爾喀部出身的小喇嘛，剷除危害蒙古人民的喇嘛教，實在具有深厚意義。

信仰與迷信，大不相同；信仰在於理智與力行，迷信源自不智與盲從

　　迷信最大的來源，就是宗教。有的宗教含有道德及上進的教義，有的只是為了聚眾自雄，或謀財利己，不一而足。問題在於人民百姓有沒有足夠的理智，分辨其宣教的說詞與宣教者的行為是否合理。信仰與迷信之間，實有很大的差異，可以簡單的說明如下：

- 若去仿效一個景仰的神或人，依照他良好的榜樣及訓示，自勉自勵，力行其言行，以達成自己的目標，這是信仰。從此看來，信仰是基於自信心，靠自勉、力行以達目標

- 如果只是盲目信從宣教者的誇誇之言，不查其理，只想依靠唸經祈禱、拜像行禮、捐金獻銀，神就會施出法力，力助信徒獲得福報、躲過災難或升官發財，這就是典型的迷信。由此觀之，迷信正是缺乏自信、難以自勵自助，但求依靠幻想中的神跡或捷徑以達目標。

　　事實上，宗教對社會自是有其正面的功能，尤其是對一些不幸踫上挫折的人，包括：炮火下的軍民、垂終的病人、貧病無依的老人，這時的宗

教正像一位心理醫師，對這些痛苦的人提供精神上的慰藉。

　　宗教應為人的幸福而設；卻不是讓人受制於宗教。如果讓人的思想、時間、金錢，甚至前途，都受到宗教及其教條的圈制，甚至以捐獻的多寡做為虔誠的指標，這個宗教就是一種另類鴉片，對社會無益。今且用耶穌反抗猶太教鉗制信徒的事蹟做為說明：

　　當耶穌在安息日救助病人時，猶太的當權教士怒責耶穌竟在安息日工作救人，違犯教規。耶穌也毫不客氣的反駁說：

　　安息日是為人而設；不是要人去將就安息日（The Sabbath was made for man, and not man for the Sabbath.）〔請見 Mark. 2:27〕

　　這句話，一語道出宗教的目的，應該是「為人而設」。自古以來，中國出現很多宗教，但絕多都沒有以信徒的幸福為考量；很多還是利用迷信以廣招信徒、捐金獻財，甚至做為叛亂起兵的藉口，包括：黃巾賊、白蓮教及義和團。這些藉宗教之名，卻在散佈缺乏理性的迷信，甚至造成詐財詐色的現象，一直根深蒂固的存在於中國社會。糟糕的是這些不義之事，官方卻常視之為民俗傳統而輕輕放過。這種姑息養奸的現象，還讓許多善良無辜的人深受其害。難怪中國偉大的革命家孫文，回到家鄉，見到鄉民迷信無知的景象，忍不住要去打破北帝廟的神像。他那除舊佈新的革命信念，令人折服。

　　不只於此，由於這些迷信的流行，還讓許多不合理的事，很容易的侵入中國社會，人民也習於寬容沒有道理的言論及思想，包括：算命、風水、占卜，甚至於武俠小說的飛簷走壁、一夕速成的武功。這些沒有道理、不

合邏輯的迷信與迷思，能夠存在、甚至流行，對一個追求現代化的社會，實為進步的阻礙。

** 基督教、回教與新、舊帝國主義的迷思

中國還有一個迷思，也是有待調整的觀念，那就是近世中國飽受西方帝國主義的侵凌，基督教也受池魚之殃，在中國被視為帝國主義者的宗教（衣索匹亞是兩千年最古老的基督教國家，也可算得上帝國主義者？）此帝國主義的宗教一事，本文在此沒有意見。但問題是，一般人視回教，似乎就不是帝國主義了，甚至也視之為飽受西方基督教帝國主義下的受害者。

若抱這種想法，實為對歷史的認識不清所致。信奉回教的阿拉伯人，早自七世紀起，也同樣是欺凌弱勢基督教世界的侵略者。回教的奧圖曼土耳其，還不斷併滅弱勢的基督教國家，包括希臘，令當代基督教國家，聞風色變，正是十足的帝國主義侵略者。當回教國家強盛時，還曾入侵中國。唐朝時，阿拉伯回教軍就在蔥嶺一舉擊潰唐朝大軍，唐將杜環被俘。明太祖時，回教的蒙古征服者帖木兒還率領大軍，直攻中國，以圖恢復蒙古統治中國的帝位。明朝有幸，帖木兒半途病死而中止。所以，中國人不要認為：沒有欺壓過你的宗教，就是友好的宗教，那只是一廂情願的想法。至少要認清一件事，今天到您府上搶劫的人，固然是強盜；但昨天在鄰家搶劫的人，也是強盜；如您沒做好防備，明天他有可能再到您府上打劫。此外，還有一個有得澄清的觀念，宗教本身並無帝國主義之分，應是信奉此

宗教的人，是否有帝國主義的行為。

　　回教與基督教同源，教義都是與人為善（請參閱附錄一與附錄三）。唯今日有兩大回教國家，遜尼派的沙烏地阿拉伯與什葉派的伊朗，都處於政教合一的統治之下；對內壓制人民，對外輸出武鬥。雙方統治者並沒有依照教義中，和平對待鄰國回教子民，卻都是從教派的意識形態，展開無情的鬥爭，搞得無辜百姓家破人亡而無動於衷，從葉門、敘利亞的內戰就可知其無情，絲毫見不到教義中的愛心。特別是沙烏地阿拉伯，這個宗教政權自十九世紀，由極端保守的 Wahabi 派支持成為王室的當權派，還以富裕的油元，不斷向外國，包括西方與中國，輸出其 Wahabi 式、封閉專制的宗教思想。美國及西方尚公開視之為動亂之隱憂，中國官民實應審慎對應，不宜失之天真。

　　西方人成功的主要因素，就是脫離基督教的宗教迷信，實行政教分離政策，甚至還能讓無神論者大行其道。十八世紀末，英國一位高階教士，亦是劍橋大學出身的哲學家 William Paley（1743～1805），就站在政教分離的立場，編著一本有關道德與國家治理的書，名稱是《The Principles of Moral and Political Philosophy》（1785 年出版）。書中還特別強調，對一個人民支持的政府，人民要服從其政令，卻不是教會的神諭。其章節的標題即為：〈Of the Duty of Civil Obedience〉及〈The Duty of Submission to Civil Government〉（詳情請見附錄七，是哪位西方大思想家說過「公民不服從」，Civil Disobedience？）。擁有這樣寬闊胸懷、脫離宗教迷信的神學教士，才是那些 DEFG 蠻邦西方能夠快速進步、開創新知、成為世界文明

先進的根本原因。而那些以政教專制、壓迫百姓的東方正教、回教世界裡，是不可能出現這種開明人物，這也是他們落後的根本原因。

** 文明社會應習於以理論事，消除迷信，……一切盡在一振作間而已

迷信在中國，已有兩千年根深蒂厚的歷史（自董仲舒算起），且是皇帝與高階知識份子共同開發而出的思想，危害中國、史不絕書。不幸的是，迷信迄今仍為中國社會所允許，還充斥於社會，成為非常負面的特色，不但久讓外人嘆為觀止，也令國內有識者深感無奈。若中國想要大幅進步，造出一個具有理性的文明社會，勢需同時大幅減低社會中的非理性思想 — 迷信。

讓我們借用明朝的御吏石星，對迷信又荒廢國事的穆宗，感到萬般無奈而上奏的勸言做個參考：

「天下之治，不日進則退；人君之心，不日強則偷（退步）」

不過穆宗聞過則怒，下令以廷杖處分石星，打屁股六十大板後，罷官貶為平民。以朱明朝廷的荒唐，亡國自是當然。只是苦了中國的知識精英及無辜百姓，更是折喪了中國的文化發展之路。試看：十六世紀後期，西方神聖羅馬帝國皇帝 Rudolf II，設立天文研究室，禮聘著名天文學家及數學家，包括大科學家開卜勒（Johannes Kepler），探索星球運行新知。大約同期的朱明皇帝世宗，卻設立神壇齋醮，請術士入宮，日夜作法唸咒以求長生。從這兩個不同的故事，就可知道為何西興中落。

其實，中國如要消除迷信、大幅進步，卻也不難，只要肯認過知恥，過則勿憚改，不要再像明世宗一樣，堅持迷信有理、得過且過，就有希望了。讓我們再把海瑞向皇帝進諫的逆耳忠言再讀一次：**陛下誠知齋醮無益，一旦幡然悔悟……天下何憂不治？……盡在陛下一振作間而已！**

4. 中文改革應不只於漢字簡化

** 據聞有日本人說，都因難寫的「漢字」才在二次大戰失敗

據說二次大戰後，有日本人如是說：都因難寫的「漢字」，才讓日本在二次大戰失敗。果真如此，為何德國、義大利也是使用拼音字母，卻也雙雙失敗？

既然漢字會因難寫而造出禍害，那麼為何日本明治維新，沒改用拼音字母，只花三十年就富國強兵，從被奴役國家一躍而榮升為「帝國主義者」？而且科技學術照樣輝煌，還成為科技先進國家？越南在十九世紀就成為法國殖民地，棄用漢字、改用字母拼音，迄今已有一百餘年歷史。但在科技學術上，為何越南從未出現任何成就？再說到越戰，若是依照那位日本人的說法，越南應是靠棄用漢字，改用拼音字母的神奇力量，就能連敗法國殖民者及美帝吧！

明治維新時，日本的漢字與中國的漢字是一樣難寫的繁體，但在官方盡心普及教育、培養人才，日本的教育水準大幅提高，文盲也隨之快速減少。據說日俄戰爭勝利時，明治天皇最欣慰的一件事就是俄軍從烏克蘭徵

來的哥薩克兵，絕多都是文盲；而日軍卻都有小學教育程度，也就是說全體官兵能讀寫漢字。何況日文漢字有兩種唸法，比中國人學習漢字更為麻煩。日本明治維新的教育改革，顯然非常腳踏實地而徹底，自然獲此成就。忍不住說一句實在不願講的話：日本能夠成功「征露」，金州城外立斜陽，絕非偶然！

若再依那個「小日本」的邏輯，顯然也可說：都是因為使用漢字，所以明治維新才會快速成功！同時，俄羅斯恐怕也有人依那個「小日本」的邏輯而說：「都是日本使用漢字，所以打勝；我們沒用漢字，所以打敗」，這樣的邏輯是否合理？這種「睡不著、怪床歪」的心態，以今日的眼光及知識水準，實在不值得浪費時間爭論。

事實上，字母拼音的西方文字，從拉丁文直到英文，其特色並非只需幾個字母，又可配合發音，就可說寫。這只是表面的方便。西方拼音文字的特色，是靠字尾變化，就可以表達出：時態，單數多數，動詞轉用為名詞、形容詞及子句，語氣，形容等級，主詞與受詞的第幾人稱……等眾多的功能，例如一個 "法" 只能拼成 "FA" ；但在拉丁文則有：lex (law)、leges (laws)、legis (of the law)、……等等的用法及表達功能。但是中文就沒有這種詞尾變化的功能，也就是說，即使改成拉丁字母化，也不會得到字母拼音的好處，卻只會發生同音字的困擾，造成：未蒙其利、先受其弊。我們可以很合理的懷疑：從前那些倡導中文漢字拉丁化的人，一定不懂西方文字，至多只認識一些文句而已。這些人認為漢字拉丁化之後，就可讓現代化早日成功。這和那位日本仁兄認為，都是難寫的漢字，才造成二戰

失敗，兩者的歪理都有異曲同工之妙。

　　一言以蔽之，中國或中國文化的成長、好壞……與漢字的難寫或易寫、是否拉丁字母化，一點連帶關係都沒有。

** 中文繁簡，並非文字改革的唯一要務

　　許多年來，中國人對中文的繁、簡，發生許多爭論。事實上，大家都是為了中文能更好、更達意，似不宜稱之為爭論，造成非好即壞，只有二選一的結果。不如視之為漢字改進的研究與討論，而非爭論，或許較有意義。

　　多年來，中文的繁、簡研討，似乎成為中文在改革方面的唯一議題。事實上，既然使用漢字或拉字母都與勝利、失敗沒有關聯，那麼中文漢字選用繁、簡，應不會牽連到勝利、失敗，或者明確的說，不會牽連到文化復興、退步，更不會動搖國本。

　　這並不是說，沒有必要再去研討繁、簡；而是說，文字的改革與進步，不只僅限於繁、簡，也不宜困於繁、簡，應有更多、更重要的事值得討論，以求得更好的進步。至少，自胡適在 1917 年力倡白話文以來，迄今不過百年，中間又有很長一段時間處於抗日、內戰，百事停頓，白話文顯然應該還有很多值得改進的地方。至少不會有人敢說，目前白話文在各方面都已盡善盡美，實無需添油添醋的改進。如果沒有人這麼說，那麼白話文就有與時俱進的改善空間。

　　在談自己白話語文之前，且先略微觀察一下西方語文的演進概況。

** 西方靠民間文人的作品，產生強大磁吸，讓人民自動認同

文藝復興時的文學泰斗但丁，不用正規的拉丁文，卻以通用的義大利，托斯卡尼地區的普通話寫出「神曲」，結果大為流行，促成標準義大利語文之始。加上後來培多拉克、薄迦丘也用托斯卡尼的普通話寫出動人的詩文，造成熱潮，然後形成統一的標準義大利語文。值得注意的是標準義大利語文的形成，全靠文藝人士的作品而產生強大的磁吸效應，造成人民大眾喜愛其作品及風格，自然而然達成統一與認同。在此改進的過程中，並沒靠「官方」出面推動。當時甚至還沒有統一的「義大利」政府。

再以英格蘭為例，十四世紀左右，英格蘭的語文是法文的附庸，且與威爾士、愛爾蘭、蘇格蘭的語言都不相同。英格蘭只會欺壓這些地區的人，但從未設立語言統一的官府，強迫這些人說英語。讓我們快速查看一下英國靠民間文人及其創作統一英語的實況：

(1) 十四世紀

大家都知道，英國語文是從文人喬叟在十四世紀末（1387～1400）寫的「Canterbury Tales」成為英文之始。我們挑一句當時他寫的「英文」做為參考：

A mantelet up on his shuldre hanging, bret-ful of rubies rede, as fyr sparklinge.

?#@%&?!!……看不懂！

(2) 十七世紀

讓我們再看一下，十七世紀，英王詹姆士一世欽訂的英文 Bible（通稱 KJV Bible），這自然應是當時（也是莎士比亞時代）最正規的英文：

Thou shalt love thy neighbor as thyself.

Ye know not when the time is; Ye fear not.

Hath no man condemned thee

(3) **二十世紀**的英文就分別變成：

A short mantle hanging on his shoulders was brimful of red rubies' sparkling like fire.

－ You shall love your neighbor as yourself

You people don't know when the time will be; You people don't fear.

Don't let anyone condemn you again.

從這三階段的文字就可知道近六百年來的英文變化，不光只是「字」的改變，連句形、文法都大幅改變。重要的是：推動這些改革的人，全靠民間文人的創作，潛移默化，逐步改進以至今日。英國官方不但沒有介入指點，連英國國王欽定版的英文，都被民間的文人知識份子改進到更新、更合理的狀態。

像義大利、英國這樣，由民間文人及其創作，普受人民熱愛，造成語文進步，終走向統一的過程，不敢講是最好的辦法，卻是世界上已知最成

功的實際經驗。

十四世紀末，當喬叟初步凝聚出「英文」時，正值明朝太祖開國期間，也是中國歷史上「文字獄」展開之前。從明太祖所設的國子監，就可了解中國讀書人（今稱知識份子）處於威凌皇權下的困境，直迄於近世。試看中國人引以為榮的大學問家王陽明，就因皇帝一怒之下，在眾目睽睽下，當庭被差役押在地上，棒打屁股（廷杖），受辱於奴隸人手！中國的文人知識份子，持續受到皇權無情的羞辱與貶損，生存於皇上及權宦的喜怒哀樂一念之間，實在無法像西方知識份子一樣，創新發展，開拓新局，引領文字改革，令人感慨。

** 文字改革，豈僅是漢字簡化？？

民國初年，雖有許多學者積極推動漢字改革，即使這種模式，也和西方不盡相同。西方是靠文藝家的創作品，諸如：神曲、Canterbury、莎士比亞的戲曲，吸引大眾百姓，在不知不覺中，潛移默化，打造出自己國家的「語文」。而當時中國的民間學者，包括：錢玄同，幾乎全是傳統的「讀書人」，滿腹經論、述而不作。當代尚無人創作出「神曲」、「三國演義」或「西遊記」這類膾炙人口的作品。換句話說，當代中國能熟讀、點評三國、紅樓，甚至莎士比亞者，很多，但創寫出新三國、新紅樓或中國羅蜜歐與茱麗葉的人……似乎沒有。在此背景下，語文的進步效果，自然不會像義大利與英國的文學作家與作品，可以造成全面性的「書同文」效果。

從前面英國六百年來的「英文改革」看來，英文不但「字」的本身

改變，連語文的結構、文法都獲得改進，更能清楚而明確的表達含意及時態。

但中國「文字改革」的重心，目前看來只偏重於漢字簡化，卻未涉及結構、組織方面的改進。若用前述英文進化過程來比喻，英文只不過是將 Thou 改為 you；hath 改為 has；thy 改為 your……就大功告成了；英文的句型，迄今仍是「Fear not」、「Know not」，卻不是「Don't fear」、「Do not know」。

中國與西方在語文進化方面，還有一個很大的不同之處，那就是中國的語文改革，多由官府推動改革。問題是：官方一旦定案，除非官方有所改變，不易與時俱進，持續改進。若用英文來說明，即是：英王詹姆士欽定的英文：「Ye know not」或「Fear not」，至今仍然使用。因此，文字改革最好應讓民間的文人、作家，也成為的改革的動力來源之一。

** 列舉中國文字值得考慮改進之處

事實上，中文除了漢字簡化外，在句型結構方面，還有許多地方值得精益求精之餘地。謹將中文值得改進之處，野人獻曝，略述如下：

(1) 在一個句子中，各種詞類，尤其是名詞，不易界定

請試讀：

- 請在南崁下車站前等我。
- 耶穌會救人。

第一句看來似乎是：請在南崁下車，站前等我。

但其原意為：請在「南崁下」（地名）「車站前」（站牌名）等我。

第二句到底是：「耶穌」會救人，或是「耶穌會」救人？

其餘例子不勝枚舉。例如在新聞中，可見到下列標題，但難以確定其意：

- 中國人才不會離家出國

- 廣東人和母豬展示會

- 美報誇大陸武器精良

一個簡便的辦法是將這些名詞或專有名詞前後留空格，成為一個「單詞」。所以這些句子可用下列格式寫出：

- 請在 南崁下，車站前 等我。

- 耶穌 會救人；或：耶穌會 救人。

- 中國人 才不會離家出國；或是：中國人才 不會離家出國

- 廣東 人和（市）母豬 展示會

- 理應是：美報 誇大（大）陸 武器精良；恐不是說：美報 誇（讚）大陸 武器精良。

(2) 中文沒有關係代名詞（who，which）、動名詞、分詞子句……等功能；而且中文的形容詞與形容子句，大多都是置於名詞之前。這些形容子句，必須另成一個「句子」。因此，英文的一個句子，用中文則需要兩個「句子」來表示。故在理論上，中文應比英文要多出一個標點符號：

英　文　說：My brother who used to serve in the U.S. Navy is an English professor in Lehigh University currently，but……

在這個「，but」（逗點）之前的敘述句，如用中文表達，為利於辨識，宜增用一個標點符號，以替代「who」的功能。這個標點符號暫且以「、」來表示：

我那曾服役於美國海軍的哥哥、目前已是李海大學的英文教授，可是……

若中文有關係代名詞，則不需要這個額外的標點符號，這句子就會像英文一樣：

我的哥哥 who 曾服役於美國海軍目前已是李海大學的英文教授，可是……

(3) 中國實可利用法定的標準拼音符號，如：A、B、D……X、Z 來表示外國的人民、地名等專有名詞（但已約定成俗的名詞，如：倫敦、巴黎、波蘭、西班牙、華盛頓、拿破崙、阿司匹靈等專有名詞，仍可照舊使用）。

試讀下列抄錄下來的短句：

十字軍從尼西亞出發後，在多利拉埃姆苦戰。羅姆蘇丹基利什‧阿爾斯蘭穿越安納托利亞高原，分兵到包里齊亞，攻佔塔爾蘇斯、亞達那、馬米斯特拉、亞歷山大勒塔……

?!@#$%*?!!……這些人名、地名，難讀難懂，而且譯名常常不同，真教人摸不著頭緒。何不使用中文的「法定音標」：A、B……X、Z，

依照英文或原文來表示？例如：把「尼西亞」用「中文音標」直接寫出如：「NICEA」型態的「中文」，易讀易認易懂，豈不更為貼切？！

5. 中國社會仍是偏重理工、科技，輕文法、社會，更疏忽藝術、體育

** 獨尊理工、科技之始

在序言中就曾表示，目前中國仍是偏重理工、科技，輕文法、社會科學，更疏忽了藝術、體育。這原因自然就是中國自鴉片戰爭以來，見識到西方的船堅炮利，認為都是科技落後而輸給西方。從此，無論是政府、民間、教育單位，直到父母家長，都抱著「科技救國」的心態，積極投入與科技相關的理工學科。迄今，情況雖有些改善，但顯然仍未到達平衡發展的目標。

事實上，西方的文明進步，早自文藝復興時代起，卻是從藝術、文學方面開出燦爛成果。日本明治維新就是從西方全面學習而成功，卻非專攻船堅炮利。時至今日，中國雖然已知道西方的文明先進，並非只靠科技而興，但偏好理工、疏忽文法的現象，迄今仍不衰減。更不好的現象是在藝術、體育方面，無論是在學校，社會，都受不到應有的重視。在學校裡，很多人還覺得藝術、體育並非學術、亦非知識而忽視。

若社會，以及教育，偏重理工，疏忽文法、社會科學，甚至忽視藝術

及體育，這與古時只重四書五經的現象，相去無幾。這對整體文化的發展，造成侷限，還會對國家的遠景，造成難以彌補的損失。相對於西方社會重視體育、藝術的現象，非常值得中國社會反思。在清朝末年，飽受西方譏為東亞病夫的中國，本應非常重視體育及戶外活動，以加強國民健康、培養強健體格為首要任務。很不幸，體育幾乎從未受到學校、社會的重視，往往只是聊備一格而已。如果說重視體育，也只是校方或各級政府為了校方或各級政府的榮耀，多爭得幾座獎牌而已，並非關心學子及人民大眾的身心健康、體格強健。連這個消除東亞病夫惡名、增強國人體格的體育都受不到應有的重視，遑論那些與船堅炮利無關的藝術、文法、社會科學了。

現在就讓我們以美國社會嗜好體育活動的熱情，再對照一下中國社會的嗜好，做一簡單的對照，藉以觀察中西社會與民風的差異。

** 美國人最喜好的戶外體育 vs. 中國人最喜好的室內活動

• 美國人熱愛戶外活動，視野廣及青山綠水

美國人普遍喜好戶外活動，如：棒球、網球、滑雪、打獵、操舟、釣魚。各種運動及球類競賽，每日有之，已是全國一體的熱門活動及話題。打獵更是美國的國粹。自殖民北美第一天起，打獵就是美國人的全民活動。以往，甚至於今日，小孩剛比來福槍高，老祖父就會送他一隻22mm的來福槍。美國高中生槍法如神者，不可勝數。這也讓美國人，上自總統、下至農夫，憑其殺鹿獵熊的技巧，可在一夕間，變成驍勇戰士。羅斯福總統及

約克軍曹就是實例。讓我們再多觀察一下這些平時務農的莊稼漢，馬上變成保家衛國戰士的實景：

美國的義勇兵（意思是沒有正規軍事訓練的民兵）在獨立戰爭時，在 Saratoga 之戰，一舉擊潰英國正規軍，八千英軍竟然全體向這些民兵投降。更驚人的是美英 1812 年戰爭中，傑克遜（後來的總統 Andrew Jackson）率五千餘名義勇兵，於 1815 年，在紐奧良迎戰英國八千正規軍。這些英軍及其統帥 Edward Pakenham，就是在歐陸戰場擊敗拿破崙大軍的鐵血雄師。而傑克遜除了曾有攻打手無寸鐵的印第安人之外，沒有實際的戰爭經驗。雙方開戰的結果，英軍慘敗。英軍陣亡 386 人，受傷 1,521 人，552 人受俘；而美方義勇兵只陣亡 55 人，受傷 185 人，93 人受俘。勝負相差太大，實在不成比例。這至今仍感好奇，為何日本二戰時的首相，前關東軍司令東條英機，竟會去找上美國人對戰，敢偷擊珍珠港？大概是他只從電影中認識美國人 — 嚼口香糖，成天去酒吧泡妞，只見貓掌柔軟可愛、不知掌中還有利爪！

美國就是在這種普遍喜好戶外活動的風氣下，造成藏「力」於民的結果。美國人其實並不只重視體育，而是重視「運動競技」，包含「Sportsmanship」的運動員精神：參賽前，努力以赴；比賽時，揖讓而升、下而飲；競賽自有勝負，勝利自是高興，也能坦然接受失敗，下次再來。在這種環境下成長的人，大家視線所及，都是青山綠水，以及公平競技，無論是身體或心態方面，自然就會傾向於強健與開放。

· 中國人習於戶內活動，視野受阻於桌牆

相對於美國人熱衷戶外的體育活動，中國人對戶外體育活動的興趣，無論其原因，都明顯不足，也有待加強與重視。中國特有的熱門活動，料想當屬麻將與飯局（不包括家庭、老友聚餐）。這兩種嗜好，都屬於室內的活動，在中國流行的程度，幾乎無出其右者。

麻將、飯局，再配上中國社會特有的關係、人情，很多公事案件，都可直接或間接從麻將、餐敘之間，無形中解決，巧妙搭配，相得益彰。在這兩相好的背景下，更加深麻將、飯局在中國社會的盛行。嗜好麻將、飯局者，無論是為了談公事，或純粹私人享受，其視線所及，僅及於室內的牆壁與桌面。在此背景成長的人們，其體格與思維，與那些熱衷戶外活動的人，顯然不會相同。

事實上，中國還有一個戶內活動，堪與麻將、飯局媲美，那就是中國的考試了。中國的兩岸雖然對立，考試卻是同心，無論高考、聯考、學測、指考……不論其名詞的多元變化，都是一個「考試」就對了。自古以來，「考試」在中國，其熱烈、專注，及普受重視的程度，或恐勝於麻將、飯局。尤其遇上重大考試，這時已不只是考生的個人活動，甚至還是全家的應考活動，蔚為大觀。時至今日，中國學子苦讀書本的方式與目標，與蘇秦、董仲舒相比，並沒有太大的差別。

中國未來的主人翁在求學受教時期，聚焦於幾個學科以及考試，導致體育、藝術、音樂等有益國民身心健康的術科，沒有充分的學習機會，學生無心也無餘力去探索新知，只能困於考試題庫之中，以及製造大量的論

文。更令人堪惜的是中國眾多才智兼備的莎士比亞、亞當斯密、托爾斯泰，都莫可奈何的埋沒於苦讀與考試之間！

** 受人傾慕的文化，都來自文學、藝術、音樂、運動……；理工殿後

　　當有人說到：希臘、羅馬文化，引人入勝；佛羅倫斯與威尼斯的輝煌文化；法國的文化受世人欣賞，這些「優良文化」，大多都是基於：文學、藝術、音樂，這方面的成就。世人盛讚的文藝復興，就是在於藝術與文學的輝煌成就。美國能夠穿透層層障礙，進入古巴、俄羅斯，甚至回教世界的特色文化，除了麥當勞外，就是音樂與運動了。

　　俄羅斯在冷戰期間，是軍事武力的超級強國。今日有人表示非常欣賞俄羅斯的文化，或說到：俄羅斯有很優良的文化。他說的這個「文化」，完全是指俄羅斯的：托爾斯泰、普希金、柴可夫斯基等大師在文學、音樂、芭蕾舞等文藝方面，所創造的感人成就。但絕不會有人認為他是喜歡俄羅斯性能優越的米格機、氫彈與超級潛艇。同樣的，今日喜歡美國文化的人，絕多是在於喜歡其音樂、運動、自由……麥當勞。很少人會因為欽慕美國設計的隱形戰機或航空母艦而愛上美國。

　　光從這些事實，即可瞭解一個健全的社會，不能只偏重理工科技，實應重視文法、社會，藝術、音樂、體育……唯有如此，才能讓每個人找到適合自己發展的空間，讓莎士比亞去做莎士比亞，托爾斯泰去做托爾斯泰，卻不是只想讓他們兩人都變成李政道與楊振寧。

　　從前能將「中國人」凝聚在一起的共同因素，在於唐詩、西遊記、三

國演義、書法、繪畫、建築風格等文學與藝術方面的文化；即使在未來的數位資訊時代，能夠深入人心的文學與藝術，仍將是人民在國家與身分的認同上，佔在主要地位，卻不會是物理的熱力定律或工程數學。在今日國際化與競爭激烈的「地球村」裡，中國文化更需不斷推陳出新，創造又新又好的文學、藝術創作，亦即，新一代的唐詩、三國演義、西遊記，才能昂然挺立，凝聚人心。

** 重視社會科學，不可等閒視之

中國也疏忽了社會科學！以前，任何學術、思想、民主等名詞，加上「社會」兩個字，在中國曾經是新鮮，也是相當敏感又隱含爭議的題目，不是避談、就是繞道而行。有關社會科學本身，本文實無能耐談論，亦非本文範圍。唯在此要說明的，僅只是要重視社會科學。

西方的社會問題、社會主義是十八世紀下半期的工業革命之後，以機器代替人工，血汗工廠急速增加，產生大量的勞工。他們處於社會底層，成為資方壓榨的對象，造成嚴重的貧富不均。貧苦無助的勞工階層充斥社會，造成嚴重的社會問題。

就以英國而言，大英帝國與英旗不落日的「榮耀」，其實只屬於那些資產與知識階層的人，讓他們自豪意滿。但絕多工廠、礦場裡的勞工都是每日工作甚至高達 20 小時（這還真要感謝 1790 年代的科技進步，英國發明了煤氣燈－Gas lighting）。「英旗不落日」對這些勞工而言，不但沒有好處，反而是個巨大的負擔，因為都是他們在挑燈夜戰、造船挖煤而來。

在此背景下，自然引起社會的改革者與勞工階層串聯共爭，產生勞資對立的社會問題，讓社會動盪不安，持續困擾政府。在 1848 年 4 月，數萬勞工階層的抗爭者（即屬改革派的 Chartists），在倫敦集會，爭取權利，包括投票權。在示威遊行及暴動下，連維多利亞女王都受到驚嚇，甚至需要在威靈頓公爵的護衛下，逃離倫敦。威靈頓能擊敗拿破崙的百戰雄師，卻敵不過自家改革及勞工派的激進抗議群眾。這種特有的現象，當代也只有在英國的國情下，才會發生，其他文化地區，無從發生。英國就在這些社會問題，以及社會改革的呼聲下，讓社會主義思想在英國蓬勃發展，還讓英國出現最早的福利社會。

再看一下中國，即使在 1912 年，辛亥革命之時，西方民權思想並未在中國暢行，知識份子（當時仍都是讀書人）並未受到西方新思潮的衝擊。中國仍屬相當落後的農業社會。俟抗日戰爭結束後，新中國成立，國民政府退至台灣，即使這個時候，海峽兩岸都還沒有西方十九世紀的工業背景，即使工業，也多屬官營。在當時的農業社會，只有地主與佃戶的農業問題，沒有西方勞資爭議的社會問題。

換句話說，當時西方的社會問題、社會主義，對一個農業社會的中國而言，並沒有很大的相關性，可說是言之過早。就拿英國十九世紀末，Sidney & Beatrice Webb（1859 ～ 1947，1858 ～ 1943）等知識階層人士所創立的費邊社（Fabian Society）來說，他們為改善英國社會問題而提出一種溫和漸進式的社會主義，包括：工業國有化、強化工會、成立工黨參政。無論如何，這些社會問題專家所提出的社會政策，對當時沒有幾家私營工

業的的中國社會而言，全然派不上用場。

　　直到二十世紀的 60 年代起，台灣為拓展出口，私人工業才開始蓬勃發展；中國大陸在 80 年代，改革開放之後，新的工業時代也才開始嶄露頭角。到了二十一世紀的今日，海峽兩岸已充分的工業化，工廠林立，社會也迅速繁榮。不可否認，社會問題也紛紛浮現。

　　但這時因工業化而出現的社會問題，與英美西方在十九世紀末出現的社會問題，大不相同，不可同日而語。至少，西方十九世紀那種慘無人道的血汗工廠、童工，幾乎已不復存在；但社會問題的種類與複雜性，卻大為增加，例如：毒品、犯罪率、失業率、工作機會、環境惡化、醫療保險、外地移民、現代疾病、人口老化。而且為了解決問題，不是順了姑意、就是違了嫂意，都是棘手的問題。

　　這時候，社會自然需要很多的因應政策，以及不斷的改革，才足以應付。而社會改革的政策，自然就得依賴社會科學的客觀研究，才能找出適當的對策。所以，中國在目前的工業化時代，正是最需要借重社會科學的時候。從這時起，社會科學的重要性，絕不亞於理工、科技，實不應掉以輕心。試想一下，中國古書說：泛愛眾而親仁；西方福音書有言：愛你的鄰居，兩者的實質含義就是關懷您的社會。

　　相對於英美西方，社會科學在中國仍屬後進。西方對改善社會的學說、主義、政策、實行方式，多如牛毛、不可勝數。那麼選取哪一種學說為師比較恰當？這個問題真不知道會難倒多少社會學家與大哲學家。就以希臘的父子總理巴本德里歐（Georgios Papandreou）而言，他們父子兩人

分別在德國與美國受過完整的西方高等教育與先進思想，一旦返國主政，就迫不及待的把德國流行的「社會主義民主」，與美國的社會福利思想，在希臘實行，而且實施得非常撤底（請參閱前篇第九章、第 1 節希臘的東方式民主）。他們兩人所實施的「社會主義」，說穿了就是：不注重勤勞生產、只顧分錢享福的社會主義；反正都是花別人的錢，只要大家快樂，有何不可？最後把希臘搞得債台高築、人民好逸惡勞，國家瀕臨倒閉邊緣。他們父子倆失敗的原因，就是把西方那一套理想的社會主義政策，毫無保留的移置到希臘。

像他們這樣自幼就在西方生長、受過良好的教育，又熟悉西方的社會學家，都會造成如此大錯，那麼，那些東方及亞非國家出身的專家、學者，自然更有可能犯出類似的錯誤 ─ 空抱著理想與熱情，高談闊論，不顧自己體質，盲從西方的藥方，囫圇吞藥。事實上，就以費邊社在十九世紀末的社會主義思想，很多地方也是理想有餘。若真的實行起來，恐怕會造出難以收拾的後遺症。至少，英國在工業國有化方面，就面臨浪費、缺乏效率、營運不佳的困境。這就是為何英國鐵娘子總理 Margaret Thatcher（1925 ～ 2013），會在 1980 年代，以鐵腕將許多國營企業私有化，並壓制工會極端份子的暴力反抗。她還批評那些懷抱著理想、崇尚福利社會的人說：你們終有一天會把別人的錢給花光（you eventually run out of other people's money）。不管您喜不喜歡她，她說了實話。

對付這種問題的有效方式，應是讓社會科學受到社會的重視。如果一個社會有很多知識份子都能認識社會科學方面的相關知識與歷史因果，巴

本德里歐父子恐怕就難以隨心所欲的在其國內暢言社會主義民主，並實行他那寅吃卯糧的福利社會政策。這也是本標題說的：「重視社會科學，不可等閒視之」的緣由與真義。至少不要天真的盲信外國膏藥，一廂情願的全盤接納，輕意吞下美麗的糖衣藥丸。

　　附記：俄羅斯西邊的芬蘭與東邊的蒙古，在二次世界大戰之前，都是處於俄羅斯的主宰之下。沙皇尼古拉二世在登基為沙皇之前的封號及封地，就是芬蘭公爵。二次大戰後，這兩個地小人少，又不引人注意的落後偏遠小國，分別獨立。有趣的是都是打著社會主義旗號，建立國家。但奇特的是芬蘭今日已是人民生活富裕、高水準的均富國家，國民收入高居世界前排，還高於原來的宗主國俄羅斯。只要對照一下赫爾辛基（Helsinki）與聖彼得堡（St. Petersburg），即知所言非虛。這時總不能光說，芬蘭是新教徒社會（大多為路德教會，小部分為東正教會），較為開放，俄羅斯一直是東方正教的封閉高壓社會。還有更重要的因素應是在於：「事在人為」，這個解釋應屬公允與恰當。

　　然而東邊的蒙古，迄今仍是貧窮落後的均貧國家。當然，各國之間總有差異，但同為俄羅斯手中脫離而出的小國，芬蘭與蒙古，雙方的差異猶如天壤之別，未免太大。到底是何原因？這種問題，各人可自尋答案，亦可向歷史學家、社會學家請教。相信這些回答，各不相同。但最不正確的答案應是「白種人」比「亞洲人」聰明，連芬蘭人都不會承認。

　　儘管答案不同也難明，這也沒什麼大關係。這種題目或有助於認識不同的社會及其不同的演進與發展—至少，這也是開始重視社會科學的一小步。

{ 附錄一 }

The Law in Bible/By categories

Origin of The Law {Lex}

Old Law(Per St. Thomas Aquinas : Old Testament)

**Law of God's Commandments: [Exo.20: 1, 6, 12-17] And God spake all these words, saying : ......Keep my commandments.

Honor your father and mother,

Thou shalt not kill

Thou shalt not commit adultery

Thou shall not steal

Thou shalt not bear false witness against thy neighbor

Thou shalt not covet anything that is thy neighbor's.

**Law / Moses [Exo.24-12] The Lord said unto Moses......I will give three tables of stone, and a law and comments which I have written. That thou may teach them.

**Law / Moses [Exo. 34:27-28] The Lord said unto Moses, Write thou these words : for after the tenor of these works I have made a covenant with thee and with Israel. And he was there with the Lord forty days and forty nights; he did neither eat bread, nor drink water. And he wrote upon the tales the words of the covenant, the Ten Commandments.

**Law / from God [Isa.33:22] For the lord is our judge, the Lord is our lawgiver.

{附錄一}

基督教律法摘要／中文簡譯

律法之源

古法（依神學祭酒，艾奎那：舊約／希伯來經書）

** 上帝說：遵奉我的十誡（謹列出處世道德的訓誡）：

- 孝敬父母

- 不可殺人

- 不可淫亂

- 不可偷盜

- 不可誣陷鄰人／別人

- 不可貪取鄰人任何財物

** 上帝指示摩西：我賜你三塊石板，上面有我親寫的「Law」（律法）與論述，你要依此教導大眾。

** 摩西花了四十晝夜，把上帝指示的十誡及約法，都寫下來。

** 上帝是我們的裁判，也賜給我們「律法」。

New Law (Per St. Thomas Aquinas: New Testament - Gospel/Jesus, the living God)

**Jesus' Doctrine [Mat.5:17,18] Think not that I am come to destroy The Law, or the prophets : but to fulfill. I say unto you, one little shall in no wise pass from The Law, till all be fulfilled. [Do further more than The Law: also see Mat. 5: 27, 32, 34, 38, 39, 43, Love your neighbor, and your enemies.]

**Origin of Jesus' Law [Mat. 19:16, 17, 19] What good thing shall I do, that I may have eternal life? And he said unto him, there is none good but one, (that is, God) but if thou wilt unto life, keep the commandments:

Thou shalt do no murder, shalt not commit adultery, shalt not steal, shalt not bear false witness.

Honor thy father and thy mother, and, thou shalt love thy neighbor as thyself.

**Jesus' law from God [John 5:22] For the Father judgeth no man, but hath committed all judgment unto the Son.

**Jesus' Doctrine from God [John 7:16 , 14:24, 8:55, 10:18] My doctrine,, and the word which ye hear is not mine, but the Father' s who sent me. I know him, and keep his saying. This commandment have I received of my Father.

**Jesus Doctrine From God' s Commands [John 8:26, 28, 42] I speak to the world those things which I have heard of him (God). I do nothing of myself; but as my Father hath taught me, I speak these things. For I proceeded forth and came from God; neither came I of myself, but he sent me.

＃ 新法
（依阿奎那：新約─以福音書為重心）

＊＊ 耶穌說：我不是要破壞律法，而是要圓滿實現律法的目標。律法一點都不能違背，直到完全實行。

＊＊ 想要長生，就要遵奉上帝的律法：

    不殺人、不淫亂、不偷盜、不誣陷；更要：

    孝敬父母，愛你的鄰人／別人

＊＊ 上帝不言，由耶穌代言

＊＊ 我講的道理，不是我說的，都是上帝說的道理；我知道祂說的，並奉行祂講的道理而已。

＊＊ 我所說的話，都是上帝教導的訓示，不是我自己說的。

**Jesus doctrine from God' s commands [John 12:49, 50] For I have not spoken of myself; but the Father which sent me, he gave me a commandment, what I should say. And I know that his command is life everlasting.

**Jesus doctrine from God [John 14:10; 15:15] The words that I speak unto you I speak not of myself, but the Father that dwelleth in me, he does the works. For all things that I have heard of my Father I have made known unto you.

**Jesus' New Law [John15:12] This is my commandment, ye love one another, as I have loved you.

**Jesus' doctrine is in The Law [John 15:25] The word might be fulfilled, that is written in their law. They hated me without a cause.

**Gospel / New law [Rom. 2:16] In the day when God shall judge the secrets of men by Jesus Christ according to my gospel.

**Law / Love [Rom. 13:8, 10] Owe no man anything, but to love one another; for he that loveth another hath fulfilled The Law. Love worketh no ill to his neighbor ; there for love the the fulfilling of The Law.

**Law / end of Jesus [Rom. 10:5, 4] For Moses describeth the righteousness which is of The Law; For Christ is the end of The Law for righteousness to everyone the believeth.

**Religion / law [Heb. 10:16, 24, 28, 30] This is the covenant that I will make with them ...... Said the Lord, I will put my laws into their hearts, and in their minds; The Lord shall judge his people.

** 我説的都是上帝所頒下的戒律；我相信，祂的訓示是永恆的真理。

** 我只是把我所聽到上帝的道理，再傳達給你們而已。

** 這是我的律法：你們要互相關愛，一如我關愛你們一樣。

** 我説的話，都可在律法書上見到，寫得很清礎；這些當權者惱怒我的非常沒道理。

** 將來上帝會讓耶穌依據福音書來審判每個人及其祕密。

** 不虧欠別人，但人人互相關愛，這就是律法的圓滿目標。

** 摩西説明律法的本質就是公義；但耶穌充分彰顯律法的公義至極點。

** 耶穌作出新律，傳入人心，並依此審判眾人。

Law（in itself）：Righteousness，Nature and Love

Law - Righteousness of God [per Rom. 1:17 ; 3:21, 22 ; II Cor. 5:21]

Old Law

**Righteous Noah [Gen. :1] The Lord said unto Noah, for thee have I seen righteous before me, come thou and all thy house into the ark.

**Right and Just without iniquity [Deu. 32:2, 4] My doctrine shall drop as the rain, just and right is he, without iniquity

**Justice / Righteousness [Isa. 56:1, 2] Thu saith the Lord, Keep ye judgment, and do Justice ...... and my righteousness to be revealed.

**Morals / Righteousness [Psa. 7:8] The Lord shall judge the people ......according to my righteousness.

**Morals [Mic. 6:5, 8] that ye may know the righteousness of the Lord.

NewLaw

**Righteousness / Law [Mat. 5:6] Blessed are they which do hunger and thirst after righteousness

**Righteousness / Law [Mat. 5:20] That except your righteousness shall exceed the righteousness of the scribes and Pharisees, ye shall in no case enter into the kingdom of heaven.

律法的本質：公義，自然存於人心，互相關愛

律法就是上帝的公義

依古法的解說：

**上帝對諾亞說，你是我見到唯一講公義的人。

**上帝說：我的道理全是公平與正義，毫無不公與不義。

**上帝說：你們要尊守我的訓誡，力行公義；唯有如此，我的公義才會浮現。

**上帝會以其公義為憑，審判眾生。

**你們應認識上帝的公義。

依新法的解說：

**那些追求公義的人有福了。

**若你們行的公義，和那些當權的法利賽人一樣糟或更差，那就別想進入天國。

**Righteousness / Morals [Mat. 6:33] But seek ye first the God, and his righteousness

**Righteousness of God [John 16:10; 17:25] Of righteousness, because I go to my Father. O Righteous Father, the world hath not known thee, but I have known thee.

**Law / Holy & Just [Rom. 7:12] The Law is holy, and commandment holy, and just and good.

**Law / spirit [Rom 8:4] That the righteousness of The Law might be fulfilled in us, who walk not after the flesh, but after the spirit.

**Law / end of Jesus [Rom. 10:5, 4] For Moses describeth the righteousness which is of The Law; For Christ is the end of The Law for righteousness to everyone the believeth.

**Law / righteousness [Rom. 14:17] For the kingdom of God is not meat and drink; but righteousness and peace.

#Law-Natural Law

**Natural Law [Rom.2:14, 15] The Gentiles, which have not The Law, do be nature the things contained in The Law, these, having not The Law, are a law unto themselves. Which shew the work of The Law written in their hearts, their conscience also bearing witness, and thoughts the mean while accusing of else excusing one another.

** 你們首先應追求上帝的公義。

** 上帝就是公義；世人尚不認識祂的公義，但我知道。

** 上帝的律法就是神聖，公正，且是 至善。

** 律法的公義終會實現，如果我們願追求精神上的滿足，而不是肉體的滿足。

** 摩西說明律法的公義；耶穌就是律法的目標，並把律法的公義發揮至極點。

** 天國沒有酒肉吃喝，只是充滿公義與和平。

律法：自然存於人的良心

** 沒有經書的外邦人，雖然沒有明文的律法，仍有天然存在的律法；他們的「律法」就在於他們的心中，依其良心而行。

Law-New Law : based on Gospels，fulfilled by Love

**Love [Mat. 5:45, 46, 47] For he, the Father in heaven, maketh his sun to rise on the evil and on the good, and sendeth rain on the just and on the unjust. For if you love them which love you, what reward have ye? do not even the publicans the same? and if ye salute your brethren only, what do ye more than others ? do not even the publicans the same?

**Gospel / New law [Rom. 2:16] In the day when God shall judge the secrets of men by Jesus Christ according to my gospel.

**Law / faith [Rom. 3:31] do we then make void The Law through faith? God forbid: yea, we establish The Law.

**Law / spirit [Rom 8:4] That the righteousness of The Law might be fulfilled in us, who walk not after the flesh, but after the spirit.

**Law / end of Jesus [Rom. 10:5, 4] For Moses describeth the righteousness which is of The Law ; For Christis the end of The Law for righteousness to everyone the believeth.

**Law / Love [Rom. 13:8 , 10] Owe no man any thing, but to love one another; for he that loveth another hath fulfilled The Law. Love worketh no ill to his neighbor; there for love the fulfilling of The Law.

**Law / Commandments [1Cor. 7:19] Circumcision is nothing, and uncircumcision is nothing, but the keeping of the commandments of God.

**Love [1Joh. 4:8] He that loveth not knoweth not God; for God is love.

新法：源自福音書，其重心就是人人互相關愛

** 耶穌說：上帝創造陽光、雨水，普及眾生，無分其善惡；你若愛人，難道只愛自己家人或愛你的人而已？為何不能把愛施給別人？

** 上帝會讓耶穌依據福音書來審判眾生。

** 我們是否可以只有信仰而不要律法？上帝不允許，因為這是我們一起訂的律法。

** 律法的公義將主導我們的社會，到時我們不只有軀體，而是追求精神上的滿足。

** 摩西說明律法的公義；耶穌把律法的公義發揮至極點。

** 大家要互相關愛，互愛，就是律法的真義。

** 有沒有割禮並不重要，奉行上帝的律法才最重要。

** 沒有愛人之心的人，不會認識上帝；因為上帝就是愛。

Do/Keep Commandments and Law ; Not in word, neither in tongue , but in Deeds

**Do / Keep [Lev. 19:37] Yes hall observe all my statutes , and all my judgments and do them, I am the Lord.

Do The Law [Lev. 25:18] ye shall do my statues, and keep my judgments, and **do them.

**Do The Law [Num. 15:40] Ye may remember , and do all my commandments

**Do / Law [Deu.5.29 , 32] keep all my commandments always. Ye shall observe to do as the Lord your God hath commanded you, ye shall not turn aside to the right and or to the left.

**Law [Deu. 6-17] Ye shall diligently keep the commandments of the Lord, and his testimonies and his statues.

**Do / Law [Deu. 6:24] The Lord commanded us to do all these statutes, to fear the Lord our God for our good always, that he might preserve us alive.

**Do / Law [Deu. 7-11, 12, 13] Thou shalt keep the commandments, and the statues and the judgments, which I command thee this day, to do them. And he will bless thee and multiply thee, bless the fruit of thy womb and fruit of thy land.

Do / Law [Deu. 11:22, 26, 32] Ye shall diligently keep all these commandments which I command you, to **do them; A blessing, if ye obey the commandments; And ye shall observe to **do** all the statues and judgments which I set before you.

力行 / 遵守律法；不能：光說不練，而是在於「行為」

** 我是上帝，你們應遵守我的律法及裁示，並要力行之！

** 你們應遵奉律法及我的訓示，並力行之！

** 你們要記住並力行我的戒律！

** 你們一定要遵照我訂的律法去做，不可顧左右而言他！

** 你們要竭盡心力去奉行上帝的律法。

** 上帝指示我們依照祂的律法去做，這是為我們常久的幸福。

** 上帝告誡世人：你們要遵奉我的律法，並力行之；這樣做，你們才會興盛、繁榮。

** 你們要竭力遵守我的戒律，並要竭力去做才對；如能奉行戒律就會有福了；你們必須力行我給你們的律法及裁示。

**Do / Law [Deu. 27:10] Thou shalt obey the voice of the Lord thy God, and do his commandments and statues.

**Do / Law [Deu. 27:26] Cursed be he that confirmeth not all the words of this law to do them.

**Do / law [Deu. 29:9] Keep the words of this covenant, and do them, that ye may prosper in all that ye do.

**Justice / Righteousness [Isa. 56:1 , 2] Thus saith the Lord, Keep ye judgment, and do Justice. For my salvation is near to come, and my righteousness to be revealed. Blessed is the man that doeth this, and keepeth his hand from doing any evil.

**Morals [Mic. 6:5 , 8] that ye may know the righteousness of the Lord. He hath shewed the, what is good, but to do justly, and to lover mercy, and walk humbly with thy God.

**Do / Moral [John 8:41] Ye do the deeds of your father.

**Do as Jesus has done [John 13:12 – 15] So after he had washed their feet, he said unto them, Know ye what I have done to you ? If I then, your Lord and Master, have washed your feet, ye also ought to wash one another' s feet. For I have given you an example, that ye should do as I have done to you.

**Keep Commandments [John 14:15, 23; 15:10] If you love me, keep my commandments. If a man love me, he will keep my words. If you keep my commandments, ye shall abide in my love. Evan as I have kept my Father's commandments, and abide in his love.

** 你們要服從上帝的指示，力行祂的律法。

** 那些沒有依照上帝律法去做的人，必遭天譴！

** 任何遵奉律法，並肯去做的人，必因你們肯做而有福報。

** 上帝說：你們若能遵守律法、力行公義，你們就能獲得拯救，我的公義就能彰顯，你們就會有福了。

** 你們要了解上帝的公義精神；祂教你：什麼是好的，還要力行正義、寬恕、謙虛。

** 你們要仿效祖先的榜樣行事。

** 耶穌替門徒洗腳後，就說：你們看到我對你們怎麼做了。我是主人，都願為你們洗腳，你們自應互相洗腳、互愛。我給你們做了一個示範，你們應做我對你們做的事。

** 如果你愛我，就得遵守我的話；如你能遵守我的訓示，你就會融入我的愛心，就像我能享受上帝的愛心一樣。

**Do Jesus commandments [John 15:14] Ye are my friends, if ye do whatsoever I command you. (I called you not servants, but I have called you friends)

**Repent by works [Acts 26:20] They should repent and turn to God, and do works meet for repentance.

**Do / deeds [Rom. 2:6 , 13] God , who will render to every man according to his deeds; For not the hearers of The Law are just before God, but the doers of The Law shall be justified.

**Do / religion [2Cor. 5:10] We must all appear before the judgment seat of Christ; that every one may receive the things done in this body, according to that he hath done.

**Doer not hearer [Jam. 1:22, 25] But be ye doers of the word, and not hearers only deceiving your own selves; Who so looketh into the perfect law, a doer of the work, this man shall be blessed in his deed.

**Work / faith [Jam. 2:17, 20, 24, 26] Even so faith, if it hath not works, is dead; Faith without works is dead; Ye see then how that by works a man is justified, and not by faith only. For as the body with the spirit is dead, so faith with out works is dead also.

**Do/deed [1Joh. 3 : 18] Let us not love in word, neither in tongue, but in deeds and in truth.

** 你們若能照我說的話去做，你們就是我的朋友（這樣，我把你們當朋友，不是僕人）。

** 他們應悔改、接近上帝，然後還要以行為表現悔改之意。

** 上帝依每個人的行為來判斷；不以是否聽了律法來論人，卻以是否實行律法來論人。

** 我們最後都要受到耶穌的審判，這時將依據人的所做所為來審判。

** 你們要做一個實行耶穌之言的人，卻不是只當聽眾而已。任何研習律法的人，也肯力行律法，照著做的人，必可獲福。

** 如果只有信仰，卻不力行其道，這個信仰是空的；空有信仰，而不做好事，這種信仰是死的。一個人的好壞是以他是否做了善功來判斷，卻不是依其信仰來判斷。

** 我們不應光用口舌空談「愛」，要用實際的行動來表現。

Do / the Law - further description

**Doing good [Eze. 18:5, 7, 8, 9] If a man be just and do that which is lawful and right, and hath not oppressed any, hath spoiled none by violence, hath given his bread to the hungry, hath walked in my statures and hath kept my judgments to deal truly, he shall surely live, saith the Lord God.

Do [Mat. 7:21, 23, 24] Not every one that saith unto me Lord, shall enter into the Kingdom of heaven; but he that does the will of my Father. And then will I profess unto them, I never know you, departfrom me, ye that work iniquity. **Therefore whosoever hearth these sayings of mine, and does them, I will liken him unto a wise man, which built his house upon a rock.

**Do / Morals / Samaritan [Luk. 10:33, 36, 37] But a certain Samaritan, came and when he saw him, he had compassion on him. And bound up his wounds, and took care of him. Which of these three was neighbor ? He that shewed mercy on him. Then said Jesus unto him, Go , and do thou likewise.

**Not-Doing / Morals / few that saved [Luk. 13:23 – 28] Then said one unto him. Lord, are there few that be saved ? And he said unto them, Strive to enter in at the strait gate: for many, I say unto you, will seek to enter in, and shall not be able. I know you not whence ye are; depart from me, all ye workers of iniquity...... And you your selves thrust out.

力行 / 遵守律法──附記

**上帝說：如果一個人講公義，依照律法做好事，不欺壓別人，施捨窮人，必得長生。

**向我（耶穌）說要進入天國的人們，並非都是奉行上帝律法的人。我可坦白告訴這些人，我不認識你們這些不義之人，快離開我。因此，對那些聽了我的訓示而認真去做的人，是有智慧的人。

**只有一個撒馬利但人，見到這位受搶倒地的人，起憐憫之心，替他包紮傷口，照料他。耶穌說，這就是對待鄰人之道，你們就是要這麼做！

**有人問耶穌，是不是只有一部分人才會得救？耶穌說：很多人都想進入得救的窄門，但我明告這些人，你們多行不義，我不認識你們，快離開我這裡，你們已被拒於門外。

**Repent / on one's own initiative [Luk.16:22 ～ 31]

A poor man, Lazarus died, and was carried by the angels into Abraham's bosom. The rich man also died, and was buried, He fell in hell being in torments, and seeth Lazarus in Abraham's bosom. He cried and said, Father Abraham, have mercy on me, and send Lazarus that he may dip the tip of his finger in water and cool my tongue, for I am tormented in this flame. Abraham said, Son thou in thy lifetime received thy good things, and likewise Lazarus evil things; but now he is comforted, and thou art torments. Between us and you there is a great gulf fixed, neither can they pass to us. Then the rich man said, I pray thee father, that thou would send him to my father's house. For I have five bretheren, that he may testify unto them, lest they also come into this place of torment. Abraham said unto him, they have Moses and the prophets, let them hear them. And he said, Nay, father Abraham, if one went unto them from the dead, they will repent. And Abraham said unto him **" If they hear not Moses and the Prophets, neither will they be persuaded, though one rose from the dead. "**

Law / Judgment

**Morals / poor [Exo. 23:6] Thou shalt not wrest the judgement of thy poor in his cause

**Judgment [Lev. 19:15] Ye shall do no unrighteousness in judgment : thou shalt not respect the person of the poor, nor honor the person of the might : but in righteousness shalt thou judge thy neighbor.

** 悔過／悔改－要靠自己，不能依靠別人。

　　有一個富人死後下地獄受苦。這時他看到那個名叫 Lazarus 的窮人卻上了天堂，浸潤在祖先亞伯拉罕的幸福懷抱裡。他向祖先祈禱，並懇請亞伯拉罕派 Lazarus 到他老家警告他的五個兄弟，要他們改正歸善，以免死後下地獄受苦。亞伯拉罕一口拒絕說：他們可以學習摩西及古聖先賢所傳下的訓言，讓你的兄弟自己去找先賢的道理。這富人說：不行啊！老祖先，只有讓死了的人親自向他們說明後果，他們才會悔過。亞伯拉罕明坦白回告：若你家兄弟平時就不聽摩西及古聖先賢的訓言，也從不信他們講的道理，即使找個死人回去警告你家兄弟，他們照樣不會悔悟。

律法／審判

** 不可做出歧視窮人的判決。

** 判案時，你們不可做出不公不義的判決。裁判時，不可因貧富、地位而有所不同，只能依據公義來判決。

**Judgment / Business fairness [Lev. 19:35] Ye shall do no unrighteousness in judgment, in meteyard, in weight, or in measure.

**Law / judgment [Lev. 24:19, 20, 21] if a man cause a blemish in his neighbor, as he hath done, so shall it be done to him. Breach for breach, eye for eye. And he kills a beast he shall restore it, and he kills a man, he shall be put to death.

**Law / Judge [Deu. 1-16, 17] And I charged your judges at that time, saying, Hear the causes between your brethren, and judge righteously between every man, and the stranger that is with him. Ye shall not respect persons in judgment; but ye shall, but you all hear the small as well as the great; ye shall not be afraid of the face of man, for the judgment is God' s ; and the cause that is too hard for you, bring it unto me, and I will hear it.

**Judgment [Deu. 16:18, 19] Judges and officers shalt thou make thee in all thy gates, which the Lord thy God giveth thy, and they shall judge the people with just judgment. Thou shalt not wrest judgment; you shalt not respect persons, neither take a gift; for gift doth blind the eyes of the wise, and pervert the words of the righteous.

**Judgment [Deu.1 9:18, 19, 20] The judges shall make diligent inquisition: and, behold, if the witness be a false witness, and hath testified falsely against his brother. So shalt thou put the evil away from among you. And those which remain shall hear and fear, and shall henceforth commit no more any such evil among you. And thine eye shall not pity.

** 無論在任何情況，你們都不可做出不符公義的判決。

** 傷人及損別人之物，等物賠償；殺人者死。

** 上帝指示眾判官／法官：對人民，包括外地人，都要裁之以公義。判案不可因人而異，也無分貴賤，因為判決是非是代上帝行事。

** 法庭（註：Gates）是上帝賜下的殿堂，審判須以上帝公正的律法為裁決依據。不可曲解律法、不可因人的身分地位而異，更不可收賄而蒙蔽智慧與公義。

** 法官要仔細審查案情，注意是否有偽證。你們要毫無保留的剷除社會中的惡人，不可留情，讓惡人不敢作惡。

**Law [Deu. 24:7] If a man be found stealing any of his brethren of Israel, and selleth them, then that thief shall die, and thou shalt put evil away from among you.

**Judgment [Deu. 24:17] Thou shalt not pervert the judgment of the stranger, nor of the father less; nor take a widow's raiment to pledge.

**Judgment [Deu. 25:1] If there be a controversy between men, and they come unto judgment that the judges may judge them; then they shall justify the righteous and condemn the wicked.

**Judgment [Deu.27:19] Cursed by he that perverteth the judgment of the stranger, father less, and widow.

**Religion / Morals [Mat. 12:36] Every idle word that men shall speak, they shall give account in the day of judgment.

**Judgment [John 7:24] Judge not according to the appearance, but judge righteous judgment.

Law / Procedures and Special attribute

** Delegation / sharing of Power : [Exo. 18:13, 17,18, 21,22] Moses sat to judge the people, and the people stood by Moses from the morning unto the evening. And Moses' father in law said unto him : for this thing is too heavy for thee, thou art not able to perform it thyself alone. Be thou for the people to God-ward, that thou mayest bring the causes unto God. And thou shalt teach them ordinances and laws, and the way they must walk, and the work they must do. Moreover thou shalt provide out of all the able

** 如有人綁走自己國人而販賣之，這個人應處以死罪。人群中的惡人，必須清除。

** 你們判案時，不可歧視外地人、孤兒、寡婦。

** 當有人發生糾紛，他們可請法官判決是非；法官應以維護公義、消除罪惡的心態來判案。

** 對外地人、孤兒、寡婦做出歧視而不公的判決者，必遭天譴。

** 在審判時，注意說出口的任何話，即使廢話，都是證詞。

** 法官不可光靠事情表面來判案，應依實質公義來判案。

律法的程序及特質

** 摩西起先一人挑起全族的審判事宜。他的岳父提醒他，天下非一人所能獨治，應分權、授權給可信的人。於是摩西訓練許多適當的人，封為法官，代行部分審判工作。只有重大案件才上呈給摩西處理。

men, such as men of truth, hating covetousness, and place such over them, to be rulers of thousands, ruler of hundreds...... and let them judge the people at all seasons. And it shall be that every great matter they shall bring unto thee, but ever small matter they shall judge.

[18:25] And Moses chose able men out all Israel and made them heads over the people. The hard causes they brought unto Moses, but every small matter they judges themselves.

**Law / Judgment [Exo. 21:22] If men hurt a women, yet no mischief follow ; he shall be punished according as the woman' s husband will lay upon him; and he shall pay as the judges determine. [21:23] and if any mischief follow, then thou shalt give life for life, eye for eye, tooth for tooth, hand for hand.

**Law / Judgment [exo. 21:26] If a man smite the eye / tooth of his servant, that it perish, he shall let him go free for his eye' s sake. [21:29-30] If the ox, his owner hath not kept him in, killed a man, the ox shall be stoned, and his owner also shall be put to death. If there be laid on him a sum of money, then he shall give for the ransom of his life whatsoever is laid upon him.

**Law / Judgment [Exo. 22:9] For all manner of trespass or of lost things, the cause of both parties shall come before the judges ; and whom the judges shall condemn, he shall pay double unto his neighbor.

**Law [Lev. 24:22] ye shall have one manner of law, as well for the stranger, as for one of your own country.

✲✲ 當一個女子受到一個男人的傷害，若只是偶發事件，這個男人應受此女子丈夫的處罰，並依法官所決定的罰款賠償；若這男人屬惡意糾纏，這時就可以牙還牙、以眼還眼的報復。

✲✲ 若有人打傷奴僕的眼睛／牙齒，他就得釋放這奴僕為自由人。若主人沒有圈好牛，這隻牛害死人，這隻牛及其主人應被處死。但這個主人可用財產賠償以抵命。

✲✲ 任何兩人之間的侵權、財物糾紛，都應讓法官來判決。

✲✲ 一個國家應只有一個一致而通用的律法，此法亦適用於外來者。

**Law [Num. 16] One law and one manner shall be for you, and for the stranger that sojourneth with you.

**Women' s right [Num.27:5, 8-9] Moses brought their cause before the Lord. the Lord spake unto Moses saying: If a man die, and have no son, then ye shall cause his inheritance to pass unto his daughter, and if he have no daughter, then ye shall give his inheritance unto his brethren, and if he have no brethren, then ye shall give his inheritance unto his father' s brethren.

**Facing accuser [Act. 25:16] It' s not the manner of the Romans to deliver any man to die, before that he which is accused have the accusers face to face, and have licence to answer for himself concerning the crime laid against him

Law / Morals

**Respect other people [Exo. 21:2] If thou buy an Hebrew servant ...... and in the seventh year, he shall go out free for nothing.

**Morals / poor [Exo. 22:21-25] Thou shalt neither vex a stranger nor oppress him, you ye were strangers in Egypt.

**Morals / poor [Exo. 22:22] You shall not afflict any widow or fatherless child. I will surely hear their cry.

**Morals / poor [Exo. 22:25] If you lend money to any of my people that is poor, thou shalt not lay upon him usury.

** 應只有一部一致性的法律，適用於全體人民，包括外來者。

** 摩西把案情轉告上帝，上帝指示說：一個人死了，沒有兒子，他的財產應歸女兒；如果也沒有女兒，應給他的兄弟；若沒有兄弟，就應給其堂兄弟。

** 羅馬人的規矩是不可審判某人是否有（死）罪，除非召喚指控者出庭，面對受控者，並讓他能充分答辯對他的指控。

律法 - 本質就是：道德行為

** 你若買一個（希伯來）同族人做為奴僕，他做了七年後，你要無條件放他自由。

** 你不可欺壓外地人，你自己從前在埃及時，也是外地人。

** 你不可欺壓寡婦與孤兒，上帝會聽到他們哭泣的聲音。

** 你不可以高利貸錢給窮人。

**To the ruler [Exo. 22-28] You shalt not revile the god, nor curse the ruler of thy people.

**Morals [Exo. 23:2] Thou shalt not follow a multitude to do evil.

**Morals [Exo. 23:4] If you meet thine enemy' s ox or his ass going astray, thou shalt surely bring it back to him again.

**Morals [Exo. 23:8] Thou shalt take no gift, for the gift blindeth the wise, and perverteth the words of the righteous.

**Morals / customs [Exo. 23:12] Six days thou shalt do thy work, and on the seventh day thou shalt rest: that thine ox and ass may rest and the son of the handmaid and the stranger, may be refreshed.

**Morals / poor [Lev. 19:9 - 10] When you reap the harvest of your land, thou shalt not wholly reap the corners of thy field, neither shalt thou gather the gleanings of thy harvest. And thou shalt not glean thy vineyard, neither shall thou gather every grape of thy vineyard, thou shalt leave them for the poor and stranger.

**Morals / deaf [Lev. 19:14] Thou shalt not curse the deaf nor put a block before the blind.

**Morals [Lev. 19:33] If a stranger sojourn with thee in your land, ye shall not vex him.

**Morals / Law[Lev. 25:14] If thou sell ought unto thy neighbor or buy ought of thy neighbor, ye shall not oppress one another.

** 你不可惹怒上帝；也不可咒罵統治者。

** 你不可跟著一群人壞人作惡。

** 你若見到別人的牛，即使你敵手的牛，你也要牽還給原主。

** 你們不可接受賄賂，這些財物會蒙蔽智力與公義。

** 你要勤勞工作六天，第七天你得休息，因此，牛、驢、僕人及外地來的工人都可恢復精神。

** 收割農田時，你不可收割全部，要剩下一點不收割，也不可把掉在地上零碎的穀桿（gleanings）收走，應把這些留給窮人及外地人。

** 你不可取笑聾子，也不可在瞎子的路上放個石塊。

** 如有外地人來到你的地方，你不可故意找他麻煩。

** 你們與別人做買賣，你們不可互相欺詐。

**Morals / Law [Lev. 25:17] Ye shall not oppress one another.

**Morals / Law[Lev. 25:35,36] If thy brothere waxen poor, and fallen in decay with thee, then thou shalt relieve him; Take thou no usury of him, or increase.

**Morals / Law [Lev. 25:39,41,42] If thy brother that swelleth by thee be waxen poor, and be sold unto thee, thou shalt not compel him to serve as a bondservant. (after serving year of Jubile), then shall he depart from thee, both he and his children, shall return unto his own family, for they are my servants which I brought forth out of the land of Egypt, they shall not be sold as bond men.

**Morals / Law: Land owned by God [Lev. 23,24] The land shall not be sold for ever, for the land is mine, for ye are strangers and sojourners with me.

**Morals [Deu. 6-18,25] Thou shalt do that which is right and good in the sight of the lord. It shall be our righteousness, if we observe to do all these commandments before the Lord Our God.

**Morals / Law [Deu. 24:14] Thou shalt not oppress and a hired servant that is poor and needy, whether he be of thy brethren, or of thy stranger.

**Morals [Deu. 24:21] When thou gatherest the grapes of the vineyard, thou shall not glean it afterward, it shall be for the stranger, for the fatherless and for the widow.

**Morals [Deu. 25:3] Forty stripes he may give him, and not exceed: lest, if he should exceed, then thy brother should seem vile unto thee.

** 你們不可互相欺詐、壓迫。

** 若你們有兄弟變得貧困而需要你時，你應幫助他。不可藉機收高利，佔其便宜。

** 若你的族人因貧困而賣身給你，你不應把他當奴隸。他為你做工幾年後，你應放他回家與家人團聚。他們也是我從埃及帶出來的子民，不應被當作奴隸買賣。

** 土地不能賣斷，因為土地都是我上帝的。你們只是暫時向我寄居借住的人。

** 你們應做上帝認為對的事；若我們遵行上帝的律法，我們就是在做公義之事。

** 你不能欺壓一個貧窮的僕人，無論他是同族人，或外地人。

** 當你收穫葡萄園時，掉在地上及未撿的葡萄不可收走，這些都要留給外地人、孤兒、寡婦。

** 以鞭刑處罰人時，最多只能抽四十鞭，不可超過；若超過了，你家人會厭惡你。

**Morals / Business [Deu. 25:13-16] Thou shall not have in thy bag divers weights, a great and a small. But thou shalt have a perfect and just weight, a perfect and just measure shalt thou have. For all that do unrighteously, are an abomination unto the Lord thy God.

**Morals / righteousness [Pro. 14:34] Righteous exalteth a nation.

**Morals / good[Pro. 15:3] The eyes of the Lord are in every place, beholding the evil and good.

**Morals / evil [Pro. 17:13] Who so rewardeth evil for good, evil shall not depart from his house.

**Cultivating [Isa. 7:15] Butter and honey shall he eat, that he may know to refuse the evil, and choose the good.

**Morals / poor [Isa. 29:19] The meek also shall increase their joy in the Lord, and the poor among men shall rejoice in the one of Israel.

**Morals / Repent [Mat. 4:17] Jesus began to preach, and to say, Repent: for the kingdom of heaven is at hand.

**Morals / Disciples [Mat. 5:13,14,16] Ye are the salt of the earth: but if the salt has lost his savor, wherewith shall it be salted? it is thenceforth good for nothing. Ye are the light of the world. A city that is set on a hill cannot be hid. Let your light so shine before men, that they may see your good works. （註：此即 Winthrop 率新教徒移居北美時，所說的：Citty upon the Hill）

** 交易時，你不應使用不同的秤。你應以誠信待人，公平交易。任何沒有誠信的詐欺行為，都會激起上帝的憤怒。

** 存有公義的國家，才會受人讚賞。

** 上帝的眼力，無所不至，明辨善惡。

** 任何人助桀為虐，惡報不遠矣。

** 他（指救主）會受到良好的教育，懂得趨善去惡。

** 貧弱者也會受到上帝的照顧，享受到安樂。

** 耶穌訓誡說：你們要悔過；肯悔過的人，就離天國不遠了。

** 耶穌對弟子及聽道的人說：你們是世間的鹽（社會上有知識見解的人），如失去了鹹味，就失去功用了。你們也是世上的明燈，不會被遮住，照亮眾人，並顯示你們的功德。

Morals [Mat. 5:18,19,20] I say unto you, one little shall in no wise pass from The Law, till all be fulfilled. Whosoever shall break one of these least commandments, he shall be called the least in the kingdom of heaven; but whosoever shall do and teach them (commandments), the same shall be called great in the kingdom of heaven.

Morals [Mat. 5:20] For I say unto you, that except your righteousness shall exceed the righteousness of the scribes and Pharisees, ye shall in no case enter into the kingdom of heaven.

Morals [Mat. 6:3,4] When thou doest alms, let not thy left hand know what thy right hand doeth; That thine alms may be in secret, and thy Father which seeth in secret himself shall reward thee openly.

Morals [Mat. 7:1-3] Judge not. For with what judgment ye judge, ye shall be judged, and with what measure ye met, it shall be measured to you again. And why beholdest thou the mote that is in thy brother' s eye, but considerest not the beam that is in thine own eye?

Morals [Mat. 7:12] All things whatsoever ye would that men should do to ye, do ye even so to them. For this is The Law and prophets.

Morals [Mat. 7:19] Every tree that bringeth not good fruit is hewn down and cast into the fire.

Moral [Mat. 15:13,14] He answered and said, Every plant, which my heavenly Father hath not planted, shall be rooted up. They be blind leaders of the blind. And if the blind lead the blind, both shall fall into the ditch.

** 耶穌對眾人說：人不可偏離律法，並要讓律法完全施行於天下。任何違反律法的人，都難進天堂；任何照律法去做的人及宣揚律法的人，就會進入天堂。

** 耶穌對眾人說：你們應以公義立身行事，至少得比那些法利賽當權者要好，才有進天堂的資格。

** 當你用右手拖捨時，不要讓左手知道。上帝會見到你積的陰德，並會報償你。

** 不要隨意批評別人。你批評別人，別人一樣批評你。你為何老是挑剔別人眼中的細塵，卻不察自己眼中的樑木。

** 己所不欲，勿施於人：這就是律法及先賢的基本精神。

** 任何不能結出好果子的樹，就得砍除。

** 耶穌說：任何不符上帝意旨的事，都要拔除；這些帶領人者，都是盲目的。若是讓瞎子引導瞎子，豈不雙雙掉進溝裡？

**Morals [Mat. 19:9] And I say unto you, whosoever shall put away his wife, except it be for fornication, and shall marry another, committeth adultery.

**Morals [Mat. 22:37,39,40] Master, which is the great commandment in The Law? Jesus said unto him, Thou shalt love the lord thy God. This is the first and great commandment. And the second is like unto it, Thou shall love thy neighbor as thyself. On these two commandments hang all The Law and the prophets.

**Morals [Mat. 26:52] Put up again thy sword into his place, for all they that take the sword shall perish with the sword.

**Morals [Mark 9:50] Salt is good; but if the salt have lost his saltness, wherewith will ye season it? Have salt in yourselves.

**Morals [Luk. 12:15] And he said unto them, Take heed, and beware of covetousness; for a man' s life consisteth not in the abundance of the things which he possesseth.

**Morals /Repent [Luk. 13:3,5] I tell you......except ye repent, ye shall all likewise perish.

**Morals / Repent [Luk. 15:7] I say unto you, joy shall be in heaven over one sinner that repenteth, more than over ninety and nine just persons, which need no repentance.

**Moral / Love one another [John 13:34, 15:12, 17] A new commandment I give unto you, that ye love one another as I have loved you, that ye also love one another.

** 耶穌説：若愛上別的女人而休妻，這也一樣
犯了姦淫之罪。

** 有人問耶穌，律法中，最重要的戒律是什麼？
耶穌説：首先，你要敬愛上帝；其次就是愛人如
己，這兩條戒律就包含所有的律法及古聖先賢的
教訓。

** 愛動刀者，必死於刀下

** 鹽是好東西，若鹽失去了鹹味，鹽就沒用了。
所以你要保持你的「鹹味」。

** 耶穌説：你們不可貪得無厭；人生不是只在
追求豐富的物質。

** 耶穌明告眾人，你們要勇於悔過，若不肯悔
過、改過，喪無日矣！

** 耶穌説：一個惡人肯悔過改惡，比九十九個
沒有悔過的善人，更讓上帝感到欣慰。

** 耶穌對徒眾説：我要給你們一個新的戒律，
你們要互相關愛，就像我愛你們一樣。

**Repent by works [Acts 26:20] They should repent and turn to God, and do works meet for repentance.

**Morals [Rom. 12:16, 17, 18] Be of the same mind on toward another. Recompense to no man evil for evil. Provide things honest in the sight of all men. If it be possible, as much as lieth in you, live peaceable with all men.

**Morals / responsibility [Rom. 14:12] So every one of us shall give account of himself to God.

**Morals [Rom. 14:13] Let us not judge one another any more, but judge this rather, that no man put a stumbling block to fall in his brother's way.

**Morals / equal [1Cor. 7:7] All men were even as I myself. But every man hath his proper gift of God, one after this, another after that.

**Morals / No selfish - for others [1Cor. 10:24,33] Let no man seek his own, but every man another's wealth. Even as I please all men in all things, not seeking mine own profit, but the profit of many, that they may be saved.

**Morals [1Cor. 13:11] When I was a child, I speak as a child, I understood as a child, I thought as a child; but when I became a man, I put away childish things.

**Morals [2Cor. 6:14] Be ye not unequally yoked together with unbelievers, for what fellowship hath righteousness with unrighteousness?

**Morals / speak with evil, and kind [Eph. 4:31,32] Let all bitterness, and wrath, and anger, and clamor and evil speaking, buy put away from you. And be ye kind one to another, tenderhearted, forgiving one another.

** 他們應悔改、接近上帝，然後還要以行為表現悔改之意。

** 將心比心，以此同理心對待別人。不要以惡還惡、以暴易暴。大家要以誠信待人，和諧共處。

** 每個人都要自己對上帝負責。

** 我們不要再互相指責，只有一件事應該指責：惡意妨害別人。

** 上帝對每個人，包括我自己，都賜有特別的天賦，只是每個人的天賦有所不同而已。

** 我們不要只顧自己，要尋求眾人共同的幸福。我這個使徒保羅，從不謀私利，一直在為眾人謀福。

** 在我小時，無論說話、理解力、思想，各方面都是小孩子；但當我長大之後，就應去除過去幼稚的想法。

** 道不同不相為謀；鳥獸不能同群。

** 我們待人不要言語刻薄、成天怨怒，也不可惡意吵鬧；我們應和諧相處，寬厚共容。

**Morals / Honorparents [Eph. 6:2] Honor thy father and mother, which is the first commandment.

**Morals / Family / master-servants [Col. 3:18－22；4:1; also Eph.6:1－9] Wives submit yourselves unto your husbands; husbands lover your wives, and be not bitter against them; Children, obey your parents, for this is well pleasing unto the Lord; Fathers, provoke not your children to anger, lest they be discouraged; Servants, obey in all thing your master according to the flesh, not with eye services, as men pleasers, but in singleness of heart; And whatsoever ye do, do it heartily; Masters, give unto your servants that which is just equal, knowing that ye also have a Master in heaven.

**Morals / manage home-church [1Tim. 3:5] If a man know not how to rule his own house, how shall he take care of the church of God?

**Morals / leaders [1Tim. 4:12, 14, 16] Be thou an example of the believers, in word, in conversation, in spirit, Neglect not the gift that in thee. Take heed unto thyself, and unto the doctrine, continue in them, for in doing this thou shalt both save thyself, and them that hear thee.

**Morals [1Tim. 6:10] For the love of money is the root of all evil

**Morals / Love / Good work [Heb. 10:24, 28] Let us consider one another to provoke unto love and to good works; He that despise Moses' law died without mercy.

**Morals / love [1Pet. 4:9] Use hospitality one to another without grudging.

** 孝敬父母，這是戒律之首、百善之先。

** 妻子要遵從丈夫，丈夫要愛其妻室；孩子要孝敬父母，父母不可用羞辱厲責方式對待孩子，應以勉勵方式對待子女；為人臣僕者，應誠心忠於事，不可表面行事，只愛媚主諂上；為君為主者，別忘記你也是上天的臣僕，你與你臣僕的地位平等。

** 如果一個人不能治其家，如何能指望他治理一個教會？

** 身為主教者，應先修身正己，以做信徒的榜樣。不要忽視自己的天職；不但要正其身，還要研習戒律，如能做到，才能救己救人。

** 貪財愛錢是萬惡之源。

** 我們要互相體諒，互相關愛，共做善事。任何背棄律法的人，不會善終。
** 我們應互以良情厚誼相待，不應以妒恨怨咨相待。

Destination of the Law

**Peace / Nations [Isa. 2:4] He shall judge among the nations; and they shall beat their swords into plowshares, and their spears into pruning hooks; nation shall not lift up sword against nation, neither shall they learn war anymore.

**Righteousness [Isa. 32:1, 15, 16] Behold, a king shall reign in righteousness, and princes shall rule in judgment. And righteousness remain in the fruitful field. And the work of righteousness shall be peace.

**Peace society [Isa. 32:18] My people shall dwell in a peaceable habitation, and in sure dwellings, and in quiet resting places.

**Law Prevailing / Nations [Mic. 4:2, 3] And many nations shall come, and go up to the house of the God, he will teach us of his ways: The Law and the word of the Lord shall go forth.

**Peace / Nations [Mic. 4:3] and the God shall judge among many people and rebuke strong nations afar off; and they shall beat their swords into plowshares, and their spears in pruning hooks; nation shall not lift up asword against nation., neither shall they learn war any more.

**Moral / Love one another [John 13:34, 15:12, 17] A new commandment I give unto you, that ye love one another as I have loved you, that ye also love one another.

**Religious / Righteousness [2Pet. 3:13] We, according to his promise, look for new heavens and a new earth, wherein dwelleth righteousness.

律法的終極目的

** 上帝終將審判所有的國家;他會讓其子民化刀劍為犁鋤;從此,國與國之間不再兵戎相見,再也沒有戰爭。

** 看吧,掌權者將以公義、真理治國;到時,公義就會盛行於人間,有了公義,自會有和平盛世。

** 期望我的子民可以生活在太平盛世、安居樂業。

** 眾多國家都會走進上帝的宮室,祂會教導我們力行其律法及訓示。

** 上帝將審判全民,終止戰爭,化刀劍為犁鋤,各國不再相戰。

** 耶穌凝聚出新的戒律,並宣示徒眾:你們要互相關愛,一如我愛你們。

** 依據上帝的證言,我們要尋求一個充滿公義的大同樂土。

Law / Attitude for Work

**Work hard for food [Gen. 3:19] In the sweat of thy face shalt thou eat bread, till thou return unto the ground; for just thou art, and unto dust shalt thou return.

**Morals / working attitude [Luk. 10:7] And in the same house remain, eating and drinking such things as they give; for the laborer is worthy of his hire. Go not from house to house.

**Law / Work [Eph. 4:28] Let him that stole steal no more; but rather let him labor , working with his hands the thing which is good.

**Law / Work [2The. 3:8] Neither did we eat any man' s bread for nought; but wrought with labor and travail night and day.

**Morals / work [2The. 3:10, 12,14] For we commanded you, that if any would not work, neither should he eat. Now that with quietness they work, and eat their own bread. And if any man obey not our word, have no company with him, that he may be ashamed.

**Morals / diligence [2Pet. 1:10] Brethren, give diligence to make your calling and election sure, for if you do these things, ye shall never fall.

Law Debates - between Jesus and Authorities (Pharisees, Scribes, Lawyers, Priests)

律法：工作態度

* 你必須工作得汗流滿面，才有飯吃，並且要一直工作，直到復歸於塵土。

** 有人給你衣食，請你工作，你要盡本分，合其要求，而不應吃在碗裡、看著碗外。

** 讓他別再幹偷竊之事，教他勤奮工作，勤用雙手幹活才是正道。

** 我們不應白吃別人的東西，我們應以勤奮工作，賺取衣食。

** 使徒保羅告誡眾人：不工作，就沒飯吃；你們要埋首默默工作，自食其力；若有人不肯這樣做，他就非常丟臉，沒人願意和他在一起。

** 兄弟們，每人都應努力完成自己的使命，不要辜負身為上帝選民的重任；若能做到這個目標，你們會永垂不朽。

耶穌與當權的法利賽人對律法精義的激辯

**Priests / God' s Commandment to Priests [Mal. 2:6, 7] The Law of truth was in his mouth, and iniquity was not found in his lips; he walked with me in peace and equity, and did turn many away from iniquity. The priest' s lips should keep knowledge and they should seek The Law at his mouth; for his is the messenger of the Lord.

**Law / spirits [Mark 2:27] He said unto them, The Sabbath was made for man, and not man for the Sabbath.

**Argue with / Pharisees [Mat. 7:28, 29] When Jesus had ended these sayings, the people were astonished at his doctrine. For he taught them as one having authority, and not as the scribes.

**No-DoingThe Law / Priest [Mat. 12:5] Have ye not read in The Law, how that on the Sabbath days the priests in the temple profane the Sabbath, and are blameless?

**Argue with / Pharisees [Mat. 12:10, 11, 12] There was a man which had his hand withered. And they asked him, saying, is it lawful to heal on the Sabbath days ?(that they might accuse him.) And he said unto them, what man shall there be among you, that shall have one sheep, and if it fall into a pit on the Sabbath day, will he not lay hold on it, and lift it out? How much then is a man better than a sheep. 「Wherefore it is lawful to do well on the Sabbath days.」

※※ 註：先看一下舊約，先知 Malachi（'Ma-ler-kai）承上帝之意，說明教士應有的特質：教士應深悉律法的真義，心中毫無不公不義的念頭；他應依照我，走上和平及公正之道，並把許多缺乏公義的人，引上正道；教士還要有充分的知識，足以尋得律法的精義。

※※ 耶穌抗辯稱：安息日（週日休息）是上帝為人而設的日子；不是要人去將就安息日。

※※ 當耶穌講完道後，眾人對他說的道理大為驚訝，因為他講的極有道理而且可信，與那些當權教士說的，大不相同。

※※ 只要看一下律法古書，你就會知道這些教士在大廟中如何冒瀆安息日，卻沒有受責。

※※ 有個人的手受萎縮之病痛，法利賽權貴故意用此難題質問耶穌：可以在安息日為這個病人治病嗎？耶穌技巧回答說：若你們有隻羊在安息日掉到井裡，難道你們不會伸手把你的羊救上來嗎？人豈不比羊更重要？那麼在安息日去救人，自是應當，亦合乎律法本意。

**Morals / Do [Luk. 10:25 ～ 28] A certain lawyer stood up and tempted him, saying, Master, what shall I do to inherit eternal life. He said unto him what is written in The Law? Thou shalt love the Lord thy God ...... and thy neighbor as thyself. And he said to him, Thu hast answered right; this do, and thou shalt live.

**Argue with / Pharisees [Mat. 22:17, 22] Tell us, What thinkest thou? Is it lawful to give tribute unto Cesar, or not ? Render unto Cesar the things which are Cesar' s; and unto God the things that are God' s.

**Argue with / Pharisees [Mat. 23:1-7] Then spake Jesus; The scribes and the Pharisees sit in Moses' seat, All they bid you observe and do; but do not ye after their works, for they say, and do not. For they bind heavy burdens and grievous to be borne, and lay them on men' s shoulders, but they themselves will not move them with one of their fingers. But all their work they do for to be seen of men, they make broad their phylacteries, and enlarge the Borders of the garments. And love the uppermost rooms at feasts, and the chief seats in the synagogues. And greetings in the markets, and to be called of men, Rabbi, Rabbi.

**Argue with / Pharisees / hypocrites [Mat. 23:17, 19] Ye fools and blind: for whether is greater, the gold, or the temple that sanctifieth the gold ？ the gift, or the altar that sanctifieth the gift?

** 一個掌法的教士故意問耶穌，如何才可永生？
耶穌說，請讀一下律法書，教士唸道：你要愛上
帝⋯⋯不貪取別人的財物⋯⋯愛別人如愛自己；
耶穌說：你說對了，你只要肯照著「做」，就可
永生。

** 當權的法利賽人質問耶穌，把錢獻給羅馬皇
上，合不合乎律法？耶穌回答：讓上帝的歸上帝，
皇上的歸皇上。

** 耶穌痛責法利賽人：這些法利賽權貴坐享摩
西的大位，只見他們盡在指點別人做這做那，自
己卻不肯做自己該做的事，總是只說不做；他們
以律法之名，造成痛苦的重擔，強壓在人民的肩
上，自己卻連指頭都懶得動一下；他們只愛手舉
聖符，身穿華袍，大搖大擺，在眾人之前出風頭；
又愛佔住大廟最好的宮中，大吃大喝，還佔住大
廟的主審大位；他們只知道走到街上，陶醉於受
人尊呼：師父、師父。

** 耶穌批責法利賽人：你們這些人又愚又盲，
請問到底是金子重要，或是金裝之下的廟比較重
要？是祀品，或是放祀品的神壇，哪個重要？

**Pharisees / ignore spirits of the law [Mat. 23:23 ,24, 25] Woe unto you, scribes and Pharisees, hypocrites! for ye pay tithe of mint and cumin, and have omitted the weightier matter of The Law, judgment, mercy and faith: these ought ye to have done, and not to leave the other undone. Ye blind guides, which strain at a gnat, and swallow a camel. For ye make clean the outside of the cup and platter, but within they are full of extortion and excess.

**Argue with / Pharisees / Authorities [Luk. 11:42, 46] Woe unto you, Pharisees, for ye tithe mint and rue and all manner of herbs, and pass over judgment and the love of God: these ought ye to have done, and not to leave the other undone. Woe unto you, Pharisees! for ye love the upmost seats in the synagogues, and greetings in the markets. Woe unto you also, lawyers! For ye lade men with burdens grievous to be borne, and ye yourselves touch not the burdens with one of your fingers.

**Argue with / Lawyers / knowledge [Luk. 11:52] Woe unto you, lawyers, for ye have taken away the key of knowledge : ye entered not in yourselves, and them that were entering in ye hindered.

**Argue / work on Sabbath day [Luk. 13:13, 14, 15, 16] And he laid his hand on her, and immediately she was made straight. And the ruler of the synagogue answered with indignation, because that Jesus had healed on the Sabbath day. The Lord then answered and said, Thou hypocrite, doth not each of you on the Sabbath loose his ox from the stall and lead him sway to watering ? And out not this woman being a daughter of Abraham, be loosed form this bond on the Sabbath day?

** 你們這些當權的法利賽人，真可恥啊！都是偽君子！你們只會向百姓斂財貪貨，卻完全忽視律法的真義、訓誡、慈悲與信仰；這些該做的事，都不去做；你們都瞎了眼，只會斤斤計較瑣事，忽略重點；只洗杯盤外面，裡面都是汙穢。

** 法利賽人，你們真是可恥，你們只會向百所收稅斂財，卻不顧上帝的律法及愛人之心，這是你們該做的事，卻不做；法利賽人，你們真是可恥，你們只愛坐在大廟的高位，走在外面受眾人禮敬膜拜，卻把痛苦及重擔加在百姓身上，但你們卻連指頭都不肯動一下，去分擔百姓的重擔。

** 你們這些當權者，真是可恥！你們霸佔知識的鑰匙，自己不肯研習知識，卻阻擋別人進入知識的寶庫。

** 只見耶穌手觸那女子的手，她的病就好了；大廟的當權者嫉責耶穌，為何安息日還在行醫？耶穌說：你真是個偽君子，你們在安息日豈不都把牛牽去喝水解渴？那麼為何不能讓這也是亞伯拉罕子孫的女子，在安息日解除其痛苦？

**Argue / Work on Sabbath [John 7:22-24] Ye on the Sabbath day circumcise a man. That The Law of Moses should not be broken; are you angry at me,because I have made a man every whit whole on the Sabbath day；Judge not according to the appearance, but judge righteous judgment.

**Argue with / Pharisees [John 8:3,7] The scribes and Pharisees brought unto him a woman taken in adultery；Jesus said, he that is without sin among you, let him first cast a stone at her；They heard it, being convicted by their own conscience, went out one by one.

Do not Lie

**Lie / False witness [Exo. 20:16] Thou shalt not bear false witness against thy neighbor.

**Lie [Lev. 19:11] Ye shall neither deal falsely, neither lie one to another.

**False [Pro. 11:1] A false balance is abomination to the Lord; but a just weight is his delight.

**Lying tongue [Pro. 12:19] The lip of truth shall be established for ever; but a lying tongue is but for a moment.

**Lying lip [Pro. 12:22] Lying lips are abomination the Lord.

**Lie [Col. 3:9] Lie not one to another

**Lies [1Tim. 4:2] Speaking lies in hypocrisy, having their conscience seared with a hot iron.

** 摩西的律法必須遵守，自是沒錯；你們法利賽人能在安息日為人進行割禮，那麼我在安息日教人律法、做好人，又有什麼不對？豈能只從表面論事？應從是否合乎公義來判斷。

** 法利賽人把一個犯奸淫罪，應受石頭擲死的女子，送到耶穌前面，要耶穌判決，耶穌對眾人說：你們之間，哪一位從沒犯過罪的，請他第一個出來丟石頭。結果眾人受良心的譴責，一一走開。

不可說謊話

** 你不可說假話，陷害你的鄰人。

** 你們不可行詐騙人，也不可對別人說謊話。

** 用騙人的秤，受上帝厭惡；用公正的秤，受上帝喜歡。

** 說真話，長存於世；說謊話，只能騙人一時。

** 上帝厭惡說謊話。

** 不要對別人說謊話。

** 偽君子最愛說謊話，他們的良心已被燒焦了。

**Liar [Rev. 21:8] and all liars, shall be burneth with fire and brimstone.

Food-Per Law's Instructions

**Men eat moving things [Gen. 9:1,3,4] God blessed Noah and his sons, and said unto them, Be fruitful, multiply, and replenish the earth. Every moving thing that liveth shall be meat for you; even as the green herb have I given you all things. But flesh with the life there of, which is the blood thereof, shall ye not eat.

**Food [Deu. 14:3, 6, 7, 8] Thou shalt not eat any abominable thing. And every beast that parteth the hoof, and cleaveth the cleft into claws, and cheweth the cud, that ye shall eat. Nevertheless these ye shall not eat of them that chew the cud, or of them that divide the cloven hoof ; as the camel and the hare: for they chew the cud, but divide not the hoof, therefore they are unclean unto you. And the swine, because it divideth the hoof, yet cheweth not cud, it is unclean unto you; ye shall not eat of their flesh, not touch their dead carcase.

Notes: Of the 「Unclean」,

[Deu. 14:9, 10] These ye shall eat of all that are in the waters: all that have fins and scales shall ye eat. And whatsoever hath not fins and scales ye may not eat; it is unclean unto you.

**Food / Moral Concept [Rom. 14:14] There is nothing unclean of itself; but to him that esteemeth anything to be unclean, to him it is unclean.

** 所有愛説謊話的人，都會下地獄，並被火與硫磺燒毀。

食物戒律—據律法書的訓示

** 上帝賜福並指示災難重生的諾亞家族人，你們後代會繁榮興旺。任何會動的生物，牠們的肉都可當你們的食物；任何植物都可拿來吃；但還沒放完血的肉不可吃。（註：不可吃活的動物；不帶血，才確定是死的，不是活的）。

** 你們不可吃可厭之食。可吃有分蹄、裂爪、反芻之動物；但其中雖是反芻或裂蹄，如駱駝、兔子，也不可吃，因為雖是反芻，卻沒裂蹄，所以這些是「不淨」的食物；至於豬，雖是裂蹄，但不反芻，也是「不淨」，不可食其肉，即使放過血的肉軀，也都不去蹴一下。

　　註：「不淨」：顯然只就宗教而言，並非不衛生、骯髒，請再參考下列：

** 你們可吃水中任何有鰭、鱗的動物，沒有鰭、鱗的動物就不能吃，因為牠們「不淨」。

　　註：海狗、海豹、魷魚、章魚、蝦、螃蟹……應不算「骯髒、不衛生」的東西吧！

Religious Concept

**Religion / Superstition [Exo. 22:18] Thou shalt not suffer a witch to live.

**Religion / faith [Exo. 23:24] Thou shalt not bow down to their gods, nor serve them, nor do their works, but thou shalt utterly overthrow them and quite break down their images.

**Religion / faith [Lev. 19:5] If ye offer a sacrifice of offerings unto the Lord, ye shall offer it at your own will.

**Religion / Superstition [Lev. 19:31] Regard not them that have familiar spirits, neither seek after wizard, to be defiled by them.

**Religion / at your own will [Lev. 22:18, 19, 21] and for all his freewill offerings...... or a freewill offering in beeves, it shall be perfect to be accepted. Ye shall offer at your own will of the beeves, of sheep, of goats without blemish......

**Religion / Superstition [Deu. 13:1 – 5, 8, 10] If there arise among you a prophet, or a dreamer of dreams, and giveth thee a sign or a wonder, Thou shalt not hearken unto the words of that prophet or dreamer of dreams. So shalt thou put the evil away from the midst of thee. Thou shalt stone him with stones, that he die.

** 任何事物，其本身沒有乾不乾淨這回事；但就人而言，若他自己認為什麼東西不乾淨，那麼這東西，對他來說，就是不乾淨的了。

宗教觀念

** 你不可容忍（suffer）任何巫術迷信的蔓延。

** 你不可拜異教的偽神，不可助之，你要消除那些神像。

** 你應出自誠心的去擺上供品、祭祀上帝。

** 不可相信那些賣弄鬼神、仙術的人，別讓這些人害了你。

** 只要是出自誠心的任何供品，只要是沒受損傷的牛、羊，都可接受。

** 如果有人宣稱可以預知未來、解夢、作法，你們不可聽信這些江湖術士的大話；你們要消滅這些毒素，可用石頭擲死他。

Religion / Faith [Isa. 1:13-19] Bring no more vain oblations, it is iniquity, even the solemn meeting. I am weary to bear them. When ye make many prayers, I will not hear, your hands are full of blood. Wash you, make you clean, put away the evil of your doings, cease to do evil. Learn to do well, seek judgment, relieve the oppressed, plead for the widow. Come now, and let us reason together. If ye be will and obedient, ye shall eat the good of the land.

Religion / Superstition [Mic. 5:12] And I will cut off witchcrafts out of thine hand, and thou shalt have no more soothsayers.

Religion / Pray [Mat. 6:5, 6, 16] When thou prayest, thou shalt not be as the hypocrites are, for they love to pray standing in the synagogues and the corners of the streets, that they may be seen of men. But thou, when thou prayest, enter into thy closet, and when thou hast shut thy door, thy Father which seeth in secret shall reward thee openly. Moreover, when ye fast, be not as the hypocrites, of a sad countenance, for they disfigure their faces that thy may appear unto men to fast. That thou appear not unto men to fast, but unto thy Father which seeth in secret.

False teachers / Jesus [Mat. 24:4, 5, 11, 23, 24, 26] Jesus said unto them, Take heed that no man deceive you. For many shall come in my name saying, I am Christ, and shall deceive many. And many false prophets shall rise, and shall deceive many. (And iniquity shall abound, the love of many shall wax cold.) Then if any man shall say unto you. Lo, here is Christ, ore there, believe it not. For there shall arise false Christs, and false prophets, and shall shew great sighs and wonders. If it were possible, they shall deceive the very elect. Wherefore if they shall say unto you, Behold, he is in the secret chambers, believe it not.

** 不要再有虛而不誠的祭禮，上帝已厭倦這些沒有誠義之禮了；上帝不願聽你們的禱告，因為你們的手，沾滿了血；你們要清洗自己，不做惡事；學做善事，遵從訓誡，不再壓榨別人，幫助鰥寡者；大家要同心向善；果真如此，必得善果。

** 那些善以巫術迷惑人心者，務必清除，亦不能讓那些占卜算命的人存在你們之中。

** 當你禱告時，千萬別像廟裡那些偽君子裝出的假虔誠，只是做給別人看。只要誠心，關起房門禱告，上帝也會知道，照樣有福報；當你在禁食，別學那些假禁食的人，裝出哀戚樣子；你們禁食，不要只在眾人前面做出禁食，而是為誠敬才做，上帝會見到一切。

** 請注意，以後會有很多人假冒我的名義，招搖撞騙，千萬別相信這些假耶穌、假先知。這些人只會造成不公與不義，還讓人間互相關愛之心，大為減少。如果有人說他就是基督，別相信；只要有機會，他們就會出來騙那些純良的善心人；看清楚，不要輕易上當。

**Religion [Luk. 17:21] Behold, the Kingdom of God is within you.

**Religion [John 4:23, 24] True worshippers shall worship the Father in spirit and in truth; for the Father seeketh such to worship him. God is a Spirit; and they that worship him must worship him in spirit and in truth.

**Religion / Spirits [John 6:63] It is the spirit that quickenith; the flesh profiteth nothing; the words that I speak unto you, they are spirit, and they are life.

**Religion [Acts 17:24, 25, 29] God that made the world and all things, seeing that he is Lord of heaven and earth, dwelleth not in temples made with hands; Neither is worshipped with men' s hands, as though he needed anything he giveth to al llife, and all things; We ought not to think that the Godhead is like unto gold, or silver, or stone, graven by art and man' s devise.

**Religion [Acts 19:26] Paul hath persuaded and turned away much people, saying that they be no gods, which are made with hands.

**Religion / Righteousness / God' s Judgment [Rom. 2:3, 6, 11] And thinkest thou this, thou shalt escape the judgment of God?...... the revelation of the righteous judgment of God. There is no respect of persons with God.

**Religion / One God / Lord [1Cor. 8:6] There is but one God, the Father, of whom are all things, and we in him; and one Lord Jesus Christ, by whom are all things, and we by him.

** 注意，天國就在你心中！

** 真正的祈禱應以真心及誠意去崇敬上帝，這才是上帝的期望；上帝是神靈，所以須從心靈上，以真誠之心崇敬上帝。

** 精神才是人的主體，肉體並不重要；我（耶穌）對你們的訓示，皆屬精神層次，都是人生的主旨。

** 上帝創造萬物，主宰天地萬物，怎可能是一個放在廟裡，由人的雙手所捏造的神像？凡是被人所造的東西，不可能是法力無邊的神，不值得崇拜；我們不應把金銀木石所造的東西拿來當作「神「來敬拜。

** 使徒保羅終於說服了大眾，凡是由人雙手做出的東西，絕不會是「神」。

** 你以為人可以躲過上帝的審判嗎？人人都會受到上帝公平正義的審判；在上帝之前，眾生平等，不會因人而異。

** 只有唯一的真神－上帝，從祂萬物於是乎生，我們亦從祂而生；只有一位主－耶穌，靠他萬物於是乎興，我們亦靠他而興。

**Religion / support from God [Eph. 6:10,11; Phi. 4:13] Be strong in the Lord, and in the power of his might; Put on the whole armor of God, that ye may be able to stand against the wiles of the devil; I can do all things through Christ which strengtheneth me.

**Religion [1 Tim. 2:5] For there is one God, and one mediator between God and men, the Man Christ Jesus.

**Religion / Food-marriage [1 Tim. 4:3,4] forbidding to marry, and commanding to abstain from meats which God hath created to be received with thanksgiving of them. For every creature of God is good, and nothing to be refused, if it be received with thanksgiving.

**Food / drink [1Tim. 5:23] Drink no longer water, but use a little wine for thy stomach' s sake and thine often infirmities.

**Religion [2Tim. 4:17, 18] Notwithstanding the Lord stood with me and strengthened me; and shall deliver me from evil work, and will preserve me unto his heavenly kingdom; to whom be glory for ever and ever.

**Religion / sin [1 Joh. 3:4] Whosoever committeth sin transgresseth also The Law; for sin is the transgression of The Law.

**Religion / work [Rev. 20:12, 13] and another book was opened, which is the book of life; and the dead were judged, according to their works.

＊＊ 靠著耶穌的力量，披著上帝的甲胄，你就可以對抗邪惡勢力；只要靠著耶穌，我勇於做他教我該做的事，義無反顧。

＊＊ 只有唯一的真神－上帝，在上帝與人類之間，只有一個溝通媒介，那就是入於人世間的耶穌。

＊＊ 不結婚、不吃肉食並不正確，食色性也，亦是上帝恩賜的自然之禮，是好事，應心存感恩而接受，不宜拒絕。

＊＊ 不必老是喝水，喝些酒，對身體及意志都有助益。

＊＊ 耶穌與我同在，賜我力量，並會把我從罪惡深淵中救出，終將佑我進入天國，永享榮耀。

＊＊ 誰犯了「Sin」，就是違犯了「律法」（the law）；因為「Sin」的意思就是：違犯了律法。

＊＊ 有一本「生死簿」打開了；已死的人都會依其生前所作所為，受到上帝的審判。

Last but not the least:
No respect Persons / in Judgment

**Judgment [Lev. 19:15] Ye shall do no unrighteousness in judgment: thou shalt not respect the person of the poor, nor honor the person of the might: but in righteousnesss shalt thou judge thy neighbor.

**Judgment [Deu. 1:17] You shall not respect persons in judgment. You shall not be afraid of the face of man; for the judgment is God's.

**Judgment [Deu. 16:19] Judges shall judge the people with just judgment; You shalt not respect persons, neither take a gift.

**Judgment [Deu. 27:19] Cursed by he that perverteth the judgment of the stranger, fatherless, and widow.

**Equality [Eph. 6:9] Neither is there respect of person.

**Equality [Jam. 2:1] You have not the faith of our Lord, with respect of persons.

最後，卻很重要的戒律。
上帝律法之下，人人平等

** 判案時，你們不可做出不公不義的判決。裁判時，不可因貧富、地位而有所不同，只能依據公義來判決。

** 判案時，不可因人的身分而有不同的判決；不要怕這些惡人，因為你在代上帝審判。

** 法官應公正判案，不可因人的身分而異，也不可收賄。

** 對外地人、孤兒、寡婦做出歧視而不公的判決，必遭天譴。

** 待人不可因對方的身分而異。

** 如果你對待別人是以其身分而有所不同，那麼你的信仰還不夠好。

{附錄二}
中國的四書中有關
「處世道德」的古訓

大學

** 誠於中，形於外，故君子必慎其獨也。

** 堯舜帥天下以仁，而民從之；桀紂帥天下以暴，而民從之。

** 君子有諸己而後求諸人，無諸己，而後非諸人。

** 君子有大道，必忠信以得之，驕泰以失之。

** 未有上好仁，而下不好義者也。

** 民之所好好之，民之所惡惡之。

** 百乘之家，不畜聚斂之臣，與其有聚斂之臣，寧有盜臣。

中庸

** 君子戒慎乎其所不睹，恐懼乎其所不聞。

** 寬柔以教，不報無道，南方之強也，君子居之；衽金革，死而不厭，
北方之強也，強者居之。

** 施諸己而不願，亦勿施於人。

** 言顧行，行顧言。

** 在上位不陵下，在下位不援上，正己而不求於人。

** 射有似乎君子，失諸正鵠，反求諸其身。

** 武王、周公其達孝乎，夫孝者，善繼人之志，善述人之事者也。

** 力行近乎仁，知恥近乎勇。

** 君子尊德性而道問學，溫故而知新，敦厚以崇禮。

** 愚而好自用，淺而好自專，如此者，災及其身也。

** 萬物並育而不相害，道並行而不相悖，此天地之所以為大也。

** 君子之所不可及者，其唯人之所不見乎！

論語

** 吾一日三省吾身。

** 汎愛眾，而親仁。

** 過則勿憚改。

** 貧而無諂，富而無驕何如？子曰：可也，未若貧而樂，富而好禮者也。

** 道之以政，齊之以刑，民免而無恥；導之以德、齊之以禮，有恥且格。

** 先行其言，而後從之。

** 見義不為，無勇也。

** 人而不仁，如禮何？

** 君子無所爭，必也射乎！揖讓而升，下而飲，其爭也君子。

** 獲罪於天，無所禱也。

**　君使臣以禮，臣事君以忠。

**　唯仁者，能好人，能惡人。

**　人之過也，各於其黨，觀過斯知仁矣。

**　不能以禮讓為國，如禮何？能以禮讓為國乎，何有。

**　見賢思齊焉，見不賢而內自省。

**　君子欲訥於言，而敏於行。

**　禦人以口給，屢憎於人。

**　聽其言而觀其行。

**　我不欲人之加諸我者，吾亦欲無加諸人。

**　見其過，而能內自訟。

**　敬鬼神而遠之，可謂知矣。

**　不遷怒、不貳過。

**　君子博學於文，約之以禮。

**　德之不修，學之不講，不善不能改，是吾憂也。

**　暴虎馮河，死而無悔者，吾不與也？必也臨事而懼，好謀而成者也。

**　子不語怪力亂神。

**　三人行必有我師，擇其善者而從之，其不善者而改之。

**　不在其位，不謀其政。

**　法語之言，能無從乎，從而不改，吾末如之何也已。

**　過則勿憚改。

** 唯酒無量，不及亂。

** 季路問事鬼神，子曰：未能事人，焉能事鬼？敢問死？曰：未知生，
焉知死。

** 為仁由己，而由乎人哉？

** 己所不欲，勿施於人。

** 君子敬而無失，與人恭而有禮，四海之內皆兄弟也。

** 民無信不立。

** 樊遲問仁，子曰：愛人。

** 君子之德風；小人之德草，草上之風必偃；舉直錯諸枉，能使枉者直；
舜有天下，選於眾，舉皋陶，不仁者遠矣，湯有天下，選於眾，舉伊
尹，不仁者遠矣。

** 刑罰不中，則民無所措手足。

** 上好禮，則民莫敢不敬；上好義，則民莫敢不服。

** 其身正，不令而行；其身不正，雖令不從。

** 民既庶矣，又何加焉？曰：富之；既富矣，又何加焉？曰：教之。

** 行己有恥，使於四方；言必信，行必果。

** 君子泰而不驕。

** 以不教民戰，是謂棄之。

** 夫子時然後言，人不厭其言；義然後取，人不厭其取。

** 君子恥其言而過其行。

** 或曰，以德報怨，何如？子曰：何以報德？以直報怨，以德報德。

** 不怨天、不尤人，下學而上達。

** 言忠信，行篤敬。

** 工欲善其事，必先利其器。

** 躬自厚，而薄責於人。

** 君子求諸己，小人求諸人。

** 子貢問曰：有一言而可以終身行之者乎？子曰：其恕乎！己所不欲，
勿施於人。

** 過而不改，是謂過矣。

** 當仁不讓於師。

** 道不同，不相為謀。

** 見得思義。

** 多識鳥、獸、草、木之名。

** 鄉愿，德之賊也；道聽而塗說，德之棄他。

** 君子義以為上，不仕無義；君子之仕也，行其義也。

** 仕而優則學 (這是主句，下一句才是：學而優則仕)。

** 君子之過也，如日月之食焉。過也，人皆見之，更也，人皆仰之。

** 君子正其衣冠，尊其瞻視，儼然人望而敬之。

孟子

** 數罟不入洿池，魚鱉不可勝食，斧斤以時入山林，材木不可勝用。

** 穀魚不可勝食，材木不可勝用，是使民養生送死而無憾，此乃王道之始也！

** 壯者以暇日修其孝悌忠信，可使制梃以撻秦楚之堅甲利兵矣。

** 保民而王，莫之能禦也。

** 力足以舉百鈞，而不足以舉一羽；恩足以及禽獸，而功不至於百姓者，不為也，非不能也。

** 老吾老，以及人之老，幼吾幼，以及人之幼，是舉斯心加請彼而已；故推恩，足以保四海；古人所以大過人者，無他焉，善推其所為而已矣。

** 今制民之產，仰不足以事父母，俯不足以畜妻子，此惟救死而恐不贍，奚暇治禮義哉？

** 所謂故國者，非有喬木之謂也，有世臣（學識、歷練俱豐之士大夫）之謂也。

** 苟為善，後世子孫必有王者矣，君子創業垂統，為可繼也。

** 宋人有閔其苗之不長而揠之者，其子趨而視之，苗槁矣！然天下之不助苗長者，寡矣；助之長者，揠苗者也，非徒無益，而又害之。

** 仁者如射，射者正己而後發；發而不中，不怨勝己者，反求諸己。

** 舜樂取於人以為善；取諸人以為善，是與人為善者也，故君子莫大乎

與人為善。

** 焉有君子而可以貨取乎？

** 古之君子，過則改之，今之君子，過則順之；古之君子，其過也，如日月之食，民皆見之，及其更也，氏皆仰之。今人有過，豈徒順之，又從為之辭。

** 徒善不足以為政，徒法不能以自行。

** 不仁者在高位，是播其惡於眾也。

** 上無道揆也，下無法守也，君子犯義，小人犯刑；上無禮，下無學，賊民興，喪無日矣。

** 行有不得者，皆反求諸己；詩云：永言配命，自求多福。

** 國之本在家，家之本在身。

** 人必自侮，然後人侮之：家必自毀，而後人毀之；國必自伐，而後人伐之。

** 君不行仁政而富之，皆棄於孔子者也，況於為之強戰，爭地以戰，殺人盈野，爭城以戰，殺人盈城，此所謂率土地而食人肉，罪不容於死。

** 君仁、莫不仁，君義、莫不義，君正、莫不正，一正君而國定。

** 人之患，在好為人師。

** 孟子告齊宣王曰：君之視臣如手足，則臣視君如復心；君之視臣如土芥，則臣視君如寇讎。

** 仁者愛人，有禮者敬人；愛人者，人恆愛之，敬人者，人恆敬之。

** 君有大過則諫，反覆之而不聽，則易位（即：把君給換掉）。

** 性可以為善，可以為不善；是故，文武興，則民好善，幽厲興，則民好暴。

** 逢君之惡，其罪大；君子之事君也，務引其君以當道，志於仁而已。

** 不教民而用之，謂之殃民。

** 人之有德慧術知者，恆存乎疢疾。

** 民為貴，社稷次之，君為輕。諸侯危社稷，則變置；犧牲既成，粢盛既潔，祭祀以時，然而旱乾水溢，則變置社稷。

{附錄三}
可蘭經摘句

　　下列摘句是在土耳其伊斯坦堡，從其著名的藍色大清真寺內，摘錄一些可蘭經句的英文翻譯。這就表示，這些英文翻譯得非常精確，最符合原意。特在此列出，僅在於說明無分猶太教、基督教、回教、中國古聖先賢，所有傳達出來的道理，都是教人為善，內容也大同小異，無分軒輊，都一樣好。唯一重要、也是主要的差別，僅在於有沒有真的照這些話去做？做了多少？甚至有沒有違反聖訓，做出反面的事？

　　一言以蔽之，善言嘉句在任何文化、任何國家都有，都說得動聽，但其官民有沒有依其言而力行，亦即到底是 Doer（實行家）或是 Hearer（光聽不做的人），這才是最重要的關鍵。無論是誰，說得儘管堂皇動人，卻不能據以論其功德，實應聽其言、然後觀其行，再下結語。「觀其行」才是下結語的唯一根據。

　　回教的始祖和猶太教的始祖都是亞伯拉罕（Abraham），亞伯拉罕庶出的長子 Ishmael，就是阿位伯人的祖先；亞伯位罕元配 Sara，老來生子 Isaac。Isaac 的二子 Jacob，後來又名為 Israel，就是以色列人的直接祖先。因此，舊約（應說：希伯來經書才正確）也是回教的經典之一，其律法也適用於回教徒。

請試讀下列可蘭經的摘句，豈不也是字字珠璣、勉人行善？唯再細看實際的世界，那些擁有權柄或武力的人，無分古今的信徒 ― 官方、教長，甚至恐佈份子，是否有奉行神諭？

- O you who believe! bow down, prostrate yourselves, and adore your Lord; and **do good**; that you may prosper.(Quran 22. 77)

- Recite what is sent of the Book by **inspiration to you**.(Quran 29.77 / 1)

- And establish regular Prayer : for Prayer restrains from shameful and **unjust deeds.** (Quran 29. 77 / 2)

- And remembrance of Allah is the greatest without doubt. And **Allah knows the deeds** that you do.(Quran 29.77 / 3)

- Those who believe, **and do deeds of righteousness**, and establish regular prayers and regular charity, will have their reward with their Lord: on them shall be no fear, nor shall they grieve. (Quran 22. 77）

- Whoever submits his whole self to Allah, and **is a doer of good**, has grasped indeed the most trustworthy hand-hold: and with Allah rests the End and Decision of all affairs.(Quran 31. 22)

{附錄四}

以「自然律法」為例，略看西方學者艾奎那的論述方式

　　以下為艾奎那在其神學總覽中，對「自然法（lex naturalis；Natural Law）」所做的辯證式論述，僅以中文簡譯其大意。原文是十三世紀的拉丁文，猶如中國的文言古文，原意頗為艱澀難明。這個簡譯只在於讓讀者一面認識西方古哲對律法（lex—The Law，也就是今人說的「法律」）的解說，一面窺知古時西方學者對學術議題的辯證方式。關鍵詞句皆附上拉丁原文與英文大意。

Prima Secundae（First Part of the Second Part）
第二卷、第一篇

　　Questio 91 : Considerandum est de diversitate legum（Question 91 : Diverse kind so flaw）

　　問題 91：律法的種類

　　Articulus 2：utrum sitaliqua lex naturalis（Article 2 : Whether there is any natural law?）

第二章：是否有天然存在的自然律法？

(1) **Videtur quod**（It would seem that）……

　　似乎有這種反面的說法：人世間沒有「自然律法（lex naturalis，英文：natural law）」。因為人受制於上帝的永恆律（legem aeternam，其原形為 lex aeterna，英文：eternal law），並已順利運行。正如古聖奧古斯丁（Augustine；註：五世紀基督教著名神學者）所說：上帝的永恆律法（eternal law）是放諸四海皆準、安定天下的大法。故自然律法完全是多餘的說法，也沒必要。因此，人世間沒有自然就有的自然律法。

(2) **Praeterea**（Further）……

　　還說，依（上帝的）律法所言，人的行為都由自己的意志所操縱。在此情況，顯然不是源於自然的功能。無理性的動物，如餓了，張嘴就吃，這就純屬天生的特性；但人都有理性與意志（reason and will；拉丁文為 rationem et voluntatem，其原形詞為：ratio et voluntas）而行動。因此，沒有天然就有的自然律法。

(3) **Praeterea（Further）**……

　　還又說，人愈是放任自由，愈不會受律法的約束。人有「自由意志」（liberumar bitrium；#注意：拉丁文的 liberum arbitrium → free-will，但前面的 voluntatem 則是 → will，是兩個不同的「字」），比動物擁有更多的自由。既然動物都不受任何自然律法的節制，人又在動物之

上，那麼人更不會有自然律法來節制了。

Sed contra est quod,（On the contrary）……

但相反的是：依據使徒保羅在羅馬書 2:14 所說：那些沒有律法（who have not The Law）的外邦人，仍是依照律法所說的規矩行事；他們雖然沒有寫下來的律法，但他們都會依據自己的良心行事，分別善惡，知道什麼事該做，什麼事不該做，這就是他們渾然天成的「自然律法」。

Respondeo dicendum quod（I respond to it that）……

我回應的意見則是：Law（律法）施之於人，有兩種情況，一是做為人行事的規矩與方法（rules and measures），另一方面就是人要被這個規矩與方法所支配。任何由上帝所創造的萬物，皆受其永恆律法（eternal law）的行事規矩與方法所支配；因此，任何事物都與永恆律法有所關聯，亦即，永恆律法中的行事規矩與方法，或多或少都會留在人的心中，於是人就會依據這些規矩與方法，判斷並做出適當的行動。人是最受上帝照顧、最具理性的創造物，自始就擁有舉一反三、依理論事的能力。基於這個能力，人會依據已知的永恆律法，自然而然推斷出：什麼樣的行動及反應最為適當，這就是所謂的「自然律法」。……靠著存在我們心中那些激發神啟的靈光，我們能夠據以悟出真實的道理，分辨善惡、認清好壞，這就是「自然律法」的功能。一言以蔽之，自然律法就是存於人心的一些永恆律法，再依人的理性，靠著推理過程，發展而出的律法。

Ad primum ergo dicendum quod（Reply to the first objection that）……

駁覆第 (1) 項質疑：如果自然律法有不同於永恆律法的現象時，這個說法才可能成立；但這個說法難以成立的原因則是：自然律法是源自永恆律法的一部分（如上所述），故無法成立。

Ad secundum dicendum quod（Reply to the second objection that）……

駁覆第 (2) 項質疑：凡是依人的理性及意志（rationis et voluntais，其原形為 ratio et voluntas）所做出的行為，都是依據人的良知，自然發展而出；此乃人的理性推理都是基於前面所說，自然發生的道理，還有，每個行為的動機與手段，皆源於人為了達其目的，自然產生的動機。因此，為了達成某種目的，指引我們的行為的原動力，就得依靠自然律法。

Ad tertium dicendum quod（Reply to the third objection that）……

駁覆第 (3) 項質疑：即使無理性的動物，有時也會像有理性的人一樣，具有一些固有的判斷能力。但由於人類具有智慧與理性，故其行為多能恰好符合永恆律法的要求，亦即，看來好像是依據律法（The Law）而行動。律法終歸是含有理性邏輯的論述。但是無理性的動物就不具有理性推理能力，永恆律法對他們而言，絲毫不會發生作用（除了表面看來似乎有點像）。

｛附錄五｝
英國從人治到法治簡史

註：中國在漢唐盛世、文采宋朝時，英國尚是蠻邦。**1405** 年，明朝巨艦下西洋，英國仍在百年戰爭、玫瑰戰亂之中。曾幾何時，**1840** 年的鴉片戰爭，只有**四千**英軍，分乘巨艦橫跨印度洋，就可輕易擊潰清軍，直逼京城，迫滿清皇朝以割地收場。僅將英國從人治到法治的簡史列之如後。同時亦將俄羅斯政教高壓簡史列於附錄六，以利比較。中國近代史與英國、俄羅斯，有密不可分的關係，中國還深受其帝國主義式的巧奪豪取（意思是他們自視其行逕都合乎當代「國際法」，其實就是「弱肉強食、野獸叢林法」，得之有「理」）。雖時過境遷，但仍應從歷史中，認識對手，知己知彼，才足以應付未來新局。

#征服者威廉一世（William I，1066～1087）[1067 年，宋神宗登基；極思變法，以失敗收場]

- 公元 1066 年 9 月 27 日，法國諾曼第的威廉公爵（宜稱酋長）率兵八千人，橫渡英吉利海峽，在 Hastings 擊敗英王 Harold，並於年底登基為英王，後世通稱為 William the Conqueror。他還將法國的封建制度引進英國，亦即，國王就是最大的地主，他再把土地分賞給貴族，百姓不過是附屬於國王貴族的農奴。

- 1085 年，威廉為控制全國土地及財產，下令丈量英格蘭的土地，並編訂成冊，稱為 Domesday Book。威廉本人擁有 17% 的英國土地（註：但教會卻擁有 26% 的土地）。

亨利一世（Henry I，1100 ～ 1135）

- 威廉死後，各地貴族擁地自重，變亂不斷。威廉之子亨利一世，於 1106 年統一諾曼第及英格蘭。他為削弱各地貴族及郡長（sheriff）的地方勢力，首先禁止這些官員藉審判案件從中牟利，並由王室派出法官至各地巡迴聽審判案。巡迴判案所獲得的罰款等收入，悉入王室手中。自 1100 年起，他規定各地郡長應收稅額，每年由 sheriff 徵齊後交至王室清點。當時以方格布做為清點工具，故英王的帳房就稱之為 Exchequer。

亨利二世（HenryII；1154 - 1189）

- 1154 年，亨利二世登位英王後，因地方貴族勢力強大，經常叛亂。他一面至各地平亂，一面在各地設立法庭，稱為王室法庭（Royal courts 以別於教會、貴族的法庭），要求全國使用共同的法律（故稱為 Common Law），以求貫徹王令。一位法律大臣還將這些零散的判例及王令編成法典，稱為 Treatise on The Laws and Customs of England(原文為法文)。
- 1166 年，他加強王室的巡迴法官（justice in eyre; by Assize of

Clarendon）定期至各地判案；同時也允許郡長（sheriffs）負責司法審判，以期減少貴族勢力。1176 年，為求審判公正，他在各地法庭設立十二人組成的陪審制度（jury; by Assize of Northampton）。雖然原始的 Trial by Ordeal（如把嫌犯沉入水中，能活過來表示清白）仍然存在，但司法判案的公正及時效增強，王室權威增高。亨利經常巡迴各地，親自複審案件，自許為法官中的法官（to judge the judges）。因教會有獨立的神職法庭，他想把教士置於王室法庭的管轄，但為其老友肯特伯里大主教 Thomas Becket 所堅決反對。後因 Becket 遇刺而死，亨利二世不得已，放棄管轄教士。因此，所有神職人員仍然不受王室法庭的管轄，皆由教會法庭審理，漏洞很大。

約翰王（John，1199 ~ 1216）

- 1215 年，英國貴族不滿約翰王的惡稅苛政，依附肯特伯里大主教 Steven Langton，聯合圍困約翰王，迫其簽下不得任意徵稅及拘捕人民的約定。後世尊稱此約定為大憲章（Magna Carta, 意為 Great Charter 大憲章最著名的條文即為：No free man shall be taken or imprisoned⋯⋯ except by lawful judgment of his peers）。雖然約翰王立即請教宗公開聲明作廢，這條文實際上也並未立即實行，而是過了五百年後，直到十七世紀之後，才逐步實現 (詳情請見第六章：法律，The Law，在蠻邦西方終可自行，第 3 節，英國大憲章塵封四百年浮沉實錄)。

愛德華一世（Edward I，1272～1307）［1279年，蒙古滅中國宗朝］

- 1295年，好戰的愛德華一世為增稅而召開國會(Parliament)。他為促請各郡縣都能派兩位代表參加會議，以支持他的增稅計畫，他特別提出一個口號：「與大家有關的事，就得經過大家同意（What touches all should be approved by all）」。愛德華一世從此不斷加稅，致主教及貴族大為不滿，並借用國王以前所說的話：「與大家有關的事，就得經過大家同意」，共同反對，並舉兵擊敗愛德華，要求增稅必須經過國會同意。

- 愛德華一世喜歡打扙，對一些 Common Laws 範圍以外的案件申訴至國王時，他就常找親信大臣（Chancellors）代為審理。這個法庭稱為：公正法庭（Court of Equity，以別於 Court of Law* 註*）。審案的親信大臣多是主教、貴族，並非法律專業人士，判案全憑良心。

＊註＊：若有違背 Common Law、判例而發生的案件時，例如偷取別人財物，受害人可至 Court of Law 控告小偷，雙方可找律師代為訴訟（故美國律師的名稱都是：「Attorney **at Law**」）。Court of Law 的判決多由 juries 決定。通常 Court of Equity 多屬難依 Common Law 明斷之事，直接由法官依良知及相關慣例判決（如上世紀初，美國高中是否要教達爾文的進化論，即屬 Court of Equity，為：Bench Trial）。今日 Law 及 equity 都已合併在同一個 Court，都由熟悉法律及其作業的「Attorney **at Law**」替客戶辯爭（故沒有「Attorney **at Equity**」）。

愛德華三世（Edward III，1327～1377）；[1368年，明朝推翻蒙古統治，為洪武元年]

- 1340年，愛德華三世就位第二年，法王查理四世（Charles IV）過世，王后生下遺腹女。依祖先家法，女兒不能繼位為法王。愛德華三世以查理四世的親外甥請求王位。法國貴族及群臣自然不肯同意，並奉另一位王族為法王，是為 Philippe IV。愛德華三世決心以武力爭奪法王的王位，還自稱法蘭西國王，引起百年戰爭。1346年，愛德華及其子，號稱黑王子（Black Prince），運用威爾士的長弓手，在 Crecy 以寡擊眾，殲滅法軍萬餘人，英方只折損四十餘人，贏得空前勝利。愛戰爭就需要花錢，此時的愛德華三世對國會自然多方將就，國會議員的勢力也無形中升高。

- 愛德華三世時，將國會分上議院（貴族）及下議院（民間的鄉紳、騎士）。他為應付不斷增加的公正法庭案件，特在西敏寺另行設立公正法庭，成為制度化。

- 1348年，英國發生黑死病（Great Pestilence），估計超過三分之一的英國人病亡。

亨利五世（Henry V，1413～1422）；[1405年，鄭和率62艘臣艦下西洋]

- 1415年，亨利五世再度進兵法國，爭取王位。他率六千英軍，以長弓手為主力，在 Agincourt 再度殲滅法軍兩萬人，揚名立萬，終於成

功控制法國。他於 1420 年與法王之女 Catherine 結婚，名正言順正式
成為英格蘭及法蘭西國王。但他卻死於 1422 年。

亨利六世（HenryVI，1422 ～ 1461，1470 ～ 1471）[1449 年，蒙古瓦剌族長大潰明兵，生俘皇帝英宗。約於 1445 年，德人谷騰堡發明活字印刷，西方文化開始起飛]

- 亨利六世不到一歲就當上英王；並於 1431 年，至巴黎加冕為法蘭西
  國王。

- 1429 年，法國農家女貞德（Joan of Arc），藉神啟以號召法人反抗英
  軍。1450 年以後，法軍首度使用大炮（Cannon）反攻，其性能遠勝
  於英國的長弓，法軍節節勝利。1453 年，法軍更以大炮在 Castillon
  贏得決定性的勝利，結束百年戰爭。

- 亨利六世注重學術。他於 1440 年設立 Eton 學校，並於 1441 年，在
  劍橋大學設立舉世知名的 King's College。1446 年，King's College 所建
  的教堂（Chapel）更是建築藝術的珍品。

- 亨利六世精神不穩，王位（屬 Lancaster 家族）由表兄弟約克家族所奪，
  引起玫瑰戰爭。

玫瑰戰爭（The Wars of the Roses）：Lancaster 家族（亨利）vs. York 家族（約克）

- 1455 年至 1485 年，雙方血戰。直至 Lancaster 家族的亨利七世擊敗約

克家族的 Richard III，並娶約克家族之女 Elizabeth，兩家聯姻後，終於結束玫瑰戰爭。

亨利七世（Henry VII，1485 ～ 1509）

- 1485 年，當亨利七世 (Henry VII，1485 ～ 1509 在位) 爭得王位時，英國經過百年戰爭及玫瑰戰爭，疲憊不堪。他用很多方法消除殘餘的貴族勢力：他在各地請當地士紳負責小案件的裁判，對這些人封以 Justice of the Peace，簡寫 JP（香港稱之為「太平紳士」），藉以分散貴族的勢力。他又以「私審庭（Star Chamber）」審訊不聽話的貴族土豪，迫其認罪。私審庭從此成為國王排除異己的工具。他為避過繁瑣的法律程序，特訂抄家律（Acts of Attainder），由國會的同意（至伊莉莎白女王時代，國會多是服從「政令」）即可讓他對異於己見的貴族，處以抄家、沒收財產的刑罰。

- 他原是沒落王孫，不愛奢侈，重視財貨，故積極促進商業及貿易以增稅收。羊毛外銷更是英國主要的經濟產品。在他主政期間，社會和平穩定，英國的經濟欣欣向榮。

- 英國農地在封建制度下，很多土地為公有，即使貴族、教會、地主的私有土地，還可以共用。但因經濟日漸繁榮，地主為增加農業經營效率及羊毛業的發展，土地須趨向獨有、兼併以達生產規模，於是富農為求效率及增產而圈地（enclosure），將土地獨有，甚至佔領公地。最多的圈地現象是將小片農業土地整合後，改為牧羊用地。因此，許

多依靠公地的貧農失去依靠而淪入流浪乞丐（Vagabonds）。亨利七世時，經濟穩定發展，羊毛出口獲利極豐，圈地現象日益嚴重，流浪乞丐也隨之增多，對社會及治安造成危患。

亨利八世（Henry VIII，1509～1547）

- 1534 年，自亨利八世（Henry VIII，1509～1547 在位）與羅馬教會決裂後，請國會通過 Act of Supremacy，讓英國教會獨立於羅馬教會之外。英王就是教會的最高領袖（Supreme Head）。

- 亨利八世與孫女瑪莉女王 (Mary I，1533～58 在位)，燒殺異己，皆為出名暴君，連親信首相都未經審訊（連 Star Chamber 都不必；大憲章更是毫無作用）即遭處死。

- 為應付因圈地而日益增多的窮人及流浪乞丐，國會在 1536 年首次通過救窮法（Poor Law），以救濟流浪貧困者。因為貧窮流浪漢有增無減，這法案持續發佈數次。至伊莉莎白一世時，遊民罪犯仍然氾濫，造成嚴重的社會問題。各地治安當局對犯罪者的處刑也因之愈來愈重，造成治亂世、用重典的現象。

伊莉莎白一世（Elizabeth I，1558～1603）

- 伊莉莎白一世創造英國的光輝時代。她避過西班牙無敵艦隊入侵，還促使德雷克船長（Captain Drake）繞地球一周的壯舉。英國從此開始拓殖北美，奠定擴張的基礎。

- 新教女王伊莉莎白利用私審庭（Star Chamber）將信奉羅馬教會（即俗稱天主教）的蘇格蘭女王瑪莉速審後處死。此舉雖然不符大憲章，國會不但沒有反對，大多新教徒議員反而支持這個行動。

- 1559 年，國會訂出 Act of Uniformity（全國統一的新教信仰、儀式，週日須上教堂等事項）及 Act of supremacy（修訂從前的法案，因為 Supreme Head 是耶穌，故英王只能是 Supreme Governor of the church。這王號沿用至今日）。1563 年，在女王主政下，國會通過全民宗教信仰的基礎，三十九條信仰（Thirty-nine Articles），成為英國新教徒的基本信念。1570 年，羅馬教宗 Pope Pius V 忍無可忍，遂將伊莉莎白女王逐出教會。

- 她在位時，倫敦開始建造劇院，上演戲劇，廣受人民喜愛。還產生最著名的莎士比亞。除了戲劇外，各種藝術活動、美術、詩文，在民間蓬勃發展。

- 由於國內外的商業貿易日漸繁盛，有位商人仿效荷蘭，建造交易商場，獲女王支持，特稱為 Royal Exchange。百年後這商場變成證券交易所。

＃詹姆士一世（James I，1603 ～ 1625）；[1616 年，建州女真努爾哈赤叛明自立，國號：後金，自號「天命汗」；1619 年，後金汗在薩爾滸殲滅明朝大軍，主客從此易位]

- 1603 年，伊莉莎白女王逝世，國會請亨利七世的外孫蘇格蘭王（James

VI）至英國繼位為英王，稱為詹姆士一世。次年，英格蘭及蘇格蘭雖是兩個國家，不同的政體，各有國會，自此合稱：Great Britain（大不列顛）。

- 詹姆士一世認為君權神授，愛享特權又愛花錢，又愛攀交西班牙王室，故經常與國會發生衝突，雙方關係日益惡化。

- 英國國教會內，極端排斥羅馬教會的激進份子，一般人多戲稱為清教徒（Puritans），他們鼓吹英國國教改成集體領導，自為詹姆士堅決反對。為統一宗教信仰，詹姆士一世在 1611 年，核定英文版的 Bible（通稱為 :King James Version，KJV 版 Bible）。

- 1616年，大法官（Chief Justice of the Court of King's Bench）柯克（Edward Coke，1552～1634）曾表示，即使國王也不可違背法律（註：因國王主張君權神授，故主要指上帝的律法 The Law；但與俗世的「法律」，英文是同一個字）。詹姆士大怒，把他撤職。他被罷官後，就獲選為下議院的議員，開始另一生涯。

- 1624 年，詹姆士一世時的國會通過首部專利法（Statute of Monopolies）。他本來的目的不過是要增加自己的收入，但此法對後世的工業發展有極大的助益。

查理一世（Charles I，1625～1649）；[1644 年，李自成陷北京，崇禎帝自縊身亡；吳三桂引清兵入關，中國再遭亡國之痛]

- 查理一世自 1625 年登位起，就與國會經常發生衝突。他及親信不斷

宣揚君權神授，拒斥喀爾文的新教思想，偏向羅馬教會。他娶法王路易十三（King Louis XIII）的妹妹，信奉羅馬天主教的瑪莉亞（Henrietta Maria）為王后，引起英國新教徒的反感。他揮霍無度，經常要求增稅。他又立下許多苛政陋規，包括軍隊佔用民房。新教徒為主的國會自然反對查理一世。

- 1628 年，國會在議員柯克（Edward Coke，即要求詹姆士一世也要守法而被革職的大法官）的領導下，聯合向查理一世呈遞著名的權利請願書（Petition of Right），表達反對意見。這份請願書無非是批評查理一世不應：任意增稅、未經正當程序（due process）就隨意判人入罪、任意捕人、未審而判、軍隊強佔民房（柯克為此說出一句名言：「英國人的家就是他的城堡」，意思為不許外人隨意闖入）。

- 柯克舉出封存四百年之久的大憲章，聲稱這份先王的法律仍然有效（亨利三世恢復，卻疏忽而未作廢），並依據大憲章條文，指責查理一世的「違法」事實。此舉不但打破詹姆士一世以來，宣稱君權神授，不受議會俗世法令的約束，同時也把封存四百年的大憲章，搬出檯面，據以譴責國王。

- 查理一世開支龐大，必須召開國會以解決財務問題。1640 召開的國會全是惡鬥，國會把國王斂財的稅目皆予取消，還規定國會三年以內必須召開一次。他又為易於控制臣民，習於避開法定程序，逕由 Star Chamber 對付反對者，國會則於 1641 年，關閉不合法律程序的 Star Chamber，以資對抗。這時國會分裂為保王的騎士黨（Cavaliers），及

反對王室的清教徒，稱為圓頭黨（Roundheads）。

- 1642 年，國會與國王之間，爆發內戰。清教徒中有一位克倫威爾（Oliver Cromwell）自組軍隊，稱為 Model Army，能征慣戰，連戰連勝，終於在 1648 年擊敗保王派，俘獲查理一世。後來查理一世逃至蘇格蘭舉兵再戰，結果仍是戰敗被俘。

- 在克倫威爾主導下，查理一世經過國會的公審而處死（註：事實上，在 159 名公審者中，只有 59 人在死刑狀上簽字）。

克倫威爾（Commonwealth & Protectorate，1649 ～ 1660）

- 1649 ～ 1658 年，克倫威爾的清教徒控制英國，為促人民尊守清規，所有的劇院、藝術活動一律關閉。

- 為保護英國商業利益，對抗荷蘭，他及國會在 1651 年訂出 Navigation Act，規定運進英國的貨物必須由英國商船裝運。

- 他於 1653 年廢除國會，自命為護國主（Protectorate），獨裁統冶英國。

- 1658 年，克倫威爾過世，群雄公推其子 Richard 繼任護國主。此時，國會議員及軍人都在爭權，政局不穩。1660 年，駐蘇格蘭大將軍，George Monck 率大軍南下，進駐倫敦，暫時掌控局面。他與剛登位的護國主 Richard 及國會議員（通稱為：Rump Parliament），共同商討緊張局勢。Monck 及 Richard 認為穩定政局最好的辦法，還是邀請流亡荷蘭的查理一世長子查理二世，返國為國王，並且重新改選新國會。群雄共商後，都同意這個解決辦法 [* 註 *]。現任議員亦同意自行解散，然後再次召開 1640 年被迫解散的國會（即：Long Parliament）。

為召開新國會，各地議員自然重新改選，以配合恢復原來的國王體制。

- 1660 年 5 月 29 日，查理二世返回倫敦繼位為英王。克倫威爾的清教徒時代終告結束。

♯查理二世（Charles II，1660 ～ 1685）；[1661 年，大明孤臣鄭成功率軍攻台，逐走日德蘭聯合東印度公司的勢力（VOC, United EastIndia Company，一般中譯為：荷屬東印度公司，但中文多稱為「荷蘭人」），佔領台灣，成為反清復明基地]

- 1660 年，查理二世 (Charles II，1660 ～ 1685 在位) 登位。他極愛運動遊樂，號稱快樂國王（Happy Monarch）。他不愛以王權壓制人民，故人民有較多的自由。克倫威爾一派的清教徒視為罪惡的戲劇，在查理二世復位後，馬上恢復繁榮。咖啡館也開始大幅流行，成為社會交際活動中心。他對科學好奇，與科學家波義耳等人結交，贊助皇家學會（Royal Society；牛頓即為會員），又設立格林威治皇家天文台（Royal Observatory）。

- 1662 年，國會通過出版品管制法（Licensing of the Press Act），透過檢查、刑罰手段，以防止誹謗言論。

- 1666 年 9 月 2 日至 6 日，倫敦火災，80% 的建築燒毀，卻經重建，又打造出嶄新的城市。當代最壯麗而著名的新建築就是 St. Paul's Cathedral（由名建築師 Christopher Wren 設計、建造，並於 1711 年完

工）。

- 自亨利二世設立陪審制度以來，陪審向來都是依照法官之意判罪，若異於法官意見，會遭罰款或坐牢。查理二世時，英國的教友派（Quakers）興起，其領袖人物威廉潘（William Penn）與信徒聚眾宣教，引起非議。1670 年，倫敦市長拘捕些信徒。但在審判時，十二位陪審團一致認為無罪，法官怒而將陪審也悉數送進監牢。這些陪審不滿，向上級法院（Common Plea）申訴，宣稱陪審應可自主判決。上級法院同意陪審的意見，悉數平反。從此，陪審團擁有獨立判決權，法律的公義與審判的超然獨立性，亦從此展現。

- 查理二世初期，國會分成兩派，王室派（Tories）與地方派（Whigs），經常互鬥互爭。1679 年，國會推出王位繼承法（Exclusion Bill），禁止天主教徒繼承王位，查理二世極為不滿，與國會激烈相爭，雖然沒贏，不過卻意外產生人身保護法（Habeas Corpus; 此法後來融入美國憲法）。自此，查理二世與國會的衝突日益嚴重。他藉Torries派之助，對抗 Whigs。英國國會出現兩黨政治。

- 查理二世連續四次解散國會，壓迫 Whigs 黨人及不配合王令的人，連大思想家約翰洛克 (John Locke) 都不得已而逃至荷蘭。約翰洛克是位影響後世的大思想家。他著書主張人類平等，都擁有生命、健康、自由、財產的天賦權利。又認為政府應保護人民，如不能盡保民之責，可換掉政府。他還是實驗派思想家（Empiricists）之始祖。

詹姆士二世（James II，1685 ～ 1688）；[1683 年，滿清令降將施琅率水師攻台，鄭克塽不支降清。天命汗努爾哈赤，原是明朝最恭順的建州女真族長，八次進京上貢，卑順效忠。他趁中國明朝貪腐無道之際，叛明自立。一甲子之後，他的子孫竟可征服明朝全體臣民，還成為中國主人]

- 當天主教徒的詹姆士二世 (James II，1685 ～ 1688 在位) 一登上王位，新教徒的臣民及 Whigs 議員就極度不滿。國王極欲恢復天主教的地位，並將肯特伯里大主教及六位主教關入監牢候審，但法官拒審而無罪開釋。

- 1688 年，天主教的王后生下一個兒子，還請教宗為教父。他在 1687 年，以英國國教會最高領袖（Supreme Governor）的身分，未經國會同意，自行頒發「宗教容忍令（Declaration of Indulgence）」，中止所有壓制天主教徒及新教分離教派（dissenters）的法律。這是英國，只憑王權就頒發的最後一道「王法」或「法律」。

光榮革命，與威廉及瑪莉（William and Mary，1689 ～ 1694 共同在位，1694 ～ 1702 威廉在位）

- 英國人無法接受天主教的王室，於是 Whigs 及 Tories 兩派議員聯合邀請詹姆士二世的女婿，荷蘭（應是：日德蘭聯合省）領袖威廉（William of Orange）及女兒瑪莉入主英國為國王。當年底，威廉率百艘戰船及一萬五千士兵登陸英國，受到英國臣民的歡迎。他俘獲詹姆士二世，

放逐法國。這就是英國的光榮革命。威廉及瑪莉共同登基為國王，即
為 William and Mary。

- 1689 年，威廉成為英王後，其目標是對抗法國，對國會的政爭不太
  介入。國會將國王經費改為年費，逐年調整，故國王必須每年召開
  一次國會，國會的地位大幅提高，貌似英王的雇主。亦因威廉專注
  於對抗法國，沒想要控制英國臣民，英國人民獲得極大的自由保障。
  連法國思想家孟德斯鳩（Montesquieu），都讚揚英國的政治體制。

- 1689 年，國會通過權利法案（Bill of Rights），規定國王也不可超越
  法律行事，取消教會法庭，國王無權徵稅，國會殿堂有充分的言論自
  由，不受干涉。

- 1701 年，為防止天主教徒在成為國王，國會又訂出王位繼承法（Act
  of Settlement），規定英王須屬英國國教會。此法還特別規定：未經
  國會同意，法官不能任意撤換，以保障司法獨立及公正。

- 威廉為抵抗法王，將英國捲入戰爭。1690 年，法國海軍大敗英荷
  聯合艦隊，潰不成軍。威廉為重建海軍，需錢孔急，但英王不像其
  他大權在握的國王，無法隨意從國庫撥款，亦不能任意徵稅，致在
  1694 年，他聽取財務大臣 Earl of Halifax 的意見，由英王發出特許令
  （Royal Charter），同意蘇格蘭富商 William Patterson 的融資銀行計畫，
  成立英格蘭銀行（Bank of England），並經國會通過（稱為：Tonnage
  Act）。簡言之就是民間可將資金（就是金塊）存入銀行，銀行發給
  可流通證券（即 Promissory notes, bank notes；十八世紀初，10 英鎊面

額的 notes 已在商業市場非常流通），如同今日所發行的國債（National Debt），以籌措資金支援戰事。這項資金調度方式，有了國王及國會的背書，僅數週內就集資 1.2 百萬英鎊。威廉不但用大部資金重建海軍，更重要的是這種集資方式間接協助各類工商業快速發展。甚至以後對法國的戰爭，都易於獲得充分的戰爭基金。反觀法國王室，只能向人民強徵稅收以取得戰爭的資金，還造成民窮國困。英國可說是：因禍得福。

- 1695 年，出版品檢查管制法（1662 及 1685 年所訂的 Licensing Act）到期。國會不願再管制出版品，令其自然中止。英國人自此獲得充分的言論及出版自由，各種報紙、期刊紛紛出籠。第一份報紙 Daily Courant，在 1702 年開始發行；泰晤士報（The Times，實應為「時報」，首位中譯者恐誤以為是 Thames River 的 Thames 而誤譯）則遲於 1788 年，才開始發行。

♯ 安女王（Queen Anne，1702 ～ 1714）

- 法王路易十四藉爭奪西班牙王位，在歐洲大陸積極擴充勢力。他又支持英國廢王詹姆世二世之子為英王；英國也採對抗措施，派兵支援南德諸侯，以抗法國。1704 年，安女王派約翰・邱吉爾（John Churchill；二次大戰英國邱吉爾首相之高曾祖）率兵至歐陸對抗。他在南德的 Blenheim 以機動靈活及火力，大破軍威壯盛、但官僚積習嚴重的法軍。法軍兩萬人及統帥不支投降。英國海軍又攻下西班牙南

端的直不羅陀（Gibraltar）。遭此大敗，法王路易十四不但顏面盡失，且讓法國的霸權自此被英國所取代，英語也在一世紀後，取代法語成為世界語言。安女王是體弱多病、見識不足的婦道人家，路易十四是雄才大略、專制自負的太陽王，英法相爭，其結果卻是不可一世的太陽王敗給體弱識淺的安女王，而且輸得難堪。箇中原因實可供後世深思。

- 1707 年，安女王時代，英格蘭與蘇格蘭國會同意將兩國的國會變成為單一國會，通稱為 Union of the Parliaments。從此，兩國合而為一國。

- 1710 年，國會通過版權法（Statue of Anne，保護出版品的版權，copyright，可達 14 年），作家及作品獲得保障，非常有助於創作出版。

喬治一世（GeorgeI，1714 ～ 1727）

- 1714 年，漢諾威王室的喬治一世繼任為英王。他不會英文，仍愛住在漢諾威，在英國時間不多。因為前英王詹姆士二世之子及其殘餘勢力（稱為 Jacobite）一直想要復辟，所以喬治一世不敢信賴 Tories 派議員，他將國家大事完全交給親信大臣 Whig 派的華保爵士（Sir Robert Walpole）。自此，Whigs 派議員控制議會，英國國政全由華保爵士及國會主導。華保爵士對外和平，不介入歐陸戰爭，對內以安撫、賄賂手段收買人心，雖於 1720 年間遇上南海股票泡沫危機（The South Sea Bubble），相對於歐陸，英國卻尚稱太平。

喬治二世（George II，1727～1760）

- 1727 年，喬治二世登位。這時，英國人民受到法律的保障，已享有充分的自由。當代英國人甚至可以公然在街頭寫出諷刺英王的大字報（當時只有英國可以）。喬治二世在 1730 年代的民間聲望也因常受人民批評而大幅降落。

- 1737 年，王后卡洛林病亡。華保是靠王后及金權交易穩住首相地位。當時的政治及社會，金權賄賂充斥。很多經過啟蒙洗禮的知識份子及宗教家開始以行動改變社會。最出名的一位就是出身牛津大學的 Whigs 派議員威廉・皮特 (William Pitt)。皮特公私分明、清廉、正直、愛英國，一生的幟志就在於摧毀法國的霸權。由於他的道德勇氣及口才，極受其他議員的支持。當時正逢奧地利王位繼承發生糾紛，華保爵士的非戰政策完全不符喬治二世的軍功思想，迫得他於 1742 年辭去首相職務，並由皮特繼任。英國在新首相的指揮下，在 1754 年起，不但全面介入歐洲戰事（通稱七年戰爭），還在北美、印度全面向法國進攻。1759 年，青年將軍沃爾夫 (Gen. James Wolfe) 在加拿大圍攻魁北克，法軍不支投降。同年，英國的傳奇人物克來武 (Robert Clive)，在印度大敗蒙兀兒帝國及法國，還讓東印度公司控制整個印度。英國終獲全勝，獨霸全球。

- 1740 年，英國海軍軍官 George Anson，為私掠西班牙船隻的財物，率五艘船隊橫渡大西洋及太平洋，在菲律賓外海洗劫西班牙的銀幣運寶船。他於 1743 年抵達葡屬澳門，然後進入中國，還接觸中國官員 [*

註一 *]。他於 1744 年返回英國，成為英國第二個完成環繞世界的航海家。

- 英國自十七世紀末期開始直至十九世紀初，因為犯罪率不斷升高，為求治亂世用重典，法庭判刑也愈判愈重。當時英國的法律常受譏為 Bloody Code，動輒坐牢、鞭打、放逐、吊死，極為平常。為警告犯罪，斬首、吊刑一向公開執行於鬧市（一如古中國，斬首於市），眾人圍看熱鬧。所以常會聽到笑話說：有人只因偷了一片麵包就被放逐至澳洲；有人偷馬而處吊刑，處以極刑的原因是馬很值錢，倒不是因為偷竊罪。

喬治三世（George III，1760 ～ 1820）

- 1765 至 1769 年，英國一位法官及牛津法學教授 Sir William Blackstone，將英國習慣法用簡明易懂的文字彙編成四大巨冊的分析解說 Commentaries on The Laws of England，包含：個人權利、物權、個人犯罪、公共罪行。這些書將律師都不易弄清楚的習慣法，以常用的普通語句，簡明扼要的加以說明。這對幫助英國官民認識法律，做出極大的貢獻。

- 1768 年，英國一位從事測量、探勘的船長 James Cook，在魁北克戰事中，因探測水道極有成就，故受英國海軍部之請，組成探險船隊，帶領科學研究人員，前住南太平洋探堪。他分別於 1768、1772、1776 年三次出海探險、研究、勘查，發現澳大利亞（地名源自拉丁

文：Terra Australis，意為：Southern Land）、夏威夷等地 **[* 註二 *]**。他亦在 1778 年，北至白令海峽 (Bering Strait;；俄羅斯探驗家 Vitus Bering，早於 1728 年先發現這個海峽，故以 Bering 命名）。

- 1776 年，喬治三世 (George III，1760 ～ 1820 在位) 在位時，美國宣告獨立，至 1781 年，英軍戰敗，美國獨立。

- 喬治三世的 1770 年代，多軸紡紗機、水力紡紗機相繼出現，獲得專利；瓦特發明的蒸汽機也申請到專利。從此展開工業革命，不但造成新興工業，還釀出許多社會問題。

- 1801 年，國會通過圈地法（General Enclosure Act of 1801），讓圈地的程序簡化，以利農地整合，達成經濟規模。但有得必有失，迫使大量無以為繼的小農轉入都市及工廠。

- 1802 年，國會頒定工廠法（Factory Act）規定工作時間（如每日不超過 12 小時）。工業革命產生極多的工人階層，他們受雇主壓榨，也沒有選舉議員的權利。1799 年，國會還通過 Combination Act，禁止工人組織工會。

- 一位虔誠基督徒的國會議員 William Wilberforce，認為英國人販賣奴隸是違背基督教義的敗德行為，故他於 1787 年與志同道合的基督徒成立反對販奴組織。他還在國會提出禁止買賣奴隸的法案。當時英國經濟非常依賴販奴業務，農場也急需奴隸，禁止販奴幾乎是不可能的事。但他們就靠著基督教義中的道德信念，堅持反對奴隸買賣。經過二十年的奮鬥，英國國會終於在 1807 年，依據 Wilberforce 的提案，

通過 Slave Trade Act（禁止奴隸買賣法）。他繼續努力，更於 1833 年，促使國會通過廢奴法 Slavery Abolition Act，讓英國全面廢止奴隸制度。

[*註一*]：當時英國的 Capt. Anson 於 1743 年，以帆船繞過半個地球到菲律賓劫掠西班牙運寶船。當他進入中國時，正值清朝乾隆八年，尚是所謂康乾盛世、閉關自雄，尚不知人外有人。不過百年，英國於 1840 年的鴉片戰爭時，已進步到使用輪船繞過半個地球打劫中國，獲利更勝於劫掠西班牙運寶船。

[*註二*]：庫克船長三次出海探險、勘查，前後總共不過 11 年，無論次數、時間、人員，皆遠少於明成祖時鄭和七次下西洋。但庫克船長的三次探險，對英國及世界進步的影響，遠非鄭和的七次航行所能相比。其原因值得深思。

喬治四世（George IV，1820 ～ 1830）

- 1824 年，國會取消組織工會的禁令；1825 年，立法放鬆工人自組工會與雇主討論工資與工作環境等問題。這三個工會相關法案（1799、1824、1825 年三次所訂）通稱為 The Combination Laws。

- 十八世紀以前的西方流行重商主義（Mercantilism），各國主張提高進口關稅，保護本國商業。在地主集團所把持的國會，還自 1815 年起，訂立禁止外國穀物進口的法案，此即著名的 Corn Laws 1815。因此，食物價格高漲，地主獲利最大。但有學者，如亞當史密斯，力倡自由貿易，互通有無，各蒙其利。1821 年起，英國已有人注意穀物法案

的傷害性，國會亦開始調整這個法案，支持與反對的議員，互爭不已，直到 1846 年，才予以廢止。英國在此期間，可以說是首先打破重商主義，與其他國家談判，討論減少關稅及保護，以達貿易互惠。

- 為了消滅社會犯罪，英國自十七世紀末期開始，對犯罪者動輒坐牢、公開處吊，極為嚴苛。十九世紀起，很多人認為這種刑罰失去人道，故國會在 1823 年，通過極刑法（Judgment of Death Act），規定只有叛變、謀殺才判死刑，後來又增加暴力海盜罪，才處以極刑。這是英國司法的一個大進步。

- 1829 年，為處理不斷增加的社會治安犯罪，在內政部長 Sir Robert Peel 的提案下，國會通過警察法（Metropolitan Police Act 1829），成立 Metropolitan Police Service（The Met），以代替功能失效的地方治安人員 Constable 及 Watchmen。因為其總部所在地稱 Scotland Yard，通稱蘇格蘭場。這就是西方警察制度之始。英政府曾為人民大型示威而出動軍隊鎮壓。為避免鎮壓百姓的印像，警察制服刻意避免軍服的紅色（即 Red Coat），選用深藍為主色。連警察職稱都避免與軍隊相同（除 Sargent 外，都不相同），以安民心。

威廉四世（William IV，1830 ～ 1837）

- 1832 年，威廉四世（William IV，1830 ～ 1837 在位）協助通過第一次的國會改革法案（Reform Act，1832）。國會開始稍具民意。這是因為早自十三世紀開始，英國的國會是由各縣市找兩位騎士級代表與國

王開會。這些騎士級人物都是地主及鄉紳豪族，他們都是自行商量後，推派代表。沒有相當財產的人不能選舉，有選舉權的人因公開投選，深受地主鄉紳勢力的影響。更糟的是經過數百年的變化，各地人口變化極大，很多地方只有十幾位選舉人就可推選兩位議員；還有很多地方只有那麼一、兩位大地主，就由他們包辦全部議員；更有些新興大都市，如：曼徹斯特、伯明罕，人多而富裕，卻沒有國會議員。這種選派出來的議員毫無民意基礎，推選過程更是充滿賄賂及脅迫。在皮特擔任議員及首相時，他就想改革國會。但既得利益勢力太大，無法改變。至威廉四世時，仍有議員提出改革方案，在下議院已獲通過，但上議院強大的守舊勢力則予以否決。在此情況下，開明的威廉四世終願出面協助。他在 1831 年以國王身分解散國會，讓下議院重選議員，結果讓很多 Whigs 派的議員進入國會；他又以國王名義，欽點許多 Whigs 派人士為貴族，進入上議院，以對付反抗改革的上議院。1832 年，國會重新召開會議，第一次的國會改革法案終在上、下兩院通過。議員的選舉總算展現大部分的民意。威廉四世亦因此而獲得「Reform Billy」的盛名。這次改革其實並不完善，例如：有相當財產者才有選舉權，婦女沒有選舉權，因此，英國仍有待以後的持續改革。

#維多利亞女王（Queen Victoria，1837～1901）；[1840 年，鴉片戰爭；1900 年，義和團之亂]

- 1837 年，維多利亞女王（Queen Victoria）繼位，國勢鼎盛，是輝煌的維多利亞時代。

- 1838 年，手工技藝行業人士不滿因為財產不夠而沒有投票權，這些人聯合發表宣言（通稱為 People's Charter of 1838；這些抗議要求普選權的人亦泛稱之為：Chartists）要求擴大選舉權，包括：二十一歲以上的男人就有選舉權（請注意，這些「Men」所力爭的「普」選權，只普及 Men，並不普及至 Women），廢除有相當資產者才有選舉權，投票保密，國會議員的競選資格沒有最低財產條件。這種爭取選舉權的運動不斷蔓延、擴大。至 1848 年，約十萬人在倫敦示威，要求擴大選舉權。當年，歐洲各地，如柏林、巴黎、布拉格，不斷爆發革命的動亂，只有這次英國的擴大普選示威尚屬和平，沒有發生暴力革命。只是把女王弄得心驚膽顫，還須由威靈頓公爵親自護主出城。

- 1846 年，為求自由貿易，國會廢止穀物進口稅法（Corn Act），讓工人、窮人獲得便宜的外國進口穀物。此舉當然受到農業者及農業議員的激烈反對及反抗（＊註＊），但對英國而言，利於工業獲得穩定的勞力。同時，英國的鐵路及火車工業大幅起飛。

- 特別在 1846 年，新的鐵路公司快速成長，到達高潮。為了應付鐵路工業急速擴充，國會總共通過了兩百七十個相關法案，以維護鐵路工業的正常發展及秩序。這就是英國政府，主要是國會，為了大多數人及社會長遠利益，立法治國的正面案例。

＊註＊：這些農業既得利益的地主完全忘記，他們之能有今日，全是靠其祖先仗勢圈地（Enclosure），趕走窮困小農，再靠國會謀求經濟發展，使圈地合法化，這才讓他們取得社會優勢。今日議會為大多數人的民生發展，以及經濟遠景而廢止維護少數人利益的 Corn Act，他們馬上跳出疾聲反對。他們實應為那些被其祖先趕出農地，成為流浪漢的窮人說聲抱歉？還給他們一個公道？

- 1848 年，英國施行「公共衛生法（Public Health Act）」；同時設立衛生署（Board of Health）。同時，國會亦廢止實行已久的航運法（Navigation Act；即英國貨由英國船裝運，結果走私盛行），大減關稅，促進自由貿易。從此，英國重視社會公平及正義，促進社會、經濟改革的法案不斷推出。

- 維多利亞在位時，曾遭四次槍擊，幸而皆未擊中。第一個刺客（1840）被捕，以叛亂罪送審，因認定為瘋子而開釋。1842 年，又發生槍擊女王事件，第二刺客亦被控以叛亂罪，顯然他的律師神通廣大，不但沒有叛亂罪，只入獄 18 個月就被釋放，連鞭刑都沒有。這就是英國造成「法律之前，人人平等」的精神，也是法律足以自行、進入法治的基本元素。

- 女王夫亞伯特（Prince Albert），是位虔誠正直的人。他與 Tory 派的首相皮爾（Robert Peel），非常友好。兩人都是重視道德生活及公共責任的彬彬君子。這就是維多利亞時代，人們注重日常生活道德，

謙敬有禮,並形成當代的社會風氣(雖然假裝道貌岸然的人也很多,但至少表面還是要溫良恭讓)。

- 維多利亞被稱為輝煌時代,其原因是在社會、政治、經濟各方面不斷改革求新。改革的原動力是國會裡不同政黨競爭的結果。這些革新的法案讓英國社會日趨開放、平等、自由,與不斷的進步。除了前述重要法案外,維多利亞時代還有其他重要大事及法案如下:

1. 1851年5月1日,在倫敦的海德公園(Hyde Park)舉行世界博覽會(The Great Exhibition of the Works of Industries of all Nations),維多利亞女王親自主持開幕典禮。

2. 在1854年的克里米亞戰爭中,有一位記者William. H. Russell,不斷將戰況悲慘的一面報回國內,這是第一位戰地記者。在強大輿論下,終促成封閉軍方的改革開放,還促成南丁格爾(Florence Nightingale)率領護士前往戰地,救助傷兵,名揚世界。

3. 1870年,內政部長W. E. Forster,提出基礎教育法(Elementary Education Act),讓五歲至十三歲的兒童接受教育,並獲國會通過。1880年,法律規定,兒童必須接受基礎教育;1891年,又有新法出籠,兒童的基礎教育免費。

4. 1871年,國會通過Trade Union Act(工會法),正式同意工會合法化。

5. 1872年,國會通過Ballot Act(投票保密法),實行祕密投票,消除選舉的賄賂及威脅,讓選舉結果更為貼近民意。

6. 英國最早實行法治，各種法院不斷出現，司法體制疊床架屋，有如迷宮。1873 年，國會通過 Supreme Court of Judicature 法案，將各種法院合併（大致上分為 High Court 及 Court of Appeal）。早期的王法法庭（Court of Law）與公正法庭（Court of Equity）合為一庭，置於 High Court 之內。唯最高裁判機構，即所謂：最高法院，仍是由上議院表決（直至 2005 年，英國才另設最高法院）。

7. 1880 年代起，許多知識份子對貧富不均、缺乏公義的現象，經常聚會討論。最出名的團體就是 Fabian Society（中文：費邊社，1884 年成形），他們多是生活富裕而有教養的社會主義份子，主張漸進改革（其口號為：Evolution not revolution），反對激進的革命。費邊社創始者 Sidney Webb（1859 ～ 1947）及妻子 Beatrice Webb（1858 ～ 1947），收到一位富有支持者的遺產，設立著名的倫敦政經學院（London School of Economy-LSE），專門研究經濟與社會的問題。這個社團還於 1990 年協助成立工黨（Labor Party）。

8. 1893 年，英國的工黨前身 Independent Labor Party，在蘇格蘭工黨（1888 年成立）支持下正式成立。

9. 1895 年，Independent Labor Party 的 Keir Hardie 當選為國會議員。這是世界上第一個工人階級出身，靠自己上進、奮鬥而進入國會殿堂的議員。後來的工黨終於在 1924 年，首次贏得全國大選，並首次由工人出身的 Ramsay MacDonald 擔任首相（唯這首次的工黨政府在執政九個月後旋即垮台。）

愛德華七世（Edward VII，1901～1910）

- 愛德華七世愛上美國的辛浦森夫人，為恐難以見諒國人而宣布遜位。
  王位由其弟繼位，是為喬治五世（George V）。

喬治五世（George V，1910～1936）；[1911年，滿清末代皇帝退位，結束滿清入主中國267年，也結束自秦始皇以來2,132年的皇帝制度。自此雖無皇帝，但帝制並未消失，持續存在]

- 1909年，為推進社會福利及防備德國的擴張，下議院通過財政法案 (People's Budget)，要求富有的地主階層須付土地稅、所得稅，以求社會公平與均富，但連續為上議院否決。下議院認為上議院的地主、貴族議員皆非選舉產生，毫無民意基礎，卻動輒反對具有充分民意的下議院，毫無道理。著名的自由黨首相 David Lloyd George，及同僚皆認為上議院沒有存在價值，應限制其權力。由於民意高揚，加上國王喬治五世表明態度，必要時提名新議員進入上議院，以平衡反對勢力。在此壓力下，上議院只好屈服，不但讓新的財政法案（Finance Bill，即1909年，要求富有的地主階層須付土地稅、所得稅的法案）於1910年在上議院通過，還讓另一個革命性的國會法案（Parliament Act）亦於1911年獲得通過。這個國會法案則是強迫上議院必須無條件接受下議院所通過的法案，無權反對。這等於廢止上議院的立法權，同時也讓英國國會更能代表民意。

- 1914年8月4日，英國向德國宣戰，第一次世界大戰爆發。直到

1918 年 11 月 11 日正式結束。

- 1918 年的民權改革法案（Reform Act），取消有財產者才有投票權的限制，亦即，只要是二十一歲以上的成年男子都有投票權；同時也讓三十歲以上的婦女有投票權。1928 年，改革法案又擴及婦女（Equal Franchise Act，1928），允許二十一歲以上的婦女就有投票權。至此，民權普及至全民，終讓英國成為一個現代的民主國家。

俄羅斯的政教高壓小史

** 俄羅斯「東方人」仇視拉丁「西方人」之始

十世紀時，基輔俄羅斯（KievanRus，今烏克蘭）族長 Vladimir，有意統一各部族的異教崇拜以利其統治。Vladimir 接受羅馬帝國（首都在康士坦丁堡）的東方正教，並於 988 年，率臣民受洗為基督徒。故打從接觸文明之始，俄羅斯就與羅馬教會的拉丁西方不同道。羅馬帝國是政教合一、極權專制的帝國，那些禮聘而來的東方教士則將政教壓制子民的積習，一併傳授給 Vladimir。在這些壓制手段中，影響後世最大的「文明」行動，就是有土斯有財，因此，教會、國王、貴族都熱衷於獲取土地。為了財富收入極大化，亦即「擴大邊際利益」，這些政教當權的地主強行規定，農人附屬於土地，不能離開。這就是俄羅斯「農奴制度（Serfdom）」之始。

東、西雙方的基督教會自始就愛互爭互鬥、經常厲言相責。九世紀時，東方康士坦丁堡大主教 Photius 還公開侮辱教宗 Pope Nicholas I 是「一個搗爛上帝葡萄園的異端魔鬼」，這是非常羞辱式的惡罵。只見雙方互責、厲言對罵，絲毫不見耶穌的互愛。1054 年，雙方互將對方逐出教會，造成東、西雙方教會的決裂。俄羅斯的東方教士自然也跟著信口痛責教宗及羅馬教會，視西方如寇仇。故自接受文明之初，俄羅斯人就被教以視西方為天仇。

不只於此，十三世紀的十字軍時代，獲教宗大力支持的條頓武士團（Teutonic Knights）從波蘭不斷東向侵凌俄羅斯部族。十四世紀，波蘭入侵烏克蘭，壓榨百姓，又強迫當地東正教會受制於羅馬教會。這更讓俄羅斯人親身體驗那些西方拉丁惡鬼專門欺負弱勢的俄羅斯人，還真是個「搗爛上帝葡萄園的異端魔鬼」。這種敵視西方的歷史因素，一直根深蒂固的存在於俄羅斯人的內心深處，直迄近世。

**烏克蘭（指 Kievan Rus）與本土「俄羅斯」的文化、思想分歧之始

十五世紀，奧圖曼土耳其人勢力強大，東羅馬帝國危在旦夕。這時，康士坦丁堡的當權者才猛然醒悟，西方雖是可惡的敵人，但還有更兇狠、更無情的敵人正在背後虎視眈眈。此時，東羅馬皇帝及東正教會只有指望西方的基督徒兄弟相救。問題是全國上下早被教育成仇恨西方，怎能向仇敵低頭求助？結果讓自己頑固的意識形態，綁死自己。皇帝及教會高層在初期，只能派密使到西方談判。每次談判回來，都受到國內元老重臣的堅決反對，認為是降書，要求重議。唯西方教會卻一點也不急，以逸待勞，所以每次復談，條件就愈苛，東方臣民也就愈難接受。至 1445 年左右，奧圖曼新軍的戰旗已遙遙在望，皇帝及大主教高層權貴心急如焚，只好不顧眾議，片面同意羅馬教會一切嚴苛條件。

竟向西方投降？! 當消息傳出，康士坦丁堡自然引起一陣風暴。糟糕的是他們的上帝已轉站在同是亞伯拉罕後人的回教徒身邊。1453 年，奧圖曼土耳其大軍終於攻克康士坦丁堡，羅馬帝國滅亡。此時，該不該與西

方和談？和談條件夠不夠好？和談底線……都已了無意義！

但這事件對俄羅斯及烏克蘭卻造成影響。俄羅斯東正教會自然也是堅決反對這項協議；但在波蘭控制下的基輔東正教會，則順從協議，歸順羅馬教會，並奉羅馬教宗為正朔。自此，俄羅斯的東方正教也造成分裂，其影響延續至今日。

** 伊凡四世（即：恐怖伊凡）始稱沙皇、自視基督教傳人

十六世紀的伊凡四世自視虔誠的基督徒，也要求臣民都是虔誠基督徒。在伊凡四世時代，莫斯科大主教馬卡利（Metropolitan Makary）想把俄羅斯的東正教會打造出自主的信仰體系。他認為沙皇城（即康士坦丁堡）滅亡，正是上帝的意思，其目的是要讓莫斯科成為繼羅馬及沙皇城各亡於哥德人及土耳其人之後的第三代聖城「羅馬」。因此，俄羅斯的東正教會自然就是基督教的正統傳人。這就是為何馬卡利在伊凡四世於十六歲登基時，特以「沙皇」（Tsar，即凱撒之意）的稱號為他加冕，以表示為「羅馬帝國」的正統傳人。他對俄羅斯的東正教會，可以說是造成革命性的影響。

馬卡利還召開俄羅斯宗教大會，依據基督教義，將信仰及處世道德編成上百章節的書，供子民研讀，並以伊凡四世的名義發表。這份上百章節的書，在理論上，是俄羅斯東正教會及信徒的處世準則，包括：不得賭博、禁止算命、占卜的迷信、男人應剃鬍鬚、修道士不得酗酒。從此即可看出伊凡四世與馬卡利想要成為基督教正宗傳人的企圖心。

伊凡四世的疑心病非常重。他親設宗教偵察部，負責偵察異己。到處都有偵察警探及檢舉的管道。偵察警探可隨時對違犯教規的人，加以監禁、拷問，甚至處死。數千教士及臣民，不是殺戮就是放逐至邊區。後來有位大主教 Filipp 忍不住批評宗教偵察部，伊凡四世大怒而殺之。這種密探式的恐怖政策，造成人人自危。這種恐怖政策持續至後世，成為俄羅斯專制文化的特色。

伊凡四世晚年在克里姆林宮旁建造一所壯觀的大教堂，還成為俄羅斯建築文化的代表作品。這座教堂原是紀念童貞女，聖母瑪利亞。唯因伊凡四世時代，有一身穿破衣、玩世不恭，卻厲聲批評社會腐敗的聖愚公（Holy fool，類似濟公）貝索（Basil），不但經常救濟貧弱，還敢公然諷刺伊凡四世，贏得極多人的敬重。他死後就葬在這個教堂。因他太受人敬愛，故此教堂被人通稱為 St. Basil's Cathedral，中文可譯為：聖貝索的大教堂，卻忽略其原名。

伊凡四世又用烏克蘭的綠林民兵哥薩克人，取得烏克蘭 Dnieper 河東岸（不含黑海沿岸的韃靼人），並威逼當地教會改歸俄羅斯東正教會。此時，「烏克蘭東部」就回歸「俄羅斯母親」懷抱；但河西，即基輔俄羅斯，仍受波蘭天主教會的左右。百餘年後（1667 年）基輔（河西地區）才被沙皇收回，唯此時並沒有強迫當地教會改宗東正教會。故宗教思想方面，烏克蘭的河東、河西就出現差異。

** 教會得勢，主教富可敵國、貴比王侯，以宗教重擔禁錮思想

1613 年，俄羅斯久經動亂後，由貴族推選 Michael Romanov（即中文：羅曼諾夫王朝）為沙皇。他才十六歲，由其父莫斯科大主教 Fyodor 攝政；父死，再由另一位大主教 Philaret 共治。Michael Romanov 遲至 1633 年才主政。易言之，俄羅斯在 1613 至 1633 年的二十年間，實際上是在東正教會大主教的統治之下。這期間，東正教會對俄羅斯人的影響力，自然更是達到極點。東正教會自早就擁有大片土地及農奴，各地的主教田連阡陌、生活豪侈、貴比王侯，但就是不做耶穌關愛貧弱的訓示。

Michael 之子沙皇 Alexis，於 1652 年選用 Nikon 為大主教，仍是等於二人共治。Nikon 不滿俄羅斯東正教會偏離傳統，所以強迫教會進行全面復古改革，卻實為文化大倒退。例如他勒令不得以三根指頭畫十字，只能用兩根指頭；只能高呼哈里路亞兩次，不得三次；不可用西方拉丁畫法（有明暗陰影又符合透視法，生動活潑而自然，卻不合傳統沉默嚴肅的風格）畫聖像（Icon）。他為了貫徹改革，下令全國士兵挨戶搜索那些不符規定的圖像、書籍等物品。搜出後一律銷毀。任何教堂不符合原來造型者（其實只是他想像中的造型），一律拆除或改建。這種蠻橫高壓手段自然引起教會人士的全面反對，但反對者立即受到無情的迫害及屠殺，上萬人遭害。這就是俄羅斯政教壓制的傳統。

基督教的十誡中，清楚表明：不可殺人。但自視基督正統的俄羅斯東正教會卻帶頭違誡。東正教會濫殺無辜，竟可連續進行將近四十年，如此摧殘生靈，令人嘆為觀止，已達難以置信的地步。在這種摧殘人性的同時，

自然也讓反教會、反基督教的思想醞釀而生。

** 從教會、沙皇，直到蘇維埃的鉗制封閉，換湯不換藥

1721 年，彼得大帝時代，因大主教竟與其姊合謀篡位。他大怒反擊。在他消滅叛亂後，立即廢除大主教的制度，改以長老集體領導，直接聽命於沙皇。從此，沙皇獨掌政教大權。此時雖無大主教，但東正教會的勢力毫不衰減，只是徹底變成沙皇的統治工具，照樣壓榨百姓。東正教會那些主教們的頭腦都很清楚，只要不得罪沙皇、曲從上意，自有榮華富貴。

在這種政教高壓鉗制、思想禁錮下，俄羅斯的無政府、反教會、反基督、無神論、虛無論及和平非戰思想，勃然而興。最出名的代表人物就是大文豪托爾斯泰（Leo Tolstoy，1828 ～ 1910）。他親眼見到東正教會的財富及腐化，滿口愛人濟世，卻以壓榨子民為實，明顯言行不符。他曾參加克里米亞戰爭，親歷戰火的痛苦，又見基督教義處處主張和平與公義，例如：人應化刀劍為犁鋤、不可拿刀劍對付別國（Isa.2:4）；國王應以公義治國（Isa.32:1）；上帝之僕的主教應清白無瑕、不貪錢財、急公好義、堅守耶穌訓言（Tit.1:7）。所以他對愛好戰爭的沙皇，奢富又欺壓子民的教會及政府非常不滿，認為龐大的教會及政府對人民是個重擔，不如沒有比較好。很多西方人還把他與當代俄羅斯知識份子的這種思想，視為無政府主義者（Anarchists；註：但事實上，托爾斯泰的思想，與二十世紀初，西方一度興起的「無政府主義者」或「極端自由派，Libertarians」，在出發點就不相同）。

俄羅斯自古以來的農奴制度，更是非人道的社會制度，完全不符基督教義，卻是沙皇、東正教會的生財工具。這個奴隸制度一直延續到 1861 年，才由沙皇亞歷山大二世在其改革計畫中宣告取消。但實質上，仍然持續存在。他在 1881 年遇刺身亡，其子亞歷山大三世繼位。他認為這都是改革開放造成的禍害，因而中止改革。他用警察、密探、新聞檢查，加強控制人民，迫害猶太人（Pogram）及少數民族。他為求工業化而獎勵增設工廠，因此工人數量急增。但勞工在資方無情吸血式的壓榨下，生活極為艱苦。在此背景下，自然讓社會主義思想四處蔓延，並讓反對沙皇的情緒，快速升高。

俄羅斯人的怒火終於在 1917 年爆發，當年 2 月，憤怒的工人、中產階層的教師、叛變軍人，及激進的社會主義者，集體罷工示威，迫使沙皇尼古位二世（Tsar Nicholas II，1894 ～ 1917 在位）退位，並由俄羅斯議會（Duma）的議員組成臨時政府。同年 11 月 7 日，亦即東方正教會的 10 月，列寧（Vladimir Lenin，1870 ～ 1924）的蘇維埃共黨（當時為 Bolshevik Party）推翻臨時政府後，掌握國家大權。俄羅斯 1917 年的十月革命，舉世震驚，為眾人所熟知，不必在此贅述。

以俄羅斯東正教會深固人心的勢力，實在沒人能撼動他分毫。但蘇維埃共黨卻一舉剷除沙皇、政府及東正教會的勢力。說實話，像東正教會這樣龐大無比的宗教勢力集團，也只有靠蘇維埃這種更兇猛而無情的勢力，才能夠一舉剷除（卻不易根除）。問題是禁錮百姓的沙皇及東正教會雖被打倒，另一個更嚴苛的政治宗教 — 蘇維埃社會主義 — 卻持續壓榨百姓。

在蘇維埃統治之下，所有俄羅斯人，包括烏克蘭人，無論人身、思想都監禁在封閉的鐵幕之中，毫無機會接觸世界主流的西方。他們在政府的宣傳下，自視生活在無產階級的社會主義天堂，因此，對西方的自由、民主、平等、法律，不是一知半解，就是全盤誤解。

直到 1991 年，蘇聯解體，俄羅斯與烏克蘭獨立、分家。只有這時起，俄羅斯人與烏克蘭人才開始接觸西方，但絕大多數的人未曾親歷西方的民主、法治、自由。因此，無論是俄羅斯人或烏克蘭人，對西方民主的認知，多只是一知半解，大多源自書本報刊、電視評論，甚至口耳相傳而來。其結果就是大家對民主自由的認識似是而非，卻誇誇品頭論足。他們冒然進行的民主，前途實在堪憂，也只有走一步、算一步。

這就是俄羅斯及烏克蘭，在沙皇、東正教會及蘇維埃社會主義天堂所經歷的禁錮高壓簡史。

哪位西方思想家說過「公民不服從」
（Civil Disobedience）？

** 公民不服從是何方洋大人的金言？直令中國兩岸勇士期期以生死相許！

新聞曾熱烈報導，中國的民運人士有意回到中國進行「公民不服從」（Civil Disobedience）運動。而海峽另岸的台灣，眾多青年學生走上街頭，主事者竟能領導大群學生在一夜之間攻佔國會及行政院，也以「公民不服從」為號召。兩者都用這句西方「大思想家」的名言，以佐證他們的行動有理。

唯令人疑惑之處是：1776 年美國革命時，從來沒人藉「Civil Disobedience」反抗英國。1789 年，巴黎百姓攻破巴士底監獄時，也沒人把「Civil Disobedience」當成理由及口號；甚至到 1848 年，西方各地（包括德國、英國）興起反抗政府的革命及示威時，也沒聽任何革命家以此金言為號召。再以俄羅斯在 1917 年推翻沙皇的二月革命與十月革命，也都沒有使用這句「西方名言」做為革命口號。即使布爾雪維克（Bolsheviks）的十月革命，也只以西方馬克斯學說為主軸。

為何在中國文化影響下的民權鬥士，會引用這位「西方大思想家」的

名言，支持其行動？真不知是哪位西方大思想家開的金口，連西方自己人都不會引用這個名言金句，卻讓遠東的中國人創風氣之先，率先使用，頗有玄妙？！

不過已有限所知，這句話應與十九世紀中期，美國文學家 Henry D. Thoreau（1817～1862，中譯：梭羅），在地方民眾教育課程（Lyceum）裡的講課教材有些關聯。他的講題是：「The Rights and Duties of the Individual in relation to the Government（政府之下，個人的權利與義務）」。這一類社教講題，中國兩岸學子早已領教多年，一邊聽一邊打瞌睡，沒啥了不起，但與「公民不服從」有何相干、做何解釋？

為了要了解事實的來龍去脈，勢必先知道美國的奴隸制度與美墨戰爭，才能感受其意。美墨戰爭也和奴隸制度有不可分割的關係。為了讓大家趁此機會對美國有進一步的認識，特把美墨戰爭與奴隸制度的背景與關係，加以說明，以利融會貫通、更易深入了解本文主題。

** 美墨戰爭（Mexican-American War，1846～1847）

- 1836 年，德克薩斯獨立

德克薩斯原屬墨西哥。十九世紀初，南方一位奧斯丁 (Joseph Austin) 的家族想要前往德克薩斯屯殖。天主教的墨西哥對這些新教徒也大方同意，卻帶有條件，主要就是以後要改宗天主教，其次就是遵守墨西哥法律，包括：天主教禁止奴隸的禁令。奧斯丁滿口答應，舉族獲准遷入德克薩斯。他本來就是個蓄奴主，自然還是私下購入奴隸生產。

至於改宗之事，以後再說好了。幸好，墨西哥政治腐敗，只要肯花錢，就可消災沒事。但紙終究包不住火，墨西哥軍政府再也不能忍受奧斯丁持續推拖背信而決意處分。這時，奧斯丁乾脆聯合當地的墨西哥人一起謀反，宣告獨立。經過不斷衝突，墨西哥獨裁者親自率軍清除叛亂，攻克 Alamo。在班師回朝時，奧斯丁的盟友，田納西前州長休士頓（Sam Houston），率田納西義勇兵追上，大敗墨西哥軍，生俘墨西哥獨裁者。在此背景下，墨西哥只得簽下和約，讓德克薩斯獨立。這個獨立故事讀來或許驍勇有餘，卻充滿爾虞我詐，並不光彩感人。

- **美國波克總統（Pres. James Polk，1845～1849）及美墨戰爭**

十九世紀初，仍是西方帝國主義盛行時代，亦即：強者生存、弱者滅亡的「野獸叢林法則」當道的時代。當時美國流行一種「Manifest Destiny」的說法，大意是說：上帝恩賜給美國人的土地（更確切的說就是上帝賜給新教選民的流蜜與奶之地），包括從東岸，橫跨大陸直抵西岸的土地。當代美國有很多人支持這種說法。1845 年獲選為總統的民主黨人波克（Pres. James Polk，1845～1849 在任）就是這種說法的忠實信徒，還以行動大力支持這個論調。

美國幾乎沒有鼓吹侵佔外國土地的總統，即使像 Cleveland、McKinley或羅斯福，至少還會表現一下情非得已的「苦衷」。只有這位波克總統，在 Manifest Destiny 的熱潮下，公然倡言奪取墨西哥北部至太平洋的土地。他是南方人，也是蓄奴派，卻以團結對外、開疆闢土、完成上帝的使命（Calling）為號召及政見，終贏得北方選民的大力支

持而獲選為總統。

波克在 1845 年上任後，墨西哥就是他拓疆闢土的第一個開刀目標。當時，正好美墨邊境發生糾紛，波克立即下令美軍將領 Taylor 率軍開拔至邊界，並要 Taylor 隨便找個理由，藉機進攻墨西哥。在波克總統的操作下，美國在 1846 年對墨西哥開戰。美軍從開戰起，就勢如破竹，一路大勝，次年就攻入首都墨西哥城。墨西哥戰敗，德克薩斯終獲併入美國成為一州。

當時美國因「蓄奴 - 反奴」兩極化的激情，因而產生一種激情的「泛 - 奴隸論」風潮，亦即什麼事都會歸至「蓄奴 - 反奴」，非黑即白的狹隘觀點來衡量。一些激進的反奴派堅認：波克總統這個南方蓄奴主的大頭目，發動美墨戰爭的目的，就是要擴大奴隸制度，加強他們南方蓄奴者的勢力。亦即把「美墨戰爭」與「擴大奴隸制度」畫上等號，看成同一件事。梭羅就是這些人的其中之一，所以他對美國開疆闢土的美墨戰爭厭惡至極點。

** 美國助長奴隸制度的法律

大家都知道，美國是為了爭取自由而鬧獨立；獨立宣言說：人生而平等；美國憲法開宗明義就說要保障人民及子孫的自由。但美國卻有違反立國原則，把「人」當奴隸的法律，略敘如後：
- 1787 年的美國憲法，第 4 章，2：3 條款（通稱 :Fugitive Slave Clause）

大意為：任何一州「處於管制的僕工」（person held to service or labor，即：奴隸），若逃至別州，不能因此而免除其「僕工」身分，並應遣返、回歸給原主。

（註：這項條款迄今仍在，並未取消，只是內戰後，被 1864 年的第 13 號憲法修正案所取代。）

- ### 1793 年，國會通過的 Fugitive Slave Law（逃亡奴隸追捕法案）

  逃亡的奴隸，仍是奴隸主的財產，主人有緝捕收回權。幫助逃亡奴隸的人，就是犯罪，應受處罰。

  糟糕的是此法允許捕奴者只要隨意指認一個逃亡奴隸，就可立即逮捕，不必經過當地的司法程序。這對重視自己司法權的美國人來說，已嚴重侵犯北方各州的司法權，深深引起北方各州人民的不滿。

- ### 1820 年，Missouri Compromise

  這個法案是北方與南方議員在 " 蓄奴 - 反奴 " 激烈政爭下，利益交換所做的妥協方案。此舉終是讓中線以北，原來應是自由州的密蘇里變成蓄奴州。南方步步進逼得利、北方不斷讓步讓利，這自然更讓北方反奴人士感到失望與挫折，個個火冒三丈。

  上述不公不義的條款都是國會，其實就是北方議員，在兩黨的政治運作下，過份遷就南方蓄奴主而做出的讓步。不只於此，南方各州，更是刻意訂出許多不公不義、有利於奴隸制度的法律。這些法律也引起北方知識份子，包括：梭羅的憤怒。就以維吉尼亞州為例，將其通

過的著名惡法，列之如下：

- 北美殖民地早有契約工（indentured servants，是工作數年後即有自由之身，可離開及換工作）。南方州為了省工資，就開始雇用非洲的黑人「契約工」。1660 年，維吉尼亞議會，在大農場財勢的影響下，立法規定：非洲黑人契約工的僕役身分不能改變，屬於其主人。這就讓非洲僕工變成永世不得翻身的奴隸。這也就是憲法中，所謂的「處於管制的僕工」。

- 英國 Common Law 的法律習慣（意思是沒有明文規定，卻已成為定型的規矩）是「子女從父」。因非洲奴僕日益普遍，維吉尼亞許多主人與非洲女僕發生關係，所以混種小孩日益增多。這種現象自讓白人不以為然。為避開 Common Law 的習慣法規，州議會特在 1662 年立法規定，在維吉尼亞出生的小孩，應由母親的身分決定是「人」或是「奴隸」。

- 1669 年，維吉尼亞議會再訂出惡法：主人處分奴隸致死，無罪。

這些缺乏公義的法律，都是南方蓄奴主所促成的惡法，不但矛盾，還明顯違反人性及基督教義。每當南方政府訂出這種不公不義的法律時，北方報紙自然大肆抨擊，同時也不斷累積北方社會對南方奴隸制度的厭惡。

** 梭羅反對把「人」當作奴隸，還以不繳稅為抵制手段

1793 年的奴隸追捕法，任令南方的捕奴者橫行北方城鎮。他們仗持

聯邦法律的保護，囂張拔扈，不顧地方法律及治安規矩，隨意濫捕黑膚人。捉到黑膚人，立即五花大綁，一路鞭打，惡形惡狀，令人厭惡。這景象更令北方親身體會南方奴隸制度的殘酷與不義。反奴思想自然快速升高，反奴行動也隨之日益激烈。

　　梭羅親見到這些蓄奴主的劣跡，以及奴隸制度，自然憤怒無比。梭羅與當代著名文學及思想家愛默生，都出自哈佛，皆屬同樣的學術社團。愛默生還是梭羅的良師益友。他們共通的特質就是注重「人性」（Humanity）與「個人」（Individual）。就是他這種極其尊重「人」的精神，加上他擇善固執的特質，讓他成為激情的反奴主義者（Abolitionist）。他是個文人，手無寸鐵，只能用演說、文章及一些可行的手段來表達他對政府及法律的不滿。

　　現在，讓我們言歸正傳，細心觀察梭羅的反奴大事年表，如後。

** 梭羅生前的大事：1845 ～ 1862

　　1845 年，梭羅獨自借住愛默生在 Walden 湖畔的小屋，過著自己喜愛的簡樸生活。獨居期間，他還將湖畔生活及感觸逐日記錄。1846 年，美國藉故攻打墨西哥之舉，直讓梭羅火冒三丈。他不斷公開抨擊，反對這個含有擴張奴隸制度的戰爭。當年，稅務人員查到他好幾年來未繳個人稅（Poll tax），要他補繳。梭羅明白相告，他堅決反對奴隸制度，也反對擴大奴隸制度的美墨戰爭，因而拒絕繳稅。既然堅持不繳稅，就要坐牢。梭羅就寧願依法入獄坐牢，也不願繳稅，以表達他對奴隸制度、政府及美墨

戰爭的厭惡及反對態度。

　　1848 年，他在地方政府所舉辦的民眾教育班（Lyceum）裡教課。有一個為後世所熟知的講題就是：「The Rights and Duties of the Individual in relation to the Government（政府之下，個人的權利與義務）」。1849 年，為了宣揚反對奴隸制度，他把學校的講課題材，與他的反奴思想，編成一本小書，名為：Resistance to Civil Government（意為：阻止人間政府作惡）。從他這本小書及前述講課內容，即可看出他的思想及精神有三個特點，說明如下：

- 他認為，管得愈少的政府，愈是好的政府。持這種觀念的人，在當代算是相當新潮、前進的「自由派」。

- 為表達反對美國的奴隸制度，他已很多年沒繳個人稅，並泰然接受入獄坐牢之處分。他又說，如上千人不繳稅，以這種非暴力、不流血的方式抗議，政府就難以從事暴力及傷害無辜的行為。他稱之為和平革命（peaceable revolution）。

- 若一個政府同意任何人對別人作出不公不義之舉，他認為就該廢掉這種法律。原文為：If it（指政府）is of such a nature that it requires you to be the agent of injustice to another, then, I say, break the law。

　　請注意，他只說「break the law」，可沒說「breach the law（去犯法）」。他的意思是「作廢這個惡法」、「不必遵奉這種惡法」。他自己就是「broke」繳稅的法律，卻「服從」法律、乖乖的去坐牢；但沒有「breached」

法律，逃跑而不去坐牢。

1854 年，他把過去在 Walden 湖邊生活的記事，編成書後出版。這本的書充分顯露出他尊重人性、自由的思想，自然獲得很多人的共鳴，並廣受讀者歡迎。

至此，讓我們暫停一下，先看一個重要的主題事件。

** 英國神學及哲學家 William Paley，著書倡言道德與「Of the duty of Civil Obedience」

在十八世紀末，一位出自劍橋的英國神學及哲學家 William Paley（1743 ～ 1802），倡言人性及自然神性（即：不是傳統教會說的法力無邊之 God）。他從基督教義的道德信念，發展出他獨到的倫理道德及人性的思想。他反對以專制及神權壓迫別人，自然也反對奴隸制度。他具有反對權貴的民權派思想（此即與 Tory 派對立的 Whiggism），也主張政教分離。他的書籍及思想，都成為當代英、美大學及學者研習的教材。連達爾文都自稱受到他的影響。

他在 1785 年，出了一本道德與政治方面的書，名為：The Principles of Moral and Political Philosophy。從他的書名就大略可知其內容，重視道德，以及廉能的政事管理。他認為一個受到人民支持的俗世政府（Civil Government：這是相對於政教合一的神性政權，Theocracy），就應是上帝支持的政治管理組織。因此，在這個政府管理下的公民，就要聽從

這個政府的指揮，也要服從政令。這就是說：不應是聽從教會的神啟指示。在他這本著作中的第六篇，政治要素（Book VI，Elements of Political Knowledge）中的第三章及第四章，就在討論這些觀念，其名稱如下：

Chapter 3: The Duty of Submission to Civil Government

Chapter 4: Of the Duty of Civil Obedience

這裡的 Civil 是相對於「神性」的「人世間」，亦即：of human society — 人類社會的。因他是神學家，又是高階教士，故他書中的前幾篇就說，人應服從上帝所訓示的道德，如：Obedience to God。

由於 William Paley 的思想和剛剛獨立的美國人非常接近，所以這本書很快就流傳至美國的新英格蘭地區。

＊＊十九世紀，新英格蘭的社會流行警句

十九世紀初以來的新英格蘭，各種先進思想及學說，百家雜陳。William Paley 的學說就是其中之一，由於其思想觀念與美國相近，自然受到學者及社會的重視。新英格蘭本來就是新教徒當道，仍是濃厚的基督教社會。社會上自然會有很多信仰上帝的警句，例如：基督徒的天職（On the duty of a good Christian）、卑服上帝（Obedience to God）。但也有很多強調政教分離的知識份子，宣揚上帝的歸上帝（即：教會的歸教會），人世間的歸人世間。他們期望社會大眾應該服從俗世政府（Civil Government）的政令，卻不是聽命於教會的神諭，於是也有人引用 William Paley 書 中 的 警 句，諸 如：「Submission to Civil Government」、「Civil

Obedience」。

　　這些警語都是當時社會流行的社教口頭禪。就連梭羅的講題都不能免俗，來個什麼「The Rights and Duties of the Individual in relation to the Government」，這樣的社會教育老套。他又為了教育民眾遵奉俗世政府的法令，還曾引述當代的警語，也是源自 William Paley 說的：「On the Duty of Submission to Civil Government」，做為主題。這和中國常聽到的社教警句，諸如：愛家愛國、尊師重道、堂堂正正的中國人、愛拼才會贏……如出一轍。

** 梭羅過世，書商為推銷他的作品，市場行銷高手出招

　　1862 年，梭羅過世。數年後，南北戰爭（1861 ～ 1865）也結束後，美國恢復和平與穩定，經濟也日漸繁榮。同時，愈來愈多的人喜歡他的作品，尤其是他寫的「Walden」（中文有譯為：湖濱散記），清新感人、廣受歡迎。「Henry D. Thoreau」這個名字，就是銷售量的保證。於是就有出版商動腦筋，想乘他過世後，仍然如日中天的名氣，把他以前的言論，重新編纂成書銷售。

　　1866 年，梭羅的文集編好後，出版商為了市場銷路，自然想找個動聽引人的書名，總不能取個「梭羅嘉言錄」或「梭羅思想」之類的平凡書名。

　　梭羅曾以不繳稅來抵制政府的奴隸制度。這新編的文集中，也包括他 1849 年為反抗奴隸制度而出版的小書 Resistance to Civil Government。於

是出版商的市場行銷專家就將當時流行的警世短句，也是 William Paley 書中所倡言的「Civil Obedience」，改成 Civil Disobedience 做為書名，一語雙關，又具深意。這本書既是 Henry D. Thoreau 的文集，自然廣受歡迎，銷路順暢。同時，Civil Disobedience 也妻以夫貴，出了一些名氣。

至此，若問到底是何方洋大人說的「Civil Disobedience」？大家已很清楚，原來就是十九世紀，美國出版商的傑作、市場行銷高手所創造的書名。唯梭羅本人可是從來沒說過這種話，他自己都在遵守政府的法律規定：沒繳稅、就乖乖去坐牢。更甚者，只有英國哲學家 WilliamPaley 著書，明言倡導「公民要服從」，即「Civil Obedience」以及「Submission to Civil Government」。迄今卻從來沒有任何西方思想家公開倡言「公民不服從（Civil Disobedience）」的思想與學說。

這和一位中國女作家，把她在動亂的經歷編成一本書，然後把成語：「往事如煙」，加個「不」字，變成「往事不如煙」，做為書名，一語雙關，貼切又具深意。顯然，兩者都使用同樣的行銷技巧—「以假亂真，引人注意」的宣傳手法。

因此，若使用洋人說過的「公民不服從（Civil Disobedience）」來做為自己的行事依據，恰如外國人引用中國的「往事不如煙」來辯解他的言行。這兩者都一樣，自己不懂外國，卻愛拿著外國錯誤的訊息，嚇唬自家國人。簡言之，這就是拿著外國的雞毛當令箭而已。

不過，還有一個問題隱隱浮現，為何無人據理提出反駁的意見？國內有那麼多的高階知識份子，還有如許多盎格魯撒克遜名校出身的學者，都

沒能挺身而出，細說緣由、辯明正誤，寧可選擇沉默。當然，這情況在中國的社會背景下，或許可以理解，亦不忍苛責。唯在今日世界，各國各地的文化，仍在繼續上演達爾文的生存競爭遊戲，天下大有不歸楊則歸墨的趨勢。若仍抱持這種「寧可選擇沉默」的習性，面對今日競爭激烈的國際社會，前景堪憂。

** 身處中國文化下的人，實無需盲目依賴「洋大人」，更不應喪失自尊及自信

　　這事件從頭到尾就是失去了文化上的自尊，更是缺乏自信，只想隨手找個洋大人說過的話，藉以罩住自己的同胞，表示自己的行動有理，還可顯示自己學識淵博。實際上，這正是典型的挾洋自重，卻因不了解西方，又不肯下工夫讀書研究，只好到處亂找，結果拿錯了東西，變成笑柄而不自知，卻洋洋自得。

　　若是抗議有理，就去抗議，實在沒有必要盲目依靠洋大人的話，才能去做。這就是自清末以來，中國人喪失自尊與自信的餘波，並未消失、持續存在。這種失去自我的現象，不只是令人費解，更是中國文化上的悲情，只有無奈以對。

跋

舅舅的書：不媚俗，憑理說實話，果然成真，終進美國國會圖書館

我的舅舅，方一虹（英文名：Y. H. Fang），今年（2018）已95歲，尚能行動、講話也很清晰、也能吃，頭髮雖少，卻多是黑髮，見到他的人都很驚奇，很多人說，我應自豪有一位健康的舅舅，他的基因會傳給我。唯除此特色外，他還有後天得來的特色，那就是他特有的：「不媚俗、也不人云亦云，憑理說真話」。

他在1949年到美國，大部分時間在紐約，後至1970年代，遷居香港。1979年起，中國在鄧小平的改革開放政策下，經濟逐漸起色，但相對於亞洲小龍的香港、台灣，中國大陸仍屬落後、窮困、無知的第三世界。當時，中國的前景並不十分樂觀，未來也是個未知數。

到了1980年代中期，經過一段長時間的從旁觀查，他認為中國一定會快速成長。他把當時中國的成長概況，在1986年，以英文編出一本書。他還依據自己的觀察與分析，大膽預測，中國將會成為世界第三超級大國。當時，全世界大概只有他一人敢如此鐵口直斷。

他那本書的名稱是：The Making of the Third Superpower（成形中的第三超級大國）。特附上書的封面圖片。書名之下，有個地球，外圍是鷹、

熊及龍；地球上還標明 2000，意思是指到了公元兩千年，就會達成世界第三大國。他並非所謂的親中派，但他的預測，比中國的宣傳機器，更是形勢一片超好。他覺得出版商，也不容易，就匆匆付印。他的書沒人看好，大家對他的觀點，當作夢話，一笑置之。連我都歉難接受，只能說：智者千慮必有一失。

可是到了 2010 年代之後的今日，他當年的直言，受人冷淡以對，後來竟然成真，終於證明他才是對的。我還對他說，我只能給你 99 分，因為中國並非第三，而是第二，不得不扣你一分，請見諒。他的書還被收入美國國會圖書館，成為館藏圖書。總算還他一個公道。

這就是他的特色，不媚俗、也不人云亦云，只願用自己的知識及歷練，依理推出結論。他當然不是信口開河，而是靠著自己充分的知識與見識，才會有合理的判斷力。我很佩服他直言寫書、忠於自己良知的論述方式，還給我很大的鼓勵和啟示。當我在寫這本書時，也是仿效他的精神，說出合乎道理的話，不必過度在意當前的觀念與說法。即使有些內容與一般觀念不盡相同，以後自會有適者生存、不適者滅亡的達爾文定律，決定一切。

在此特別要感謝我的舅舅，讓我仿習到他後天得來的特色，「不敢不以正對」，並用在這本書上。這比他那先天的特色，更值得珍惜。

THE MAKING OF THE
THIRD
SUPERPOWER

★ ALL YOU WANT TO KNOW ABOUT CHINA

Y. H. FANG

國家圖書館出版品預行編目資料

西方文化與中國／王鈞生著.
　－－第一版－－臺北市：宇炯文化 出版；
紅螞蟻圖書發行，2019.7
　　面　；　公分－－（Discover；50）
　　ISBN 978-986-456-313-5（平裝）

1.西洋文化 2.文化史 3.通俗作品

740.3　　　　　　　　　　　　　108008754

Discover 50

西方文化與中國

作　　　者／王鈞生
發 行 人／賴秀珍
總 編 輯／何南輝
美 術 構 成／沙海潛行
封面設計／引子設計
出　　　版／宇炯文化出版有限公司
發　　　行／紅螞蟻圖書有限公司
地　　　址／台北市內湖區舊宗路二段121巷19號(紅螞蟻資訊大樓)
網　　　站／www.e-redant.com
郵撥帳號／1604621-1　紅螞蟻圖書有限公司
電　　　話／(02)2795-3656（代表號）
傳　　　真／(02)2795-4100
登 記 證／局版北市業字第1446號
法律顧問／許晏賓律師
印 刷 廠／卡樂彩色製版印刷有限公司
出版日期／2019年 7月　第一版第一刷

定價 500 元　　港幣 167 元

ISBN　978-986-456-313-5　　　　　　　Printed in Taiwan